이 땅의 전쟁은
이 나라 이 민족의 운명이다

The War of this Land is the Destiny of the Country

벽암(碧岩) 조 영 래(趙永來) 著

Rev. Young Rae Cho Ph. D.

| 저자 서문

조영래 목사 |

이 세상에서 누가 가장 미련한 자일까?
많은 대상이 분명 있겠지만
오늘 나에게 있어서만큼은
전쟁을 말하는 자가 가장 미련하고 어리석은 자라고
말하고 싶다
그것도 막연히 말하는 것이 아니라
마치 자신이 신이라도 된 것처럼
정확한 때와 내용과 결과를 구체적으로 나타낸다면
어느 누구인들 그를 가리켜
정상인이라고 말할 수 있겠는가!

1970년 한 때 유행병처럼
내노라하는 목사치고 전쟁을 외치지 않은 자가 없었다
그런데 결과는 어떠했는가?
전쟁은 고사하고 성령의 시대가 왔다고
벼락처럼 또 외치지 않았는가!
정말 성령의 시대가 왔었는가?

그렇다면 이들은 어떤 기준으로 어떤 것을 보았기에
누구의 이름으로 소리쳐야 했는가?
분명
예수의 이름으로 예언했을 것이다
모든 책임을 예수께 맡겨놓고
무책임한 자신들의 직관과 예감으로
아니 어쩌면 마귀의 영으로
핏대를 세웠던 그날의 그 사람들이
오늘의 이 시대를 짊어지고 있는 원로 중진들이 아닌가!

그렇다면 오늘날의 그대는
어느 누구의 이름으로 전쟁을 외치려 하는가?
당연한 질문이 아닌가
생각하고 또 생각해보라!
마지막 때 전쟁은
예수께서 말씀하신 종말론적 입장에서만이
전쟁이 들어있다
"성전 안을 척량하되 성전 밖 마당은 마흔두 달 동안
이방인에 짓밟히게 두라" (계 11:1-2)
이방인에게 짓밟히는 마흔두 달
그것이 셋째 화 속에 들어있다
셋째 화 속에 들어있는 그 마흔두 달 속에 있는
그 전쟁을 가리켜
예수께서 창세 이후 전무후무한 환난이라고 한 것이다
성도의 권세가 모두 깨어지는 때라는 것이다

어린 나귀를 타시고 예루살렘 성을 입성하시는
예수께서는 통곡하시며 오열하셨다 (눅 19:41)
"예루살렘아! 예루살렘아!
선지자들을 죽이고 네게 파송된 자들을 돌로 치는 자여
암탉이 그 새끼를 날개 아래 모음같이
내가 네 자녀를 모으려 한 일이 몇 번이냐
그러나 너희가 원치 아니하였도다" (마 24:37)

"가라사대
너도 오늘날 평화에 관한 일을 알았더면 좋을 뻔하였거니와
지금 네 눈에 숨기웠도다
날이 이를지라 네 원수들이 토성을 쌓고
너를 둘러 사면으로 가두고
또 너와 및 그 가운데 있는 네 자식들을 땅에 메어치며
돌 하나도 돌 위에 남기지 아니하리니
이는 권고 받는 날을 네가 알지 못함이라" (눅 19:42-44)

흐르시는 그의 눈물 속에는
포로로 잡혀가는 육만 명
오도가도 못하며 독 안에 든 쥐처럼
성 안에서 죽어가며 자식들을 잡아먹는 백십만 명
그들의 처절한 참상을 바라보고 계셨다
그런 예수께서 다시 한 번 소리치고 계시지 않는가!
"창세 이후 전무후무한 환난" (마 24:21)
"끓는 가마가 북에서 남으로 기울어지나니…" (렘 1:13)

"물로 심판한 동일한 말씀으로
마지막 때 불로 심판하기 위해서 세상을 간수하셨다"
(벧후 3:7)

물은 구원의 표
불은 심판의 표이다
구원의 표라는 물심판 속에는 긍휼이 있다
그러나 심판의 표인 불 속에는 긍휼이 없다는 것이다
그러기에 성도의 권세가 다 깨어질 수밖에 없는 것이다
초림 때 같았으면 성도는 다 구원받을 수 있었다
그러나 재림 때에는 성도는 구원받지 못한다
재림주는 자기를 바라는 자, 의인인 성별된 성도를
구원하러 오신 분이다

"하나님의 집에서 심판을 시작할 때가 되었나니
만일 우리에게 먼저 하면
하나님의 복음을 순종치 아니하는 자들의
그 마지막이 어떠하며
또 의인이 겨우 구원을 얻으면
경건치 아니한 자와 죄인이 어디 서리요" (벧전 4:17-18)

그렇다면 그대는 이 말씀을 근거로 하여
전쟁의 나팔을 불고 있다는 것인가?
종말론적 입장에서는 일단은 그렇다
세상 끝에 오신 주님 (히 9:26)

세상 끝에는 당연히 정해진 심판이 있다는 것이다
초림 때 세상 끝에도 그런 일이 일어났다면
재림 때
한 이레의 끝자락 속에서도 당연히
창세 이후 전무후무한 환난이 일어나게 마련이다
심판의 표인 불심판 속에는 긍휼이 없기에
초림 때 보다도 재림 때를 지적하시어
창세 이후 전무후무한 환난이라 말씀하신 것이다

생각해보라!
주님께서 십자가 사역을 이루실 때에
붉은 용은 오지 않았다
붉은 용 대신 사단이 번개처럼 등장했다 (눅 10:18)
그러나 마지막 때인 오늘에는
붉은 용과 그의 사자들이 등장했다 (계 12:1-4, 12:9)
두 이적의 싸움
그 싸움을 가리켜 영적인 역사라 했다 (계 11:8)
영적인 역사이기에 땅과 바다에 거하는 자들은 알 수가 없다
땅과 바다에 거하는 자들은 일반계시 밖에 모른다
그들은 땅에서 일어나는 땅의 일 밖에 모른다

"내가 땅의 일을 말하여도 너희가 믿지 아니하거든
하물며 하늘의 일을 말하면 어떻게 믿겠느냐" (요 3:12)
예수께서 하신 말씀처럼
땅의 일 조차도 모르는 너희들이 하늘의 일을 알 수 있겠느냐?

그러니
해를 입은 여인이 교회라
그가 낳는 철장의 권세를 가진 아이를 예수라고 하고
있지 않는가?
얼마나 가소롭고 가증스런 말인가!
그렇다면
계시록 10장에 등장하고 있는 힘센 다른 천사는
누구라 말할 수 있겠는가?
계시록 12장에 등장하는 철장의 권세를 가진 아이를 낳아
하늘보좌로 올리는 그보다 더 구체적 실상과 영광을 가진
그가 힘센 다른 천사라고 분명히 기록되어 있는데
왜 그대들은 입만 벌렸다 하면 거짓말을 토해내는가?

분명히 알아야 된다!
이 땅의 주로 역사하시는 그가 곧 해를 입은 여인이다
그가 곧
재림 마당 전 삼년 반
한 때, 두 때, 반 때의 때의 주인공이시다
그가 곧 인자가 아버지의 영광으로 오신 자이다
(마 16:27, 막 8:38, 눅 9:26)

"인자가 아버지의 이름으로 왔으나 너희가 나를
영접지 아니하나
다른 사람이 내 이름으로 오면 영접하리라" (요 5:43)
멜기세덱, 여호와도

다른 사람이 예수의 이름으로 온 사람이라 말할 수 있다
그렇다고 그들이 독생하신 예수라는 것이 아니다
생각해보라!
자주 고난을 받지 않기 위해 세상 끝에 오셨다고
했다 (히 9:26)
"본래 하나님을 본 사람이 없으되 아버지 품속에 있는
독생하신 하나님이 나타내셨느니라" (요 1:18)
여호와가 하나님, 예수라면 위 구절들은 다 거짓 성구가 된다

그런 측면에서 본다면
어느 누가 때를 알고 때의 주인을 알 자가 있을 것인가?
망령되다고 하겠지만
오늘의 기독교는 앞으로 100년의 세월이 흐른다고 해도
조금도 변할 리가 분명 없는 것이다
"그 날과 그 때는 하늘에 있는 천사들도, 아들들도 모르고
오직 아버지만이 아신다" 했다 (마 24:36)
초림 때도 아버지의 이름으로 오신 예수를 알지 못했다
공개된 만나로 오신 그분도 알지 못했는데
재림 때 감추어진 만나로 오신 아버지를 알 수 있겠는가?

"이것을 비사로 너희에게 일렀거니와 때가 이르면
다시 비사로 너희에게 이르지 않고
아버지에 대한 것을 밝히 이르리라" (요 16:25)

"아버지께 참으로 예배하는 자들은 신령과 진정으로

예배할 때가 오나니 곧 이 때라
아버지께서는 이렇게 자기에게 예배하는 자들을
찾으시느니라" (요 4:23)

"누구든지 이 음란하고 죄많은 세대에서 나와 내 말을
부끄러워하면
인자도 아버지의 영광으로 거룩한 천사들과 함께 올 때에
그 사람을 부끄러워하리라" (막 8:38, 마 16:27, 눅 9:26)

비록 이 땅에 오신 인자로서 이 땅에서 해를 입으셨지만
이 땅에 산 자의 첫 열매가 되는 철장의 권세를 가진
아이를 낳아
하늘보좌로 올리시는 그분이
도적같이 아버지의 영광으로 오신 아버지이시다

그렇다면 그분이 어떻게 아버지가 될 수 있는가?
아버지의 이름으로 오신 예수께서 아버지에 관한 말씀을
아버지로서 한 말씀도 하지 못하셨다
겨우 아들의 입장으로 아버지의 말씀을 나타내셨을 뿐이다
그래도 참람하다고 돌로 치려 했는데
"내가 아버지라" 했으면 아마도 공생애 과정을 온전히
마치지 못했을 것이다
그래서 가지고 오신 아버지의 말씀을 도로 가지고
올라가실 수 없었기에
하나님의 뜻대로

성체를 타고 흐르는 영원한 생명의 그 핏속에 감추시고
이 땅에 피와 물을 떨치신 것이다
그 피와 물을 오순절 날 보내신 보혜사 성령께서 찾으셔서
물과 피와 성령
이 셋이 하나가 되어서 인격적인 태초의 말씀 (요일 5:5-8)
즉 말씀이 하나님이 된 것이다 (요 1:1)
이 말씀을 입은 자를 가리켜 해를 입었다고 한 것이다
즉 해를 입었다는 것은 하나님과 임마누엘이 된 존재라는 것이다
하나님과 임마누엘이 된 존재
당연히 아버지이시다
예수님이 흘리신 물과 피
거기에다 예수님이 보내신 보혜사 성령
셋이 하나가 된 예수님의 모든 것을 입으셨으니
예수님의 이름으로 오신 아버지이시다
그러기에 그 날과 그 때를 가지신 분이 된 것이다

이 글을 읽는 모든 사람들이 진정 올바로 깨닫고 소화시킬 수 있다면
그리스도의 때에 찬 경륜의 비밀을 (엡 1:9)
비천한 이 소자가 깨달은 것을
어느 정도는 알 수 있지 않을까?
그렇다고 하여 지금까지의 말씀만을 가지고 전쟁의 나팔을 분 것만은 아니다

서문은 짧을수록 좋다고 했는데
그렇다고 이 단계에서 멈출 수는 없다
이 비천한 소자처럼 같은 입장으로 전쟁의 나팔을 분 자가
있다
나와 같은 입장이라고 표현한 것은
그도 나처럼 네 생물이 주는 두루마리를 먹었다는 것이다
(겔 3:1-3)
그 결과로 인하여 그는 열일곱 가지의 행동예언을 했다

그 행동예언 중 여섯 번째 행동예언을 살펴보자!
여호와께서 에스겔 선지에게 "날카로운 삭도로
머리털과 수염을 깎으라" 명령하셨다
"머리털과 수염을 깎아 저울에 달아 나눈 다음
1/3은 성읍 안에서 불사르고
1/3은 성읍 사방에서 칼로 치고
1/3은 바람에 흩으라"고 명령하셨다
명령하신 대로 "그 성읍이 에워싸이는 날이 차거든
터럭 1/3은 성읍 안에서 불사르고
1/3은 성읍 사방에서 칼로 치고
1/3은 바람에 흩으라
내가 그 뒤를 따라가며 칼을 빼리라
그리고 터럭 중에서 조금을 가져 옷자락에 싸라" (겔 5:1-4)

그렇다면 이 행동예언의 의미는 무엇인가?
구약의 마당에서 보면 이사야, 예레미야, 에스겔, 다니엘

4代 선지를 가장 큰 선지자라고 말하고 있다
이사야서는 성자의 장, 예레미야서는 성부의 장,
에스겔서는 성령의 장
다니엘서는 성도 중의 성도의 장이라고 한다
4代 선지를 통해 예언된 모든 말씀이 구약의 마당과
신약의 마당에서 거의 이루어졌다고 본다
그런데 유독 에스겔서에 등장한 내용만큼은 성령의 장이라
그런지
지금까지도 이루어지지 않은 결정적인 내용이 있다
에스겔 성전, "여호와삼마"이다 (겔 48:35)
모세의 장막 성전, 솔로몬 성전, 스룹바벨 성전, 헤롯 성전
실제적으로 세워졌던 성전들이었다
그런데 그들 성전보다 규모가 비길 바 없이 크고
설계가 완전무결한 설계도로 이루어진 성전인데
아직 이 땅에 세워진 바가 없다
세워지지 않을 성전이라면
구태여 그렇게 완전무결한 설계도를 남겨둘 필요가
있었겠는가?
마지막 때 재림의 마당에서 이루어질
산 자의 세계 안에서 지어질
마지막 성전이 아니겠는가!

"여호와삼마"
하나님이 거기 계시다!
하나님이 인생들과 함께 거처하시는 성전

물론 여기서 말하고 있는 인생들이란 부활과 변화의
두 도맥을 통해 (요 11:25-26, 고전 15:51-52)
이루어진 산 자들을 말하고 있는 것이다

그렇다면 전개하고 있던 내용을
돌발적으로 바꾸고 있는 이유가 무엇인가?
비록 구약의 마당에서 설계된 성전이지만
이 성전이 인류가 이 땅에서 세우는 마지막 성전인 것처럼
에스겔을 통해 보여주고 있는 행동예언 중 여섯 번째
전쟁에 관한 행동예언도
그 당시 그 때에 필요한 예언이기도 했겠지만
동일한 말씀의 역사의 입장에서 본다면
"다윗이 성령에 감동되어 어느 날을 정하여 오늘날이라고
외칠 때에" (히 4:7)
과거처럼 되지 말라고 했던 그 의미처럼
에스겔의 여섯 번째 행동예언은 셋째 화 속에서 이루어질
영적 이스라엘에서 벌어질
창세 이후 전무후무한 환난이라는 것을
증거로서 소개하고 있는 것이다

물론 에스겔이 두루마리를 먹으므로 그런 행동예언을
하는 것처럼
비천한 이 소자도 동일한 두루마리를 먹으므로
동일한 전쟁의 나팔을 불고 있는 것이다
"땅이여, 땅이여, 땅이여

아버지의 말씀을 들을지어다" (렘 22:29)
비록 비천한 미치광이의 광기어린 외침일 수도 있겠지마는
"여호와의 아시는 한 날이 있으리니
낮도 아니요 밤도 아니요 어두워 갈 때 빛이 있으리로다"
(슥 14:7)

전 삼년 반, 한 때, 두 때, 반 때 말씀 중
어두워 갈 때 마지막 남아있는 빛의 말씀이 반 때의 말씀
즉 작은 책의 말씀이다
광기어린 미치광이의 소리일지라도
데살로니가전서 2:13 말씀처럼
하나님의 말씀으로 받는 자들만이
웃시야 왕 때 감람산으로 도망한 자들이 살 수 있었던 것처럼
오늘의 이 책
"이 땅의 전쟁은 이 나라 이 민족의 운명이다"
이 글을 읽는 자들은
진실로 진실로 하늘이 인류에게 주시는 마지막 축복을
받을 수 있는
가능성이 있는 자들이 될 것이다
먹여주신 두루마리, 작은 책 속에 있는 전쟁사를
어찌 이루 다 이 작은 지면을 통해
나 기록할 수 있겠는가!
자신의 민족, 백성들이 처절하고 비참하게 죽어가는 모습을
어찌 노래하며 쓸 수 있겠는가!

벳바게에서 어린 나귀새끼를 타고 성을 향해 들어가시던
예수께서 오열하시고 통곡하셨던 그 눈물
예레미야가 끊임없이 흐르는 자신의 눈물로
눈이 상했던 슬픔
자신의 행동예언으로 말미암아
자신의 전 민족이 죽는 것을 바라보며
그 행동예언을 연출해야 했던 그 심정
그 모든 것을 담고 담아
멍하니 정신을 잃어가며
이 글을 마지못해 쓰고 있는 것이다

창세 이후 전무후무한 환난 속에 이 나라 이 민족 중
1/3이 죽고, 1/3이 또 죽고
남은 1/3 중 또 죽고 죽어
1/10이 남는 자들 중에도 또 죽는 자들이 있으니
죽어갈 모든 영혼들에게 미리 머리를 조아려
사죄드리는 말로
자신의 얼굴을 가리고자 한다
오죽 했으면 필자 또한 이번만큼은 차라리
서문을 쓰지 않는 것이 좋지 않을까?
깊은 탄식 속에 빠지기도 했다

그럼에도 비천한 소자로 하여금 이 글을 쓸 수 있도록
죽음의 길을 들어가면서도 끝까지 기도해주었던
아내와 사랑하는 딸

그리고 끊임없이 정성어린 희생으로
필자를 도와주고 있는 교역자들과 성도들
그들의 기도가 헛되지 않도록
돌탕에 맞아죽을 각오를 하면서
오늘의 이 무례함을 무기삼아 서문을 쓰고 있는 것이다
널리 널리 책망하시고
분노의 채찍으로 징치하여 주시기를 바라며…

2021년 6월 17일
저자 조영래 목사

목 차

저자 서문 ---- 3

서론: 이 땅의 전쟁은 이 나라 이 민족의 운명이다 --- 24

제 1장. 구속사는 처음부터 전쟁의 역사였다 ---- 39

Ⅰ. 전쟁이 일어나야 하는 본질은 무엇인가? ---- 41
1. 궁창의 세계에서 시작된 전쟁의 본질은 무엇인가? - 41
2. 궁창의 세계에서 드러난 루시엘의 불순종 ------ 51
3. 루시엘이 비기려고 한 대상은 누구인가? ------- 53
4. 에덴동산에 침범한 옛 뱀 ------------------ 54

제 2장. 쌍태(雙胎)의 아픔 ---- 59

Ⅰ. 쌍태의 태동 ---- 61
1. 빛과 어두움이 대치되는 현상은 왜 생기는 것일까? -- 61
2. 흑암을 먼저 등장시키신 이유는 무엇인가? ------ 68
   상대성으로 지어진 창조의 세계 ------------ 70
3. 흑암이 가지고 있는 권세와 능력은 무엇인가? ----- 73
4. 흑암의 본질은 무엇인가? ------------------ 79

Ⅱ. 에덴동산의 쌍태 ---- 84
1. 생명나무와 선악을 알게 하는 나무를 품은 쌍태의 동산 84
   ① 에덴동산 한가운데 등장한 생명나무 -------- 87
   ② 선악을 알게 하는 나무 열매의 정체 -------- 91
   ③ 루시엘은 어떻게 죄의 원조가 되었는가? ----- 96

2. 빛과 어두움, 선의적 경쟁과 악의적 경쟁 ------------ 100
   선의적 경쟁 안에 예비해놓으신 차선의 방책 ----- 103
3. 아담과 옛 뱀의 싸움 -------------------------- 108

제 3장. 이 땅에서의 장자권의 싸움 ---------- 113

Ⅰ. 장자권의 회복을 위한 싸움 ------------------------ 115
1. 가인과 아벨의 장자권의 싸움 ------------- 122
2. 에서와 야곱의 장자권의 싸움 ------------- 133
   ① 태 바깥으로 이어진 에서와 야곱의 장자권의 싸움 134
   ② 발꿈치를 잡았다는 의미 속에 감추어진 구속사적 의미
   ------------------------------- 142
3. 베레스와 세라의 장자권 싸움 ------------- 146
   ① 내적 장자권과 외적 장자권의 회복 --------- 146
   ② 다말의 태중에서 베레스와 세라의 장자권의 싸움 -147

Ⅱ. 장자권을 회복하신 예수님 ------------------------ 151
예수님은 왜 유다지파로 오셔야 했는가? ------------ 152

Ⅲ. 육적 장자와 영적 장자 -------------------------- 157
1. 영적 장자 요셉 ------------------------- 169
2. 왜 족보에 기록하지 말라고 하셨는가? ----------176

제 4장. 전쟁을 통해서 본 구속사의 세계 ---------- 181

Ⅰ. 이 땅에서의 빛과 어두움의 전쟁 ------------------ 183
1. 양립되어 내려온 빛과 어두움의 족보 ------------ 183

목 차

  2. 전쟁으로 점철된 구속사의 세계 ---------------- 194
  3. 구속사의 세계에서 펼쳐진 재앙의 유형 ---------- 200

 Ⅱ. 성경에 기록된 전쟁 ------------------------------ 205
  1. 아브라함이 그돌라오멜의 연합국과 싸운 가나안 전쟁 205
  2. 가나안 정복의 첫 관문, 여리고성 전쟁 ------------ 212
  3. 기드온 300명 용사와 미디안의 전쟁 -------------- 222
  4. 다윗과 골리앗의 전쟁 ---------------------------- 227
  5. 여호사밧 왕과 아람과의 전쟁 -------------------- 239
  6. 엘리사와 도단 성을 에워싼 아람 군대 ------------ 255
  7. 히스기야 왕과 앗수르의 군대장관 랍사게의 전쟁 ---- 256
  8. 요아스 왕과 아람과의 전쟁 ---------------------- 258
  9. 바벨론, 메대, 바사의 멸망과 기독교국이 된 헬라와 로마
   -- 260

 Ⅲ. 6.25 한국전쟁 ---------------------------------- 264
  1. 6.25 전쟁이 일어난 원인은 무엇인가? ------------ 267
  2. 애굽을 속량물로 주었다는 의미는 무엇인가? ------ 281
  3. 그날과 그때를 감해주시는 하나님의 긍휼하심의 역사
   -- 288

 Ⅳ. 미국과 월맹의 전쟁 ------------------------------ 291
  구스와 스바를 대신 주었다는 의미는 무엇인가? ----- 291

 Ⅴ. 이스라엘과 아랍 연맹과의 6일 전쟁 ---------------- 298

제 5장. 하나님을 부인하고 대적함으로써 받는 환난 - 303

 Ⅰ. 하나님은 왜 자기 백성을 징치하셔야 하는가? ------ 305

이 땅의 전쟁은 이 나라 이 민족의 운명이다

Ⅱ. 본방 이스라엘이 담당한 핏값 ——————310
1. 이스라엘 백성들이 다윗을 배신하고 받은 환난 ——311
2. 아벨의 피로부터 사가랴의 피까지 의인들의 핏값으로 받은 환난 ——————————————312
3. 예수님의 핏값으로 받은 환난 —————318

Ⅲ. 영적 이스라엘이 담당해야 할 핏값 ————321
1. 영적 이스라엘에서는 어떤 죄로 심판받는가? ——322
   ① 영적 이스라엘에 등장한 광명한 자들 ———325
   ② 신랑 신부의 원형의 존재는 누구인가?———328
   ③ 인격적인 네 생물로 온 존재는 누구인가? ——333
   ④ 이 땅의 주 앞에 선 두 감람나무와 두 촛대 ——347
2. 두 감람나무를 죽인 핏값으로 깨어지는 성도의 권세 350
   ① 남조와 북조, 남한과 북한————————361
   ② 왜 끓는 가마의 면이 북에서 남으로 기울어지는가?
      ————————————————365
   ③ 영적인 환난과 육적인 환난 ——————367

제 6장. 영적 이스라엘에서 펼쳐진 구속사의 신비 ——381

Ⅰ. 열매 맺는 백성, 영적 이스라엘의 노정 —————383
1. 영적 이스라엘은 어떤 나라인가? ——————383
2. 영적 이스라엘에서 역사하신 마지막 한 이레의 역사 384
3. 지정학적으로 보았을 때 영적 이스라엘은 어디인가? 393
4. 표면적 유대인과 동일한 역사의 과정을 겪는 영적 이스라엘 ——————————————396
5. 영적 이스라엘, 대한민국 땅에 오시는 재림주 ——398

목 차

      6. 독수리가 주관하는 첫째 화, 둘째 화, 셋째 화의 역사 404
         ① 전 삼년 반 속에서 펼쳐진 한 때 두 때 반 때의 역사 412
         ② 산비둘기 제물은 어떻게 바쳐졌는가? ------- 416

Ⅱ. 종말론적 예언의 성취 ------------ 423
    노스트라다무스가 예언한 '1999년 7의 달'의 의미는 무엇인가? ----------------------------- 423

Ⅲ. 영적 이스라엘에 지어질 에스겔 성전 ----------- 437
    1. 에스겔 성전은 어떤 성전인가? ------------ 437
    2. 에스겔, 그는 누구인가? --------------- 440
    3. 에스겔이 보여준 17가지의 행동 예언 -------- 444
    4. 하늘에서 내려오는 새 예루살렘 성 ---------- 472
    5. 새 예루살렘 성은 어디에 지어질 것인가? ------ 478

Ⅳ. 공중 재림의 영광 ---------------------- 489
    1. 이 땅에서 이루어지는 초막절의 영광 --------- 489
    2. 공중 재림의 영광은 어떻게 나타나는가? ------- 494
    3. 새 예루살렘 성이 강림할 때 대한민국은 어떤 상황인가? ----------------------------- 499
    4. 로스, 메섹, 곡을 통하여 전 세계에 드러내시는 하나님의 영광 --------------------------- 503
    5. 마지막 전쟁을 주관하시는 분은 누구인가? ----- 507

Ⅴ. 셋째 화 속에 들어있는 전무후무한 육적인 환난 ----- 512
    1. 삼분의 일, 삼분의 일, 삼분의 일로 심판을 하시는 근거는 어디에 있는가? -------------------- 513
    2. 우리나라의 통일 ------------------ 519

제 7장. 이 땅의 전쟁은 이 나라 이 민족의 운명이다 525

Ⅰ. 하늘의 권능이 흔들리다 527
1. 하늘의 권능은 왜 흔들리는가? 537
2. 하늘의 권능이 흔들리는 징조의 시작 544
3. 마지막 빛의 호소 553
4. 창세후 전무후무한 환난에서 어떻게 살아날 수 있을까? 559

Ⅱ. 마지막 싸움터, 아마겟돈 전쟁 564
1. 한 이레 속의 빛과 어두움의 싸움 566
2. 끓는 가마가 남으로 기울어지나이다 577

Ⅲ. 나라의 병거요 마병이요 아버지가 될 수 있는 사람은 누구인가? 588
1. 이 나라, 이 민족의 병거와 마병이 되었던 사람은 누구인가? 598
2. 해를 입은 여인이 이 땅을 떠나시다 604

제 8장. 맺음말 615

전쟁의 서막, 전쟁은 어떻게 일어나는가? 617

참고문헌 641

이 땅의 전쟁은
이 나라 이 민족의 운명이다

　인류의 역사를 살펴보면 유사(有史) 이래 각 나라마다, 민족마다, 심지어 가까운 이웃 사이에도 미움과 증오, 시기와 질투, 이기심과 탐심에 의한 분쟁으로 말미암아 인간의 삶 속에 전쟁이 끊이지 않고 점철되어왔다는 사실을 알게 된다.
　전쟁을 좋아할 사람은 아무도 없다. 모두가 평안한 가운데 화평을 누리면서 안락하게 살기를 바라지, 전쟁의 소용돌이 속에 휘말리고 싶어 하는 사람은 아무도 없을 것이다. 저마다 평화로움 속에서 행복한 삶을 동경하고 꿈꾸고 있지만 사람들의 염원과는 달리 인류는 각 시대마다 굽이굽이 서로 상호간에 상반(相反)과 대립(對立)의 갈등을 겪으면서 전쟁사를 써내려가고 있다.

　지구상에서 일어나고 있는 모든 분쟁, 전쟁의 피바람은 사람들에 의해서 일어나고 나타나고 진행되고 있기 때문에 인재(人災)인 것처럼 보인다.
　그러나 성경에서 그 이면의 세계를 살펴보면, 사무엘상 17장에 다윗이 블레셋 사람, 골리앗을 상대하는 내용 중에 놀랍게도 "전쟁은 사람이 아닌 여호와께 속해있다"라는 말씀이 기록되어 있다.

삼상 17:47 또 여호와의 구원하심이 칼과 창에 있지 아니함을 이 무리로 알게 하리라 전쟁은 여호와께 속한 것인즉 그가 너희를 우리 손에 붙이시리라

또 역대하 20:1 이하에 보면, 모압 자손과 암몬 자손이 마온 사람들과 함께 와서 여호사밧 왕을 치려고 했다. 그때 레위 사람 야하시엘에게 여호와의 신이 임하여 "이 전쟁이 너희에게 속한 것이 아니요 하나님께 속한 것이니라"고 말씀하고 있다.

대하 20:15 야하시엘이 가로되 온 유다와 예루살렘 거민과 여호사밧 왕이여 들을지어다 여호와께서 너희에게 말씀하시기를 이 큰 무리로 인하여 두려워하거나 놀라지 말라 이 전쟁이 너희에게 속한 것이 아니요 하나님께 속한 것이니라

왜 전쟁은 하나님께 속해있다고 말씀하고 있는가? 전쟁이 하나님의 손에 달려있다면 하나님은 과연 어떠한 목적으로 그토록 무시무시하고 잔혹스러운 전쟁을 치르게 하시는 것일까?

히브리서 1:1-3에 우주만물을 지으신 하나님은 첫째, 능력의 말씀으로 만물을 붙드시며 둘째, 죄를 정결케 하는 일을하시고 셋째, 높은 곳에 계신 위엄의 우편에 앉으시는 세 가지 권능을 가지신 분이라고 말씀하고 있다.

"죄를 정결케 하는 일을 하시고"에서 말씀하고 있는 죄는 누구의 죄를 말하는가? 그 죄는 인간의 죄뿐만 아니라 궁창의 세계에 있는 천사들의 죄까지도 모두 해당되는 것이다. 그렇기

때문에 그것은 어느 개인의 죄를 묻는다는 개념이 아니다. 하늘이나 땅이나 하나님이 주시는 신성과 능력대로 순종하지 않고 불순종하는 모든 대상들에 대하여 하나님은 당연히 제재하시고 관리하실 수 있다는 것을 의미한다. 그러므로 하나님께서는 응당 그 죄에 대하여 처벌하시고 징치하시고 심판하실 수 있다는 것이다.

하나님은 필요한 사역을 집행하시는데 있어서 구름, 바람, 화염, 번개, 지진 등 많은 것들을 사역자로 삼으셔서 하나님이 지으신 모든 세계를 조화롭게 섭리하시고 조종하시고 운행하신다(시 104:2-4). 그들을 사역자로 삼으셔서 하나님의 사역을 집행하게 하는 대표적인 방법 중 하나를 전쟁이라고 말할 수 있다는 것이다.

하나님의 사역을 집행하려면 먼저 그 대상들에게 지켜야 할 법을 주시고 언약을 맺어야 한다. 하나님께서 인간들에게 그러한 법을 주시지 않았던 때에는 죄가 무엇인지도 몰랐기 때문에 죄를 지었어도 죄가 되지 않았다. 그렇게 죄가 죄로 인정되지 않았던 시대(롬 7:7-13)에는 분쟁이 일어났을 때 그것을 가리켜 전쟁이라는 용어를 쓰지 않고 약육강식(弱肉强食)이라는 표현을 썼다.

그러다가 하나님께서 나라와 민족과 백성과 방백들과 언약을 맺으셨거나 또 그들에게 계명을 주셨거나 율례와 규례, 율법을 주신 후부터는 전쟁이라는 표현을 사용했다는 것을 알 수 있다.

구속사의 세계는 처음부터 전쟁으로 시작되었다고 말할 수 있다. 그렇다고 구속사의 근본, 목적이 전쟁이라는 의미는 아니다. 하나님께서 어떠한 목적을 이루고자 하시는 과정에서 부득이하게 필연적으로 전쟁이 일어날 수밖에 없었다는 것이다. 다시 말하면 전쟁을 하기 위해서 하나님이 구속사의 세계를 예비하시고 준비하시고 계획하신 것은 아니다. 어떤 목적을 이루는 과정에서 생긴 문제점이 곧 미움과 증오, 시기와 질투, 전쟁으로 번질 수밖에 없었다는 것이다.

전쟁은 하나님께서 구속사를 이루시는 가장 중심이 되는 핵심적인 하나님의 모략이며 하나님의 경륜의 비밀이라고 말할 수 있다. 구속사의 입장에서 보면 전쟁은 사람들이 그저 저지르는 불장난이 아니다. 하나님께서 주도면밀하게 친히 주도하시고 역사하시고 다스리시는 섭리의 결과라는 것을 알 수 있다.

사사기에 전개되고 있는 역사의 내용을 살펴보면 하나님이 이스라엘 백성들을 어떻게 통치하고 다스리시는지 하나님의 통치의 경륜의 세계를 엿볼 수 있다.

홍수 때에 물이 범람하면 사람들도 댐의 수위를 조절할 줄 안다. 수위를 조절하지 않으면 물이 넘침으로 댐이 무너지기 때문이다.

마찬가지다. 하나님께서도 이스라엘 백성들의 죄악의 수위를 그렇게 조절하셨다는 것이다. 더 이상 방치하면 이스라엘 백성들이 완전히 타락할 수밖에 없다. 그런 때에는 하나님이 급히 사사를 세우셔서 적과 싸워 이기게 하심으로써 그들을 소멸시키게도 하시고 또 그런 사건들을 통해서 이스라엘 백성들의 죄를 회개시키게도 하셨다.

그러다가 평안이 계속되고 화평한 세월이 흐르다보면 이스라엘 백성들이 또 죄를 짓는다. 그럴 때마다 하나님께서는 사사들을 통해서 그들의 죄에 개입하셨다는 것이다.

그러나 무소부재(無所不在)하시고 무소불능(無所不能)하신 하나님이라고 해서 하나님의 전지전능성을 이용해서 하나님 마음대로 전쟁을 하게 하시는 것은 아니다.

하나님의 보좌의 기초는 의(義)와 공의 또는 공평(公平)으로 이루어져 있다.

> 시 89:14 의와 공의가 주의 보좌의 기초라 인자함과 진실함이 주를 앞서 행하나이다

> 시 97:2 구 름과 흑암이 그에게 둘렸고 의와 공평이 그 보좌의 기초로다

그렇기 때문에 하나님께서는 이 세상을 의와 공도(公道)로써 통치하시며 다스리셔야 한다.

> 창 18:19 내가 그로 그 자식과 권속에게 명하여 여호와의 도를 지켜 의와 공도를 행하게 하려고 그를 택하였나니 이는 나 여호와가 아브라함에게 대하여 말한 일을 이루려 함이니라

그렇게 하시는 것은 어느 대상에게나 하나님께서 통치하시는 세계가 참되시고 의로우시고 거룩하시다는 것을 알도록 하

기 위해서다. 그러므로 하나님이 역사하시는 경륜의 세계는 참되시고 의로우시고 거룩하실 수밖에 없다는 것이다.

그러한 하나님의 주권적인 섭리 속에서 하나님이 인간들의 마음의 세계, 즉 선과 악의 세계, 그 수위를 전쟁을 통하여 조절하시는 것이다. 다시 말하면 전쟁이라는 심판의 도구를 통해서 하나님이 자기 백성들을 심판하시고 때로는 징치하시고 시험하시면서 그들로 하여금 무서운 고통과 환난을 받게 하신다는 것이다.

성경에는 수많은 전쟁사(戰爭史)가 기록되어 있다. 인류의 역사가 시작된 이래 많은 전쟁이 이 땅에 있어왔다.

우리나라도 예외는 아니다. 우리나라에서 가장 최근에 발생했던 전쟁은 1950년에 북한이 남침함으로써 일어났던 '6.25, 한국전쟁'이다. 그것은 북한이 사전에 선전포고도 하지 않고 불시에 남한으로 쳐들어온 침략전쟁이었다.

마귀는 전쟁을 벌일 때 경고의 나팔을 불지 않는다. 그러나 하나님께서는 절대 불법으로 전쟁을 행하게 하시지 않는다. 하나님이 개입하시는 전쟁은 하나님의 절대적인 공의 속에서 주관하시고 섭리하시기 때문에 사전에 경고의 나팔도 없이 불법적으로 행하게 하시지는 않는다는 것이다.

한국전쟁으로 인하여 우리 민족은 쓰라린 동족상잔(同族相殘)의 비극을 겪었고 아직도 종전(終戰)이 선포되지 않은 휴전 상태로서 오늘에 이르기까지 71년의 세월이 흘렀다. 지구상에서 통일을 이루지 못한 채 분열된 나라는 오직 대한민국밖에 없다.

그런데 우리나라가 겪어야 할 전쟁은 이것으로 끝난 것은 아니다. 이 나라 이 민족이 운명적으로 겪어야 할 전쟁이 또 다시 이 땅에 도래하게 되어있다. 왜 이 땅에서 그러한 전쟁이 일어나야 하는가?

중동에 있는 이스라엘을 표면적인 이스라엘이라고 하고 우리나라를 이면적 이스라엘이라고 한다(롬 2:28-29). 거기에 이의를 제기할사람은 아무도 없을 것이다.

대한민국이 진정 이면적 이스라엘, 영적 이스라엘이라면 우리나라는 하나님의 말씀이 임재하시고 역사하시는 나라가 된다. 그렇다면 우리나라는 빛이 함께 역사해주시고 하나님이 간섭해 주시는 나라가 된다는 의미이다. 그렇기 때문에 대한민국은 구속사의 성취를 이루는 과정 안에서 요한계시록 16장에 기록되어 있는 '아마겟돈'[1]의 의미를 가지고 마지막 재림의 마당에서 빛을 대표하는 존재와 어두움을 대표하는 존재가 대립하며 싸우는 나라가 된다는 것은 너무도 당연하다.

> 계 16:16 세 영이 히브리 음으로 아마겟돈이라 하는 곳으로 왕들을 모으더라

그 빛과 어두움의 존재는 하늘에 큰 두 이적으로 등장하는 해를 입은 여인과 붉은 용이라고 말씀할 수 있다.

> 계 12:1-4 하늘에 큰 이적이 보이니 해를 입은 한 여자가 있는데 그 발 아래는 달이 있고 그 머리에는 열두 별의 면류관을 썼더라 이 여자가

---

[1] 아마겟돈 (Hamagedon): 용, 짐승, 거짓 선지자 등 악의 세력과 하나님이 대적하여 싸울 최후의 전쟁터를 이르는 말. 다음백과

아이를 배어 해산하게 되매 아파서 애써 부르짖더라 하늘에 또 다른 이적이 보이니 보라 한 큰 붉은 용이 있어 머리가 일곱이요 뿔이 열이라 그 여러 머리에 일곱 면류관이 있는데 그 꼬리가 하늘 별 삼분의 일을 끌어다가 땅에 던지더라 용이 해산 하려는 여자 앞에서 그가 해산하면 그 아이를 삼키고자 하더니

그러면 해를 입은 여인과 붉은 용이 어떻게 동시에 두 이적으로 나타날 수 있는가? 어떻게 그들이 동시에 이 땅에 나타나서 서로 대치하며 싸움을 하게 되는가?

붉은 용이 해를 입은 여인과 대치하며 싸우는 나라이면, 이미 이 나라가 짊어지고 있는 국가적인 운명이 있게 마련이다. 이 나라, 이 민족의 운명은 하나님이 이미 만세 전에 정해 놓으셨기 때문에 인간의 힘으로는 바꿀 수 없고 벗어날 수 없고 피할 수도 없다.

마태복음 21:43에 '포도원의 비유'의 말씀이 기록되어 있다. 예수께서 "하나님의 나라를 너희는 빼앗기고 열매 맺는 백성이 받으리라"고 말씀하셨다. 하나님이 본방 이스라엘에게 주신 포도원이 열매 맺는 백성에게 넘어갔다(마 21:33-43, 막 12:1-9, 눅 20:9-16).

그렇기 때문에 마지막 때 열매 맺는 백성들을 통하여 또 다시 동일한 싸움의 역사, 도전의 역사가 전개된다는 것이다. 그러므로 빛과 어두움의 진영에서 누가 먼저 승리의 깃발을 꽂느냐 하는 문제가 최종 싸움의 결과로써 대두되게 되었다.

필자는 성경에 기록된 말씀을 토대로 우리 민족이 앞으로

겪어야 할 전쟁에 대하여 본서에 낱낱이 기술하고자 한다. 본서는 대한민국에서 앞으로 일어날 전쟁을 기록한 예언적인 경고의 나팔이라고 말할 수 있다. 또 하나님께서 구속사적 성취를 이루시고자 그의 종, 파수꾼에게 그 전쟁의 실상을 예고하게 하시고 선포하게 하시는 때에 맞는 경고의 나팔이라고 단호히 말할 수 있다.

하나님은 어떤 전쟁이든 사전에 경고의 나팔을 불게 하신다(대하 13:12). 파수꾼의 사명은 경고의 나팔을 부는 것이다. 에스겔 3:17-21에 파수꾼의 사명에 대한 말씀이 기록되어 있다. 경고의 나팔을 불지 못하는 파수꾼이 있다면 그 모든 죄를 그에게 돌리시겠다고 말씀하고 있다.

오늘날 대한민국의 현실은 상징적인 의미로 이스라엘 남조 16대 요시야 왕 이후 '여호아하스, 여호야김, 여호야긴, 시드기야', 네 왕의 시대와 같은 모습이라고 말할 수 있다. 어떻게 보면 풍전등화(風前燈火)와 같은 입장이라고 말할 수 있다는 것이다.

국가적인 차원에서 말한다면 예레미야 선지자는 그 당시에 매국노(賣國奴)라 말할 수 있는 사람이었다. 그는 이스라엘이 위기에 처해있을 때 나라와 민족의 안녕과 질서와 평화를 위하여 기도하지 않았다.
하나님께서 극히 좋은 무화과는 바벨론에 항복해서 끌려가는 사람들을 의미하고 썩어서 먹을 수 없는 악한 무화과는 이스라엘에 남아있는 자들이라고 말씀하셨다(렘 24:1-10).

예레미야 선지자가 시드기야에게 "무조건 바벨론에 무릎을 꿇고 항복하라. 그것만이 살 길이다"(렘 38:17-18)라고 하나님의 말씀을 전했다.

그때 예레미야 선지자를 제외한 많은 거짓 선지자들은 모두 나라와 민족을 위하여 눈물로 기도하고 있었다. 그러나 하나님이 그들을 가리켜서 "그들은 거짓 몽사를 예언하는 선지자들이며 이 백성에게 아무 유익이 없느니라"(렘 23:32)고 말씀하고 있다.

그렇다면 그 시대에는 누가 과연 하나님이 인정하시고 기뻐하시고 함께 해주시는 파수꾼이었을까? 하나님께서 인정해 주시는 파수꾼은 오직 예레미야 선지자 한 사람뿐이었다. 그러므로 "무조건 바벨론에 무릎 꿇고 항복하라"고 주장하는 예레미야 선지자의 편에 하나님이 서 계셨다. 그렇기 때문에 예레미야 선지자가 예언한 말씀이 예레미야 당대에 다 이루어진 것이다.

반면, 나라와 민족의 안녕과 질서와 평화를 위해서 기도했던 그 당시의 종교지도자들은 하나님이 주관하시고 섭리하시는 마지막 종말론적 역사의 비밀을 전혀 모르는 사람들이었다. 그렇기 때문에 그들은 인간의 생각으로, 자기적 믿음으로 하나님의 뜻과 상관없는 기노를 할 수밖에 없었던 것이다.

지금 대한민국의 현실을 살펴보면 그 당시 유대 민족의 마지막 종말의 때와 같은 입장이라고 말할 수 있다. 그렇다면 히나님께서는 과연 이러한 상황을 바라보시기만 하실까?

하나님은 자기 백성을 불쌍히 긍휼히 여겨주시는 사랑의 하나님이시다(요일 4:7-8). 그렇기 때문에 하나님께서는 절대 방관하시지 않고 파수꾼을 세워 자기 백성들에게 역사하신 다는 것이다. "하나님은 자기의 비밀을 하나님의 종, 선지자를 통해서 밝히 보여주시고 행하신다"(암 3:7)라고 말씀하고 있다. 그러므로 그 파수꾼으로 하여금 경고의 나팔을 불어 사전에 전쟁을 예고하게 하신다.

> 렘 4:19 슬프고 아프다 내 마음 속이 아프고 내 마음이 답답하여 잠잠할 수 없으니 이는 나의 심령 네가 나팔 소리와 전쟁의 경보를 들음이로다

> 렘 28:7-8 그러나 너는 이제 내가 네 귀와 모든 백성의 귀에 이르는 이 말을 들으라 나와 너 이전 선지자들이 자고로 여러 나라와 큰 국가들에 대하여 전쟁과 재앙과 염병을 예언하였느니라

파수꾼이 자기 나라와 민족의 운명을 모른다면 그 사람은 절대 파수꾼이라고 말할 수 없다. 하나님이 세우신 때에 맞는 파수꾼이라면 하나님의 말씀을 받아서 예레미야 선지자와 같은 사명을 가지고 백성들에게 피맺힌 절규로써 전해야 한다.

종말이 가까이 온다는 것은 하늘나라의 영광이 이 땅에서 이루어지는 역사가 진행되고 있다는 것을 의미한다. 그렇기 때문에 하나님이 세우시는 진정한 파수꾼은 하나님께서 때를 통하여 하늘나라의 영광을 어떻게 섭리하시며 역사하시는지, 그 역사의 세계를 관통(貫通)하는 사람이라고 말할 수 있다.

하나님이 예레미야 선지자에게 사역을 맡기시면서 "내가 너를 복중에 짓기 전에 너를 알았고 네가 태에서 나오기 전에 너를 구별하였고 너를 열방의 선지자로 세웠노라"(렘 1:5)고

말씀하셨다.

　진정한 참 파수꾼은 사람이 세우는 것이 아니다. 예레미야 선지자처럼 하나님이 기름 부어 세우신 사람을 말한다. 위 성구의 말씀대로 예레미야는 하나님께서 이미 복중에 짓기 전에 열방의 선지자로 구별하여 세운 사람이었다.

　그렇기 때문에 그는 자기 스스로 깨닫고 믿는 믿음으로 때를 증거한 것이 아니다. 하나님이 친히 입에 넣어주신 말씀만을 증거한 사람이다.

> 렘 1:9 여호와께서 그 손을 내밀어 내 입에 대시며 내게 이르시되 보라 내가 내 말을 네 입에 두었노라

　그러므로 예레미야 선지자는 하나님께서 때에 맞게 주신 말씀을 자기 백성들에게 사실 그대로, 진실 그대로 전할 수 있었던 것이다.

　파수꾼의 또 다른 사명은 죄를 깨닫게 하는 것이다. 나라마다 그 나라가 짊어진 죄가 있고 그들 민족이 짊어진 죄가 있고 또 개인이 짊어진 죄가 있다. 그 죄에 대하여 하나님께서 자기 백성들에게 내리시는 책망이 있다. 그 책망을 자기의 십자가로 짊어지고 목숨을 다해서 하나님이 명하신 대로 나라와 민족의 죄를 백성들에게 전함으로써 그들로 하여금 깨우치게 하고 회개시키는 것이 바로 파수꾼의 사명인 것이다.

　파수꾼에게 그런 사명을 주었는데도 불구하고 그가 만약 공권력에 눌려서 혹은 칼, 무력이 두려워서 백성들에게 전하

지 못한다면 "그 죄를 파수꾼에게 다 돌리겠다"(겔 3:17-21)라고 말씀하고 있다.

여호와가 예레미야에게 "네가 무엇을 보느냐?"라고 물었을 때 첫 번째 "내가 살구나무 가지를 보나이다"라고 대답했고 두 번째 물었을 때 "끓는 가마를 보나이다. 그 면(面)이 북에서 남으로 기울어졌나이다"라고 대답했다.

> 렘 1:11-13 여호와의 말씀이 또 내게 임하니라 이르시되 예레미야야 네가 무엇을 보느냐 대답하되 내가 살구나무 가지를 보나이다-(중략)- 여호와의 말씀이 다시 내게 임하니라 이르시되 네가 무엇을 보느냐 대답하되 끓는 가마를 보나이다 그 면이 북에서부터 기울어졌나이다

인류 구속사의 세계는 시작부터가 빛과 어두움의 싸움으로 쌍태의 아픔이 필연적으로 진행되었다고 말할 수 있다.

우리나라는 남과 북으로 분단된 나라로서 쌍태의 아픔을 짊어지고 있는 나라이다. 그렇다면 운명적으로나 숙명적으로나 대한민국은 쌍태의 아픔을 짊어지고 태어날 수밖에 없었던 그 원인의 세계가 분명히 있었다는 것이다.

마태복음 24:38-39에 "노아가 방주에 들어가던 날까지 사람들이 먹고 마시고 장가들고 시집가고 있으면서 홍수가 나서 저희를 다 멸하기까지 깨닫지 못하였으니"라는 말씀이 기록되어 있다. 노아 때는 물심판을 받았지만 재림의 마당에서는 어떠한 심판을 받을 것인가?

베드로후서 3:6-7에 "이제 하늘과 땅을 동일한 말씀으로

불사르겠다"라고 말씀하고 있다. 마지막 때는 불 심판을 받는 다는 것이다.

왜 '마지막 인자의 역사는 노아 때'라고 말씀하는가?(마 24:37, 눅 17:26) 마지막 때에도 노아 때와 똑같다는 것이다. 노아 때 물심판을 받고 죽은 사람들과 마찬가지로 마지막 때 사람들이 불심판으로 죽을 때 자기들이 무엇 때문에 죽어야 하는지 깨닫는 사람이 없다는 것이다.

노아 때 사람들이 무엇을 깨닫지 못했는가? 노아는 방주를 지은 사람이다. 방주는 장이 300규빗, 고가 30규빗, 광이 50 규빗으로 성부, 성자, 성령을 의미한다(창 6:15).

창세기 6:8-9에 노아는 하나님께 은혜를 입음으로써 "노아는 의인이요 당대에 완전한 자라 그가 하나님과 동행하였다"라고 말씀하고 있다.

그렇기 때문에 노아는 하나님을 대신한 사람이라고 말할 수 있다. 그런데 그 당시의 사람들이 그러한 노아의 말을 듣지 않았다. 자기들과 똑같은 성정을 가진 동류(同類)의 사람이라고 생각했기 때문에 하나님을 대신하고 있는 하나님의 사람인 노아의 말을 믿지 못하고 불순종했다. 그러한 죄로 자기들이 심판을 받고 죽는다는 사실을 그 당시의 사람들이 아무도 깨닫지 못했다는 것이다.

예수께서 십자가를 짊어지고 골고다 언덕을 향하여 가실 때 따라오는 여인들에게 "나를 위하여 울지 말고 너희와 너희의 자녀를 위하여 울라"(눅 23:27-28)고 말씀하셨다. 그 말씀의 의미대로 주후 40년에 베스피안 황제의 아들 디도가 예루살렘 성에 쳐들어와서 6~7만 명을 사로 잡아가고 예루살렘 성 안에 갇혀있던 110만 명의 사람들을 다 죽였다.

표면적인 이스라엘에서 있었던 일은 이면적인 이스라엘에서도 동일한 역사로써 일어나게 되어있다. 그렇기 때문에 그러한 엄청난 참상이 이 나라, 이 민족을 통해서도 일어나게 되어있다는 것이다.

대한민국은 쌍태의 아픔을 가진 나라로서 운명적으로 짊어진 전쟁이 있다. 왜 그러한 전쟁이 일어나는 것일까?

필자는 본서에서 하나님께서 인류를 구원하시고자 펼치신 구속사의 세계가 어떠한 목적으로 출발해서 어떤 결과로 마쳐지는지, 또 구속사가 펼쳐지는 가운데 필연적으로 따르게 되어있는 전쟁이 이 땅에서 어떤 내용으로 전개되는지 세세하게 소개하고자 한다.

특히 앞으로 우리나라에서 일어날 전쟁은 어떤 양상을 띠고 어떻게 일어나는지, 왜 우리 민족은 쌍태의 아픔을 짊어진 나라가 되었으며 왜 운명적으로 전쟁을 겪어야 하는지 그 원인의 세계를 성경 말씀을 통하여 심도 있게 증거하고자 한다.

제 1장

구속사는 처음부터
전쟁의 역사였다

I
전쟁이 일어나야 하는 본질은 무엇인가?

1. 궁창의 세계에서 시작된 전쟁의 본질은 무엇인가?

사무엘상 17:47과 역대하 20:15에서 "전쟁은 하나님께 속해 있다"라고 말씀하고 있다. 그렇다면 전쟁이 왜 하나님께 달려있다고 말씀하고 있는지 우선 그 본질의 세계를 찾아보아야 한다.

하나님이 인류의 시조인 아담을 통해서 이 땅에 구속사의 세계를 펼치고자 하셨다. 그러나 아담이 에덴동산에서 "선악을 알게 하는 나무 열매를 따먹지 말라"는 첫 계명을 어기고 그 열매를 따먹었다. 그러므로 구속사의 첫 주자로 세웠던 아담이 출발점에서 퇴장당하고 말았다. 시작점에서 이미 문제가 생긴 것이다.

하나님이 인류 구속사의 세계를 이어가시려면 어떻게 해야 하는가? 하늘 구도의 도장에서 시작하셨던 일을 이 땅에 옮겨

놓으셔야 한다. 그러기 위해서는 하나님이 흙 차원의 인간들에게 개입하실 수 있도록 하늘문이 열려야 한다. 그래야 구속사의 첫 걸음이 떼어질 수 있는 것이다.

그 사역을 짊어진 사람이 누구인가? 두 번째 인류의 시조인 노아였다. 아담이 타락했기 때문에 우선책이 아닌 차선책으로 이 땅에 인류 구속사의 세계가 이루어질 수 있도록 생명나무가 포도나무로 오시는 길을 만들어야 한다.

그 길을 노아가 만든 것이다. 그 길을 만들기 위해서 노아가 포도원을 만들고 포도농사를 시작했다(창 9:20). 노아가 포도를 따서 포도주를 만들었다는 말은, 포도원 안에 인류를 구원하는 구속사의 모든 것이 다 갖추어져있다는 의미이다. 포도주를 만들려면 즙을 짜는 틀이 있어야 하고 망대가 있어야 하고 경계할 수 있는 산울타리가 있어야 한다(마 21:33, 막 12:1). 그렇게 구속사를 이룰 수 있는 모든 것을 노아가 준비하고 만들어놓았다는 것이다.

생명나무가 포도나무로 올 수 있는 길을 만든 것은 전쟁을 하기 위해서 만든 것이 아니라 인류를 구원하는 구속사의 세계를 완성하기 위해서 만든 것이다.

그러나 그것을 이루는 과정에서 어떤 일이 일어났는가? 구속사의 목적을 이루고자 하시는 하나님의 뜻을 짊어진 사람들과 그 뜻을 이루지 못하게 막고 있는 어두움의 세력, 그들 상호간에 끊임없이 전쟁이 진행되고 있었다는 것이다. 그렇게 전쟁을 할 수밖에 없는 본질적인 원인은 무엇인가?

히브리서 11:3에 하나님께서 믿음으로 뜻을 세우시고 말씀으로 모든 세계를 창조하셨다고 말씀하고 있다. 그런데 하나님이 세우신 그 뜻 안에는 이미 전쟁이 일어날 수밖에 없는 요인이 분명히 존재해 있었다는 것이다. 그것이 무엇인지 알기 위해서는 먼저 하나님이 창조하신 창조의 세계를 면밀하게 살펴볼 필요가 있다.

스스로 계신 자, 창조주 하나님께서 우주 만물을 창조하시기 전, 만유 위에 아버지의 집을 제일 먼저 지으셨다(엡 4:6). 그곳이 요한복음 3:13, 14:2-3에서 말씀하고 있는 아버지의 집이다. 아버지의 집은 하나님의 보좌가 있는 곳이다. 그곳은 빛의 세계, 영광의 세계로서 죄를 지을 수 없는 세계이며 죄가 존재할 수도 없는 세계이다.

그렇기 때문에 하나님의 형상과 모양으로 이루어진, 그리스도의 인성과 신성을 본받아 닮은 인격적인 존재가 아니면 갈 수 없는 곳이다.

그리고 하나님이 둘째 날, 만유 안에 궁창의 세계를 지으셨다(창 1:8). 만유는 하나님이 지으신 인격적인 존재, 생명체들이 거주하고 있는 생명의 세계를 말한다.

은하계 안에는 수많은 별들이 있다. 태초에 하나님이 천지를 창조하실 때 무(無)에서 유(有)를 창조하신 우주만물 속에 많은 해와 달과 별들이 창조되었다. 그때 태양계도 지음을 받았고 태양계 안에 우리가 살고 있는 지구가 소속되어 있다.

그렇게 창조된 하늘 세계에 무엇이 있는가? 당연히 탄생과 마침이라는 존재의 시작과 끝이 있는 것이다. 물질로 지어진 대상이 영원부터 영원까지 존재한다는 것은 원리적인 법도가 아니다. 물질자체는 영원하지 못하기 때문에 유한적인 존재로 머무를 수밖에 없다.

그렇기 때문에 우주는 처음 만들어진 상태로 영원히 존재하는 것이 아니라 거기에도 항상 시작과 끝이 있다는 것이다. 그것을 가리켜 요한계시록 22:13에 "나는 알파와 오메가요 처음과 나중이요 시작과 끝이라"고 말씀하고 있다. 우주도 무한한 세계가 아니라는 의미를 함축하고 있는 말씀이다.

탄생되는 별이 있다면 소멸되는 별도 있게 마련이다. 물리적이고 유한적인 시간 속에서 블랙홀(black hole)[2] 이라는 독립적인 존재가 우주 공간을 이동하면서 더 이상 존재할 필요가 없는 별들을 흡수하여 소멸시킨다. 소멸시킨 만큼 다시 새로운 별을 탄생시킨다.

천체 과학자들은 그렇게 탄생과 소멸을 반복하고 있는 우주의 한 단면을 바라보고 "우주는 끊임없이 빅뱅하고 있다"라고 주장하고 있다. 그러나 그 내용의 세계를 살펴보면, 그 속에 존재하고 있는 해와 달과 별들이 탄생해서 소멸되기까

---

[2] 블랙홀(black hole) 강력한 중력으로 모든 것을 빨아들이는 시공간 영역. 질량이 매우 큰 별의 진화 마지막 단계에서 만들어지며, 구성물질이 사방에서 붕괴되면서 중력에 의해 부피가 0이고 밀도가 무한대인 한 점으로 압축된다. 특이점은 검은 구멍의 중심이며 '사건의 지평선'이라는 경계선 안쪽을 이루게 되는데, 사건의 지평선 안에서는 탈출속도가 빛의 속도보다 커서 빛조차 우주공간으로 벗어날 수 없다. 태양질량의 3배가 넘는 무거운 별들만이 진화의 마지막 단계에서 검은 구멍이 된다. 2019년 4월 10일 인류 역사 최초로 블랙홀을 관측하고 촬영한 영상이 공개되었다. 다음백과

지 진행 과정에서의 변화가 있을 뿐, 우주 자체가 빅뱅(big-bang)[3] 하여 무한대로 뻗어나가는 것은 아니라는 것이다.

이것은 우주가 무한대로 팽창하고 있다고 주장하는 과학자들의 논리와는 상충(相衝)되는 내용이다. 그들의 주장과 말씀의 차원에서 본 빅뱅의 개념은 다른 것이다. 그들은 현재 드러나 있는 현상의 세계만을 바라보며 그렇게 주장하고 있는 것이다.

창세기 1:8에 궁창을 하늘이라고 말씀하고 있다. 그 하늘의 발등상이 되는 곳이 바로 지구촌이다(사 66:1, 행 7:49). 그렇기 때문에 지구는 궁창의 세계에서 분리된 독자적인 생명의 별이 아니다. 신령한 천사들로 하여금 궁창의 세계에 있는 생명체를 지구로 이동시켜서 죽어있던 별이 생명의 별로 탄생된 것이다.

하나님이 이 지구촌에 흙 차원의 인생을 지으시기 전에 궁창의 세계에서는 어떤 일이 있었는가?

하나님이 창조하신 창조 본연의 세계는 죽음이 없는 신령한 세계로서 비물질(非物質)로 이루어져 있다. 그곳은 하나님의 창조 본연의 원리와 목적대로 지어진 세계이다. 그러므로 변화의 영광이 있을 뿐, 해함이나 상함이 없기 때문에 죽음이 없는 세계, 영원부터 영원까지 연대에 다함이 없는 세계라고

---

[3] 빅뱅(big-bang) 우주가 적어도 100억 년 전에 일어난 대폭발이라고 하는 극히 높은 온도와 밀도를 가진 상태에서 시작되었다는 이론. 빅뱅 이론은 대폭발이론이라고도 부른다. 빅뱅 이론은 원래 1920년대 알렉산더 프리드만과 조르주 르메트르가 제안했으나, 1940년대 조지 가모브와 그 동료들이 지금과 같은 형태로 발전시켰다. 다음백과

말씀하고 있다(히 1:10-12).

그러한 세계에 왜 죽음이 등장할 수밖에 없었는가? 그것은 죄가 개입되었기 때문이다. 죄가 창조본연의 세계의 질서를 파괴했기 때문에 그것을 바로잡는 과정에서 죽음은 필연적인 내용이 되고 말았다.

둘째 날, 하나님이 궁창의 세계에 천군천사들을 지으셨다. 그러한 궁창의 세계에 문제가 생긴 것이다. 지혜의 천사장인 루시엘이 타락함으로 말미암아 빛의 세계에 위협적인 존재가 되고 말았다. 그대로 두어서는 타락한 천사들의 세력이 점점 커질 것이기 때문에 하나님이 더 이상 관망하실 수가 없었다.

그러므로 하나님께서 궁창을 중심으로 윗물과 아랫물로 나누셨다(창 1:6-7). 궁창을 윗물과 아랫물을 구분하셨다는 말은, 그 전에는 구별됨이 없었던 궁창의 세계에 선(善)의 법과 악(惡)의 법을 만들어놓으셨다는 것이다. 선의 법은 생명나무이고 악의 법은 선악을 알게 하는 나무라고 말할 수 있다.

하나님이 이스라엘 백성들에게 율법을 주셨다. 법을 주시기 전에는 그들의 양심에 맡겨두었지만 죄를 깨닫게 하는 율법을 주신 이상은 법을 중심으로 무엇이 옳고 무엇이 그른지 선과 악이 가려질 수 있는 것이다.

> 롬 2:14-15 (율법 없는 이방인이 본성으로 율법의 일을 행할 때는 이 사람은 율법이 없어도 자기가 자기에게 율법이 되나니 이런 이들은 그 양심이 증거가 되어 그 생각들이 서로 혹은 송사하며 혹은 변명하여 그 마음에 새긴 율법의 행위를 나타내느니라)

롬 3:20 그러므로 율법의 행위로 그의 앞에 의롭다 하심을 얻을 육체가 없나니 율법으로는 죄를 깨달음이니라

그러한 법이 있었기 때문에 궁창의 세계가 윗물과 아랫물로 구분된 것이다. 윗물과 아랫물은 첫째 하늘과 둘째 하늘을 말하는 것이다. 첫째 하늘은 타락한 천사들이 점유한 세계, 둘째 하늘은 타락하지 않은 천사들의 세계, 셋째 하늘은 하나님의 아들들이 거주하고 있는 거룩한 영역이라고 말할 수 있다(욥 2:1, 38:7, 막 13:32, 롬 8:19).

하나님께서는 궁창의 세계에서 일어날 일을 모르시는 분일까? 하나님은 전지전능하시고 무소불능하시며 무소부재하신 분이시다(렘 32:27, 23:23-24, 시 139:7-10). 그런 하나님이시기 때문에 믿음으로 뜻을 세우셨을 때(히 11:3) 이미 궁창의 세계에 어떤 문제가 생길 것을 알고 계셨다.

그런데 하나님은 궁창의 세계에서 그러한 일이 발생했을때 하늘에 있는 천사들로 하여금 스스로 그 문제점을 해결하도록 법도를 정해놓지 않으셨다. 일반적인 개념으로 말한다면 "하늘 세계에서 잘못된 일은 하늘에 있는 자들을 통해서 그 문제를 바로 잡게 하는 것이 상식이 아니냐?"라고 말할 수 있다.

고린도전서 1:26-29에 "하나님은 약한 자들을 통해서 강한 자들을 부끄럽게 하시고 어리석은 자들을 통해서 지혜 있는 자들을 부끄럽게 하신다"라는 말씀이 기록되어 있다. 그렇게 하시는 이유는, "아무 육체라도 하나님 앞에서 자랑하지 못하게 하기 위함이라"고 말씀하고 있다.

그러므로 하나님께서는 하늘의 발등상이 되는 낮고 천한 이 땅의 흙으로 사람을 지으시고 그 코에 생기를 불어넣어 생령이 된 아담으로 하여금 신령한 천사의 세계에서 저질러진 잘못된 하늘의 일을 바로 잡고자 하셨다. 그것이 하나님의 창조원리의 뜻이었다.

그러한 하나님의 참 뜻을 천사들이 깨닫지 못했다. 루시엘은 자기가 피조세계에서 가장 영화롭고 뛰어난 존재인 줄 알았다. 하나님이 지혜의 천사장인 루시엘을 열 가지 보석으로 치장해 주시고 그가 지음을 받던 날에 소고와 비파가 예비 되었을 정도로 특별한 사랑을 베풀어주셨다.

> 겔 28:13-14 네가 옛적에 하나님의 동산 에덴에 있어서 각종 보석 곧 홍보석과 황보석과 금강석과 황옥과 홍마노와 창옥과 청보석과 남보석과 홍옥과 황금으로 단장하였었음이여 네가 지음을 받던 날에 너를 위하여 소고와 비파가 예비되었었도다 너는 기름 부음을 받은 덮는 그룹임이여 내가 너를 세우매 네가 하나님의 성산에 있어서 화광석 사이에 왕래하였었도다

화광석 사이를 거닐었다는 말은, 루시엘이 에덴동산을 보호하고 수호하는 존재였다는 것을 의미한다. 화광석은 보석의 이름이 아니다. 그곳은 좌우에 날선 두루 도는 화염검을가진 그룹들이 지키고 있는 하나님의 절대적인 거룩한 구역을 말한다(히 4:12).

에스겔 28:12에 "너는 완전한 인(印)이었고 지혜가 충족하며 온전히 아름다웠도다"라고 말씀하고 있다. 완전한 인을 받

았기 때문에 그가 자신의 완전함을 믿고 교만해지기 시작했다.

그러므로 그가 가진 지혜와 영화로움, 영적인 권세와 능력을 가지고 천군의 세계에 있는 천사들을 영입하여 자기의 소속으로 만들기 시작했다. 많은 천군천사가 그의 유혹에 끌려 들어가 합류했기 때문에 루시엘이 "내가 다니엘보다 더 지혜롭다"라고 말한 것이다(겔 28:3-5).

유다서 1:6에 궁창의 세계에 있는 모든 천사들에게 주신 계명의 내용이 기록되어 있다. 하나님이 천사들에게 "각자의 자기 지위를 지키고 자기 처소를 떠나지 말라"는 계명을 주셨다. 그렇기 때문에 자기 지위와 처소를 떠난 천사는 결박하여 무저갱에 가두게 되어있다.

그러한 궁창의 세계의 율례와 규례를 무시하고 루시엘이 자기가 그 어떤 천사보다 영화로운 존재로 지음을 받았다는 스스로의 아름다움에 빠져서 교만해짐으로써 마침내 타락하고 말았다.

하나님께서는 궁창의 세계의 율례와 규례를 범한 루시엘을 직접 징계하시고 징벌하시고 징치하실 수도 있었다. 그런데 그를 벌하시지 않고 단순히 궁창을 중심으로 윗물과 아랫물을 구분하셨다. 그 이유는 무엇인가?

히브리서 1:14에 천사는 '부리는 영'으로서 하나님의 후사를 받들고 섬기라고 지어진 종의 존재라고 말씀하고 있다. 궁창의 세계의 천사들은 하나님의 후사로서 지음을 받은 존재들이 아니다.

　하나님의 후사가 되려면 누구를 막론하고 하늘의 발등상이 되는 이 땅에 흙 차원의 인간으로 와야 한다. 창조의 길, 여인의 길을 통하여 이 땅에 흙 차원의 인간으로 와서 그들이 이 땅에서 다시 구도의 길을 통하여 하나님의 후사가 되는 과정을 거쳐야만 다시 하늘로 올라갈 수 있다. 그것이 하나님이 세우신 구속 계획의 뜻이었다. 그것을 미리 알았다면 지혜의 천사장인 루시엘이 타락할 리 없다.

　하나님이 정하신 말씀의 법도, 율례와 규례를 벗어나면 누가 그를 심판하게 되어있는가? 고린도전서 6장에 하늘의 발등상이 되는 이 땅의 낮고 천한 흙 차원의 인생들이 천사를 심판한다는 말씀이 기록되어 있다.

　　고전 6:3 우리가 천사를 판단할 것을 너희가 알지 못하느냐 그러하거든 하물며 세상 일이랴

　하나님은 아브라함의 후손을 구원의 중심으로 삼고 그들을 통해서 천사들을 심판하게 하신다는 것이다. 다시 말해서 이 땅의 비천한 인생들을 하나님의 후사로 만드시고 그들로 하여금 천사의 세계의 잘못된 점을 바로 잡고 궁창의 세계에 있는 타락한 천사들을 심판하는 심판의 주인공으로 삼으신 것이다.
　그것이 하나님의 뜻이었다는 사실을 알았다면 루시엘이 감히 교만할 수 없었고 타락할 일도 없었을 것이다.

2. 궁창의 세계에서 드러난 루시엘의 불순종

하나님이 둘째 날 궁창의 세계를 지으시고 "보시기에 좋았더라"는 말씀을 하시지 못했다. 그렇게 말씀하실 수 없었던 원인이 되는 모순 즉, 불순종으로 야기된 죄와 허물이 궁창의 세계에서 드러나고 말았기 때문이다.

루시엘이 타락함으로 하나님을 대적하는 반대 조직, 세력이 생긴 것이다. 그렇기 때문에 하나님께서는 파괴된 궁창의 세계의 질서와 영광을 회복하셔야 한다. 그러므로 하나님이 여호와로 하여금 하늘의 발등상이 되는 지구를 생명체가 있는 초록별로 재창조하게 하셨다. 그리하여 창세기 2:7에 "여호와 하나님이 흙으로 사람을 지으시고 코에 생기를 불어넣어 아담을 생령으로 만들었다"라는 말씀이 기록되어 있는 것이다.

드러난 외형적인 입장으로 본다면 지구촌의 인생들은 궁창의 세계에 존재하고 있는 천군천사들과는 감히 비교할 수 없는 대상들이다. 천사들은 비물질로 지음 받은 신령한 존재들이다. 그들이 하나님의 명에 따라 물을 다스리는 천사, 불을 다스리는 천사, 자연계를 다스리는 천사, 또 별들의 세계를 다스리는 천사로서 각자 고유적인 사명을 가지고 전 우주 안에 있는 물질의 세계를 운행하는 능력적인 대상들로 쓰임 받고 있다.

사람들은 광대한 우주 안에 존재하고 있는 그 많은 별들이 어떻게 조화를 이루며 운행되고 있는지 의구심(疑懼心)을 가지게 된다. 그러나 하나님의 주권적인 섭리 속에서 궁창의 세계에 존재하고 있는 신령한 천사들이 하나님의 명령에 의하여 조직적인 계열을 따라 한 치의 오차 없이 그 별들을 운행하고 있는 것이다.

흙 차원의 사람을 만드신 하나님의 저의는 무엇일까? 창세기 2:7에 흙으로 사람을 지으셨다는 말은, 물질로 이루어진 사람을 지으셨다는 의미이다. 지구촌에 거하는 인간들은 비록 궁창의 세계와는 비교할 수 없는, 낮고 천한 물질로 이루어진 존재들이지만 그러한 흙 차원의 인생들을 통하여 창조본연의 세계에서 나타난 잘못된 모순, 범죄의 내용들을 바로 잡으려고 하셨던 것이다.

히브리서 2장에 천사들은 구속의 대상이 아니라고 말씀하고 있다.

> 히 2:16 이는 실로 천사들을 붙들어 주려 하심이 아니요 오직 아브라함의 자손을 붙들어 주려 하심이라

하나님이 아담을 에덴동산에 두시고 그곳을 지키고 다스리라고 하셨다(창 2:8-15). 그것은 아담을 궁창의 세계를 다스리는 주인공으로 부르셨다는 것을 의미한다. 천상의 세계에서는 아무도 아담의 등장을 예측한 자가 없었다. 그런데 하나님께서 자기들과는 비교할 수 없을 만큼 낮고 천한 흙 차원의 존재인 아담을 생령으로 만드시고 천상의 세계로 끌어올리셔서 자기들의 머리로 삼으신 것이다.

그렇기 때문에 궁창의 세계에서 난리가 날 수밖에 없었다. 그제야 그들이 하나님의 뜻을 알게 된 것이다. 그 전에는 하나님의 뜻을 몰랐기 때문에 궁창의 세계에서의 머리격인 루시엘이 "나밖에 없지 않느냐?"라고 하면서 하나님과 비기려고 하고 하나님의 후사가 되려고 했던 것이다

3. 루시엘이 비기려고 한 대상은 누구인가?

루시엘이 궁창의 세계에서 많은 천군천사를 이끄는 대상이 되자 "하나님이 하시는 일을 나도 할 수 있다"라고 교만해지기 시작했다. 이사야 14:13-14에 그가 "하늘에 올라 하나님의 뭇 별 위에 자기의 보좌를 높여 지극히 높은 자와 비기리라 하도다"라는 말씀이 기록되어 있다.

성경학자들은 루시엘이 "비기리라"고 말한 것을 "하나님이 하시는 일을 나도 할 수 있다"라는 의미로 해석하고 있다. 그러나 그것은 말도 안 되는 주장이다.

루시엘은 피조물이다. 루시엘도 하나님이 자기를 지으신 창조주이심을 잘 알고 있다. 히브리서 1:1-3에 하나님의 고유적인 권능 세 가지가 기록되어 있다. 지혜의 천사장인 루시엘이 자기가 피조물이라는 것과 자기에게는 창조주 하나님께서 가지고 계신 고유적인 세 가지 능력이 없다는 사실을 모를 리 없다.[4]

---

4) <다시복음으로 본 종말론적 구속사 시리즈> 제 12권 "하나님과 여호와는 어떻게 다른가?"146-155쪽, 벽암 조영래 저, 도서출판 오색이슬

그렇다면 여기에서 그가 "비기리라"고 한 대상은 누구인가? 그것은 무에서 유를 창조하신 창조주 하나님을 지칭한 것이 아니다. 하나님께서 창조하신 '바라의 창조'의 세계를 바라보고 하늘의 발등상이 되는 지구촌에 재창조의 역사를 펼친 주인공이 여호와이다(창 2:4). 그 여호와가 하는 일을 자기도 할 수 있다고 말한 것이지 창조주 하나님이 하시는 일을 할 수 있다고 말한 것은 절대 아니다.

하나님이 여호와를 통하여 이루고자 하셨던 재창조 세계의 목적, 다시 말해서 흙으로 사람을 지으시고 생기를 코에 불어넣어 생령이 되게 한 아담을 통하여 이루고자 하신 목적의 세계를 자기도 할 수 있다고 말한 것이다.

4. 에덴동산에 침범한 옛 뱀

여호와 하나님이 구속사의 세계를 펼치시기 위하여 자기의 형상과 모양대로 지은 성경적인 첫 사람이 아담이다. 그 아담을 에덴동산으로 부르셔서 모든 육축과 공중의 새와 들의 모든 짐승의 이름을 짓게 하셨다. 아담으로 하여금 이름을 짓게 하셨다는 것은 아담이 생명록의 주인이 될 수 있다는 것을 의미하는 말씀이다(창 2:19-20).

루시엘이 이것을 보고 '아담으로 하여금 에덴동산을 지키고 다스리게 하신 이유가 무엇일까? 거기에는 필연적으로 하나님의 절대적인 어떤 계획, 분명한 내용이 있을 것이다'라고 생각했다.

그것을 알아내기 위해서 들짐승 중 가장 간교한 뱀을 아담의 가정에 침투시켰다. 아담이 없는 틈을 이용해서 뱀이 홀로 집을 지키고 있던 하와에게 접근하여 유혹하였다. 그리고 우려했던 대로 자기의 생각이 어느 정도 맞았다는 것을 확인하게 되었다.

하와가 입을 지키지 못하고 자기들에게만 가르쳐주신 하나님의 말씀을 뱀에게 낱낱이 말해주었다. 하와가 입을 열기 전까지는 뱀도 하나님의 뜻이 무엇인지 알지 못했다.

그때까지만 해도 아담은 아직 정식으로 하나님의 후사가 된 것은 아니었다. 그렇기 때문에 뱀으로서는 아직 아담이 어떻게 완전한 생령이 되는지, 어떻게 하나님의 후사가 되는지 알 수 없는 상태였다. 그러므로 그의 약점이 무엇인지, 또 아담이 완전한 생령이 되기 전에 어떻게 해야만 그를 제거할 수 있는지 그 점을 탐색하기 위하여 에덴동산을 침범한 것이다.

이스라엘 진(陣) 배치도를 보면 회막을 중심으로 속 사진(四陣)과 겉 사진으로 되어있다. 아론과 아론의 아들들로 하여금 속 사진의 네 지역을 지키게 했고 이스라엘 열두 지파를 세 지파씩 나누어 겉 사진의 동서남북을 지키게 했다. 그 한가운데로 들어가려면 처음 겉 사진을 돌파해야 한다. 겉 사진과 속 사진은 2,000규빗 떨어지게 되어있다.

마찬가지다. 에덴동산도 그러한 삼엄한 경계를 뚫고 들어가야 하기 때문에 그 한가운데를 들어간다는 것은 결코 쉬운 일이 아니다. 들어갈 수 있는 사람은 오직 아담뿐이었다.

그렇기 때문에 들짐승 중에 가장 간교한 뱀이 에덴동산을 침범하여 먼저 하와에게 "하나님이 참으로 너희더러 동산 모든 나무의 실과를 먹지 말라 하시더냐?"(창 3:1)라고 물었다. 그러자 여자가 "에덴동산에 있는 각종 나무 열매는 임의로 먹되 동산 가운데 있는 선악을 알게 하는 나무 열매는 만지지도 말고 먹지도 말라고 하셨다"(창 3:3)라고 대답하였다.

여기에서 하와가 하나님이 그들에게 원시계명, 첫 계명으로 주신 말씀 외에 "만지지도 말라"고 말씀하셨다는 말을 더 보탰다. 말을 더 보태서 했다는 것은, 하나님께서 계명 안에서 꼭 지켜야 할 에덴동산의 비밀을 그들에게 말씀해 주셨는데 하와가 그것까지도 뱀에게 다 가르쳐주었다는 것을 의미한다. 하와가 뱀에게 금단의 구역에 들어갈 수 있는 방법, 길을 알려 주었다는 것이다.

그러한 말씀의 세계를 성경에 일일이 다 기록할 수 없으니까 "선악을 알게 하는 나무의 열매를 먹으면 정녕 죽으리라"고 압축하여 기록한 것이다. 죽는다는 의미를 원리적인 차원으로 말한다면 "너는 절대로 타락한 천사들과 교제하거나 교통하거나 함께해서는 안 된다. 그렇게 되면 하나님이 너를 통해서 이루고자 하시는 목적을 상실하게 된다. 그러면 너는 다시 네 본질인 흙으로 돌아가고 만다"(창 3:19)라는 내용이 함축되어 있는 말씀인 것이다.

"선악을 알게 하는 나무 열매를 먹으면 하나님 같이 된다"는 뱀의 유혹을 받고 여자가 그 나무를 보니 먹음직도 하고 보암직도 하고 지혜롭게 할 만큼 탐스러웠다. 그러므로 여자가 그 열매를 따먹고 아담에게도 주어 먹게 하였다(창 3:4-6). 그 열매를 따먹었다는 말은, 에덴동산의 모든 비밀이 뱀에게 누설되고 말았다는 것을 의미한다.

그러므로 여호와 하나님이 "이 사람이 선악을 아는 일에 우리 중 하나같이 되었으니 생명나무 열매를 따먹고 영생할까 하노라"하시고 화염검을 가진 그룹으로 하여금 생명나무의 길을 지키게 하신 것이다(창 3:22-24).

그 결과 루시엘이 "하나님께서 드디어 내가 궁창의 세계에서 진행하고 있는 모든 불순종의 내용의 세계를 다 아셨구나! 그것을 바로 잡게 하시기 위하여 아담을 에덴동산으로 부르셨구나!"라는 모든 전모(全貌)를 알게 된 것이다. 그러므로 자기 자신이 구원의 중심의 존재가 아니라는 사실을 깨달았다. 또 하나님께서 아담을 통하여 이루고자 하시는 구속사의 뜻이 무엇인지 그 내용을 막연하게 안 것이 아니라 확실히 알게 된 것이다.

그러므로 그 순간부터 루시엘은 아담을 쓰러뜨리기 위하여 **총력**을 기울인 것이다. 그때부터 이미 빛과 어두움, 싱호 간에 전쟁이 일어날 수밖에 없는 요인이 꿈틀거리기 시작한 것이다. 빛과 어두움이 서로 본격적으로 하고자 하는 일이 무엇인지 상대적으로 확인한 입장이 되었다.

그렇기 때문에 동일한 목적을 공유한 순간부터는 "비기리라"는 말씀의 의미처럼 필사적으로 대적하고 싸우기 시작한 것이다.

제 2장

쌍태(雙胎)의 아픔

I
쌍태의 태동

　인류 구속사의 세계는 존재의 시작으로부터 빛과 어두움이라는 쌍태의 아픔으로 점철되어 왔다. 한 집에 살고 있으되, 한 태(胎)에 있으되 영원히 서로 하나가 될 수 없는 물과 기름과 같이 되어버린 존재, 이러한 내용의 세계를 가리켜 쌍태의 아픔이라고 말할 수 있다.
　그렇다면 운명적으로나 숙명적으로나 쌍태의 아픔을 짊어지고 태어날 수밖에 없었던 그 원인의 세계를 살펴볼 필요가 있다.

1. 빛과 어두움이 대치되는 현상은 왜 생기는 것일까?

　빛과 어두움이라는 상대적인 존재가 쌍태의 의미를 가지고 구속사의 시작으로부터 마치는 순간까지 전쟁을 해야 하는 이유는 무엇인가?

서로 하나가 될 수 없기 때문에 빛과 어두움의 싸움은 그들의 생명이 존재하는 한, 자기들의 생명의 근원을 지키기 위해서는 꼭 해야 하는 필연적인 목적이 된 것이다. 그러므로 살기 위해서는, 존재하기 위해서는, 보존하고 지키기 위해서는 싸워서 이기는 수밖에 없다.

이것이 하늘에서나 땅에서나 상호 간에 전쟁을 할 수밖에 없는 본질이 되고 근원이 되어버렸다. 이러한 이유로 구속사의 세계는 처음부터 도저히 하나가 될 수 없는 빛과 어두움이라는 쌍태가 벌이는 전쟁의 역사라고 말할 수 있다. 그러므로 구속사 자체가 빛과 어두움이 치열하게 싸우는 전쟁 마당이 된 것이다.

그렇다면 그러한 빛과 어두움이 대치되는 현상은 왜 생기는 것일까?

그것은 그냥 자연발생적으로 생긴 것이 아니다. 로마서 1:20에 "존재하고 있는 모든 대상에는 지으신 하나님의 영원하신 능력과 신성이 들어있다"라고 말씀하고 있다.

그렇기 때문에 빛도 빛으로서 자기가 가지고 있는 능력, 힘, 에너지가 있다. 예수님은 빛이시기 때문에 십자가에 달려 운명하시는 순간까지 용서의 기도를 하실 수 있었고, 그 용서의 기도를 통해서 우편 강도가 회개할 수 있었다.

그렇게 빛이 가지고 있는 고유적인 권세와 능력이 있다면 상대적으로 어두움도 그 존재의 의미 속에 어두움으로서 가지고 있는 고유적인 권세와 능력이 있다는 사실을 인정해야 한다.

> 골 1:13 그가 우리를 흑암의 권세에서 건져내사 그의 사랑의 아들의 나라로 옮기셨으니

하나님이 우주만물을 다섯 가지의 창조원리를 근거로 하여 창조하셨다. 그러므로 창조의 세계는 다섯 가지의 창조원리가 적용된다.

첫째, 영원성이다. 전도서 3:11에 "사람에게 영원을 사모하는 마음을 주셨느니라"고 말씀하고 있다. 사람에게 하나님을 사랑할 수 있는 영원한 마음을 주셨다는 것이다. 창세기 2:7에 "여호와 하나님이 흙으로 사람을 지으시고 생기를 코에 불어 넣으시니 사람이 생령이 되었다"라고 말씀하고 있다. 그 생기 속에 하나님을 영원히 사랑할 수 있는 영원성을 두셨다.

그렇기 때문에 "나 외에 다른 신을 섬기지 말지니라"(출 20:3)는 말씀이 십계명 중에서 첫 번째 계명으로 나타날 수밖에 없는 것이다. 그러한 영원성을 주셨기 때문에 하나님을 사랑하는 마음을 절대 빼앗기지 말고 신앙의 정절과 순결을 지키라고 말씀하신 것이다.

둘째, 상대성이다. 아인슈타인이 상대성 원리를 주장했지만 이미 성경에는 아인슈타인이 주장한 것보다 더 정확한 상대성의 본질, 법칙이 들어있다.

셋째, 수리성이다. 마가복음 4장에 어떤 만물이든 간에 그 만물이 자기의 형상과 모양을 이루는 과정에는 시간이 필요하다는 수리성에 대한 말씀이 기록되어 있다.

막 4:28 땅이 스스로 열매를 맺되 처음에는 싹이요 다음에는 이삭이요 그 다음에는 이삭에 충실한 곡식이라

넷째, 절대성이고 다섯째, 완전무결성이다. 모든 세계를 절대성과 완전무결성으로 지으셨기 때문에 하나님이 둘째 날을 제외하고 다 "보시기에 좋았더라"고 말씀 하신 것이다.

절대지존이신 하나님이라고 해서 어떤 원리적인 근거, 율례와 규례와 원칙, 절차를 무시하고 지으시는 것이 아니라 이러한 창조원리에 의해서 모든 만물의 세계를 지으셨다는 것이다.

이러한 창조원리 중에 상대성이 들어있다. 하나님이 우주만물을 창조하실 때 어떤 대상이든지 상대성 원리로 지으셨기 때문에 빛과 어두움이 상대적으로 대치될 수밖에 없는 상황이 전개된 것이다.

창세기 1:3에 "빛이 있으라 하시매 빛이 있었고 그 빛이 하나님의 보시기에 좋았더라"고 말씀하고 있다. 빛이 없으면 생명이 자라지 못한다. 물론 빛 외에도 생명이 자랄 수 있는 가장 근원적인 물, 땅, 흙, 또 적정한 온도와 산소, 이러한 여러 가지 조화로운 내용들이 있어야만 생명이 존재할 수 있다. 그러나 그중에서도 물과 빛이 가장 큰 생명의 근원이 되고 있다.

빛이 그러한 영향을 끼친다면 어두움도 고유적인 본질, 능력을 가지고 있다는 사실을 인정하지 않을 수 없다.

창세기 1:2에 "땅이 혼돈하며 공허하며 흑암이 깊음 위에

있고 하나님의 신은 수면 위에 운행하시니라"고 말씀하시고 창세기 1:3에 "빛이 있으라 하시매 빛이 있었고"라고 말씀하셨다. 순서상으로 빛을 지으시기 전에 먼저 '혼돈, 공허, 흑암'을 지으셨다. 흑암은 빛의 상대적 존재가 되는 어두움을 말한다.

창세기 1:3에서 말씀하고 있는 빛은 누구를 말하는가? 그 빛은 요한복음 1:1에서 말씀하고 있는 하나님이신 '태초의 말씀'을 말하는 것이다.

오늘날 성경학자들은 창세기 1:1의 태초는 '아사의 창조'이며 요한복음 1:1에서 말씀하고 있는 태초는 '바라의 창조'로써 무에서 유를 창조한 영원한 창조의 세계를 말씀하는 것이라고 주장하고 있다.

그러나 창세기 1:1의 태초와 요한복음 1:1의 태초는 같은 태초를 말하는 것이다. 단지 요한복음 1:1의 태초는 그 태초의 주인공을 인자(人子)로서 표현한 것이다. 그 인자로서의 태초를 창세기에서는 "빛이 있으라 하시매 빛이 있었고 그 빛이 하나님이 보시기에 좋았더라"는 '빛'으로 말씀하고 있다.

혹자는 영원한 태초와 재창조의 태초를 구분해서 설명하는 자체가 잘못된 것이라고 말한다. 그러나 영원한 태초는 처음부터 끝까지 변함이 없는 세계를 말하는 것이다. 그렇기 때문에 처음 시작하여 끝에 이르기까지 상대성, 수리성, 절대성, 완전무결성에 의하여 진행의 과정, 변화의 과정이 있는 세계는 영원한 태초가 아니다. 영원한 태초는 만유 밖에 있는 아버지의 집 외에는 없다.

　요한복음 1:1의 '태초의 말씀'이 창세기 1:1의 천지를 창조하셨다. 말씀이 하나님이시고 하나님이 말씀이신데 신학자들은 "말씀은 말씀일 뿐이고 하나님은 하나님일 뿐이다"라고 주장하고 있다. 그러나 창세기 1:1의 "태초에 하나님이 천지를 창조하시니라"의 태초와 요한복음 1:1의 "태초에 말씀이 계시니라"의 태초는 같은 맥락, 같은 의미의 태초를 말씀하고 있는 것이다.

　그렇다면 창세기 1:2에 "땅이 혼돈하고 공허하며 흑암이 깊음 위에 있고"에서 말씀하고 있는 흑암은 무엇인가? 하나님께서 굳이 빛과 상대적 존재가 되는 흑암을 지으신 이유는 무엇일까?

　욥기 14:12에 "사람이 죽으면 자기가 죽었던 그 하늘 아래서는 살아나지 못하고 다시 하늘이 바뀌어야 살아날 수 있다"고 말씀하고 있다. 또 시편 115:17에 "죽은 사람은 절대 기도하거나 찬양을 부르거나 감사를 드리지 못한다"는 말씀이 기록되어 있다.
　예수께서 "나는 아브라함의 하나님, 이삭의 하나님, 야곱의 하나님, 나는 산 자의 하나님이다"라고 말씀하고 있다(눅 20:37-38).
　산 자들과는 달리 죽은 자들은 하늘이 바뀌어 새 하늘이 되기까지 살아나지 못하기 때문에 찬양을 드릴 수 없다. 그 이유는 무엇인가? 그들은 어두움의 세계인 스올, 흑암에 들어가 있기 때문에 아무 것도 할 수 없는 것이다.

무저갱5)을 어학사전에 찾아보면 '악마가 벌을 받아 한번 떨어지게 되면 영원히 나오지 못하는 밑 닿은 데가 없는 구렁텅이'라고 되어있다. 그렇기 때문에 무저갱을 가리켜 빛도 없고 끝도 없는 깊은 어두움의 세계로서 그곳에 들어가면 아무도 헤어 나올 수 없다고 말한다. 그곳은 오직 들여보낸 자만이 나오게 할 수 있다. 생명이 존재할 수 없는 흑암의 세계가 있다는 것을 말씀하고 있다(계 1:18, 9:1, 20:1).

누가복음 16:22-26에 죽은 거지 나사로와 부자의 내용이 기록되어 있다. 부자가 아브라함의 품에 있는 나사로를 보고 "아버지 아브라함이여 나사로로 하여금 손끝에 물을 찍어 내 혀를 서늘하게 하소서"라고 말하고 있다. 그러자 아브라함이 "너희와 우리 사이에는 큰 구렁이 있어 그쪽으로 갈 수도 없고 이쪽으로 올 수도 없다"라고 응답하고 있다.

여기에서 말씀하고 있는 큰 구렁이 바로 어두움의 세계인 '흑암'이다. 그 곳에 빠지면 아무도 스스로 헤어 나오지 못한다.

---

5) 무저갱(無底坑, abyss): 여러 종교에서 등장하는 바닥이 없는 구덩이로, 지하 세계나 지옥 따위로 연결되는 곳이다. 고려대 한국어대사전.

2. 흑암을 먼저 등장시키신 이유는 무엇인가?

성경의 하루는 저녁부터 시작된다. 저녁부터 시작해서 밤을 지나 새벽에 이르고 낮을 지나 다시 저녁이 된다. 그러므로 저녁부터 다음날 저녁까지의 시간을 하루라고 한다.

저녁 다음에는 새벽이 오는데 꼭 밤을 통과하게 되어있다. 그렇기 때문에 밤을 통과해야만 새벽을 맞이할 수 있는 진정한 자격자가 될 수 있다는 원리가 성립된다.

욥기 4:19에 "하루살이에게라도 눌려 죽을 자"를 말씀하고 있다. 하루를 온전히 살지 못한 사람을 가리켜서 하루살이 벌레만도 못하다고 한 것이다. 베드로후서 3:8에 "하루가 천년 같고 천년이 하루 같은 이 한 가지 사실을 잊지 말라"는 말씀이 기록되어 있다. 그것은 "너희가 80세, 100세를 살지라도 평생 진정한 하루의 의미를 깨닫고 참되고 올바르게 하루를 살아 본 적이 있느냐?"라는 의미의 말씀인 것이다.

그러한 의미를 가지고 반드시 통과해야 할 밤이 '흑암'인 것이다. 그 흑암을 통과해야만 하루를 올바르게 산 사람이 되는 것이다.

혹자는 "하나님이 아예 흑암을 짓지 않고 처음부터 빛의 세계만 지으셨다면 아담이 선악과를 따먹을 필요도 없었을 것이고 죄를 지을 필요도 없었을 텐데 굳이 그렇게 상대적으로 창조하실 필요가 있었을까?"라고 말한다. 처음부터 극락세계와 같은 산 자의 세계를 펼치셨으면 좋았을 텐데, 왜 그렇게 복잡한 절차와 과정을 만드실 필요가 있었느냐고 의문을 가질 수있다.

　하나님이 처음부터 빛의 세계만을 지으셨다면 지으신 세계가 너무 단조롭다. TV 연속극을 보면 시청자들이 예상하지 못한 극적인 반전으로 구성되어 있다. 그 이유가 무엇인가? 그렇게 해야 극의 내용이 이채롭고 스릴이 있고 재미있다. 세상 사람들도 그러한 조화의 묘미를 사용할 줄 안다.

　하나님께서도 그러한 극적인 영광을 받으시기 위하여 우주 만물을 상대성으로 창조하셨다는 것이다. 그렇기 때문에 전도서 3:11, 7:14에 "하나님이 하시는 시종의 세계를 인생들로 하여금 아무도 알지 못하게 하셨다"라는 말씀이 기록되어 있는 것이다.

　그렇다고 하나님께서는 인생들을 전혀 무시하시고 구속사의 세계를 펼쳐나가실까? 그렇지 않다는 것이다. 아모스 3:7에 "내가 하고자 하는 일을 내 종들에게 밝히 보이며 행하신다"라고 말씀하고 있다.

　그렇기 때문에 아브라함의 후손을 통하여 공의와 공도를 이루시기 위해서 아브라함에게 소돔과 고모라를 심판하실 것을 미리 말씀해주신 것이다(창 18:19-21).

　하루를 구성하고 있는 시간을 살펴보면 '저녁, 밤, 새벽, 낮, 저녁'으로 빛의 의미가 되는 낮 시간이 밤 시간보다 더 길게 되어있다. 그러면 형평성의 문제가 제기된다. 그렇기 때문에 순서상으로는 밤을 낮보다 앞서게 한 것이다.

　'하루'라는 의미 속에도 그러한 상대성과 수리성이 적용되어 있다. 먼저 밤을 통과함으로써 빛의 존재의 가치와 거룩함을 더욱더 의미 있게 깨달을 수 있다는 것이다. 그런 의미에서 빛보다 어두움을 먼저 지으신 것이다.

그렇기 때문에 혼돈과 공허와 흑암 속에서 빛과 어두움이라는 상대적인 존재가 그것들을 어떻게 수용하고 이용하고 다스리는지, 또 그것들과 어떻게 연결되는지 그 내용 여하에 따라서 결과가 달라질 수 있다는 것이다.

상대성으로 지어진 창조의 세계

하나님께서 만물의 세계를 왜 상대성으로 지으셨는가? 창조원리의 입장으로 말한다면 상대성은 서로 경쟁하는 것을 의미한다. 상대성 속에는 상호 간의 공생력, 경쟁력이 들어있다.

긍정적으로는 만물이 공생적 관계에서 서로 선의의 경쟁을 하게 하기 위하여 그렇게 지으셨다고 말씀할 수 있다. 그러나 부정적인 입장으로 말한다면 적자생존(適者生存)의 원칙에 의하여 서로 투쟁하여 이긴 자로 하여금 진 자를 다스리게 하는 것이 하나님의 뜻이었다는 것이다.

> 벧후 2:19 저희에게 자유를 준다 하여도 자기는 멸망의 종들이니 누구든지 진 자는 이긴 자의 종이 됨이니라

위 성구의 말씀처럼 이긴 자에게 진 자를 다스릴 수 있는 권리를 부여하고 있다는 사실을 알게 된다. 그렇기 때문에 종이 되지 않으려면 상대를 기필코 이겨야만 하는 것이다.

그러한 관계를 하늘차원에서 가장 우선적인 율례와 규례, 법도로 삼기 위하여 창세기 1:2에 하나님이 지으신 세계를 "땅이 혼돈하고 공허하며 흑암이 깊음 위에 있고"라고 말씀한 것이다. 그 말씀이 창조의 세계에서 맨 앞의 순서로서 존재하고 있는 것은, 절대적으로 평가할 가치가 있는 내용이라는 것을 말씀하고 있는 것이다.

욥기 14:19에 "돌은 흐르는 물에 의해서 서로 부딪힘으로써 모난 부분이 부드럽게 다듬어진다"는 말씀이 있다. 또 잠언 27:17에 "사람은 사람끼리 부딪히면서 그의 인격이 새로워진다"라고 말씀하고 있다.

상대성 속에는 그러한 내용이 함축되어 있다. 하나님이 빛과 어두움을 상대성으로 지으셨기 때문에 빛이 존재함으로써 어두움도 존재하고 어두움이 있는 곳에 빛도 있을 수밖에 없는 상대적인 관계로 만물을 지으셨다는 것이다.

사람도 마찬가지다. 사람의 심전에는 육신의 소욕과 성령의 소욕, 두 가지 소욕이 존재하고 있다(갈 5:17). 한 사람의 심전에 두 가지 소욕이 함께 하고 있기 때문에 "마음은 원이로되 육신이 연약하다"(막 14:38)라는 말씀이 기록되어 있는 것이다. 인간도 상대성에 의하여 지음을 받았기 때문에 인간의 심전에도 서로 다른 인격이 공존하고 있다.

그러므로 그 안에 내재되어 있는 성령의 소욕과 육신의 소욕도 어느 한 쪽이 더 많은 영역을 점유하고 있을 때는 더 많이 점유한 소욕이 우월하게 나타날 수 있다. 그리고 더 열악하게 점유하고 있는 소욕은 우월한 소욕의 상대적 입장이 되는 것이다.

만물을 상대성으로 지으신 결과가 긍정적인 입장에서는 우호적이고 선의적이며 또 합력적인 경쟁으로 나타나기도 하지만 부정적인 입장에서는 선의적이 아닌 악의적인 경쟁이 되어 그것이 투쟁, 싸움, 전쟁이라는 내용으로 나타나는 것이다.

창세기 1:2에 '혼돈과 공허와 흑암'이라는 본질적이고 근본적인 기준이 존재하기 때문에 둘째 날 궁창의 세계에서 지음을 받은 천군 천사들도 상대성의 원리로 지음을 받았다.

그렇기 때문에 그들도 그 기준에 합당한 언약, 계명이 필요하게 되었다. 그 이유는 무엇인가? 이미 상대성 원리로 지음을 받은 존재이기 때문에 그들에게 어떤 법도를 주면 그것을 지킬 수도 있고 안 지킬 수도 있다는 것이다.

그러므로 하나님께서는 당연히 그들에게 언약, 계명을 주실 수밖에 없다. 유다서 1:6에 "자기 지위를 지키고 자기 처소를 떠나지 말라"는 천사들에게 주신 계명이 기록되어 있다. 그들에게 계명을 주셨기 때문에 그 말씀에 위배되는 행위를 한다면, 불순종을 한다면 그들은 징계를 받을 뿐만 아니라 심판을 받게 된다.

그들이 만약 하나님의 법을 무조건 지키는 존재로 지어졌다면 그들은 완전한 인성으로 이루어진 인격적인 존재라고 말할 수 없다. 자유의지, 선택권이 없다면 로봇이나 마찬가지이기 때문이다.

하나님이 만물을 상대성 원리로 지으신 것은, 그들이 빛과 어두움을 다 공유하도록 지어졌다는 것을 의미한다. 두 사상,

두 이념, 두 개념이 상대성 안에 들어있는 것이다. 그러므로 그것이 한 지붕 밑에 쌍태로 존재한다면 치열한 싸움이 진행될 수밖에 없는 것이다.

3. 흑암이 가지고 있는 권세와 능력은 무엇인가?

창세기 1:2에 "땅이 혼돈하고 공허하며 흑암이 깊음 위에 있고 하나님의 신은 수면에 운행하시니라"는 말씀은 태초에 하나님이 천지를 창조하신 창조의 모습이다.

흑암이 깊음 위에 있다는 말은, 아직 빛을 지으시지 않은 상태를 말한다. 하나님이 빛을 지으시기 전에 먼저 빛이 없는 하늘과 땅을 지으셨다. 빛이 없는 하늘과 땅을 가리켜서 "땅이 혼돈하고 공허하며 흑암이 깊음 위에 있다"라고 말씀한 것이다.

빛이 등장하지 않았다는 말은, 아직 만물을 지을 수 있는 분이 나타나지 않았다는 것을 의미한다. 그러므로 빛이 없는 세상은 당연히 어두움으로 가득 찰 수밖에 없다.

여기에서의 어두움은 두 가지의 의미가 있는 어두움이다. 첫째는 일반계시적인 어두움을 말하는 것이고 둘째는 특별계시적인 어두움을 말한다. 땅이 혼돈하고 공허하며 흑암이 깊음 위에 있다는 말 속에는 두 가지의 양면성, 즉 자연계시적인 밤과 어두움의 권세에 소속된 밤이 있다는 것이다.

왜 어두움의 권세가 존재할 수밖에 없는가? 특별계시적인 밤 속에는 빛이 없기 때문에 사람들이 옳고 그름을 분별하고 깨달을 수가 없다.

그러나 사람들 각자에게는 양심(良心)이라는 것이 있다. 양심이 있기 때문에 사람들이 윤리, 도덕적인 측면에서 악을 원하기보다는 그래도 선을 원하는 쪽으로 힘이 실려 있다.

사람들이 착한 양심, 선한 양심을 가질 수 있는 이유는 빛이 있기 때문이다. 우리 마음속에 있는 양심이 빛을 바라보고 지향(指向)하며 따라가려고 하는 힘이 있기 때문에 양심의 가책을 받고 올바른 도리를 따라가려고 하는 에너지가 생기는 것이다. 빛이 없으면 절대 올바르고 착한, 선한 양심을 가질 수 없다(딤전 1:5, 1:19, 3:9, 히 13:18, 벧전 3:16, 3:21).

빛이 없으면 당연히 어두움이 존재할 수밖에 없다. 빛이 없는 어두움의 세계라고 해서 혼란스러운 세계인 것만은 아니다. 빛이 없어도 어두움의 세계로서 갖추어야 할 조화의 세계가 펼쳐진다는 것이다.

성부, 성자, 성령의 삼위일체가 빛 안에 존재하듯이 어두움의 세계에도 성부격, 성자격, 성령격인 666이 등장한다(계 13:18). 옛 뱀, 마귀, 사단, 그 셋을 가리켜 붉은 용이라고 한다. 어두움의 세력도 각자 고유적인 조직과 자기의 기구를 만들어갈 수 있고 소유할 수 있고 또 나름대로의 권세와 능력과 영광을 펼쳐나갈 수 있는 것이다. 빛이 없다고 해서 어두움의 세력이 흐트러지고 혼란스러운 세계만은 아니라는 것이다.

예수님 때 예수님을 제일 먼저 알아본 자들이 누구인가? 마귀의 조종, 지시를 받고 있는 귀신들이다. 그들은 예수님이 하나님의 아들이라는 것을 다 알아보았다(마 8:29, 막 3:11, 눅

4:41, 8:28). 귀신들도 조직이 있기 때문에 각 지방을 담당하는 지방귀신들도 있고 여러 유형의 군대 귀신들도 있다(마 8:28, 막 5:9, 5:15, 눅 8:30).

어두움의 권세에 소속되어 있는 귀신들도 빛과 상관없이 마귀의 지휘, 명령 아래에서 그들 나름대로 철저한 자기들의 조직과 기구와 자기들의 영광을 위한 편제(編制)를 가지고 있다는 것이다.

흑암은 어두움의 권세의 중심, 한가운데가 된다. 영적인 계시로 보면 흑암의 자리에는 붉은 용이 있고 공허의 자리에는 바다의 짐승이 있고 혼돈의 자리는 땅에서 올라온 새끼 수양의 자리라고 말할 수 있다.

빛이 없는 곳에는 자연히 죄가 자라게 되어있고 죄가 왕성하게 되면 어두움의 권세가 역사하게 되어있다. 빛이 없으면 죄의 존재를 알지 못하기 때문에 아무도 구원받지 못한다. 빛이 있음으로 말미암아 혼돈과 공허와 흑암의 정체인 어두움이 밝히 드러나는 것이다.

모세의 시체를 놓고 대군 미가엘 천사장과 마귀가 다투이 변론하고 있다(유 1:9). 모세의 죄가 시편 106:32, 민수기 20:10-12에 기록되어 있기 때문에 마귀가 "모세의 시체를 내가 가지고 가야 한다"라고 주장한 것이다. 이에 대군 미가엘 천사장이 "다만 하나님이 너를 꾸짖으시기를 원하노라"고 말씀하고 있다.

여기에서 대군 미가엘은 빛을 대표하고 마귀는 흑암을 대표하는 구도로서 마귀는 흑암의 권세를, 대군 미가엘은 빛의 권세를 상징하고 있다. 그렇기 때문에 흑암과 빛이 자기의 권세를 가지고 모세의 시체를 놓고 서로 싸우고 있는 모습이라고 말할 수 있다.

골로새서 1장에 '흑암의 권세'라는 말씀이 기록되어 있다. 흑암도 고유적인 자기의 권리와 권세와 능력을 가지고 있다는 것을 알 수 있다.

> 골 1:13 그가 우리를 흑암의 권세에서 건져내사 그의 사랑의 아들의 나라로 옮기셨으니

마귀가 자기 소유라고 주장할 수 있는 대상은 죄를 지은 사람들이다. 성경에 표면적으로는 기록되어 있지 않지만, 사람이 죽으면 천사가 와서 교통정리 하듯 "너는 지옥으로, 너는 천국으로 가라!"고 가르쳐주는 것이 아니다. 자기 스스로 가는 것이다. 누구를 막론하고 죽기 3일 전에 하나님이 그가 어머니 태속에 있을 때부터 태어나서 이 땅에 사는 동안의 전 생애를 영화 보듯이 짧은 순간에 파노라마로 다 보여주신다.

그렇게 보여주시기 때문에 그것이 곧 심판이 되는 것이다. 그러므로 전도서 3:21에 죽자마자 "짐승의 혼은 아래로 내려가고 사람의 혼은 위로 올라간다"라고 말씀하고 있는 것이다.

하나님이 원칙적으로 흑암에게 그러한 권세를 주었기 때문에 죄로 인하여 죽는 자들, 장차 심판의 부활로 부활 받을 수 밖에 없는 죄인들을 죽자마자 흑암의 권세에게 내어 주는 것이다.

동방에서 가장 큰 자, 욥을 생각해 보자. 하나님이 욥을 사

단에게 두 번 내어 주었다. 첫 번째 시험에서 하나님이 욥의 소유물을 사단의 손에 붙임으로 전 재산을 하루아침에 날리게 하고 또 욥의 자녀들이 맏형의 집에서 음식을 먹을 때 대풍(大風)이 집 네 모퉁이를 쳐서 7남 3녀가 그 자리에서 죽었다(욥 1:13-19).

두 번째 시험에서는 사단으로 하여금 욥의 뼈를 치게 함으로써 욥이 기왓장으로 자기 몸에 꿈틀대는 구더기를 긁어내고 있다(욥 2:5-8). 하나님이 욥을 두 번이나 사단에게 내어 주었다는 것은, 욥을 흑암의 권세에게 두 번 내어 주었다는 것을 의미한다.

마지막 때 재림의 마당에 등장하는 666은 실로 거대한 어두움의 세력과 조직을 가진 능력자들이다. 재림의 마당에 등장하는 붉은 용은 이미 천상에서 하나님이 그를 지으실 때 열 가지 보석으로 치장해 준 자로서 열 가지의 지혜를 가지고 있는 존재였다(겔 28:13-14).

그런 그가 마지막 때 창세 이후 최초로 인간의 삶의 현장인 이 땅에 등장한다. 그가 등장하면 이 세상 사람들이 그저 생각 속에서 상상만 했던 놀라운 영의 능력을 그가 실제로 행하는 것을 보고 듣게 된다.

> 계 13:11-18 내가 보매 또 다른 짐승이 땅에서 올라오니 새끼 양같이 두 뿔이 있고 용처럼 말하더라 저가 먼저 나온 짐승의 모든 권세를 그 앞에서 행하고 땅과 땅에 거하는 자들로 처음 짐승에게 경배하게 하니 곧 죽게 되었던 상처가 나은 자니라 큰 이적을 행하되 심지어 사람들 앞에서 불이 하늘로부터 땅에 내려오게 하고 짐

> 승 앞에서 받은 바 이적을 행함으로 땅에 거하는 자들을 미혹하며-(중략)-저가 권세를 받아 그 짐승의 우상에게 생기를 주어 그 짐승의 우상으로 말하게 하고 또 짐승의 우상에게 경배하지 아니하는 자는 몇이든지 다 죽이게 하더라-(중략)-이 표는 곧 짐승의 이름이나 그 이름의 수라 지혜가 여기 있으니 총명 있는 자는 그 짐승의 수를 세어 보라 그 수는 사람의 수니 육백 육십 육이니라

그러므로 다 그 앞에 엎드려 경배하고 그를 믿고 순종할 수밖에 없는 놀라운 역사의 세계가 펼쳐지게 된다.

그러한 권세 앞에 하나님을 믿는 백성들이 끝까지 우상에게 경배하지 않고 짐승의 표를 받지 않으려면, 엘리사가 요아스 왕에게 특별한 은총의 손길로 안찰해주었던 것처럼 이 땅의 주이신 해를 입은 여인으로부터 그러한 축복을 받아야만 끝까지 이기며 승리할 수 있는 이기는 자, 남는 자가 될 수 있는 것이다.

해를 입은 여인으로부터 그러한 축복을 받지 못하면 666에게 다 경배드릴 수밖에 없고 우상의 표를 받고 다 무릎 꿇게 되어있다. 누구를 막론하고 짐승의 표를 받는 자는 다 유황불에 떨어진다(계 19:20, 20:10, 21:8).

그런 입장에서 하나님을 믿는 백성들은 빛과 어두움을 통찰할 수 있는 영안(靈眼)과 지혜와 능력을 가져야 한다. 그래야 때에 맞는 사람으로서 어두움의 권세의 궤휼(詭譎)[6]에 대처할 줄 아는 능력을 가진 인격적인 하나님의 자녀들로서 이 땅

---

6) 궤휼: 간사스럽고 교묘함. 또는 교묘한 속임수, 다음 어학사전

에 남는 자들이 될 수 있는 것이다.

4. 흑암의 본질은 무엇인가?

애굽의 군대가 출애굽한 이스라엘 백성들을 뒤쫓자 홍해를 앞에 둔 이스라엘 백성들이 독 안에 든 쥐가 되었다. 애굽 왕 바로의 군대가 철저하게 복수하겠다고 뒤따라왔다. 그때 이스라엘 진(陣) 앞에 있던 하나님의 사자가 뒤로 행하자 구름기둥도 앞에서 뒤로 옮겨가 흑암으로 역사하는 애굽 진과 이스라엘 진 사이를 분리시켜놓았다. 애굽 진(陣)에는 구름과 흑암이 있었고 이스라엘 진에는 밤이 광명함으로 그들이 감히 침범하지 못했다(출 14:19-20).

유다서 1장에 "영원히 예비된 캄캄한 흑암"이 기록되어 있다. 그곳은 회개치 못하고 심판을 받은 자가 돌아갈, 영원히 다시 돌아올 수 없는 곳을 말한다.

> 유 1:13 자기의 수치의 거품을 뿜는 바다의 거친 물결이요 영원히 예비된 캄캄한 흑암에 돌아갈 유리하는 별들이라

창세기 1:2에 기록되어 있는 혼돈, 공허, 흑암, 세 가지는 야고보서 1:15에 기록되어 있는 "욕심이 잉태한즉 죄를 낳고 죄가 장성한즉 사망을 낳느니라"와 같은 의미가 된다.

하나님이 창조하신 창조세계의 바탕이 땅이다. 그 땅에 혼

돈과 공허와 흑암을 두셨다고 말씀하고 있다. 혼돈은 욕심에 해당되고 공허는 죄에 해당되고 흑암은 사망에 해당된다.

여기에서 '땅'은 장차 구원의 중심, 구속사의 대상이 되는 사람들을 말한다. 그러한 사람들이 창세기 1:2의 혼돈, 공허, 흑암을 통하여 흑암의 길을 걸을 수도 있고 또 창세기 1:3-4에 "빛이 있으라 하시매 빛이 있었고"라고 말씀하신 빛의 길을 통하여 영원한 생명, 영생을 얻을 수도 있는 것이다. 이렇게 흑암의 길과 빛의 길, 두 가지의 방편을 하나님께서 상대적으로 지으셨다는 것이다.

창조의 순서를 보면 창세기 1:3의 '빛'보다 창세기 1:2의 '흑암'이 먼저 앞서 있다. 흑암을 먼저 지으시고 그 다음에 빛을 창조하신 선(先), 후(後)의 관계적 수리성을 통하여 하나님께서는 무엇을 말씀하시려고 했는지 그 점을 살펴볼 필요가 있다.

분명히 구속사의 첫 사람, 아담을 지으시기 전에 혼돈, 공허, 흑암이 이미 존재해 있었다. 그것은 죄를 지을 수 있는 상대적인 존재가 창조원리 속에 들어있다는 의미이지 처음부터 죄가 있었다는 말은 아니다.

"빛이 있으라 하시매 빛이 있었고"라는 말씀에서 알 수 있듯이 하나님이 보시기에 좋은 빛의 존재가 나타났다. 그럼에도 불구하고 궁창의 세계에서 루시엘이 타락하여 죄의 원조가 된 것이다. 그것은 아담이 에덴동산으로 부름 받기 이전에 일어난 사건이었다. 루시엘이 이미 죄의 원조가 되어 있었다는 말은, 아담을 창조하기 이전에 죄가 존재하고 있었다는 의미가 된다.

그렇다면 루시엘이 죄의 열매를 맺은 것과 창세기 1:2의 "땅이 혼돈하고 공허하며 흑암이 깊음 위에 있고"라는 말씀은 어떤 관계적인 입장이 성립될 수 있는지, 아니면 그것과는 무관하게 죄의 열매를 맺은 것인지 살펴보아야 한다.

'하루'라는 시간 안에 밤을 두신 이유를 앞서 기술했다. 세상 말에 "눈물 젖은 빵을 먹어보지 않은 사람은 인생을 논하지 말라"는 말이 있다. 또 "젊어서 고생은 사서라도 한다"라는 말도 있다. 밤을 통과한 자만이 진정한 새벽의 의미와 낮의 존재의 가치를 더 깊이 깨달을 수 있다는 것이다.

그렇기 때문에 "하나님은 빛이시라"(요일 1:5)는 말씀처럼 빛이신 하나님께서 '광명'과는 반대의 의미가 되는 '밤'의 시간을 상대적으로 적용시키신 것이다.

고린도후서 11:13-15에 "사단도 자기를 광명한 천사로 가장한다"라는 말씀이 기록되어 있다. 여기에서 사단은 곧 흑암이라고 말할 수 있다. 하나님이 천지를 창조하실 때 모든 만물을 상대적으로 지으셨기 때문에 그러한 상대성 원리가 처음부터 적용되고 있었던 것이다.

그러므로 빛의 열매가 등장하기 전에 죄의 열매를 먼저 맺게 하신 것은 즉흥적으로 전개된 역사가 아니다. 광명한 세계의 영광을 더욱 더 특별한 영광으로 나타내시기 위한 하나님의 의도적인 반전의 내용이라고 말할 수 있다.

하나님께서 빛을 지으시기 전에 이미 혼돈과 공허와 흑암의 세계를 먼저 선언하신 것은(창 1:2), 하나님이 계획하신 청사진의 내용 속에 특별한 의미를 두고자 하신 과정이 있었다는 것이다. 그 과정을 가리켜서 무엇이라고 말하는가? 하루의 시간으로는 밤이라고 말하지만 창조원리의 과정 속에서는 그것을 흑암이라고 말한다.

예수께서 "나는 세상의 빛이다. 낮에 일하라. 밤에는 아무도 일할 수 없다"(요 9:4-5)라고 말씀하셨다.

에베소서 4:26-27에 "해가 지도록 분을 품지 말고 마귀로 틈을 타지 못하게 하라"고 말씀하고 있다. 해가 지기 전에 그 날의 모든 죄를 회개하라는 것이다.

그 이유는 무엇인가? 밤이 깊어지면 회개를 못한다. 밤이 깊다는 말은 창세기 1:2의 흑암을 말씀하는 것이다. 어떤 존재가 어두움에 의해서 드러나지 않게 되는 상태를 흑암이라고 말한다. 드러나지 않기 때문에 "반석 위로 기어 다니는 뱀의 자취를 알지 못한다"(잠 30:18-19)라는 말씀이 기록되어 있는 것이다.

혼돈, 공허, 흑암이 있는 곳에는 하나님의 신이 임할 수 없다. 그러므로 여기에서 예수님이 말씀하신 밤은 자연계시적인 밤이 아니라 빛이 역사할 수 없는 특별계시적인 밤을 말하는 것이다.

그 의미를 구속사의 세계와 연결시키면 왜 에덴동산에서 하나님이 아담에게 "선악을 알게 하는 나무 열매를 먹지 말라"는 첫 계명을 먼저 주셔야만 했는지 이해할 수 있다. 그것은 창세기 1:2의 '어두움'이 창세기 1:3의 '빛'보다 앞서 존재하고 있다는 사실을 아담에게 선포하신 것으로써 창조원리의 목적성을 합리적으로 뒷받침한 말씀이라고 할 수 있다.

그렇다면 하나님은 왜 창조원리의 입장에서 죄의 열매를 먼저 맺게 하신 것일까? 그 내용의 결과를 가지고 하나님이 경영하시는 경륜의 세계의 비밀을 풀어낼 수 있다면 광명한 천사로 역사하는 흑암의 권세를 깨뜨리고 이길 수 있다는 것이다. 상대를 모르고 싸운다면 이기기 어렵지만 알고 싸운다면 어두움의 권세와의 전쟁에서 이길 수 있기 때문이다.

결론적으로 인간이 어떤 잘못을 저지른데 대한 징계와 심판의 의미, 그런 차원에서만 전쟁이 일어나는 것은 아니다.
인류의 존재의 시작으로부터 빛과 어두움이라는 쌍태의 아픔을 운명적으로나 숙명적으로 짊어지고 태어났기 때문에 전쟁은 일어나게 되어있는 것이다.
그렇기 때문에 전쟁은 우연히 일어나는 것이 아니라 필연적으로 일어나야 할 필요악(必要惡)이라고 말씀할 수 있다.

Ⅱ
에덴동산의 쌍태

1. 생명나무와 선악을 알게 하는 나무를 품은 쌍태의 동산

에덴동산은 생명나무와 선악을 알게 하는 나무를 품은 쌍태의 동산이라고 말씀할 수 있다.

에덴동산은 셋째 하늘, 낙원을 말한다. 창세기 2:9에 "에덴동산 한가운데에 생명나무와 선악을 알게 하는 나무도 있더라"고 말씀하고 있다. 생명나무가 예수님이라는 것은 누구나 알고 있는 사실이다. 예수님은 하나님이시다.

그러나 선악을 알게 하는 나무는 선과 악이 함께 공존하고 있는, 선과 악이 대치되는 상극의 존재라고 말할 수 있다. 선악을 알게 하는 나무는 이원론(二元論)[7]적 의미로 두 가지 사상을 함께 가지고 있는 나무라고 말할 수 있다. 좋은 관계라면

---

7) 이원론[二元論]: 세계의 통일성이나 단일성을 부인하고, 대립하는 두 가지 것을 현실의 기본 규칙으로 삼는 관념론적인 세계관, 선(善)과 악(惡), 창조자와 피조물(被造物) 등의 대립되는 원리나 원인으로써 사물을 설명하려는 관점. 고려대 한국어대사전

많으면 많을수록 좋은 다다익선(多多益善)의 관계가 되겠지만 영원히 하나가 될 수 없는 상극의 관계라면 문제가 된다.

하나님이 아담에게 "각종 나무 열매는 임의로 따먹되 선악을 알게 하는 나무 열매는 따먹지 말라"고 하셨다(창 2:16-17). 죄가 이미 존재하고 있었기 때문에 그러한 원시계명을 주신 것이다(롬 7:7-10). 아담이 선악을 알게 하는 나무 열매를 따먹지 않았다면 그 나무는 아담과 아무 이해관계가 성립될 수 없기 때문에 있으나마나한 나무가 된다.

에덴동산 한가운데 선악을 알게 하는 나무를 둔 것은 무엇 때문인가? 생명나무는 말씀이지만 선악을 알게 하는 나무는 에덴동산의 율법과 같은 것이다.

생명나무 열매는 이기는 자만이 먹을 수 있다. 아담은 장차 하나님의 후사가 될 존재로서 하늘 구도의 도장에 부름을 받았다. 그렇기 때문에 그가 장성한 생령이 되기까지 선악을 알게 하는 나무 열매를 따먹으면 안 된다. 그 열매는 종을 다스리는 율법이기 때문이다.

> 갈 3:19 그런즉 율법은 무엇이냐 범법함을 인하여 더한 것이라 천사들로 말미암아 중보의 손을 빌어 베푸신 것인데 약속하신 자손이 오시기까지 있을 것이라

에덴동산 한가운데에 종을 다스리는 율법으로서 선악을 알게 하는 나무를 생명나무와 함께 두었다. 그 나무를 영광의 세계에 동참시킨다는 의미로써 생명나무와 함께 둔 것이 아니

다. 그것은 에덴동산 한가운데 있는 생명나무가 이 땅에 말씀이 육신이 되어 인자로 오실 때까지 종의 존재인 하늘의 천사들이 선악을 알게 하는 나무의 지배를 받는다는 것을 의미하고 있는 것이다.

율법으로 말미암아 죄가 확연하게 드러난다면 죄로서 드러날 죄의 정체가 있어야 한다. 누군가 죄의 정체성을 가진 존재가 확실하게 나타나야 한다는 것이다. 죄로서 분명하게 모습을 드러내는 인자, 인격적인 존재가 있어야만 빛이 어두움을 통하여 빛의 정체와 실상과 영광을 더 확실하게 드러낼 수 있다는 것이다.

궁창의 세계는 아직 완전하지 못한 세계이다. 하늘 구도의 도장인 에덴동산은 "모든 나무가 다 투기하였느니라"(겔 31:9)는 말씀대로 시기와 질투가 존재하는 곳이다.

그런데 선악을 알게 하는 나무가 등장하기 전까지는 그것을 죄로 다스릴 수 없었다. 선악을 알게 하는 나무가 등장함으로써 완전하지 못한 것은 죄가 된다는 사실이 비로소 드러난 것이다.

그러므로 궁창의 세계에 빛과 어두움으로 구별되는 분명한 경계가 정해졌다는 것이다. 죄가 죄로서 구별될 수 있는 죄의 경계, 그 한계의 표시가 될 수 있는 존재가 등장한 것이다. 선악을 알게 하는 나무가 등장하지 않는다면 빛의 세계를 더욱 더 영화롭게 영광스럽게 나타낼 수 있는 상대적인 대상도 존재하지 않는다는 것을 말씀하고 있는 것이다.

이것이 궁창의 세계, 에덴동산 한가운데 존재하고 있었던 쌍태의 모습이었다.

① 에덴동산 한가운데 등장한 생명나무

에덴동산 한가운데 생명나무와 선악을 알게 하는 나무를 두었다(창 2:9). 그것은 생령인 아담을 에덴동산으로 인도하기 전에 이루어진 일이다.

그렇다면 생명나무는 과연 언제 에덴동산 한가운데 등장했을까? 루시엘이 타락하기 전일까, 아니면 루시엘이 타락한 후일까?

율법은 하늘의 종, 천사들을 다스리는 법이었다. 율법이 있기 전에도 죄가 존재해 있었다. 그러나 죄가 무엇인지 몰랐던 때였기 때문에 죄를 죄로 인정하지 않았다. 빛이 없으면 어두움이 드러나지 못하기 때문이다.

마찬가지다. 루시엘의 죄가 드러났다는 말은, 죄를 정죄하고 다스릴 수 있는 법이 있기 때문에 그의 죄가 드러난 것이다.

유다서 1:6에 "자기의 지위를 지키고 자기 처소를 떠나지 말라"는 천사들에게 준 계명이 기록되어 있다. 자기의 지위와 처소를 떠난 천사들은 무저갱에 가두게 되어있다. 그것이 궁창의 세계에 있는 천사들에게 준 최초의 계명이었다.

그 법을 최초로 위반한 자가 지혜의 천사장인 루시엘이었다. 그가 교만해져서 자기의 지위와 처소를 떠나 하나님의 후사가 되려고 도전하기 시작한 것이다. 빛이 있음으로 어두움이 드러난 것이다. 그것은 빛이신 생명나무가 이미 루시엘이 타락하기 전에 에덴동산 한가운데 입성하셨다는 것을 말씀하고 있는 것이다.

에덴동산 한가운데에 생명나무가 등장했지만 그 나무는 보이지 않는 무형의 나무였다. 계시지 않기 때문에 보이지 않은 것이 아니다. 사람의 청력으로 들을 수 있는 소리의 한계가 있고 또 시각으로 볼 수 있는 빛의 한계가 있듯이 생명나무는 실제로 존재하지만 너무나 거룩한 영광의 빛으로 이루어졌기 때문에 사람의 눈으로는 볼 수 없는 나무였다. 생명나무는 인간에게는 무형적인 나무로 비추어지지만 내용으로는 가장 거룩하고 영광스러운 빛으로 된 나무인 것이다.

루시엘이 영광을 덮는 그룹으로 기름부음을 받았음에도 불구하고 생명나무를 보지 못했다. 생명나무는 보이는 나무가 아니었기 때문에 사심과 욕심에 빠진 그가 교만해졌다.

그러므로 그가 하나님과 비기려하고 하나님 자리에 앉으려는 죄를 범하게 된 것이다(사 14:13-14).

왜 에덴동산 한가운데에 생명나무와 선악을 알게 하는 나무를 함께 두셨을까? 그것은 루시엘이 그에게 소속된 많은 세력, 열매를 가지고 있는 존재로서 하나님이 그의 도전을 받아주셨다는 것을 의미한다. 하나님이 왜 그의 도전을 받아주셨는가? 루시엘이 하나님과 비기려 했다는 말은, 그가 정식으로 하나님께 도전했다는 것을 의미한다. 그렇기 때문에 하나님께서 그의 도전을 받아들이실 수밖에 없었던 것이다. 그러나 루시엘은 피조물이고 하나님은 창조주이시다. 피조물이 창조주와 더불어 겨룬다는 것, 싸움을 한다는 것은 결코 있을 수 없는 일이다.

그렇다면 루시엘이 도전을 한 대상은 누구인가? 하나님에게 도전을 한 것이 아니라 하나님께서 뜻을 이루고자 만드신 피조물의 존재, 아담에게 도전한 것이다. 그렇기 때문에 루시엘이 하나님과 비기려 했다는 것을 피조물이 창조주 하나님과 비기려 했다는 개념으로 받아들이면 안 된다. 하나님이 루시엘을 기름 부은 자로 세우신 것처럼 하나님이 자신의 뜻을 이루시고자 새롭게 기름 부으신 또 다른 존재가 있었다. 그가 바로 아담이었는데 그에게 도전권을 낸 것이다.

루시엘에게 도전을 받은 이상, 새롭게 세운 아담으로 하여금 그와 싸워서 이기게 해야 한다. 그의 도전을 받아들이셨기 때문에 에덴동산 한가운데 선악을 알게 하는 나무를 생명나무와 함께 두시고 아담에게 "에덴동산 모든 나무의 열매는 임의로 먹되 선악을 알게 하는 나무 열매는 먹지 말라"(창 2:16-17)고 말씀하신 것이다.

여기에서 "먹지 말라"고 한 것은, "내가 너를 선악을 알게 하는 나무와 싸워 이길 수 있는 나의 후사로 세웠다"는 의미로 말씀하신 것이다. 또 아울러 "창기와 한 몸을 이루는 자는 창기와 같은 몸이 된다"(고전 6:16)라는 말씀의 의미처럼 "절대 그와 섞여서 한 소속이 되어서는 안 된다"라고 말씀하신 것이다.

왜 그와 하나가 되면 안 되는가? 아담은 루시엘 때문에 지어진 존재이다. 아담으로 하여금 루시엘과 싸워 이기게 함으로써 그를 굴복시키고 하나님의 후사로 만들고자 하셨던 것이 하나님의 뜻이었다. 싸워 이겨야 할 대상과 한통속이 된다는 것은 있을 수 없는 일이다. 그러므로 절대 따먹지 말라고 한 것이다.

아담은 아직 생명록에 기록되지 않은 어린 생령이었다. 그런 아담이 생령으로서 걷는 구도의 길에서 선악나무와 그에 소속된 자들로부터 어떠한 유혹을 받는다 할지라도 절대 넘어가서도 안 되고 그들에게 져서도 안 된다. 그렇기 때문에 죽지 않는 장성한 입장이 될 때까지는 절대 선악을 알게 하는 열매를 따먹으면 안 된다고 말씀하신 것이다.

창세기 1:8에서 궁창을 하늘이라고 말씀하고 있는 것은, 그곳에 생명나무가 있기 때문이다.

에덴동산 한가운데 생명나무와 함께 선악을 알게 하는 나무가 처음부터 있었던 것은 아니다. 에스겔 26~28장에 등장하는 두로는 지혜의 천사장 루시엘을 상징하고 있다. 그를 생명나무 옆에 둔 것은 아담에게 첫 계명을 주시고 아담으로 하여금 자유의지로 그가 무엇을 선택하는지의 여부를 시험하신 것이다.

그리스도의 장성한 형상과 분량은 어느 정점을 말하는 것인가?(엡 4:13)

산 영은 아직 생명나무 열매를 따먹지 못한 어린 생령을 말한다. 에덴동산 안에는 어린 생령이 장성한 생령으로 자랄 수 있는 각종 지혜를 가진 나무 열매들이 있다. 에덴동산의 각종 나무 열매를 모두 따먹으면 어떻게 되는가? 열매들이 가지고 있는 지혜를 수렴하면 그리스도의 장성한 분량으로 자라게 된다. 그러면 생명나무 열매를 먹을 수 있는 단계에 오르게 된다. 그 말은, 에덴동산의 모든 신령한 존재들과 싸워 이김으로써 그들을 모두 무릎 꿇게 해서 굴복시켰다는 의미가 되는 것이다.

② 선악을 알게 하는 나무 열매의 정체

결과적으로 뱀이 하와를 유혹하여 선악을 알게 하는 나무 열매를 따먹게 하고 하와가 권한 열매를 아담이 받아먹었다. 분명히 하나님이 아담과 하와에게 "선악을 알게 하는 나무 열매는 먹지 말라"(창 2:17)고 말씀하셨다. 그 나무 열매만은 따먹지 말라고 명령하신 의미를 역설적으로 새겨본다면, 아담에게 "동산 한가운데 있는 생명나무 열매를 꼭 먹으라"는 은혜가 담긴 암시적인 말씀이었던 것이다. 그런데 아담과 하와가 하나님의 말씀을 올바로 깨닫지 못함으로 뱀의 유혹에 지고 말았던 것이다.

선악을 알게 하는 나무 열매는 무엇을 말하는가? 많은 성경학자들은 그 나무를 가리켜 붉은 용, 사단, 마귀라고 주장한다. 그러나 그것이 붉은 용이라면 들짐승 중에서 가장 간교한 뱀은 과연 누구라는 말인가?
요한계시록 20장에 옛 뱀, 마귀, 사단을 가리켜서 붉은 용이라고 말씀하고 있다.

계 20:2 용을 잡으니 곧 옛 뱀이요 마귀요 사단이라 잡아 일천 년 동안 결박하여

　구속사의 세계를 살펴보면 어두움의 대상들도 때에 맞는 이름으로 등장하고 있다. 뱀도 때에 맞게 등장하는 자기의 이름이 있다. 그들의 입장에서 말한다면 옛 뱀이 마귀, 사단의 과정을 통하여 붉은 용이라는 영광을 입는 존재가 되는 것이다. 붉은 용 안에 옛 뱀, 마귀, 사단이라는 세 이름이 들어있는 것이다. 그렇기 때문에 붉은 용은 뱀이 가질 수 있는 최고의 영광스러운 이름이 된다.
　악령의 세계의 입장에서 삼위일체를 말한다면 옛 뱀이 성부격인 일체(一體)의 존재라고 말할 수 있다. 들짐승 중에서 가장 간교한 옛 뱀이 마지막 재림의 마당에 붉은 용의 존재로 등장한다(계 12:7-9, 12:12-17).

　메시야가 이 땅에서 '해를 입은 여인, 이 땅의 주, 재림주 멜기세덱'으로서 걸어야 할 삼일길이 있듯이 어두움의 권세 쪽에서도 들짐승 중에 가장 간교한 옛 뱀이 마귀, 사단, 붉은 용으로 등장한다고 말할 수 있다. 그들도 걸어야 할 삼일길이 있다는 것이다.

　"에덴동산 한가운데 생명나무와 선악을 알게 하는 나무를 두었더라"(창 2:9)는 말씀의 의미를 올바로 깨닫지 못하면 하나님이 어떻게 구속사의 첫 걸음을 떼셨는지 그 역사의 세계를 도저히 알 수 없다. 그렇기 때문에 그 말씀을 올바로 정해(正解)하지 못하면 구속사의 시작이 무엇인지도 모르고 출발

하는 사람과 같은 것이다. 하나님은 시작을 아는 사람을 통해서 끝을 맺게 하는 분이시다.

예수님이 만유 안에 계신 것은 원수를 발등상 앞에 무릎을 꿇게 하고 '만물을 저에게 복종하게 하신 때'의 영광을 받으시기 위해서라고 말씀하고 있다(고전 15:27-28).

만유 안은, 하나님이 생명나무로 등장하신 에덴동산 한가운데를 말씀하는 것이다. 만유보다 크신 하나님이 왜 에덴동산 한가운데로 들어오셨을까?

"하나님은 변함도 없으시고 회전하는 그림자도 없는 분이시다"(약 1:17). 그 말의 의미는, 하나님은 처음부터 끝까지 영원한 생명을 가진 생명나무라는 것을 말씀하고 있는 것이다. 만유 바깥에 계시던 태초의 말씀이 만유 안으로 들어오신 것은 만유의 주(主)가 되시기 위하여 에덴동산 한가운데에 생명나무로 등장하신 것이다. 그렇기 때문에 '생명을 알게 하는 나무'라고 표현되지 않고 생명나무 자체로 에덴동산 한가운데에 등장하신 것이다.

천사들은 구원의 대상이 아니다. 그들은 부리는 영으로서 하나님의 후사들을 받들고 섬기는 종의 존재로 지음을 받았나(히 1:14). 천사들은 종으로 지음을 받았기 때문에 그들에게는 종의 품격에 맞는 천사의 도(道), 즉 천사로서 지켜야 할 율례와 규례를 주셨다. 그것이 율법인 것이다.

그렇기 때문에 선악을 알게 하는 나무 열매는 영적으로 말하면 종, 천사들을 다스리는 율법이라고 말할 수 있다. 그런 의미에서 에덴동산 한가운데에 등장하고 있는 선악을 알게 하는 나무는 붉은 용을 말하는 것이 아니다.

우리가 이 땅에 사는 동안은 하늘에 있는 신령한 천사들과는 비교할 수조차 없는 낮고 천한 인생들로 살아가게 되어있다.

히브리서 2:7-9에 말씀이 육신이 되어 오신 예수께서도 "이 땅에 계시는 잠깐 동안은 천사보다 못하심을 입었다"라고 말씀하고 있다. 예수님도 이 땅에 여인의 몸을 통하여 인자로 오셨기 때문에 이 땅에서 천사만큼의 능력도 행하지 못하셨다. 그러나 사망의 권세를 깨시고 부활하신 후에는(롬 1:4) 창조주 하나님의 본래의 영광으로 돌아가는 것이다.

마찬가지다. 하나님을 믿는 백성들이 지금은 밥 먹고 똥 싸는 존재로 이 땅에서 땅을 밟고 걸어 다닐 수밖에 없는 인생들이지만 첫째 부활, 의인의 부활을 통해서 그들이 산 자가 된다면(계 20:4-6) 하늘에 있는 천군천사들이 그들의 말 한 마디에 복종하며 따르게 되어있는 것이다.

창세기 2:17에 "네가 선악을 알게 하는 나무의 열매를 따먹으면 정녕 죽으리라"고 말씀하고 있다. 그것은 아직 이름도 채 받지 못한 젖이나 먹을 수 밖에 없는 어린 생령의 차원으로서는 선악을 감당하지 못한다는 의미가 들어있는 것이다.

갈라디아서 4:1-8에 "약속의 자녀들이 장차 하나님의 유업을 이어받을 수 있는 존재이기는 하지만 그들이 어릴 때에는 종의 차원에 머물러 있기 때문에 약속의 자녀가 올 때까지 여호와라는 후견인, 청지기 아래에 놓여있다"라고 말씀하고 있다.

아담은 어린 생령이었기 때문에 그에게는 아직 타락한 천사들을 이길 수 있는 능력, 영력, 지혜가 없다. 그런 그가 선악을 알게 하는 나무 열매를 먹게 되면 그는 선과 악을 분별할 수 있는 지혜도 없고 또 악을 이길 수 있는 능력도 없기 때문에 하나님께서 절대 그 나무의 열매를 따먹으면 죽는다고 말씀하신 것이다.

그러나 젖을 먹는 어린아이가 아닌, 단단한 식물을 먹을 줄 아는 장성한 자가 되면 무엇을 할 수 있는가? 장성한 자들은 선악을 분별할 수 있다(히 5:11-14). 그러므로 세상을 이길 수 있는 믿음을 주신 예수님을 등에 업고 어두움의 권세와 싸워 이길 수 있는 존재가 되는 것이다(요일 5:4-5).

그러한 입장이 되기 전까지 선악을 알게 하는 나무 열매는 절대 따먹어서는 안 된다는 것이다. 그렇기 때문에 아담에게 "에덴동산 각종 나무 열매는 임의로 먹되 동산 가운데 있는 선악을 알게 하는 나무 열매는 먹지 말라. 먹는 날에는 정녕 죽으리라"(창 2:15-17)는 첫 계명을 주신 것이다.

앞서 기술한 내용 속에도 분명히 전쟁의 본질이 되는 의미가 들어있다고 말할 수 있다. 아담이 선악을 알게 하는 나무와 결코 하나가 되어서는 안 될 배타적인 존재라는 사실을 분명히 제시하고 있는 것이다. 빛과 어두움은 서로 상대적인 존재로서 하나가 될 수 없기 때문이다.

그러므로 빛과 어두움은 가는 길이 다르고 목적이 다를 수밖에 없다. 그렇게 서로 다른 본질과 근본을 가지고 있는 상대적인 존재라는 사실이 분명하게 드러난 것이다.

하늘의 발등상이 되는 이 땅의 가장 비천한 사람을 등장시켜서 하나님의 후사로 세우고자 하시는 하나님의 뜻이 공개적으로 선포되는 순간, 궁창의 세계에 난리가 났다는 것은 당연한 일이다.

그렇기 때문에 어둠의 입장에서는 어떻게든지 들짐승 중에 가장 간교한 뱀을 에덴동산에 침투시켜서 아담과 하와로 하여금 선악을 알게 하는 나무의 열매를 따먹게 하는 것이 그들이 추구하는 목적이 되며 가장 절실한 문제가 되었다.

아담과 옛 뱀은 본질과 근본이 다르기 때문에 처음부터 상호 간에 부딪칠 수밖에 없고 싸울 수밖에 없고 대치할 수밖에 없는 존재들이었다.

③ 루시엘은 어떻게 죄의 원조가 되었는가?

앞서 살펴본 바와 같이 에덴동산은 생명나무와 선악을 알게 하는 나무를 품은 쌍태의 동산이라고 말할 수 있다. 그러므로 인류 구속사는 에덴동산이라는 쌍태의 산실에서 쌍태(雙胎)의 아픔을 안고 출발할 수밖에 없었다. 상대성 속에 빛과 어둠이 공존하고 있었는데 그 속에서 빛과 상대적 존재인 어둠을 근거로 하여 죄가 움트기 시작한 것이다.

그 죄의 원조가 누구인가? 지혜의 천사장, 루시엘이다. 죄의 원조라는 말은, 루시엘이 첫 번째로 죄의 열매를 맺은 존재라는 것이다.

그렇다면 루시엘은 어떻게 죄를 짓게 되었는가? 루시엘이 죄를 지었다면 루시엘 외에도 죄의 존재가 있었는지 살펴볼 필요가 있다.

율법을 주기 전에도 죄가 존재하고는 있었지만 율법이 없었던 시대에는 사람들이 죄를 깨달을 수 있는 능력이 없었다. 율법을 주신 목적은 죄를 깨닫게 하는 것이다(롬 3:20). 율법을 줌으로써 사람들이 죄를 깨닫게 되었고 그제야 비로소 죄의 정체가 드러난 것이다.

루시엘이 죄의 열매를 맺음으로써 죄의 원조가 되었다. 그런데 그가 죄를 짓게 된 것은 이미 죄가 존재하고 있었기 때문에 죄를 지은 것이라는 그런 개념으로 생각해서는 안 된다.

야고보서 1:15에 "욕심이 잉태한즉 죄를 낳고 죄가 장성한즉 사망을 낳느니라"는 말씀이 기록되어 있다. 그 말씀의 의미처럼 루시엘이 죄의 원조가 되었다는 내용의 본질 속에는 루시엘 안에서 최초로 죄가 생겼다는 것을 의미한다. "욕심이 잉태한즉 죄를 낳고"라는 성구에서 보듯이 죄가 생성되는 최초의 과정을 욕심이라고 말씀하고 있다.

그렇다면 루시엘 인에 욕심이 잉태할 때 루시엘의 심전에는 어떤 변화가 일어나고 있었을까? 욕심이 잉태하여 커지면 커질수록 그의 심전에는 그러한 욕심이 커지면 안 된다는 상대성이 작용하게 된다. 어두움이 커질수록 상대적인 입장에서 한편으로는 '그러면 안 돼!'라고 그것을 만류하고 거부하고 거기에 맞대응하려고 하는 심리상태에 부딪히게 된다.

무엇이든지 처음이 힘들게 마련이다. 처음 죄를 지을 때 그 사람의 심리상태는 얼마나 불안한가? 그러나 한 번 죄를 짓고 나면 두 번째, 세 번째부터는 쉬워진다는 것이다. 상대성으로 지어졌기 때문에 우리의 마음이 어두움 쪽으로 기울어지면 기울어질수록 상대적으로 빛의 마음이 자꾸 저항을 하게 된다. 그렇게 저항할 때의 심전의 입장을 가리켜서 양심의 가책을 느낀다고 표현하는 것이다.

루시엘은 기름 부음을 받은 덮는 그룹으로 하나님이 그를 위하여 열 가지 보석으로 단장해 주시고 그를 영화롭게 해 주시기 위하여 소고와 비파가 예비되었다. 그는 하나님의 성산에서 불이 타오르는 화광석 사이를 거닐던 존재였다(겔 28:12-16). 각종 보석으로 단장한 루시엘이 차츰차츰 자기의 존재에 대한 자부심과 긍지를 가지게 되었고 뛰어난 지혜와 영화로움을 가지고 스스로 자기 자신을 하나님의 후사로 인정하기 시작했다.

루시엘을 가리켜 '완전한 인(印)'이라고 말씀하고 있다(겔 28:12). 그것은 천사들을 기준했을 때 완전한 인이라고 말한 것이지 하나님의 형상과 모양을 닮은 완전한 인의 존재라는 의미는 아니다.

그런 그가 서서히 욕심이 자라서 "나도 이제 하나님의 후사로서 하늘 세계를 경영할 수 있는 자격자가 될 수 있다"라고 자신에 대한 확고한 의지 표명을 한 것이다. 그것이 욕심이 잉태한즉 죄가 된 상태라고 말할 수 있다.

에스겔 26-27장을 살펴보면 루시엘은 한 번의 죄로 쫓겨나지 않았다. 야고보서 1:15에 "욕심이 잉태한즉 죄를 낳고 죄가 장성한즉 사망을 낳느니라"는 죄의 삼일길이 기록되어 있다. 루시엘이 그 과정을 통하여 결국 죄의 열매를 맺고 말았다.

그가 처음에는 완전한 길을 걸었는데 무역이 풍성하고 거래가 많아짐으로 서서히 욕심이 생겼고 그 욕심이 장성하여 죄가 되고 죄가 장성하여 사망에 이르는 죄의 열매를 맺게 된 것이다. 죄가 없는 때, 죄가 존재하지 않는 궁창의 세계에서 루시엘이 최초로 죄의 열매를 맺는 과정이 이 성구에 고스란히 압축되어 있다.

루시엘이 죄의 원조가 되었다는 의미는 무엇인가? 루시엘의 욕심으로 죄가 잉태되어 생겨난 것이지 이미 존재하고 있었던 죄가 지혜의 천사장인 루시엘에게 침투해서 죄를 짓게 했다는 의미가 아니라는 것이다.

에스겔 28:2에 루시엘이 교만하여 "하나님의 자리에 앉아서 하나님의 마음 같은 체 하였다"는 말씀이 기록되어 있다. 처음에는 루시엘이 완전한 길을 걸었는데 무역이 풍성하므로 거래가 활발해짐으로 서서히 "나도 하나님과 같은 일을 할 수 있다"는 욕심이 생긴 것이다(겔 28:16-18, 사 14:13-14). 다시 말하면 열두 소식의 천군의 세계를 지휘하고 다스리다 보니까 루시엘이 욕심이 생겼다는 의미이다.

그런 차에 하나님이 에덴동산에 부름을 받은 아담을 장차 하나님의 후사로 세우시려 한다는 사실을 알게 된 것이다. '두로가 바다 한가운데 앉았다'(겔 28:2)는 말씀을 새겨본다면 루시엘이 하늘의 발등상이 되는 지구촌 안에서 하나님이 이루고자 하시는 계획을 알았다는 것이다. 그러므로 루시엘이 하나님의 뜻에 도전해서 하나님의 뜻을 훔치려고 한 것이다(사 14:13-14).

그러므로 하나님이 더 이상 그를 두고 볼 수 없었기 때문에 결국 하나님의 성산에서 쫓아내셨다(사 14:12-15).

2. 빛과 어두움, 선의적 경쟁과 악의적 경쟁

하나님이 천지를 창조하실 때 빛과 어두움이라는 상대성으로 지으신 것은 선의적으로 경쟁하라는 의미에서 그렇게 지으신 것이다. 그런데 선의적인 합력 관계가 이루어지지 않고 부정적인 관계가 되었을 때는 선의적 경쟁이 아닌 악의적 경쟁이 시작되도록 하나님께서 처음부터 그렇게 상대적으로 지으신 것이다.

그렇게 지으신 이유는 무엇인가? 그래야만 진 자와 이긴 자가 가려질 수 있다. 경쟁하는 싸움을 통하여 이긴 자가 나타날 때 그 승리가 더욱 빛을 발할 수 있기 때문이다.

고린도전서 1:26-29의 내용은 그러한 반전을 의미하는 말씀이다. 하나님이 구속사의 세계를 아무도 예측하지 못하도록 그러한 내용으로 반전에 반전을 거듭하게 하셨다는 것이다. 하나님이 하시는 시종의 세계를 인생들로 하여금 아무도 알지 못하게 하신 것은(전 3:11, 7:14, 8:17) 인생들이 알면 대비하고 준비할 것이 뻔하기 때문이다. 인생만 모르게 하신 것이 아니다. 하늘에 있는 신령한 존재들, 천사들도 아들도 하나님이 하시는 시종의 세계를 알지 못하게 하셨다(마 24:36, 막 13:32).

시종의 세계를 알지 못하게 하기 위하여 하나님은 어떤 역사를 펼치셨는가?

잠언 16:4에 "악인도 악한 날에 적당히 쓰신다"라고 말씀하고 있다. 하나님은 만물을 상대성으로 지으신 내용, 특성을 적용하셔서 때로는 예측하지 못하게 악의 속성을 이용하시기도 하고 지으신 이의 선하신 뜻대로 사용하시기도 하면서 드라마틱한 반전의 역사를 끊임없이 병행하신다는 것이다.

그렇게 하심으로써 하나님께서는 은혜 줄 자에게 은혜를 주시고 긍휼히 여길 자에게 긍휼을 베푸신다(출 33:19). 그리고 자비한 자에게는 자비함을 나타내시고 완전한 자에게는 완전함을 보이시고 깨끗한 자에게는 깨끗함을 보이시고 사특한 자에게는 주의 거스리심을 보이심으로써 그로 하여금 악을 행하게 하신다는 것이다(삼하 22:26-27, 시 18:25-26). 그렇게 하시는 것은 하나님께서 구속사의 세계를 주도적으로 펼치시기 위해서였다.

만물을 상대성으로 지으셨기 때문에 하나님은 그렇게 하실 수 있는 권능을 가지고 있다. 창조주 하나님이 자기가 지으신 세계의 특성을 이용하고 응용하셔서 그렇게 하신다는데 거기에 대해서 피조물은 반론을 제기할 수 없고 할 말이 없다는 것이다.

사 10:15 도끼가 어찌 찍는 자에게 스스로 자랑하겠으며 톱이 어찌 켜는 자에게 스스로 큰 체 하겠느냐 이는 막대기가 자기를 드는 자를 움직이려 하며 몽둥이가 나무 아닌 사람을 들려 함과 일반이로다

그러나 그렇게 지으신 하나님이라고 해서 하나님 마음대로 하실 수는 없다.

히브리서 11:3에 "하나님이 믿음으로 뜻을 정하시고 모든 세계를 말씀으로 창조하셨다"라는 말씀이 기록되어 있다. 그렇게 믿음으로 정하신 뜻대로 역사하시는 것이지 하나님 마음대로 하시는 것은 아니다. 하나님은 참되시고 의로우시고 거룩하시고 선하신 분이시기 때문이다(시 119:137, 계 16:5-7). 선하시지 못하다면 우주만물을 주관하시고 섭리하시고 역사하실 수 없다는 사실을 하나님은 너무나 잘 알고 계신다.

예수께서 "음식은 입으로 들어가서 뒤로 나가기 때문에 더럽지 않지만 입에서 나오는 것들은 마음에서 나오는 것이기 때문에 더럽다"(마 15:17-20)라고 말씀하셨다. 사특한 자, 악인은 마음에 사특함과 악한 마음이 있기 때문에 악한 말이 입에서 나오게 마련이다. 또 마음속에 음란함이 있기 때문에 음란한 생각을 하고 음란한 말과 행위를 하게 되는 것이다.

그렇기 때문에 마음에 없는 말을 한다는 것은 거짓말이다. 거짓말의 원형은 모순(矛盾)이다. 모순에서 거짓말이 생기는 것이다. 모순은 비원리적인 것, 합당하지 않은 것을 말한다. 합리적인 마음을 가지고 있지 않기 때문에 거짓말을 하게 되는 것이다.

마음도 상대성으로 지어졌기 때문에 내 안에 항상 빛과 어

두움이 존재하는 것이다. 그러므로 내 안에서도 항상 그러한 싸움이 일어날 수밖에 없다.

사도 바울이 "겉사람은 후패하나 속사람은 날로날로 강건해진다"(고후 4:16)라고 말했다. 사람에게도 겉사람과 속사람이 있다는 것이다. 말씀과 믿음으로 우리의 속사람이 강건해지면 겉사람은 점점 약해진다. 겉사람이 속사람에 의해서 완전히 점령되고 제압되면 그의 겉사람도 완전한 속사람의 형상과 모양, 인격을 닮을 수밖에 없다. 그런 사람을 가리켜서 완전한 인성을 가진 사람이라고 말할 수 있다.

예수께서 비유 가운데 "어떤 집을 점령하려면 그 집이 가지고 있는 무장을 해제시켜야 한다"(눅 11:21-22)라고 말씀하셨다. 마찬가지다. 성령의 소욕이 육신의 소욕이 가지고 있는 무장을 해제시키면 육신의 소욕은 자연스럽게 성령의 소욕에 굴복하게 되어있다.

이러한 말씀의 원리를 살펴보았을 때, 루시엘은 타의에 의해서 타락한 것이 아니다. "욕심이 잉태하여 죄를 낳고 죄가 장성하여 사망을 낳느니라"는 말씀의 의미처럼 그의 자의식 속에서 생겨난 욕심이 상대적 존재를 이기고 상악함으로써 죄의 원조가 된 것이다.

선의적 경쟁 안에 예비해 놓으신 차선의 방책

이렇게 상대성 속에는 서로 상대적인 존재가 성립되어 있는 것이다. 하나님께서 그렇게 상대성으로 지으신 목적을 긍정적인 입장에서 말한다면 더 큰 영광을 얻게 하기 위해서라고 앞서 기술했다.

분명한 것은, 하나님께서 상대성으로 만들었다고 해서 절대 나쁜 의미로 그렇게 하신 것은 아니라는 것이다. 하나님이 그렇게 하신 것은 부정적인 결과를 얻기 위해서가 아니라 지으신 대상을 더욱 영화롭게 영광스럽게 나타내시기 위해서였다.

하나님이 공의적인 입장에서 가인과 아벨에게 제사를 요구하셨다. 두 사람 중에 한 사람을 장자로 세우시기 위해서다. 아벨은 믿음으로 제사를 드렸지만 가인은 믿음으로 제사를 드리지 못했다(히 11:4). 그렇기 때문에 하나님께서 가인의 제물을 받지 않으시고 아벨의 제물을 열납하셨다(창 4:3-7).

가인이 분해서 얼굴이 붉으락푸르락해졌다. 가인의 생각으로는 하나님께서 장자로 태어난 자신의 제물을 받으시는 것이 당연하다고 생각했기 때문이다.

게다가 가인의 심중에 죄가 싹트고 있다는 것을 아시고 하나님께서 아벨이 있는 앞에서 가인을 책망하셨다. 하나님이 왜 굳이 동생인 아벨 앞에서 가인을 책망하셨을까? 하나님이 바라시고 원하시는 마음이 무엇인지 아벨로 하여금 깨닫게 하기 위해서 일부러 아벨 앞에서 가인을 책망하신 것이다.

이 사건을 선의적인 경쟁으로 해결하려면 아벨이 어떻게 했어야 했는가? 예수께서 "뱀같이 지혜롭고 비둘기같이 순결하라"(마 10:16)고 말씀하셨다. 아벨이 뱀을 이길 수 있는, 뱀같이 지혜로운 사람이 되려면 형을 설득해야 한다. "형님, 하나님께서 형님의 제물을 받지 않으셔서 형님의 마음이 몹시 상하셨지요? 그러면 제가 대신 형님의 제물을 바쳐드리겠습니다"라고 형을 설득해야 한다.

그렇게 형을 설득해서 아벨이 믿음으로 가인의 제물을 대신 바쳐드렸다면 하나님이 그 제물을 받으셨을 것이다. 믿음으로 드린 것은 하나님이 받으시게 되어있다. 하나님께서는 아벨이 그렇게 가인의 제물을 대신 바쳐주기를 바라는 마음에서 아벨이 보는 앞에서 가인을 책망하신 것이다.

아벨이 그렇게 했다면 가인으로부터 죽임을 당하지 않았을 것이다. 그러나 뱀을 이길 수 있는 지혜가 없었기 때문에 가인을 설득하지 못하고 선으로 악을 이기지 못했다. 결국 선의적 경쟁에서 이기지 못했기 때문에 혼을 빼앗기고 말았다.

죄인을 죽음에서 생명으로 인도하는 것 같이, 죄인을 미혹한 길에서 돌아서게 하는 자같이 하나님의 마음을 기쁘시게 해드리는 것이 없다고 말씀하고 있고(겔 18:23) "사랑은 허다한 죄를 덮느니라"(벧전 4:8, 약 5:20)고 말씀하고 있다.

회개한다고 눈물 흘리며 금식하고 기도하는 것보다 천국복음을 통해서 죄인 하나를 인도하면 그것이 더 큰 회개의 열매라는 것을 말씀하는 것이다. 그런 사람만이 원수를 위해서 기도할 수 있고 원수를 사랑할 수 있는 믿음을 가진 사람이라는 것이다.

그것이 선의적인 경쟁으로 좋은 결과를 이루는 모습인 것이다. 만약 그렇게 했더라면 하나님께서 아벨이 대신 바쳐드린 가인의 제물을 기꺼이 받아주셨을 것이다. 그러면 가인도 영광은 다르지만 아벨과 더불어 하나님 앞으로 나아가 살 수 있는 길을 얻을 수 있었을 것이다. 그랬다면 가인과 아벨의 사건은 선의적인 경쟁 속에서 아름다운 결과를 이룬 사건이 되었을 것이다.

성경에 선의적인 경쟁으로 아름답게 꽃을 피운 예가 있다. 요셉의 두 아들이 므낫세와 에브라임이다. 므낫세가 형이고 동생이 에브라임인데 야곱이 므낫세에게는 천천의 축복을, 에브라임에게는 만만의 축복을 해주었다(신 33:17).

그런데 므낫세는 형임에도 불구하고 그러한 사실에 대하여 시기하거나 질투하지 않았다. 그 결과, 요한계시록 7:4-8의 내용을 살펴보면 십사만 사천이 인침을 받는 가운데 에브라임 지파는 사라지고 말았지만 므낫세 지파는 사라지지 않았다는 것을 발견하게 된다.

그 이유는 무엇인가? 므낫세가 선의적인 경쟁에서 이김으로써 아름답게 믿음의 꽃을 피웠기 때문이다.

살펴본 바와 같이 상대성 안에는 선의적인 경쟁뿐만 아니라 악의적인 경쟁도 존재하고 있다. 가인이 자신의 제물을 하나님께서 받으시지 않자, 아우인 아벨을 쳐 죽였다.

그러나 하나님께서는 이미 거기에 대한 우선과 차선의 방책을 마련해 놓으셨다. 상대성으로 지으셨지만 그 안에도 차선책을 예비해놓으신 하나님의 놀라우신 비밀의 경륜이 들어있었다는 것이다. 그것을 몰랐기 때문에 가인이 선의적인 경쟁이 아니라 악의적인 경쟁을 함으로써 욕심을 부리다가 죄의 덫에 걸려 결국 사망의 결과에 이르게 되었다는 것이다.

하나님께서 상대성으로 지은 것은 합력하여 선을 이루게 하기 위해서였다(롬 8:28). 그런데 인생들이 그런 하나님의 뜻에 부응하지 못하고 욕심을 내고 꾀를 낸 것이다.

> 전 7:29 나의 깨달은 것이 이것이라 곧 하나님이 사람을 정직하게 지으셨으나 사람은 많은 꾀를 낸 것이니라

악의적 경쟁의 결과는 싸움, 투쟁, 전쟁으로 나타난다. 적을 죽여야만 내가 살 수 있다는 이념과 사상을 가지고 대적하는 모습이 바로 악의적인 경쟁이라고 말할 수 있다. 각자 내 안에도 '상대방을 제거하지 않으면 내가 살 수 없다'라는 마음이 있기 때문에 싸움을 하게 되고, 나아가 전쟁을 하게 되는 것이다.

인간이 하나님의 형상과 모양대로 지음을 받았다고는 하지만 우리의 지음의 존재 안에는 이렇게 쌍태의 아픔이 태동할 수밖에 없는 요인을 가지고 출발한 것이다.
그렇기 때문에 하나님의 말씀과 기도로 거룩해지지 못하고(딤전 4:5), 자기 몸을 쳐서 스스로 다스리지 못하면 악의적인 경쟁에 빠질 수밖에 없다는 것이다.

바울이 자기의 사상과 이념을 악의적인 경쟁에 빠지지 않게 선의적인 경쟁으로 인도하고 유도하기 위하여, 선의적인 경쟁으로 꽃피우고 열매 맺게 하기 위하여 자기 몸을 스스로

쳐서 복종시킨다고 말씀하고 있다.

> 고전 9:27 내가 내 몸을 쳐 복종하게 함은 내가 남에게 전파한 후에 자기가 도리어 버림이 될까 두려워함이로라

3. 아담과 옛 뱀의 싸움

하나님이 흙으로 사람을 지으시고 코에 생기를 불어넣어 생령이 된 아담으로 하여금 에덴동산을 생육, 번성, 충만시키고 그곳을 지키고 다스리라고 하셨다(창 2:15).

에덴동산은 하늘나라의 중심이 되는 곳이다. 아담이 그곳의 주인이 되었다는 말은, 궁창의 세계의 주인이 되었다는 것과 같은 의미가 된다.

아담은 하나님의 형상과 모양을 닮은 첫 사람으로서 이 땅에서 하늘차원으로 비상한 최초의 사람이었다.

그것은 궁창의 세계의 천사들이 아무도 예상하지 못한 일이었기 때문에 그가 등장함으로써 궁창의 세계에는 놀라운 기류, 분위기가 조성되었다. 아담으로 하여금 동산 안의 모든 생물계의 이름을 명명(命名)하게 하셨기 때문에 궁창의 세계에서 경악스러운 상황이 벌어질 수밖에 없었다(창 2:19).

그런 입장에서 어두움의 세력들이 하나님이 아담을 통해서 이루고자 하시는 하늘의 뜻이 무엇인지 알아내려고 했다. 그렇기 때문에 모든 부정한 존재들을 대표해서 들짐승 중에 가

장 간교한 뱀이 아담의 가정을 침투했다. 그는 아담이 가지고 있는 영광을 빼앗으려고 침범한 것이다. 그만큼 아담이 가지고 있는 영광이 장차 하나님의 후사로서 가질 수 있는 거룩한 권능과 영광의 세계라는 것을 뱀이 알았기 때문이다.

창세기 3:6에 하와가 뱀의 유혹을 받고 선악을 알게 하는 나무를 바라보니 "먹음직도 하고 보암직도 하고 지혜롭게 할 만큼 탐스럽기도 한 나무인지라"고 말씀하고 있다.
요한일서 2:16에서 먹음직하고 보암직하고 탐스럽다는 의미를 '육체의 정욕, 안목의 정욕, 이생의 자랑'으로 말씀하고 있다.

그렇다면 생명나무는 어떤 모양으로 에덴동산 한가운데 있었을까? 하와는 옛 뱀에게 유혹을 받아 선악을 알게 하는 나무를 먹음직하고 보암직하고 탐스럽기까지 한 나무로 보고 있다. 그런 하와의 입장에서 생명나무는 어떤 나무로 보였을지 그 점을 생각해 볼 필요가 있다. 생명나무는 보기에 좋은 나무였을까?
이사야 53:2에 예수님의 모습이 상징적으로 기록되어 있다. 생명나무이신 예수님을 "연한 순 같고 마른 땅에서 나온 줄기 같아서 고운 모양도 없고 풍채도 없은즉 우리의 보기에 흠모할만한 아름다운 것이 없도다"라고 말씀하고 있다.
생명나무는 외형적으로도 선악을 알게 하는 나무와 견주어 비교할 가치도 없을 만큼 볼품도 없고 자랑할 것이 없는 나무였다는 것이다. 그 차이점을 음식에 비교한다면 유교병과 무교병이라고 할 수 있다. 유교병은 밀가루에 기름이나 꿀 등을 첨

가한 것이고 무교병은 아무것도 넣지 않고 반죽하여 구운 것이다. 유교병은 맛이 있지만 무교병은 순수한 맛 그 자체로서 아무 맛이 나지 않기 때문에 맛으로도 굉장한 차이가 있다.

오늘날에도 선악을 알게 하는 나무가 지니고 있는 먹음직하고 보암직하고 탐스럽기도 한 세 가지 조건은 인생들의 삶의 현장에서 가장 중요한 좌표가 되고 있다. 그렇기 때문에 모두가 외형을 보고 선악을 알게 하는 나무를 택하지, 생명나무를 택하는 사람은 없다는 것이다. 하와만 그런 것은 아니다. 지금도 생명나무와 선악을 알게 하는 나무를 함께 두고 선택을 하라면 대부분 선악을 알게 하는 나무 열매를 택한다는 것이다.

사람들은 외모를 보지만 하나님은 중심을 보신다(삼상 16:7). 생명나무이신 예수님이 포도나무로 이 땅에 오신 것은 피흘림으로 우리의 죄와 허물을 감당하시기 위해서다(사 53:5).
하와가 선악을 알게 하는 나무와 생명나무를 동시적으로 바라보았을 때 선악을 알게 하는 나무 열매는 먹음직하고 보암직하고 탐스럽기까지 한 황홀한 나무로 비쳤다.

여호와 하나님이 에덴동산에 보기에 아름답고 먹기에 좋은 각종 나무가 나게 하시고(창 2:9) "그 나무의 실과를 임의로 먹으라"(창 2:16)고 하셨다. 그 나무의 실과를 먹으면 무엇을 알 수 있는가?
나무들은 저마다 가지고 있는 고유적인 본질과 특징이 있다. 각종 나무 열매를 따먹으면 그들이 가지고 있는 특징과 그들이 가지고 있는 본질적인 지혜를 다 연합해서 흡수할 수 있다. 그렇게 되면 하나님께서 에덴동산에 있는 나무들을 통하여 이루고자 하시는 청사진을 바라볼 수 있다는 것이다.

만약 아담이 각종나무 열매를 임의로 따먹고 들짐승 중 가장 간교한 뱀과 싸워 이겼다면 모든 나무들이 이긴 자인 아담에게 굴복하고 그에게 승복하게 된다.

그렇지 못했기 때문에 뱀의 유혹에 쉽게 넘어가 버리고 만 것이다. 아담과 하와가 그 열매들을 따먹고 나무들이 가지고 있는 고유적인 특징과 지혜를 취했다면, 아무리 뱀이 와서 유혹을 해도 절대 그에게 넘어가지 않았을 것이다. 아담이 하나님이 주신 명령대로 원시계약을 지키고 순종했더라면 궁극적으로 보잘 것 없이 보였던 생명나무 속에 영원한 생명이 들어 있다는 것을 깨닫고 하나님의 뜻이 무엇인지 알 수 있었다는 것이다.

그러나 불행하게도 아담과 하와가 생명나무를 선택하지 않고 선악을 알게 하는 나무를 선택함으로써 구속사의 출발점에 서있던 그들이 탈락하고 말았다.

아담이 탈락함으로 말미암아 어떤 문제점이 생겼는가? 하나님께서는 아담에게 소속된 후손 중에서 아담을 대신할 수 있는 자격자, 후보자가 나타나기까지 기다리셔야 한다. 그만큼 하나님이 아담을 통하여 이루고자 하셨던 목적이 지연될 수밖에 없는 것이다.

그렇다면 늦어진 만큼 상대적으로 누가 앞서 달려 나갔는가? 아담이 탈락한 상태에서 출발신호와 함께 뱀이 힘차게 달리기 시작했다는 것이다.

　하나님이 생령이 된 아담에게 주신 축복이 있었다. 뱀이 아담을 타락시킴으로써 그에게 부여된 장자권을 빼앗고 이긴 자가 되었다. 공의의 하나님께서는 이긴 자가 된 뱀의 선취권을 인정해주셔야 한다. 그러므로 아담이 했어야 할 일을 뱀이 먼저 할 수 있는 기회를 얻게 되었다.
　이사야 14:14에 지혜의 천사장 루시엘이 가장 높은 구름에 올라 지극히 높은 자와 비기려한다는 말씀이 기록되어 있다. 앞서 기술했듯이 여호와가 아담을 통해서 이루고자 하는 그 목적의 세계를 루시엘도 할 수 있다고 한 것이 비기려한 내용, 의미가 된다.

　여호와 하나님이 구속사의 세계에서 아담을 통하여 이루시고자 한 일을 뱀이 "나도 할 수 있다"라고 주장했기 때문에 하나님은 그 기회를 뱀에게 먼저 내어줄 수밖에 없었던 것이다. 그렇게 그들에게 먼저 장자권이 넘어가게 되었다.

제 3장
―
이 땅에서의
장자권의 싸움

I
장자권의 회복을 위한 싸움

　아담은 비록 산 영으로 지음을 받은 생령의 존재이기는 했지만 그는 아직 생명나무 열매를 따먹지 못한 어린 생령이었다(고전 15:45-47, 히 5:12-14)). 선악을 분별하지 못하는 존재였기 때문에 죄를 지으면 죄에 종속될 수밖에 없는 상태였다.
　아담이 받은 원시계명은 이 땅의 입장으로 말하면 율법과 같은 것이다. 그런데 아담과 하와가 하나님의 말씀을 저버리고 선악을 알게 하는 나무 열매를 먹음으로써 결과적으로 영원히 율법에 종속되고 만 것이다.

　아담이 죄를 지음으로 이 땅으로 쫓겨났다(창 3:19, 3:23-24). 쫓겨난 아담과 하와는 이 땅에서 빛의 세계를 추구하지 못하는 인생이 되었을 뿐만 아니라 빛의 세계의 영광을 위하여 살아가는 대상이 되지 못했다.
　아담이 930세까지 살면서 하나님께 나름대로 제단을 쌓았지만 하나님은 아담이 드린 제사를 받지 않으셨다. 그가 드린 제사를 받으면 두 주인을 섬기는 자의 제사를 받는 것이기 때문에 하나님은 결코 아담이 드리는 제사를 받으실 수 없었다.

결과적으로 이 땅은 악의 세력에 종속되어 버림으로써 어두움의 권세의 지시를 받아 움직일 수밖에 없는, 어두움이 주관하는 세상이 되어버리고 말았다.

아담이 장자권을 상실함으로써 출발선상에서 탈락했다. 그렇기 때문에 그의 후손들을 통하여 먼저 태어난 장자들은 거짓 도(道)의 상징이 되고 나중에 태어난 자들이 참 도(道)의 상징이라는 것은 자연스러운 이치가 된다.

그러므로 약속의 자녀들이 먼저 태어나지 못하고 아담의 장자권을 빼앗아간 마귀의 후예들이 인류의 머리격이 되어 이 땅에 장자로 태어나게 되었다. 그렇게 가인과 아벨, 에서와 야곱 중에 가인과 에서가 장자로 태어났다.

그렇기 때문에 아벨도 야곱도 이미 장자권을 가지고 있는 가인과 에서로부터 장자권을 다시 빼앗아 와야 하는 절대적인 도적(道的)인 싸움을 해야 한다. 그 싸움은 인자(人子)대 인자로서 싸우는 싸움이다. 그러므로 그들에게 부여된 조건 속에서 이 땅에서 도적인 싸움을 실제로 해야 했다.

약속의 자녀들이 장자로 오지 못하고 차자로 이 땅에 왔기 때문에 그러한 내용을 지적하여 "언약도 첫 것을 폐하고 둘째 것을 택하셨다"라고 말씀하고 있다.

> 히 7:18-19 전엣 계명이 연약하며 무익하므로 폐하고 (율법은 아무 것도 온전케 못할지라)이에 더 좋은 소망이 생기니 이것으로 우리가 하나님께 가까이 가느니라

하나님이 타락하여 장자의 도(道)를 상실한 아담을 에덴동산에서 내쫓으셨다. 내쫓으셨다는 의미는, 그가 가지고 있는 생령으로서의 능력을 다 빼앗아버리셨다는 것이다.

그러나 다행스럽게도 사단, 마귀가 공정하게 이기지 못하고 하나님의 이름을 도용(盜用)하여 거짓말로 이겼기 때문에 하나님이 아담과 하와에게 가죽옷을 지어 입히셨다(창 3:21). 하나님도 그들을 지으신 책임을 짊어지시기 위하여 어린 양을 잡아서 가죽옷을 지어 입히시고 에덴동산 밖으로 쫓아내신 것이다.

아담의 뒤를 이어 두 번째, 세 번째 인류의 조상인 노아와 아브라함이 등장한다(창 9:18-19, 롬 4:11, 4:16).

노아와 아브라함은 아담과 같이 절대적이고 영광스러운, 완전무결성으로 나아갈 수 있는 대상으로 지음을 받은 존재는 아니었다. 그렇기 때문에 그들은 이 땅에 태어나서 죄를 지을 수도 있고 또 회개할 수도 있었다. 그들은 생령의 존재로 지음을 받지 않았기 때문에 아담처럼 한 번의 죄로 심판을 받는 대상은 아니었다(히 6:4-6).

아브라함은 아담의 후손으로 태어났기 때문에 태어날 때부터 원죄, 유전죄를 짊어지고 있다. 그러므로 아브라함에게 적용된 것은 아담과 같은 척도가 아니기 때문에 우선이 아닌 차선이 적용된 것이다.

그렇다면 세 번째 인류의 조상인 아브라함의 후손을 통해서는 하나님이 무엇을 주셨는가? 합력하여 선을 이룰 수 있는 합력적인 관계를 허락하시고 축복하신 것이다.

아담과 하와는 비록 모든 영광을 빼앗겼지만 하나님이 불쌍히, 측은히, 가엾이 여겨주심으로써 그들에게 자비와 긍휼을 베풀어주실 수 있는 길은 열려져 있었던 것이다.

아담이 걸은 구도의 길은, 한 사람의 은혜와 의를 통하여 모든 사람이 은혜와 의로움을 입을 수 있고 한 사람의 죄로 말미암아 죄가 왕 노릇 할 수 있는 그러한 관계적인 기준, 대상이 된 반면, 아브라함은 합력하여 선을 이룰 수 있는 대상으로 지음을 받은 것이다.

아브라함은 아담처럼 하나님의 주권에 의하여 생령이 된 존재가 아니다. 그는 하나님이 주신 은혜와 믿음과 말씀을 통하여 이삭, 야곱과 함께 3대가 합력하여 선을 이룸으로써 4대째에 요셉을 열매 맺게 한 존재이다(레 19:23-25).

그들에게는 본래 피조물이 짊어지고 있는 허와 실과 약점들을 믿음으로 보완해 나갈 수 있는 은혜가 주어진 것이다. 하나님께서 그러한 은혜를 주셨기 때문에 은혜가 우리 각자를 구원하는 것이라고 말씀하고 있다(행 15:11, 엡 2:5, 2:8).

에덴동산 한가운데에 생명나무만 있었다면 우선과 차선이라는 방편이 존재할 수 없다. 상대가 있음으로써 우선과 차선이 가려지고 구별될 수 있다.

에덴동산 한가운데에 생명나무와 함께 선악을 알게 하는 나무를 둔 것은, 같은 장소에 선택할 수 있는 두 가지 기준을 두었다는 의미이다. 그러므로 아담이 무엇을 선택하느냐에 따라서 우선이 적용되기도 하고 차선이 적용되기도 한다. 아담이 생명나무 열매를 따먹었다면 우선이 적용되었을 것이다.

그러면 이 땅에서 죄가 왕 노릇하지 못하고 생명이 왕 노릇하게 되었을 것이다.

그러나 불행하게도 아담과 하와가 선악을 알게 하는 나무 열매를 따먹었기 때문에 이 땅에서 태어나는 장자들은 다 선악을 알게 하는 나무에게 소속이 되었다. 장자는 기력의 시작이기 때문에 차자의 2배의 능력을 가지고 있다(신 21:15-17).

그러므로 먼저 태어난 자들이 우선권을 가지게 되어있다. 누가복음 16:8에 "이 세대의 아들들이 자기 시대에 있어서는 빛의 아들들보다 더 지혜로움이니라"고 말씀하고 있다. 그들이 이 땅의 주인이 되었기 때문에 이 땅에서는 선악을 알게 하는 나무에 소속된 자들이 생명나무 계열에 소속된 셋의 후손들보다 지혜도 2배이고 모든 것이 2배가 되는 능력적인 존재가 된 것이다.

아담이 생명나무 열매를 따먹었다면 이 땅은 어떤 세상이 되었을까? 생명나무에 소속된 자들이 선악나무에 소속된 자들에 비해서 뛰어난 지혜와 능력을 가지기 때문에 당연히 그들의 후손이 세상에서 머리가 되었을 것이다.

그러나 아담이 생명나무 열매를 따먹었다고 해서 이 땅이 죄가 존재하지 않는 지상낙원이 되는 것이냐 하면 그렇지 않다. 생명이 왕 노릇한다고 해서 죄가 영원히 침범할 수 없는 세상은 아니라는 것이다.

그 이유는 무엇인가? 에스겔 31:9에 에덴동산에도 투기(妬忌)가 있다는 말씀이 기록되어 있다. 우주에는 셀 수 없는 많은 별들이 있지만 생명체가 존재하는 곳은 많지 않다. 지구가 유일하게 하늘과 연결된 생명의 땅이기 때문에 하늘의 발등상이라고 말씀하고 있다(시 110:1, 사 66:1, 눅 20:43, 행 2:35, 7:49, 히 1:13)

신체적으로도 한 몸으로 이어져 있으면 몸속의 혈관을 통하여 길이 열려져 있기 때문에 어디든지 갈 수 있다. 마찬가지 이치로 공중의 권세를 잡은 자가 셋째 하늘나라에도 침범할 수 있고 이 땅에도 침범할 수 있는 것이다.

그러므로 죄가 없는 완전한 곳은 존재하지 않는다. 들짐승 중에 가장 간교한 뱀이 에덴동산에 침범했듯이 어느 곳이나 생명체가 연결되어 있는 곳에는 죄와 어두움도 침범할 수 있는 것이다.

예수께서 "사단이 하늘로서 번개같이 떨어지는 것을 내가 보았노라"(눅 10:18)고 말씀하셨다. 그 말씀의 의미처럼 사단도 이 땅에 올 수 있고 어디든지 갈 수 있는 권리를 누리고 있다.

하나님이 모든 세계를 창조하실 때 처음부터 악인과 의인이 구별되게 지으신 것이 아니기 때문이다. "보시기에 좋았더라"는 창조의 세계에서 타락의 원인이 드러남으로 말미암아 빛과 어두움이 구별된 것이지, 처음부터 "너희들은 이곳에, 너희들은 저곳에 존재하라!"고 구별해서 지으신 것이 아니라는 것이다. 그렇기 때문에 그 안에서는 의인이든 악인이든 누리고 공유하고 공존할 수 있는 자율적인 권리가 있는 것이다.

아담이 생명나무 열매를 따먹었다고 해서 이 땅이 죄가 없는 지상낙원이 되지는 않는다. 그러나 생명나무 열매를 따먹은 아담의 후손들은 그것을 따먹지 못한 지체들을 다스릴 수 있는 장자가 될 수 있다.

창세기 2:9와 창세기 25:23은 서로 짝이 될 수 있는 말씀이다.

> 창 2:9 여호와 하나님이 그 땅에서 보기에 아름답고 먹기에 좋은 나무가 나게 하시니 동산 가운데에는 생명나무와 선악을 알게 하는 나무도 있더라

> 창 25:23 여호와께서 그에게 이르시되 두 국민이 네 태중에 있구나 두 민족이 네 복중에서부터 나누이리라 이 족속이 저 족속보다 강하겠고 큰 자는 어린 자를 섬기리라 하셨더라

위 성구에서 "두 국민, 두 민족이 복중에서 나누이겠고 큰 자는 어린 자를 섬기리라"고 말씀하고 있다. 이 말씀은 에덴동산에서 뒤바뀐 장자와 차자의 역산을 바로 잡고 회복하시려는 하나님의 의지를 보여주신 말씀이다.

만약 에덴동산에서 아담이 선악을 알게 하는 나무 열매를 따먹지 않고 생명나무 열매를 따먹었다면 우주의 태는 정상적으로 순산을 했을 것이다. 그러나 아담이 타락함으로 이 땅에 쫓겨 왔다. 그러므로 이 땅에는 어두움의 씨인 가인이 먼저 생산되어 장자가 되고 아벨은 차자로 등장하여 역산(逆産)이라는 악순환의 구도가 초래되었던 것이다.

1. 가인과 아벨의 장자권의 싸움

아담이 범죄하여 하늘에서 이 땅으로 쫓겨 왔다. 아담의 범죄는 영적으로 지은 죄이다. 영적인 죄를 짓고 쫓겨났기 때문에 아직 혼과 몸은 빼앗기지 않은 상태이다.

아담은 영을 빼앗겼기 때문에 장자로서의 제사권을 빼앗겼다. 그렇기 때문에 아담이 드리는 제사는 하나님이 받으실 수 없는 것이다.

아담이 그 아내 하와와 동침하여 가인과 아벨을 낳았다(창 4:1-2). 타락한 아담은 후사를 결정할 권한이 없기 때문에 하나님께서 가인과 아벨 중에서 후사를 정하셔야 한다. 그러려면 거기에 대한 기준이 마련되어야 한다.

사단 마귀가 하나님의 인감을 위조하기는 했지만 이긴 자로서의 기득권을 가지고 있었기 때문에 하나님이 독단적으로 후사를 정하실 수 없었다. 그러므로 가인과 아벨 중, 누구를 아담의 후사로 정할 것인지 마귀와 협의하시고 믿음, 소속, 제물, 세 가지 중에서 기준을 선택하고자 하셨다.

마귀는 먼저 태어난 가인이 자기의 소속이었기 때문에 소속을 첫째로 삼으려고 했다. 그러나 하나님은 믿음으로 뜻을 세우시고 말씀으로 우주만물을 창조하셨기 때문에 믿음을 첫째로 삼으셨다(히 11:3).

그렇게 기준을 정해놓고 가인과 아벨로 하여금 제물을 바치게 했다(창 4:2-4). 아벨은 "믿음이 없으면 하나님을 기쁘시게 못하나니"(히 11:6)라는 말씀처럼 믿음으로 양의 첫새끼를 제물로 바쳤기 때문에 하나님께서 그의 제물을 열납하셨다 (히 11:4). 그러나 가인은 믿음으로 제사를 드리지 않았기 때문에 하나님이 열납하지 않으셨다.

분하여 안색이 변한 가인이 아벨을 들로 유인하여 돌로 쳐 죽였다(창 4:5-8). 하나님께서 가인에게 "네 동생 아벨을 보았느냐?"라고 물으시자 "내가 아벨을 지키는 자이니까? 왜 나에게 묻습니까?"라고 했다. 하나님께서 "땅이 아벨의 피를 받아서 내게 직고 했다"라고 말씀하시자(창 4:9-10), 가인이 더 이상 거짓말 할 수 없었으므로 "내 죄벌이 너무 중하여 견딜 수 없나이다"(창 4:13)라고 하며 자기 죄를 인정하였다.

가인이 "내가 땅에서 피하며 유리하는 자가 되어 나를 만나는 자가 나를 죽이겠나이다"라고 고하며 하나님에게 자비와 긍휼을 구했다. 그러자 하나님께서 가인에게 표를 주시고 만나는 누구에게든지 죽임을 면하게 해주셨다(창 4:14-15).

왜 가인은 하나님에게 자기의 생명을 지켜주고 보장해달라고 요구할 수 있었는가? 그것은 하나님이 에덴동산에서 아담과 하와에게 내린 판례가 있었기 때문에 가인이 그것을 인용한 것이다.

세상 법원에서도 판례를 내릴 때 어떤 선례(先例)가 된 판결문이 있으면 하급 법원에서 그것을 도입하기도 한다.

아담으로 인하여 어떠한 관행이 생겼는가? 가인이 아벨을 쳐 죽이고 무엇을 요구했는가? 가인이 하나님에게 "내 죄벌이 너무 중하여 내가 견딜 수 없나이다. 나를 지면에서 내어 쫓으시면 사람들이 나를 죽일 것이 뻔합니다. 그러니 내 생명을 보장해 주십시오"라고 요구했다(창 4:13-15).

가인이 그렇게 요구할 수 있었던 것은 에덴동산에서 아담과 하와가 쫓겨날 때 하나님이 그들에게 가죽옷을 지어 입히신 판례가 존재하고 있었다. 그렇기 때문에 교활한 가인이 "공의의 하나님이시니까 저에게도 정당하게 똑같은 판결을 내려 주시는 것이 옳지 않습니까?"라고 자기에게도 그러한 표를 달라고 하나님께 요구한 것이다.

그러므로 하나님이 아담과 하와에게 가죽옷을 지어 입히신 것처럼 가인에게도 표를 주어 그의 생명을 보장해 주실 수밖에 없었던 것이다.

하나님은 공의의 하나님이시며 참되시고 의로우시고 거룩하시고 선하신 분이시다. 그렇기 때문에 하나님이 에덴동산에서 남기신 판례는 자기 자녀에게만 적용되는 것이 아니라, 상대적인 존재들에게까지 적용시킬 수밖에 없는 판례가 되었다.

마지막 때에도 요한계시록 20장에 무저갱에 잡아둔 사단, 마귀, 옛 뱀을 다시 놓아주는 내용이 기록되어 있다.

> 계 20:2-3 용을 잡으니 곧 옛 뱀이요 마귀요 사단이라 잡아 일천 년 동안 결박하여 무저갱에 던져 잠그고 그 위에 인봉하여 천 년이 차도록 다시는 만국을 미혹하지 못하게 하였다가 그 후에는 반드시 잠간 놓이리라

이 내용도 에덴동산에서 생긴 판례 때문에 적용할 수밖에 없는 사건인 것이다.

아담은 영적으로는 죽었지만 표면적으로는 930세까지 살았다. 그가 이 땅에서 사는 동안 아무도 아담을 해하지 못했다. 아담이 외형적으로는 하나님이 만들어 주신 가죽옷을 입고 있었지만 그것이 바로 하나님께서 아무도 아담을 죽이지 못하도록 주신 표였던 것이다. 아담에게 그러한 표를 주셨기 때문에 가인에게도 동일한 표를 주실 수밖에 없었다.

아담이 다시 아내와 동침하여 셋을 낳았다. 하나님이 죽은 아벨 대신에 다른 씨를 주신 것이다(창 4:25, 5:3). 셋은 영적으로 아벨을 대신해서 아벨의 계승권을 짊어지고 등장한 사람이다.

그렇다면 셋과 가인은 철천지원수가 된다. 세상의 기득권을 가지고 있는 가인의 입장에서 보면 셋은 그대로 두어서는 안 될 존재이다. 아예 싹을 잘라서 후환(後患)을 없애는 것이 가인에게는 유리한 입장이 된다.

그러나 "아벨 대신 다른 씨인 셋을 주셨다"는 말씀 속에는 하나님이 가인에게 표를 주실 때, "내가 아벨 대신 다른 씨 셋을 줄 터인데 네가 절대 그를 해치면 안 된다"는 선약적인 하나님의 말씀이 들어있었다는 것이다.

가인이 하나님의 말씀에 순종해서 셋을 건드리지 않았다. 이미 셋에 대한 비밀을 알고 있던 가인이 셋을 죽일 수도 있었다. 그러나 가인이 하나님의 말씀에 순종했기 때문에 그에게 7대의 족보를 허락하셨다.

하나님이 가인에게 표를 주었다는 것은 아무도 가인을 죽이지 못하도록 보장해 주었다는 의미이다. 그렇게 하신 이유는 무엇인가? 그들을 통해서 무엇을 회복해야 하는가? 진 자로서 이긴 자에게 빼앗긴 것이 있다. 그것을 회복해야 하기 때문에 하나님이 그들을 보호해 주지 않으면 안 되는 원인이 거기에 있는 것이다.

가인이 아벨을 쳐 죽였다고 해서 아벨 대신 등장한 셋이 가인을 쳐 죽인다면 구속사의 세계가 흐지부지 되고 만다. 진 자로서 이긴 자에게 회복해야 할 것이 있는데 그 계획이 수포로 돌아가 버리는 입장이 되는 것이다. 그렇기 때문에 하나님이 가인의 계열도 보호하고 보장해 주셔야 한다.

그런 의미에서 하나님이 가인의 계열도 일단 7대까지 인정해주신 것이다. 비록 7대까지의 그들의 삶의 내용이 자랑할 만하고 지켜주고 보호해 줄 만한 내용은 아니었지만 부득이 그러한 악인의 계열을 보장해 주고 보호해 주셔야 하는 하나님의 심정은 오죽하셨을까? 그렇기 때문에 가인의 족보가 7대까지 기록될 수 있었던 것이다(창 4:16-24).

하나님은 공의의 하나님으로서 똑같은 죄를 가지고 다른 판결을 내리시지 않는다. 같은 죄라면 동일한 판결을 내리는 것이 당연한 것이다. 간교하고 교활한 뱀의 계열인 가인이 그 점을 들어서 요구했기 때문에 하나님이 "가인을 죽이면 칠 배의 벌을 받으리라"(창 4:15)는 표를 가인에게 주실 수밖에 없었던 것이다.

만약 하나님께서 책망하실 때 아담이 "머리인 제가 잘못해서 이런 결과를 만들었습니다. 제가 이에 대한 책임을 지겠습니다"라고 했더라면 다시 한 번 그에게 기회가 주어질 수 있었을 것이다.
　그런데 아담이 선악을 알게 하는 나무 열매를 따먹은 원인을 하와에게 돌리고 하와는 뱀에게 책임전가(責任轉嫁)를 했다(창 3:11-13).

　아담이 죄를 짓기 전에는 에덴동산의 머리였다. 머리는 지체와 연결되어 한 몸을 이루고 있다(고전 12:27, 엡 5:29-30). 아담이 이름을 지어주는 대상은 다 아담의 지체들이다.
　그러므로 뱀도 아담의 지체에 속한다. 지체가 잘못하면 그에게 나타난 사건의 책임은 머리가 짊어져야한다. 그것이 말씀의 원리, 하늘의 법도인데 아담이 그 점을 인정하지 않았던 것이다.

　에덴동산의 사건은 하나님이 에덴동산 바깥에서 제 2의 의(義)를 이루고자 하시는 하늘의 역사이며 법도가 된다.
　가인이 아벨을 쳐 죽인 사건은 에덴동산 밖에서 일어난 사건이기는 하지만 영적으로 말하면 아담의 후사를 결정하는 문제에서 일어난 일이기 때문에 에덴동산 내(內)의 사건이라고 포괄(包括)할 수 있다는 것이다.

　로마서 9:18에 "하나님은 하고자 하시는 자를 긍휼히 여기시고 하고자 하시는 자를 강퍅케 하신다"고 말씀하고 있다.
　가인이 너무 분하고 원통한 나머지 하나님께서 왜 아벨의 제물을 열납하셨는지 깨닫지 못했다. 가인이 아벨의 설득에 수긍(首肯)하여 아벨을 통하여 제물을 바쳤다면, 가인은 최초의 살인자는 되지 않았을 것이다. 그러나 아벨이 가인으로부터 최초로 죽임을 당한 사건이 발생했기 때문에 인류 구속사의 세계가 피로 점철된 역사로 출발하게 된 것이다.

아담이 선악을 알게 하는 나무 열매를 따먹은 것에 대하여 변명하지 않았다면, 순교의 길과 부활의 길이 별도로 구별되지 않을 수도 있었다. 만약 그랬다면 예수님이 인류의 모든 죄를 짊어지시고 자신의 영혼을 속건제물로 산 제사를 드리는 대속사로서 부활의 길을 여실 수 있었다(사 53:10).

가인이 아벨을 쳐 죽이지 않고 아벨을 통하여 자기의 제물을 바쳤다면, 피의 길, 순교자의 길은 생기지 않을 수 있었다는 것이다.

그렇다고 십자가를 통한 부활의 길이 없어졌다는 의미는 아니다. 십자가의 사건은 예언된 사건으로서 예수님이 등장하셔서 골고다 언덕에서 역사되겠지만, 그에 앞서 진행되는 피의 길, 순교자의 길은 열리지 않을 수도 있었다는 것이다.

예수께서 "아벨의 피로부터 바라갸의 아들 사가랴의 피까지 이 세대가 담당하리라"고 말씀하셨다.

> 마 23:35 그러므로 의인 아벨의 피로부터 성전과 제단 사이에서 너희가 죽인 바라갸의 아들 사가랴의 피까지 땅 위에서 흘린 의로운 피가 다 너희에게 돌아가리라

> 눅 11:51 곧 아벨의 피로부터 제단과 성전 사이에서 죽임을 당한 사가랴의 피까지 하리라 내가 너희에게 이르노니 과연 이 세대가 담당하리라

아담의 잘못으로 인하여 이스라엘 백성들이 아벨의 피로부터 사가랴의 피까지 핏값을 담당해야 하는 결과가 초래된 것이다. 아담이 변명함으로써 그러한 길이 열려질 수밖에 없었던 것이다.

하나님이 에덴동산에서 아담에게 생명나무 열매와 선악을 알게 하는 나무를 선택할 수 있는 자유의지를 주셨다. 그렇기 때문에 아담이 말씀에 순종했을 때는 영원한 생명과 축복을 받을 수 있지만 불순종하면 영원한 화와 심판을 받게 되어있다(신 11:26, 30:15, 30:19).

하나님이 아담에게 자유의지를 주셨다는 말 속에는 아담이 순종하지 않았을 때 거기에 대한 방편을 가지고 있다는 의미가 함축되어 있다. 하나님께서 행위의 언약을 주신 분이기 때문에 잘 믿었을 때와 믿지 못했을 때에 대한 양면적인 책임을 지셔야 한다. 그렇기 때문에 그에게 자유의지를 주시고 잘 믿었을 때와 믿지 못했을 때 거기에 대한 책임을 어떻게 지시겠다는 것을 아담을 에덴동산에 부르시기 전에 이미 뜻으로 정해놓으셨다는 것이다.

아담이 결국 불순종했다. 그렇다면 하나님은 그것에 대한 책임을 어떻게 지셨는가? 우주만물을 창조하신 창조주 하나님이 여인의 후손으로 이 땅에 오시게 되어 있는 것이다. 자유의지를 주신 하나님이 아담이 죄를 짓기 전에 이미 그렇게 뜻을 정해놓으셨기 때문이다.

아담이 불순종하면 하나님이 첫째, 여인의 후손으로 이 땅에 오시게 되어 있었다. 둘째, 아담이 불순종함으로 말미암아 하나님이 이루고자 하시는 구속사의 세계에서 죄가 이긴 자가 되었다. 그렇다면 이긴 자인 죄가 이 땅에서 누릴 수 있는 욕구와 욕망이 있게 마련이다. 그것을 채워주어야 한다. 그것이 하나님께서 아담에게 자유의지를 주시고 "동산 각종 나무의 실과는 네가 임의로 먹되 선악을 알게 하는 나무의 실과는 먹지 말라 네가 먹는 날에는 정녕 죽으리라"는 행위의 언약을 주신데 대하여 지셔야 할 책임이었다.

하나님이 아담에게 행위 언약을 주셨을 때 그 다음 단계에 주셔야 할 두 번째, 세 번째의 언약도 이미 예비되어 있었다는 것이다. 행위의 언약 다음으로 두 번째는 구속의 언약을 주셨을 것이고 세 번째는 은혜의 언약을 주셨을 것이다.

하와가 선악을 알게 하는 나무 열매를 따먹고 아담에게도 주매 아담이 받아먹었다. 그러자 입고 있던 빛의 옷이 사라지고 육체가 드러났다. 그들이 부끄러워 무화과 나무 잎으로 몸을 가리고 나무 사이에 숨자 하나님이 "아담아, 아담아, 네가 어디 있으냐?"(창 3:6-9)라고 부르셨다. 하나님이 묻는 말씀 앞에 아담이 "하나님이 주신 여자가 그 나무 실과를 내게 주므로 내가 먹었나이다"라고 변명했고, 여자는 "뱀이 나를 꾀므로 내가 먹었나이다"(창 6:11-13)라고 변명했다.

아담과 하와는 변명으로 일관했지만 행위언약을 주신 하나님께서는 그들의 불순종에 대한 책임을 지시고 그 부르심에 응답자가 되어야 한다. "아담아, 아담아!" 부르셨을 때 예수께서 행위의 언약을 주신데 대한 창조주로서의 책임을 지시기 위하여 어떻게 응답하셨는가?

예수께서 응답하신 내용이 시편 40편에 기록되어 있다.

> 시 40:7-8 그 때에 내가 말하기를 내가 왔나이다 나를 가리켜 기록한 것이 두루마리 책에 있나이다 나의 하나님이여 내가 주의 뜻 행하기를 즐기오니 주의 법이 나의 심중에 있나이다 하였나이다

하나님이 아담을 부르셨을 때 둘째 아담으로 오셔야 할 예수께서는 "내가 행위 언약을 저들에게 주었는데 그들이 불순종함으로 그 언약을 깨뜨리고 말았습니다. 본래 정해진 뜻대로 제가 둘째 아담으로, 여인의 후손으로 세상에 가겠습니다"라고 대답하신 것이다.

아담의 불순종으로 말미암아 구원의 역사가 구속의 역사로 바뀌고 말았다. 구원(救援)과 구속(救贖)은 다르다. 구속이라는 말은 "댓가를 지불하고 벗어나다"라는 뜻이다. 댓가를 지불하기 위해서 예수님이 여인의 후손으로 오셔야 했다(창 3:15).

또 하나는, 하나님이 아담과 하와를 에덴동산에서 내어쫓을 때 양을 잡아서 그들에게 가죽옷을 지어 입히셨다(창 3:21). 그것이 행위의 언약을 주신 하나님께서 창조주로서 책임지시는 실제적인 내용이었다. 그것은 장차 예수께서 여인의 후손으로 이 땅에 오셔서 유월절 양으로서 자기의 살과 피로 인류를 구속하신다는 것을 의미하는 말씀이다(요 6:48-58).

가인이 아벨을 쳐 죽임으로 하나님께서 아벨 대신 셋을 주었다(창 4:25)는 말씀도 악인이 의인을 죽였을 때를 대비하셔서 하나님이 대처해놓으신 방편이다. 행위의 언약이 깨어졌을 때 구속의 언약, 은혜의 언약을 준비해놓으신 것처럼 가인이

아벨을 쳐 죽였을 때 셋을 주었다는 것도 뜻 안에 이미 그렇게 다 예정해놓으셨다는 것이다.

그렇게 뜻 안에서 때에 맞게 등장하는 사람까지도 이미 정해놓으셨기 때문에 행위로 말미암지 않고 부르신 이의 뜻대로 이루어지게 하신다고 말씀하신 것이다(롬 9:11).

히브리서 6장에 아담의 죄를 지적한 말씀이 기록되어 있다.

> 히 6:4-6 한번 비침을 얻고 하늘의 은사를 맛보고 성령에 참예한바 되고 하나님의 선한 말씀과 내세의 능력을 맛보고 타락한 자들은 다시 새롭게하여 회개케 할 수 없나니 이는 자기가 하나님의 아들을 다시 십자가에 못 박아 현저히 욕을 보임이라

위 성구에서 말씀한 대로 아담이 성령에 참예한바 되고 하나님의 선한 말씀과 내세의 능력을 맛보고 그러한 죄를 지었기 때문에 예수님이 십자가를 지실 수밖에 없었던 것이다.

그러므로 누구든지 아담과 같은 죄를 짓는 자는 결코 용서받지 못한다. 아담이 이 땅으로 쫓겨 내려와 930년을 살기는 했지만 영적으로는 죽은 자로 산 것이다.

그러나 하나님이 아담을 내어 쫓을 때 두 가지 암호를 주어서 내보내셨다. 마치 예수님이 십자가상에서 성체를 통하여 흘리시는 보혈의 피 속에 태초의 말씀을 숨기신 것처럼 아담에게 창세기 3:15에 기록된 십자가의 도(道)와 창세기 3:21에 기록된 부활의 도(道)의 암호가 되는 가죽옷을 은밀하게 입혀주시고 에덴동산에서 내어 쫓으셨다.

창 3:15 내가 너로 여자와 원수가 되게 하고 너의 후손도 여자의 후손과 원수가 되게 하리니 여자의 후손은 네 머리를 상하게 할 것이요 너는 그의 발꿈치를 상하게 할 것이니라 하시고

창 3:21 여호와 하나님이 아담과 그 아내를 위하여 가죽옷을 지어 입히시니라

그렇기 때문에 아담이 이 땅에 내려와서 930년 동안 땀 흘려 일하면서 그의 후손들에게 산 자의 세계인 에덴동산의 비밀과 가죽옷을 지어 입히신 비의를 복음으로 전할 수 있었다(창 3:21-23).

그 결과 아담의 7대 후손인 에녹이 하나님을 영접하고 하나님과 동행함으로써 그가 하나님과 함께 승천할 수 있는 도적 승리를 이룰 수 있었던 것이다. 그것은 아담이 하나님께서 주신 십자가의 도와 부활의 암호를 깨닫고 그것을 7대 손 에녹에게 가르쳤기 때문에 가능한 일이었다.

2. 에서와 야곱의 장자권의 싸움

에덴동산에서 아담이 타락하여 이긴 자의 종이 되어 장자권을 빼앗기고 말았다. 빛의 자녀가 장자로 태어나는 것이 순산(順産)이다. 그런데 육신의 자녀가 장자로 태어나는 역산(逆産)이 되고 말았다. 그렇기 때문에 하나님께서는 그것을 다시 정상적으로 회복시키셔야 한다.

에덴동산의 사건 이후, 성경 곳곳에 쌍태의 맥이 등장한다. 그것은 아담이 타락함으로 말미암아 상실한 장자권을 회복하시고자 하나님께서 그의 후손들을 통하여 펼치신 역사의 모습이었다.

예수께서 구속사의 세계에 들어오실 때 장자로 오실 수 있는 길을 예비하시고 준비하신 사건들이 있었다. 그것이 바로 이삭에게 주신 에서와 야곱의 쌍태였다.

영원히 서로 합쳐질 수 없는 이질적인 두 존재가 한 장소에 있다면 그것은 비극이라고 말할 수 있다. 더구나 그 장소가 한 어머니의 뱃속이라면 더더욱 아프고 슬픈 일이다.

① 태 바깥으로 이어진 에서와 야곱의 장자권의 싸움

> 롬 9:10-13 이뿐 아니라 또한 리브가가 우리 조상 이삭 한 사람으로 말미암아 잉태하였는데 그 자식들이 아직 나지도 아니하고 무슨 선이나 악을 행하지 아니한 때에 택하심을 따라 되는 하나님의 뜻이 행위로 말미암지 않고 오직 부르시는 이에게로 말미암아 서게 하려 하사 리브가에게 이르시되 큰 자가 어린 자를 섬기리라 하셨나니 기록된바 내가 야곱은 사랑하고 에서는 미워하였다 하심과 같으니라

위 성구에서 아직 태어나서 선한 일이나 악한 일을 하지도 않은 상태에서 이미 하나님은 "내가 야곱은 사랑하고 에서는 미워하였다"(말 1:2-3)라고 말씀하고 있다.

아담이 선악을 알게 하는 나무 열매를 따먹었다. 선과 악을 알게 하는 열매를 먹었다는 말은, 아담 속에 선악이 함께 동행하고 공존하게 되었다는 의미이다. 그렇기 때문에 아담의 후손인 아브라함 속에는 빛의 계열의 사람뿐만 아니라 어두움의 계열의 사람들도 항상 함께 존재하고 있었다.

에서와 야곱이 장자권을 놓고 리브가의 태중에서 싸움을 했다. 야곱이라는 이름은 '발꿈치를 잡았다'는 의미이다. 상대방의 발꿈치를 잡고 나왔다는 말은, 에서가 태 바깥으로 돌쳐 나가는 순간, 야곱이 에서의 발꿈치를 잡고 그의 힘을 빌려서 정당하지 못한 방법으로 따라 나왔다는 의미이다. 그러므로 에서가 야곱보다 먼저 나오기는 했지만 야곱도 에서의 발꿈치를 잡고 나왔기 때문에 에서와 동시적으로 나온 셈이 된다.

만약 야곱이 에서의 발꿈치를 잡고 나오지 못했다면, 태 바깥으로 나와서 장자권을 놓고 도적(道的)인 싸움을 할 수 없었을 것이다.
 태중에서 장자권을 취하지 못함으로 말미암아 태중에서의 싸움이 태 밖으로 이어질 수 있도록 야곱이 에서의 발꿈치를 잡고 나온 것이다. 장사권의 싸움이 영적인 싸움의 세계에서 해결되지 않았다면 육적인 싸움으로 연장시켜서 싸우게 해야 한다. 그러므로 야곱으로 하여금 에서의 발꿈치를 끝까지 놓치지 않고 잡고 나오게 했다. 만약 야곱이 에서의 발꿈치를 놓쳤더라면 돌이킬 수 없는 일이 되었을 것이다.

신명기 21:15-17에 "미움을 받는 여인의 자식이라도 먼저 태어난 자가 장자다"라고 말씀하고 있다. 그런데 야곱이 에서의 발꿈치를 잡고 나왔기 때문에 태중에서 결정되지 못했던 장자권의 싸움이 태 바깥으로 계속 연장해서 이어질 수 있었던 것이다.

내성의 꼴로 외형이 이루어진다고 말씀하고 있다(창 1:26). 그 말씀의 의미처럼 영적으로 이루어지면 육적으로도 표면적으로도 당연히 이루어지게 되어있는 것이다.

야곱이 에서의 발꿈치를 잡고 나왔기 때문에 장자권의 싸움이 영적인 싸움에서 육적인 싸움으로 연결될 수 있었던 것이다. 야곱이 에서의 발꿈치를 잡지 못하고 나왔다면 이 땅에서 장자권의 싸움이 일어날 수 없다. 야곱이 에서의 발꿈치를 잡고 나오지 못했는데 야곱이 팥죽으로 장자의 권리를 빼앗고 아버지 이삭을 속이고 장자의 축복을 받았다면 그에게는 악인에게 주는 죄가 적용되었을 것이다.

그런데 그것이 합법화 될 수 있었던 것은 바로 태중의 싸움이 태 바깥으로 연결되었기 때문에 정당한 싸움이 될 수 있었던 것이다.

만약 발꿈치를 잡고 나오지 못했다면 야곱은 혼자 태중에 머물렀다가 자력(自力)으로 나와야 한다. 그런데 야곱이 에서의 발꿈치를 잡았기 때문에 동시에 같이 나올 수 있었던 것이다. 야곱이 에서의 발꿈치를 잡지 않고 따로 나왔다면 야곱은 태어나서 절대 에서의 장자권에 도전할 수 없다. 그것은 도적(道的)으로 있을 수 없는 일이기 때문이다.

이삭의 아내 리브가의 태속에는 이러한 쌍태의 아픔이 요동치고 있었다. 에서와 야곱의 싸움은 복중에서부터 시작된 치열한 싸움이었다. 리브가의 태중에서 쌍태인 야곱과 에서가 싸우는 모습은 에덴동산의 쌍태인 생명나무와 선악을 알게 하는 나무와 동일한 모습이라고 말할 수 있다(창 2:9).

하나님은 다음 세대로 넘어갈 때 전 세대의 내용을 하나님 마음대로 바꾸어 임의대로 넘겨주시지 않는다. 그것이 공의의 하나님이 지키셔야 할 마땅한 도리이기 때문이다.

전 세대의 모양을 그대로 넘겨준 전형적인 모습이 바로 노아의 방주였다. 방주의 3층에는 노아의 가족들이 타고 있었고 2층에는 정결한 짐승 암수 일곱 쌍씩, 1층에는 부정한 짐승 암수 두 쌍씩을 태우게 하셨다.

그런데 노아의 성가정이 둘째 아들 함으로 말미암아 깨어지고 말았다. 그렇기 때문에 노아 시대에 있었던 역사의 내용을 세 번째 인류의 조상인 아브라함에게 그대로 넘겨주어야 한다.

마찬가지다. 전 세대의 모양을 리브가의 태에 그대로 넘겨주어야 한다. 리브가의 태속에는 야곱뿐만 아니라 악의 상징인 에서가 당연히 장자격으로 등장해야 한다. 그러므로 악이 장자가 되고 선이 차자가 되어있는 모습 그대로 리브가의 태에 쌍태로 옮겨진 것이다.

하나님께서는 리브가의 태중에서 쌍태인 에서와 야곱을 통하여 아담이 빼앗긴 장자권을 회복하고자 도전하셨다. 이삭의 아내 리브가는 이삭과 결혼하여 20년이 되도록 아이를 낳지 못한 석녀(石女)였다.

　이삭이 리브가를 위하여 하나님께 간절히 기도를 드리자, 하나님께서 이삭의 기도를 들으시고 리브가를 성태케 하셨다. 그런데 야곱만 주신 것이 아니라 에서도 함께 주셨다. 에서와 야곱을 낳을 때 이삭은 60세였다(창 25:21-26).

　야곱은 성령의 자녀이지만 에서는 성령의 자녀가 아니다. 왜 하나님께서는 같은 태에 성령의 자녀만 주시지 않고 육신의 자녀까지 주신 것일까?
　성령의 자녀인 이삭이 구하는 기도를 들으시고 하나님이 리브가를 잉태하게 해주셨기 때문에 하나님께서는 에덴동산에서 역산된 모습 그대로를 리브가의 태에 옮겨 놓으신 것이다. 공의의 차원에서 자식을 주셨기 때문에 어두움의 주자(走者)인 에서가 먼저 장자로 태어난 것이다.

　사라는 아브라함이 가지고 있는 도적 비의를 깨달음으로써 '열국의 어미'라는 칭호를 받았고 언약의 자식, 성령의 자식인 이삭을 낳았다(창 17:15-16).
　그러나 리브가는 아브라함 가(家) 3대 속에 들어있는 산 자의 도맥의 비밀을 깨닫지 못했다. 만약 리브가가 아브라함 가(家)의 비밀을 깨달은 상태에서 하나님께서 생각하시고 자식을 주셨다면 성령의 자식만을 낳을 수 있었을 것이다. 그러나 리브가가 아직 깨닫지 못한 상태에서 이삭이 자식을 구했기 때문에 하나님께서는 당연히 공의의 입장에서 육신의 자녀인 에서와 성령의 자녀인 야곱을 동시에 주실 수밖에 없었던 것이다.

리브가가 스스로 부활의 비의와 산 자의 비의를 깨닫고 자식을 잉태했다면 쌍태를 가질 필요가 없었다.

그렇게 잉태하게 된 리브가가 자기 뱃속이 심상치 않음을 느끼게 된다. 뱃속에 한 아이가 아닌 쌍태가 들어섰는데 이들이 서로 싸우고 있다는 것을 알게 된 것이다. 리브가가 마음에 큰 걱정이 되어서 이를 하나님께 여쭈어 보았다. 이 때 하나님께서 "두 국민, 두 민족이 네 복중에서부터 나누일 것이며 큰 자가 작은 자를 섬기리라"(창 25:21-23)고 말씀하셨다.

하나님께서 리브가에게 태의 비밀을 가르쳐주셨기 때문에 리브가는 야곱이 성령의 자녀라는 것을 알 수 있었다. 그러므로 리브가가 야곱을 도와줌으로써 그가 장자로 승리할 수 있는 원천이 될 수 있었던 것이다.

하나님이 공의로써 리브가에게 쌍태를 주셨다고 앞서 기술했다. 그렇다면 하나님께서는 공도를 지키셔야 하는데 왜 리브가에게 태의 비밀을 알려주셨는가?

가인과 아벨의 사건에서 볼 수 있듯이 정당하게 장자의 권리를 쟁취한 아벨을 가인이 돌로 쳐 죽였다. 그 후로도 사단, 마귀가 부당한 방법으로 하나님의 장자들을 실족시켰기 때문에 하나님의 입장에서는 그 비밀을 리브가에게 가르쳐주실 수 있는 빌미가 된 것이다.

그 결과 리브가가 하나님의 뜻이 야곱에게 있다는 것을 깨닫고 야곱이 에서로부터 장자권을 빼앗을 수 있도록 도와주었다. 그러므로 하나님이 이루시는 역사의 세계에 일조(一助)를 하는 지혜로운 여인이 되었다. 하와는 죽은 태를 가진 여인이었지만 리브가는 산 자를 생산해낼 수 있는 지혜의 태를 가졌던 것이다.

야곱이 에서에게 떡과 팥죽을 주고 장자의 명분을 팔라고 종용했다. 에서는 장자의 명분을 경홀히 여겨 결국 야곱에게 장자권을 빼앗기고 말았다. 에서로부터 장자의 명분을 획득하는데 성공한 야곱은 어머니 리브가의 도움으로 아버지 이삭으로부터 장자의 축복을 받아냈다. 장자의 축복은 장자의 명분을 가진 자만이 받을 수 있는 것이다.

하나님께서는 빼앗긴 장자의 우선권을 찾으시기 위하여 리브가의 태속에서부터 하나님의 씨를 구분하셨다.
로마서 9:10-13에 "행위로 말미암지 않고 오직 부르시는 이의 뜻대로 야곱은 사랑하고 에서는 미워하였다"라고 말씀하고 있다. 그 말씀대로 쌍태인 에서와 야곱은 장자권을 놓고 치열한 싸움을 벌이지만 복중의 싸움에서 야곱은 에서를 이기지 못했다. 에서가 야곱을 힘으로 밀치고 먼저 나와 승리하였으나 하나님의 뜻은 야곱에게 장자권을 주는 것이었다.
에서가 차자인 야곱을 섬기게 된다고 하나님께서 말씀하셨기 때문에 에서가 먼저 태어나 장자가 되기는 했지만 결국 에서는 차자인 야곱에게 장자권을 빼앗기는 쓰라림을 맛보게 된다.

에서와 야곱이 장자권을 쟁취하는 싸움 속에는 하나님의 어떤 뜻이 감추어져 있는 것일까? 복중에서 시작된 에서와 야곱의 싸움은 그들이 세상에 나와 야곱이 에서로부터 장자의 명분과 축복을 빼앗을 때까지 계속되었다. 야곱은 복중의 싸움에서는 에서에게 밀렸으나 태 밖에서는 장자권을 회복하는 것에 성공하였다.

성경 전체를 통하여 일관되어 있는 장자와 차자와의 싸움에서 하나님께서는 육적 장자를 분별할 수 있는 암호를 감추어놓으셨다.

육적 장자였던 에서는 전신이 붉은 사람이었다. 그는 붉은 팥죽을 먹음으로 '에돔'[8], 즉 '붉음'이라는 별명을 가지게 되었다(창 25:25, 25:30). 또 유다와 다말이 낳은 베레스와 세라의 경우에는 먼저 손을 내민 세라의 손에 홍사를 매어 표시를 해주었다(창 38:27-30).

마귀가 가지고 있는 육적 장자권의 암호가 바로 붉은 색인 것이다. 마지막 때 등장하는 거짓 복음의 상징인 일곱 머리와 열 뿔을 가진 짐승인 '붉은 용'도 붉은 색으로 표시되고 있다(계 12:3, 17:3-4).

---

8) 에돔은 구약 성경에 나오는 이삭의 아들 야곱의 형 에서의 이름에서 기원한다. 에서의 뜻은 '붉다'는 의미라고 전한다(창 25:25). 에돔은 그의 후손들에게 주어진 이름이었다. 이후 그의 자손들이 살던 지명이 되었다.(창 36:8-9) 위키백과

② 발꿈치를 잡았다는 의미 속에 감추어진 구속사적 의미

야곱이 에서의 발꿈치를 잡고 나오지 않았더라면 어떤 상황이 전개되었을까? 전도서 1:11 말씀처럼 전 시대의 일이 다음 시대로 이어지지 못했을 것이다.

마지막 인자의 역사는 노아 때라고 말씀하고 있다(마 24:37, 눅 17:26). 왜 마지막 인자의 역사는 노아 때라고 말씀하고 있는가?

발꿈치를 잡았다는 의미가 거기에도 적용되는 것이다. 노아가 방주에서 비둘기를 내보냈는데 두 번째 날아간 비둘기가 감람새잎을 물고 왔다. 물고 온 비둘기나 그의 입에 물려온 자의 관계도 긍정적인 은혜의 차원에서는 발꿈치를 잡은 의미와 같은 것이다.

노아는 방주 안에서 비둘기 사역, 즉 감람나무의 사역을 하였고 방주에서 내려와서 포도나무 사역을 함으로써 감람나무와 포도나무, 두 가지 사역을 이루었다. 노아가 그 사역을 다음 세대에 전해주지 못했다면 노아의 사역은 노아의 대(代)에서 끝나고 말았을 것이다. 그랬다면 하나님께서는 아브라함을 통하여 노아의 사역을 다시 시작하셔야 했을 것이다.

홍수가 끝난 후 노아는 950세까지 살았다(창 9:28-29). 노아 이후에는 셈이 600세, 아르박삿이 438세, 셀라가 433세, 에벨이 464세, 벨렉이 239세, 르우가 239세, 스룩이 230세, 나홀이 148세, 데라가 205세로 수명이 단축되었다(창 11:10-32).

셈으로부터 점진적으로 수명이 짧아지기 시작한 것에 대해서는 죄 때문이라는 것이 일반적인 견해이다(잠 10:27). 그러나 그 이면의 세계를 들여다보면 하나님께서 그들의 수명을 단축시키신 이유는 무엇인가? 노아가 950세를 살고 그의 후손들의 수명이 짧아짐으로써 노아가 10대 후손인 아브라함을 만날 수 있었다는 것이다.

노아는 구속사의 청사진을 다 가지고 있는 사람이다. 방주 안에서 비둘기 역사를 하고 방주에서 내려와 포도원의 역사를 한 것은 신랑과 신부의 영광의 세계의 비밀과 암호를 다 쥐고 있다는 것을 의미한다.

또 노아는 하나님과 무지개 언약을 맺은 사람이다. 노아가 그러한 천국의 비밀을 혈대와 계대를 통하여, 그의 후손들의 입에서 입을 통하여 아브라함에게 전한다면 그 말씀이 온전하게 전달되지 못한다. 전달하는 주자가 많으면 많을수록 여러 사람을 거치면 거칠수록 사람의 생각이 보태지기 때문에 말씀 자체가 본질에서 벗어나 변질되게 마련이다.

그렇기 때문에 하나님이 부득이 노아의 후손들의 수명을 단축시키시고 노아로 하여금 그것을 직접 아브라함에게 전달하게 하신 것이다. 노아가 아브라함 58세까지 동시대에 함께 살고 있었기 때문에 그가 가지고 있는 하나님의 비밀, 천국의 보배, 보화를 직접 아브라함에게 전해줄 수 있었다. 왜 노아가 아브라함에게 전할 수 있었는가? 노아가 방주에서 내보낸 두 번째 비둘기가 감람새잎을 물고 돌아왔다. 그렇기 때문에 노아가 자기가 가진 구속사의 청사진, 비밀을 누구에게 전해주어야 할지 그 사람을 알게 된 것이다. 따라서 노아가 타인의 손을 거치지 않고 직접 아브라함에게 두 감람나무의 비밀을 전해줄 수 있었던 것이다.

그런데 만약 노아가 죽은 후 아브라함이 태어났다면 그것은 아브라함이 노아의 발꿈치를 잡지 못한 경우가 된다. 그러면 전 시대의 청사진이 다음 시대로 이어질 수 없다. 전 시대의 사건이 전 시대로서 끝이 난다면 그 다음 세대는 전 시대를 기억조차 못하기 때문이다(전 1:11).

노아는 의의 후사로서 방주 안에서 감람나무와 포도나무의 두 가지의 사역을 완성했다. 그 내용의 세계를 아브라함에게 전해주지 못한다면 어떤 문제가 생기는가? 하나님이 아브라함을 통하여 감람나무 사역을 다시 시작하셔야 하고 또 포도나무 사역을 다시 하셔야 한다.

그렇다면 예수께서 4,004년 만에, 세상 끝에 자기 백성에게 오신다고 말씀하신 정해진 때에 오실 수가 없는 것이다(히 9:26). 정해진 때에 오시지 못하면 그만큼 때가 연장되는 것은 물론, 노아 때처럼 다시 한 번 물로 심판을 하셔야 한다. 하나님이 그 점을 생각하시면서 "내가 다시는 물로 심판하지 않겠다"(창 8:21, 창 9:15)라고 하시고 무지개 언약을 주신 것이다.

왜 다시는 물로 심판하지 않겠다고 하셨는가? 영적으로 말한다면, "합력하여 선을 이루신다"(롬 8:28)는 말씀의 의미처럼 하나님은 그 목적을 이루시기 위하여 한 사람만 조종하신 것이 아니다. 연합하여 선을 이루시는 역사의 관계성을 이용하여 하나님께서 노아의 후손들의 수명을 단축시키심으로써 아브라함으로 하여금 노아의 발꿈치를 잡게 하는 역사를 감행하신 것이다.

 그렇게 하지 않으면 무지개 언약[9]을 줄 수 없는 것이다. 노아가 동시대에 살고 있는 아브라함에게 감람나무의 비밀, 포도나무의 비밀, 그 노하우를 직접 전해주었기 때문에 역사의 내용을 단절시키지 않고 전 시대의 비전, 구속사의 청사진을 다 넘겨줄 수 있었다. 그렇기 때문에 이제는 더 이상 물로 심판하실 필요가 없었다는 것이다.

 그래서 예수님이 마지막 인자의 역사는 노아 때라고 말씀하신 것이다(마 24:37, 눅 17:26). 그 말의 의미는, 마지막 인자의 역사인 재림의 마당에서 노아와 같은 분이 이사야 24:13에 기록된 말씀대로 감람나무 사역과 포도나무 사역, 두 가지 사역을 다 하신다는 것이다.

 마지막 재림의 마당에서 이러한 역사를 할 수 있는 이유는 무엇인가? 노아가 발꿈치를 잡는 영적인 비밀의 세계, 구속사의 청사진을 아브라함에게 다 넘겨주었다. 그렇기 때문에 마지막 재림의 마당에서 이 땅의 주로 살아 역사하신 해를 입은 여인이 노아가 넘겨준 청사진을 가지고 노아처럼 마지막 감람나무 역사와 포도나무 역사를 종결시키시고 완성하신다는 것이다.

---

9) <다시복음으로 본 종말론적 구속사 시리즈> 제 4권 "네 생물, 그들은 누구인가?" 230-236'쪽, 제 6권 "작은 책" 90-106쪽, 제 12권 "하나님과 여호와는 어떻게 다른가?" 492-499쪽, 벽암 조영래 저, 도서출판 오색이슬

3. 베레스와 세라의 장자권 싸움

① 내적 장자권과 외적 장자권의 회복

야곱의 넷째 아들이 유다이다. 유다의 며느리 다말도 쌍태를 가졌다. 다말의 쌍태는 베레스와 세라였는데 베레스가 장자로 태어났다. 야곱은 복중에서 장자권을 획득하기 위한 싸움을 시작하여 태 밖에서 승리한 경우이지만 베레스는 복중에서 장자의 명분을 회복했다.

> 창 38:27-30 임산하여 보니 쌍태라 해산할 때에 손이 나오는지라 산파가 가로되 이는 먼저 나온자라 하고 홍사를 가져 그 손에 매었더니 그 손을 도로 들이며 그 형제가 나오는지라 산파가 가로되 네가 어찌하여 터치고 나오느냐 한고로 그 이름을 베레스라 불렀고 그 형제 곧 손에 홍사 있는 자가 뒤에 나오니 그 이름을 세라라 불렀더라

에덴동산에서는 아담과 하와가 차자격인 선악을 알게 하는 나무 열매를 선택함으로써 도적 씨름에서 지고 말았다. 그러나 베레스는 필사적으로 세라의 손을 잡아채고 먼저 터치고 나옴으로써 역산을 막은 것이다.

야곱이 에서의 발꿈치를 잡고 나온 사건은 구속사에 있어서 중요한 대목이 된다. 야곱이 에서의 발꿈치를 잡지 못했다면 하늘나라의 뜻이 이 땅에서 예수님을 통하여 이루어지지

못했을 것이다. 에서의 발꿈치를 잡지 못하고 이 세상에 태어 났다면 다말의 태속에서 베레스의 영적인 장자권을 회복하는 역사 또한 불가능한 일이 되었을 것이다.

하나님께서 얼마나 한이 맺히셨으면 태 안과 태 밖에서 이렇게 치열하게 장자와 차자 간의 싸움을 붙이셨겠는가?

이 땅에서 장자권을 획득하는 싸움에서 야곱은 태 밖에서 승리하여 외적 장자권을 회복했고 베레스는 태 안에서 승리하여 내적 장자권을 회복했다.

② 다말의 태중에서의 베레스와 세라의 장자권의 싸움

룻기 4장에 "베레스의 세계는 이러하니라"로 시작해서 다윗의 10대 족보가 소개되고 있다.

> 룻 4:18-22 베레스의 세계는 이러하니라 베레스는 헤스론을 낳았고 헤스론은 람을 낳았고 람은 암미나답을 낳았고 암미나답은 나손을 낳았고 나손은 살몬을 낳았고 살몬은 보아스를 낳았고 보아스는 오벳을 낳았고 오벳은 이새를 낳았고 이새는 다윗을 낳았더라

다윗의 10대 족보에는 유다의 며느리 다말, 기생 라합, 모압 여인 룻, 우리아의 아내 밧세바, 네 여자가 감추어져있다. 그중에서 다말의 사건을 살펴보면, 다말은 시아버지와 관계를 해서 베레스와 세라를 낳았다. 세상적으로도 며느리가 시아버지와 관계를 해서 자식을 생산한다는 것은 있을 수 없는 일이다. 지금도 그런 여인이 있다면 세상으로부터 가차 없이 지탄

을 받을 것이다.

그런데 유다는 다말의 그러한 행위를 인정해주었다(창 38:26). 하나님께서도 그 여인의 행위를 인정해주실 수밖에 없었던 것은, 그 사건으로 말미암아 다말의 태에서 베레스가 먼저 탄생할 수 있었기 때문이다.

그 사건으로 말미암아 빛의 계열의 자녀가 장자로 태어나지 못하고 차자로 태어났던 굴곡진 역산(逆産)의 구도에서 빛의 자녀가 먼저 장자로 태어날 수 있는 순산(順産)의 기틀이 마련될 수 있었던 것이다.

유다의 며느리 다말의 사건의 내용을 살펴보면 발꿈치라는 말은 나오지 않지만 세라가 자궁 밖으로 먼저 손을 내밀자, 산파가 그의 손에 장자의 표시로 홍사를 매주었다. 그 순간, 베레스가 세라의 발꿈치를 잡아채면서 그 반동(反動)에 의해서 자궁을 터치고 나올 수 있었다.

'베레스'라는 이름은 '터침'이라는 의미이다. 그 이름의 의미대로 다시 세라를 잡아당기고 터치고 먼저 나온 것이다(창 38:27-30). 그러므로 태중에서의 영적 싸움에서 베레스가 승리할 수 있었다.

그 결과 예수님도 죄악된 이 땅에 장자로 오실 수 있었다. 장자로 오실 수 없는 예수님으로 하여금 장자로 오실 수 있도록 길을 만들어 준 사람이 바로 유다의 며느리 다말이었.

다말은 자기 시아버지인 유다에게 의도적으로 접근하여 베레스와 세라를 낳았다. 다말의 행동은 세상적으로 있을 수 없는 패륜적이고 비도덕적인 행위였다. 그러한 일을 다말은 모르고 한 것이 아니라 알고 행한 것이다.

"사람의 생각으로는 옳은 듯하나 필경은 사망의 길이니라"(잠 14:12, 16:25)고 말씀하고 있다. 그 말을 거꾸로 하면 "사람의 생각으로는 영원히 죽을 수밖에 없는 일이나 필경 그 길은 영생의 길이다"라고 역설적으로 말할 수 있다.

태중의 싸움에서 차자가 될 수밖에 없었던 빛의 계열이 어두움의 계열로 이어져온 장자를 이기고 태어났기 때문에 예수님이 이 땅에 유다 지파를 통하여 장자로 오실 수 있었다. 그 태중의 싸움에서 빛의 계열에 속해 있던 베레스가 먼저 나오지 못하고 육신의 장자인 세라가 먼저 나왔다면 예수님은 이 땅에 맏이로 오실 수 있는 길이 없기 때문에 장자로 태어나실 수 없었을 것이다.

그런데 유다의 며느리 다말의 태중에서 베레스가 이김으로 말미암아 예수님이 이 땅에 장자로 오실 수 있는 유일한 길이 열렸던 것이다.

하나님께서는 그 사건을 얼마나 기뻐하셨겠는가? 그렇기 때문에 창세기 38장에 유다가 자기와 관계해서 베레스와 세라를 낳은 다말을 향하여 "그는 나보다 옳도다"(창 38:26)라고 고백하고 있다. 그것은 유다가 진정으로 다말을 인정하여 한 말이다.

그것은 하나님께서도 기뻐하실 수밖에 없는 시건이었다. 다말은 육신의 소욕을 위해서가 아니라 유다의 씨를 통해서 죽은 남편의 계대(繼代)를 잇기 위해서 그렇게 한 것이다. 제사장들은 성전에서 율법을 어겨도 죄가 되지 않는다.

> 마 12:5 또 안식일에 제사장들이 성전 안에서 안식을 범하여도 죄가 없음을 너희가 율법에서 읽지 못하였느냐

하나님께서는 육신의 소욕보다 성령의 소욕을 더 기뻐하신다(롬 8:5-8). 설사 율법을 어긴다 할지라도 믿음으로 하나님이 기뻐하시는 일을 행한다면 결코 죄가 되지 않는다(롬 14:18-23). 그렇기 때문에 시아버지인 유다에게도 인정받고 하나님께도 인정받는 사람이 될 수 있었던 것이다.

Ⅱ
장자권을 회복하신 예수님

예수님이 십자가상에서 하신 칠언의 말씀 중에 여섯 번째가 "다 이루었다"이다. "다 이루었다"는 그 말씀 속에는 아담이 빼앗긴 장자권을 회복하셨다는 의미도 함축되어 있다.

에덴동산에서 옛 뱀이 아담과의 싸움에서 이긴 자가 되어 아담의 장자권을 빼앗았다. 그렇기 때문에 이 땅에는 장자권을 빼앗아간 마귀의 후예들이 장자로 태어나 인류의 머리격이 되었다. 마귀가 이긴 자로서 이 땅에 장자로 오고 실질적인 장자가 차자로 오게 된 것을 가리켜 역산(逆産)이라고 한다.

그러한 역산을 막고 유다 지파를 통하여 장자로 오신 분이 예수님이시다. 예수님이 오시기 전까지는 이 땅에 약속의 자녀들이 모두 차자로 왔다. 장자로 온 적이 없다. 그것을 바로 잡으신 분이 바로 예수님이시다.

예수님은 왜 유다 지파로 오셔야 했는가?

예수님이 유다 지파로 오셨다는 말은, 예수님이 이미 이긴 자로서 이 땅에 최초로 장자로서 맏이로 태어나셨다는 것을 의미한다. 예수님이 왜 유다 지파로 오셨는가? 예수님은 다른 지파로 오실 수 없다. 다른 지파로 오시면 장자가 아닌 차자로 오셔야 한다.

예수님이 유다 지파로 올 수밖에 없었던 놀라운 쌍태의 사건이 있다. 그것이 앞에서 언급한 유다와 다말의 사건이다. 유다의 사건은 일반적인 평범한 가정집에서 일어나는 사건이 아니다.

유다가 가나안 땅으로 간 이유는 무엇인가? 형제들이 요셉을 시기하여 구덩이에 던져서 죽이려고 했다(창 37:11-20). 그러자 유다가 자기 형제들에게 "우리가 우리 동생을 죽이고 그의 피를 덮어둔들 무엇이 유익할까? 자, 그를 이스마엘 사람들에게 팔고 그에게 우리 손을 대지 말자 그는 우리의 동생이요 우리의 혈육이니라"라고 설득하여 요셉을 은 이십 개에 이스마엘 상인들에게 팔아 죽음에서 구했다(창 37:26-28).

그 후에 유다가 요셉을 지키지 못한 것을 괴로워하다가 형제들을 떠나 요셉을 찾기 위하여 가나안 땅에 들어온 것이다(창 38:1).

그런 유다의 마음을 하나님이 아셨기 때문에 하나님이 유다를 통하여 하늘의 목적을 이루시기 위하여 유다에게 관심을 가지시고 집중해서 보고 계셨다.

하나님께서는 예수님을 이 땅에 장자로 보내셔야 한다. 그러려면 장자로 보낼 수 있는 길을 만드셔야 한다. 그래서 유다에게 관심을 집중시키고 있는 것이다.

결국 하나님이 다말의 태를 통하여 놀라운 역사의 세계를 펼치셨다. 예수님이 이 땅에 장자로 오실 수 있도록 결정적인 공로를 세운 사람이 유다의 며느리 다말이다. 그 역사의 내용 속에는 하나님이 유다를 통하여 허락하고자 하신 축복을 다말을 통하여 이루어지게 하셨다는 의미가 함축되어 있는 것이다.

예수님이 오시기 전까지는 마귀들이 이긴 자로서 우선권을 가지고 이 땅에 항상 장자로 태어나고 있었다. 그런데 유다의 며느리 다말로 인하여 장자권의 싸움이 태중에서 이루어진 것이다. 다말의 태중에서 베레스가 이겼기 때문에 예수님이 유다 지파를 통해서 장자로 이 땅에 오실 수 있었던 것이다.

그렇기 때문에 예수님이 이 땅에 오실 때 에브라임 지파를 제치고 유다 지파를 통해서 장자로 태어나실 수 있었던 것이다. 그러한 내용을 함축하여 시편 78편에 하나님이 "에브라임 지파를 싫어하고 유다 지파를 택하셨다"라는 말씀이 기록되어 있는 것이다.

> 시 78:67-68 또 요셉의 장막을 싫어 버리시며 에브라임 지파를 택하지 아니하시고 오직 유다 지파와 그 사랑하시는 시온 산을 택하시고

예수님이 유다 지파로 오신다는 비밀을 숨기기 위하여 모세가 예수님이 오시는 길이 되는 유다 지파에 대해서는 축복

하지 않았다. 예수님이 오시는 길목에 대한 상징적인 의미로 축복해 주었지만 모세는 절대 유다 지파를 통하여 예수님이 오시는 흔적을 티끌도 남기지 않았다.

그 이유는 무엇인가? 그 사실을 마귀가 알면 안 되기 때문이다. 그렇게 감추인 비밀을 모르고 있다가 동방박사 사건으로 예수님의 탄생이 드러나자 헤롯이 예수님을 죽이려고 두 살 이하의 어린 아이 600명을 죽였다. 분명히 야곱은 창세기 49장에 유다 지파에 대하여 축복을 해주었다.

> 창 49:8-10 유다야 너는 네 형제의 찬송이 될지라 네 손이 네 원수의 목을 잡을 것이요 네 아비의 아들들이 네 앞에 절하리로다 유다는 사자 새끼로다 내 아들아 너는 움킨 것을 찢고 올라 갔도다 그의 엎드리고 웅크림이 수사자 같고 암사자 같으니 누가 그를 범할 수 있으랴 홀이 유다를 떠나지 아니하며 치리자의 지팡이가 그 발 사이에서 떠나지 아니하시기를 실로가 오시기까지 미치리니 그에게 모든 백성이 복종하리로다

에서와 야곱의 싸움은 태중의 싸움은 아니었다. 리브가의 쌍태에서 야곱이 에서의 발꿈치를 잡고 나왔다(창 25:24-26). 그렇기 때문에 그 싸움이 태 밖으로까지 연장되어 지상에서 야곱이 장자권을 놓고 에서와 싸울 수 있었던 것이다.

결과적으로 야곱이 장자의 명분을 소홀히 여긴 에서로부터 장자의 권리를 빼앗고(창 25:29-34) 또 어머니 리브가가 만들어준 별미로 아버지 이삭을 속여 이삭이 에서에게 주는 장자권의 축복을 가로챌 수 있었다(창 27:1-37).

그러나 다말의 쌍태에서는 베레스가 세라에 앞서 다말의

자궁을 터치고 나왔다.

역산된 장자권을 회복하는데 얼마나 오랜 세월이 걸렸는가? 야곱이 에서를 이김으로써 외적 장자권을 회복하였고 다말의 쌍태에서 베레스가 먼저 나옴으로 내적 장자권을 회복하였다. 그렇기 때문에 영적으로나 육적으로나 예수님이 아담 이후 4004년 만에 정정당당하게 이 땅에 최초로 장자로 오실 수 있었던 것이다.

예수님은 왜 장자로 태어나셔야 하는가? 예수께서 첫째 아담이 상실한 영광을 회복하시기 위하여 둘째 아담으로 오셨다. 예수님이 차자로 태어나시면 둘째 아담으로 오시는 권리를 다 빼앗기게 된다. 그러므로 예수님이 이 땅에 둘째 아담으로 오시기 위해서는 장자로 태어나셔야 한다. 예수님이 이 땅에 장자로 태어나셔서 장자의 권리와 장자의 축복을 이 땅에서 다 이루셔야 한다. 예수님이 이 땅에 유다 지파로 오셔야 하는 이유가 거기에 있는 것이다.

유다 지파를 대표하는 사람이 다윗이다. 마태복음 1:1에 "아브라함과 다윗의 자손 예수 그리스도의 세계(世系)라"고 말씀하고 있다. 횃불 언약의 성취의 결과로 아브라함의 가계에서 다윗에 이어 솔로몬이 솔로몬 성전을 짓고 젖과 꿀이 흐르는 가나안 땅, 약속의 땅을 회복할 수 있었다.

그러므로 유다 지파를 통해서 이루어진 결과적인 내용의 세계가 예수 그리스도의 세계에 중차대한 의미를 부여했기 때문에 마태복음 1:1 말씀이 성립될 수 있는 것이다.

이 땅에서 이루실 인류 구속사의 역사를 70이레로 정하셨다. 그중에서 마지막 재림 마당의 역사를 한 이레의 역사라고 말씀하고 있다(단 9:24-27). 그 한 이레의 시간을 절반으로 나누어 전 삼년 반과 후 삼년 반으로 나눈다.

그 한 이레의 절반인 전 3년 반을 빛의 역사가 먼저 선점(先占)할 수 있었던 것은 장자의 권리를 회복했기 때문이다. 장자는 차자의 권리의 2배이기 때문에 어두움의 권세가 후 삼년 반을 통해서 역사하는 기득권의 2배의 의미를 가지고 전 3년 반을 역사할 수 있는 것이다. 그렇게 빛의 역사가 먼저 이루어짐으로써 빛의 주인이 바라시고 원하시는 목적대로 최대한 빛의 열매를 맺을 수 있는 것이다.

그에 반하여 만약 어두움의 권세가 먼저 역사한다면 이 땅에 남아있는 자들로서는 하나님이 이루고자 하시는 구속사 세계의 구원의 수, 순교의 수, 부활의 수, 변화의 수를 이룰 수 없게 된다. 왜냐하면 그 날과 그 때를 감해주시지 않으면 택한 자라도 창세후 전무후무한 환난을 견딜 자가 없기 때문이다.

> 마 24:22 그 날들을 감하지 아니할 것이면 모든 육체가 구원을 얻지 못할 것이나 그러나 택하신 자들을 위하여 그 날들을 감하시리라

창세후 전무후무한 환난이 먼저 이 땅에서 역사한다면(마 24:21, 막 13:19) 하나님이 구속하고자 하시는 구원의 수를 확보할 수 없다.

그렇기 때문에 그러한 장래의 결과를 바라보시면서 예수님이 유다 지파를 통해서 세상 끝에 장자로 오신 것이다.

Ⅲ
육적 장자와 영적 장자

로마서 4:11-16에 아브라함은 인류의 조상, 할례의 조상, 무할례의 조상, 믿음의 조상이라고 말씀하고 있다. 믿음의 조상이라는 말은 그를 통하여 믿음의 역사가 시작되었다는 의미이다. 믿음의 조상 안에는 믿음의 계열, 믿음의 도맥이 있다는 것을 상징하는 말씀이다. 그렇기 때문에 믿음의 첫 사람인 아브라함을 통하여 믿음의 가정이 탄생될 수 있었던 것이다.

하나님이 횃불 언약을 통하여 아브라함에게 "네게서 날 자가 네 후사가 되리라"하시고 하늘을 우러러 뭇별과 같은 많은 자손을 주리라고 아브라함에게 약속하셨다(창 15:4-5).
아브라함이 사라의 여종인 하갈을 통하여 이스마엘만 낳은 것이 아니라 후처인 그두라를 통해서도 미디안을 비롯하여 여섯 아들을 낳았다(창 25:1, 대상 1:32-33).
여기에서 아브라함이 하갈을 통하여 이스마엘을 낳은 것과 그두라에게서 여섯 아들을 낳은 것은 어떤 차이가 있는지 살펴볼 필요가 있다. 아브라함이 하갈을 통하여 이스마엘을 낳은 것은 불순종이다. 그러나 아브라함이 그두라를 통하여 자녀를 생산한 것은 불순종이 아닌 순종이었다.

그 말의 의미는, 하나님이 약속의 자녀인 이삭을 통해서만 구속사의 세계를 이루시려고 하신 것은 아니었다는 것이다. 다시 말해서 하나님께서 아브라함의 씨를 통하여 이삭의 자녀들 외에도 공평하고 공의롭게 구속사의 세계를 꽉 채울 구속의 수를 채우고자 하신 것이 하나님의 뜻이었다.

그렇다면 왜 그두라를 통하여 태어난 족속들은 순종의 의미가 되는 반면, 하갈이 낳은 이스마엘 계열은 부정적인 불순종의 입장으로 말씀하시는가?

사라가 자기의 여종 하갈을 남편인 아브라함에게 첩으로 주었다(창 16:3). 하갈은 아브라함이 택한 여자가 아니다. 애굽 왕 바로가 사라를 궁으로 취하여 들인 일로 인하여 아브라함을 후대하여 양과 소와 노비와 암수 나귀와 약대를 주었다. 그때 종으로 준 여인이 하갈이었다(창 12:14-16). 아브라함이 하갈을 취하여 86세에 이스마엘을 낳았다.(창 16:16). 그러자 하나님께서 진노하시어 아브라함 99세 될 때까지 한 번도 나타나지 않으셨다(창 17:1).

이스마엘은 비록 첩의 자식이기는 했지만 "먼저 태어난 자는 기력의 시작이므로 그를 장자로 인정하라"(신 21:17)는 말씀대로 이삭보다 13년 먼저 태어나서 아브라함의 장자가 되었다. 하나님이 여종의 아들 이스마엘도 아브라함의 씨로 인정하셔서 "내가 그에게 열두 방백과 큰 나라를 주겠다"(창 17:20)하시고 그에게도 한 민족을 이루게 하셨다(창 21:13). 이스마엘이 13세 되었을 때 하나님이 아브라함과 함께 할례를 취하게 하셨다(창 17:24-25). 그것이 이스마엘을 아브라함의 씨로 인정해주신 표가 되는 것이다.

그런데 이스마엘은 하나님이 예비하시고 준비하셨던 본래의 씨는 아니었다. 아브라함이 믿지 못하고 순종하지 못하여 예상치 못한 사건으로 말미암아 태어난 씨라고 할 수 있다.

하갈이 낳은 이스마엘과 그두라가 낳은 미디안을 포함한 여섯 아들들은 영적으로 어떠한 자녀들이었는가?(대상 1:32-33) 그두라가 낳은 여섯 아들들도 결과적으로는 이스라엘 백성들에게 긍정적인 대상이 되지 못하였다. 그 아들 중에 미디안이 들어있다. 그들이 적이 되어서 항상 틈틈이 이스라엘 백성들을 괴롭히고 대적하고 도전하였다. 하갈이 낳은 이스마엘 후손들도 이스라엘 백성들을 도와주는 긍정적인 존재는 되지 못했다.

영적인 세계에서 이삭이 에서와 야곱을 낳은 사건을 이스마엘과 연관하여 살펴본다면, 이삭이 40세에 결혼하여 60세가 되도록 아이를 생산하지 못했다. 약속의 자녀인 이삭이(갈 4:28, 롬 9:7-8) 하나님께 자식을 달라고 기도를 드리자 하나님께서 그에 대한 응답으로 쌍태를 주셨다.

하나님은 왜 약속의 자녀인 이삭이 자식을 달라고 기도했을 때 약속의 자녀인 야곱만을 주시지 않고 육신의 자녀인 에서까지 쌍태로 주셔야만 했는가?

그것은 이미 믿음의 조상인 아브라함 때에 육신의 자녀인 이스마엘과 약속의 자녀인 이삭이 태어나서 그것이 구속사의 기본 바탕으로 되어있었기 때문이다. 그런 상황에서 이삭이 자식을 달라고 기도드렸기 때문에 아브라함이 이루어놓은 판도[版圖], 구도[構圖]대로 하나님이 성령의 자녀인 야곱뿐만 아니라 육신의 자녀인 에서를 쌍태로 주신 것이다.

히브리서 11:3에 "하나님이 믿음으로 지으신 세계를 말씀으로 창조하셨다"는 말씀의 의미처럼 구속사는 믿음의 조상인 아브라함이 믿음으로 이루어놓은 그 바탕 위에서 역사하게 되어있는 것이다.

> 창 15:12-17 해질 때에 아브람이 깊이 잠든 중에 캄캄함이 임하므로 심히 두려워하더니 여호와께서 아브람에게 이르시되 너는 정녕히 알라 네 자손이 이방에서 객이 되어 그들을 섬기겠고 그들은 사백 년 동안 네 자손을 괴롭게 하리니-(중략)-네 자손은 사 대 만에 이 땅으로 돌아 오리니 이는 아모리 족속의 죄악이 아직 관영치 아니함이니라 하시더니 해가 져서 어둘 때에 연기 나는 풀무가 보이며 타는 횃불이 쪼갠 고기 사이로 지나더라

하나님이 아브라함과 횃불 언약을 맺으셨다. 해질 때에 아브라함이 깊이 잠든 중에 캄캄함이 임하였다. 아브라함이 깊이 잠들었다는 말은, 깊이 잠든 이후의 일은 아브라함의 의지와는 상관없이 하나님께서 주도적으로 하신 일이라는 의미가 들어있다.

사람이 수술을 받을 때 전신마취를 하면 의식이 없기 때문에 의사들이 주도해서 하는 일을 본인은 알지 못한다.

창세기 2:21에 "여호와 하나님이 아담을 깊이 잠들게 하시고 그 갈빗대로 여자를 만들었다"라고 하신 것은 아담이 모르는 가운데 하나님이 역사하신 것이다.

아담을 깊이 잠들게 하시고 행하신 역사는 아브라함을 깊이 잠들게 하시고 주신 언약의 말씀과 동일한 맥락의 역사라고 할 수 있다.

"아브라함이 깊이 잠든 중에 캄캄함이 임하므로 심히 두려워했다"는 말은, 결과적으로 심히 두려운 상태에서 깊은 잠에 빠져든 것이라고 말할 수 있다. 깊이 잠들게 하시고 아브라함에게 언약을 주셨기 때문에 이성적인 입장에서 하나님의 말씀을 들은 것이 아니라 영적인 상태에서 세미한 하나님의 음성을 들은 것이다.

여호와께서 아브라함에게 "너는 정녕히 알라 네 자손이 이 방에서 객이 되어 그들을 섬기겠다"라고 말씀하신 것은 하나님이 아브라함에게 구속사의 큰 비밀을 가르쳐주신 것이다.

이렇게 구속사의 비밀을 받은 아브라함이라면 당연히 누구를 먼저 생산해야 하는가? 하나님의 기업을 이어받을 하나님의 후사가 되는, 약속의 첫 씨가 되는 이삭을 먼저 생산해야 한다. 그것이 창조 본연의 하늘의 역사를 이루는 정도(正道)의 길이었다. 그런데 아브라함이 불순종함으로 말미암아 순산(順産)되어야 될 구속사의 세계가 역산(逆産)이 되고 말았다. 그러므로 약속의 자녀가 아닌 육신의 자녀들이 먼저 장자권을 얻었다. 그렇기 때문에 로마서 14:23에 "믿음으로 하지 아니하는 모든 것이 죄다"라고 말씀하고 있다.

"해질 때에 아브라함이 깊이 잠든 중에 캄캄함이 임하므로 심히 두려워하더니"(창 15:12)에서 심히 두려워했다는 말은, 무엇인지는 알 수 없지만 마음속에 심히 불안하고 초조하고 근심스러운 괴로움과 답답함이 임하게 되었다는 의미이다.

그것을 이스라엘 백성들이 애굽에서 400년 동안 종살이를 하게 된다는 의미와 연결해서 생각해 본다면, 앞으로 아브라함이 걸어야 할 행보에 많은 어려움이 있다는 것을 잠정적으로 예시해 준 말씀이라고 할 수 있다.

이때는 아브라함이 아직 하갈을 취하기 전이다. 애굽 왕 바로가 아브라함에게 많은 재물을 주었을 때 하갈을 여종으로 주었다. 영적으로 말하면 하갈은 사단이 몰래 준 여자라고 말할 수 있다.

하나님은 진정 애굽 여인 하갈을 통해서 이스마엘이 태어날 것을 알지 못하셨을까? 전지전능하신 하나님께서 모르실 리가 없다. 아브라함이 86세에 이스마엘을 낳았다(창 16:15-16). 그러자 하나님께서 아브라함 99세 때까지 13년 동안 꿈 중의 계시, 이상 중에라도 아브라함에게 한 번도 나타나지 않으셨다. 무언가 잘못되었다면 하나님이 직접 개입하셔서 역사하실 수도 있었다. 하갈을 죽일 수도 있고 내어 쫓을 수도 있었다. 그러나 하나님은 그렇게 하실 수가 없는 분이시다.

그 이유는 무엇인가? 하나님이 마귀가 하는 일에 친히 간섭하신다면 마귀에게 창조권을 부여하게 되는 것이다.

마태복음 13:24-29에 "천국은 제 밭에 좋은 씨를 뿌린 사람과 같으니 밤중에 마귀가 와서 가라지를 덧뿌리고 갔다"라는 말씀이 기록되어 있다. 종이 "뽑을까요?"라고 물었을 때 뽑지 말라고 하셨다. 외형적으로는 "가라지를 뽑다가 곡식까지 뽑을까 염려하노라"고 말씀하셨지만 그 말씀의 이면 속에는 하나님이 지으신 피조세계의 일을 하나님의 후사가 해결하도록 정해놓으신 이상, 하나님 자신이 그 문제를 직접적으로 개입하실 수 없는 것이다.

그것을 바로 잡기 위해서는 오직 하나님이 정하신 하나님의 후사를 통해서만 그것을 바로 잡을 수가 있기 때문에 하나님께서는 간섭하실 수 없었던 것이다.

하나님께서 그러한 사실을 모르신 것이 아니라 알고 계셨다. 그렇기 때문에 에덴동산에서도 아담에게 "선악을 알게 하는 나무 열매를 따먹으면 정녕 죽으리라"는 말씀을 주신 것이다.

창세기 15장에 아브라함과 횃불 언약을 맺은 이후에도 하나님이 아브라함에게 약속의 자녀를 주시겠다고 세 번이나 말씀하셨다(창 15:3-4, 17:16, 17:19)

아브라함이 하갈을 취한 이후에도 하나님이 개입하셔서 하갈과 이스마엘을 제거하실 수 있었다. 그러나 이 사건은 하갈 자신이 아브라함을 유혹해서 첩이 된 것이 아니다. 사라의 권고로 아브라함이 하갈을 취했기 때문에 그에게 나타난 모든 사건을 정죄할 수 없었던 것이다. 정죄하려면 자식을 준다는 것을 믿지 못한 사라를 먼저 정죄해야 한다.

그렇기 때문에 하나님이 이스마엘을 아브라함의 씨로 인정하실 수밖에 없었다. 그것이 공평하고 공의로운 하나님의 입장이었던 것이다.

믿음의 조상인 아브라함이 선택한 이 문제는 무엇으로써만이 해결할 수 있는가? 결자해지(結者解之)라는 세상 말이 있다. 이 문제는 믿음의 조상이 믿음 안에서 일으킨 사건이다.

그렇기 때문에 이 문제를 해결하려면 아브라함 같은 믿음을 가진 사람만이 이 문제를 해결할 수 있는 것이다. 하나님이 이삭에게 에서와 야곱을 주셨고 태어난 에서와 야곱으로 하여금 이 땅에서 장자권의 싸움을 하게 하셨다.

결국 야곱이 장자권을 회복했다. 그러나 야곱 자신도 정정당당하게 장자권을 빼앗지 못하고 아버지를 속이고 빼앗았기 때문에 외삼촌 라반의 집에서 20년 동안 죗값을 치르게 하셨다. 20년은 세상에 속한 최대수인 10수가 두 번 있는 것이다. 야곱이 장자의 권리와 축복을 얻기 위하여 두 번을 속였기 때문에 하나님이 야곱으로 하여금 20년이라는 세월을 고난의 길, 참회의 길, 회개의 길을 걷게 하신 것이다.

야곱이 에서와 해후하게 될 때 에서 앞에 나아가서 일곱 번 큰 절을 했다. 그것은 야곱이 진심으로 자기가 잘못한 죄에 대하여 철저하게 뉘우치고 회개했다는 것을 의미한다. 그럼으로써 에서와 야곱이 서로 얼싸안고 화해를 했다. 화해를 한 이후에는 에서와 야곱이 더 이상 싸움을 하지 않았다(창 33:1-4).

이렇게 지상에서의 싸움은 야곱이 장자의 권리와 축복을 쟁취함으로 야곱의 승리로 끝이 났다. 땅에서의 장자권이 회복된 것이다.

하나님이 베드로에게 "네가 땅에서 매면 하늘에서도 매일 것이요 땅에서 풀면 하늘에서도 풀어질 것이다"(마 16:19)라고 말씀하셨다. 이제 어디에서 회복되어야 하는가? 하늘차원, 영적 차원에서 이루어져야 한다. 그것을 누가 회복했는가? 다말의 태중에서 회복되었다.

　구속사의 관점에서 본다면 다말은 그렇게 인정받을 만한 대상이 아니었다. 그런데 왜 하나님께서는 다말을 통하여 태중의 장자권을 회복하게 하셨는가? 다말은 어떤 상징적인 의미를 가지고 있는가?

　앞서 믿음의 조상인 아브라함이 하갈을 통하여 이스마엘을 낳음으로써 시작이 잘못되었다는 점을 기술했다.
　구속이란 어떤 대가를 지불하고 본래대로 회복한다는 의미를 가지고 있다. 하갈을 통하여 시작된 잘못을 회복하려면 그와 똑같은 조건을 가지고 회복하는 것이 아니라 4배의 열악한 조건 속에서 잘못된 점을 회복해야 한다. 잘못된 시작을 바로잡기 위해서는 4배, 5배의 대가를 치루고 공력을 지불해야 그것을 회복할 수 있다는 논리적인 관점에서 다말이 그런 여자가 되어야만 했던 것이다.

　유다의 아내의 이름은 나와 있지 않고 수아의 딸이라고 기록되어 있다(창 38:12, 대상 2:3). 유다의 아내는 가나안 여인으로 유다가 죽기 전에 죽었다. 그 여인이 낳은 아들이 엘, 오난, 셀라이다(창 38:2-5).
　다말의 남편은 유다의 첫째 아들, 엘이었는데 그가 죽고 계대법의 대상이었던 둘째 동생인 오난도 여호와 목전에 악하므로 그를 죽이셨나(창 38:7-10, 46:12, 대상 2:3).
　다말은 히브리인이 아니라 가나안 여인인데 시아버지 유다와 관계해서 베레스와 세라를 낳았다. 어떻게 보면 골육상쟁(骨肉相爭)과 같은 의미도 함축되어있다. 영적으로 말하면 어떤 목적을 이루기 위해서 피비린내 나는 처절한 싸움이 다말과 유다를 통해서 전개되고 있는 모습을 보게 된다.

그러한 상황으로써 구속사의 중요한 의미가 되는 장자권을 회복해야 하는 이유는 무엇인가? 그것이 바로 아브라함이 하갈을 통해서 저지른 믿음의 실수를 회복하기 위한 2차적인 방법론이었다는 것이다.

유다의 셋째 아들의 이름이 셀라이다. 만약에 셋째 아들 셀라를 다말에게 주었다면 어떤 일이 벌어졌을까? 그랬다면 다말을 통해서 그러한 태중의 싸움의 역사를 이룰 수 없었을 것이다. 그것은 유다가 아니면 이룰 수 없는 일이었기 때문이다.

그것이 유다가 가지고 있는 5배의 축복의 내용이었다(삼상 17:40). 형제들이 요셉을 죽이려하자 유다가 "그는 우리의 동생이요 우리의 골육이니 그에게 손대지 말고 이스마엘 사람에게 팔자"(창 37:26-27)라고 제의를 했다.

유다가 요셉을 미디안 사람들에게 판 후에 왜 가나안 땅에 들어갔는가? 첫째는 요셉을 지키지 못한 자신이 저지른 죄와 허물에 대한 괴로움과 고통 때문이었다.

형제 중에 그래도 유다만이 그러한 양심을 가지고 요셉을 찾기 위하여 가족들을 떠나 홀로 집을 나왔던 것이다(창 38:1). 그렇기 때문에 하나님이 그를 통해서 태중의 장자권을 회복하는 역사를 이루게 하신 것이다.

세상적으로 보면, 유다가 참 불행한 사람이라고 생각할 수 있다. "그가 집을 나와서 하나님이 취하지 말라는 가나안 여인과 결혼해서 세 아들을 낳았고 또 며느리인 가나안 여인과 불

미스러운 일을 저질렀다"라고 오해할 수 있다는 것이다. 유다와 다말의 사건을 세상적인 법적 심판대에 내놓는다면 그러한 구속사의 의미를 가진 사람들, 하늘의 사건의 주인공들은 다 우편강도, 좌편강도처럼 십자가의 처형을 받아 죽어야 할 사람들이다.

그러나 우편강도가 십자가에 달린 것이 단순히 그의 죄 때문인가? 그는 십자가상에서 주님을 마지막 순간에 변론해드리기 위하여 달린 것이다. 성경 속에 감추어진 비의를 모르기 때문에 "인간의 탈을 쓰고 어떻게 그럴 수 있지?"라고 오해하여 정죄하고 비난할 수밖에 없는 것이다.

하나님이 아브라함과 횃불 언약을 맺으셨다(창 15:5-18). 시편 105편에 기록된 '천대에 명하신 말씀'은 횃불 언약을 말씀하는 것이다.

> 시 105:8-10 그는 그 언약 곧 천대에 명하신 말씀을 영원히 기억하셨으니 이것은 아브라함에게 하신 언약이며 이삭에게 하신 맹세며 야곱에게 세우신 율례 곧 이스라엘에게 하신 영영한 언약이라

'천대'라는 말은 영원한 언약이라는 것을 의미한다. 그런 언약을 하신 하나님께서 왜 요셉을 4대 만에 돌아오지 못하게 하셨을까?

아브라함의 4내째, 산 자의 열매인 요셉을 통하여 하나님이 회복하고자 하시는 구속사의 세계가 어떤 세계인지 올바로 이해하고 깨닫는다면 마지막 때 구속의 결과가 어떻게 이루어지는지 이해할 수 있다. 알파와 오메가, 처음과 나중, 시작과 끝

은 같기 때문이다.

하나님은 믿음의 조상인 아브라함을 통하여 그 역사의 세계에서 나타났던 어두움의 권세의 세력과 기운을 산 자의 4대를 통해서 회복하신다는 것이다. 그것을 회복하시는 과정의 역사가 바로 창세기 15장에서 하나님이 아브라함을 깊이 잠들게 하시고 주신 횃불 언약이다. 그렇기 때문에 횃불 언약이 성취될 때 마지막 구속사의 결과의 세계가 이루어지는 것이다.

횃불 언약은 요셉을 통해서 표면적으로는 692년 만에 이루어졌다. 그러나 언약하신 말씀대로 4대 만에 가나안 땅으로 돌아온 것은 아니다. 7대인 모세와 8대인 여호수아를 통해서 4대의 주인공인 요셉의 해골이 세겜 땅에 묻힘으로써 영적으로는 이루어졌다(창 50:25, 출 13:19, 히 11:22).

장자권의 성취가 야곱을 통해서 육적으로 먼저 이루어지고 유다와 다말을 통해서 영적으로 이루어졌다. 그 의미를 깊이 인식한다면, 횃불 언약이 영적으로는 아브라함에게 언약하신 4대 만에 이루어졌지만 마지막 재림의 마당에서 횃불 언약의 주인공인 요셉이 부활의 첫 열매, 산 자의 첫 열매로 영광을 입음으로써 영육 간에 이루어진다는 것을 원리적으로 이해할 수 있을 것이다(고전 15:23-24).

아브라함, 이삭, 야곱, 그리고 4대가 요셉이다. 육적인 장자권의 의미로 말한다면 르우벤이 기력의 시작이므로 당연히 그가 장자가 되어야 한다. 그런데 르우벤이 서모 빌하와 관계함으로써 장자권을 빼앗기고 말았다(창 49:3-4, 대상 5:1).

그렇다면 둘째 아들 시므온, 그리고 셋째 아들 레위가 차례

대로 장자권을 계승해야 하는 것이 마땅하다. 그런데 시므온과 레위가 디나의 사건으로 말미암아 할례를 빙자해서 하몰과 그 아들 세겜을 죽이고 그들의 성을 부지중에 엄습하여 모든 재물을 빼앗고 그들의 자녀와 아내들을 사로잡고 물건을 노략하는 잔혹한 짓을 했다(창 34:1-29). 그래서 야곱이 시므온과 레위를 저주함으로(창 49:5-7) 시므온과 레위도 장자권을 계승하지 못했다.

결국은 '여호와께 찬송'이라는 이름을 가진 넷째 아들인 유다가 육적 장자권을 계승했다(창 49:8-10).

1. 영적 장자 요셉

창세기 4:25에 "하나님이 가인이 죽인 아벨 대신에 다른 씨, 셋을 주셨다"라는 말씀이 기록되어 있다.

아벨이 영적 장자라면 아벨 대신에 주신 셋은 육적 장자라고 말할 수 있다. 비록 아벨의 혈통은 끊어지고 셋의 계열을 통하여 에녹과 노아라는 걸출한 신앙의 의인들이 태어나기는 했지만 그들이 셋의 계열을 통하여 태어났을지라도 영적 장자는 아벨이었다는 것이다.

영적 장자들은 죽는 존재가 아니라 죽음을 초월하고 이기는 존재늘이다. 그렇기 때문에 히브리 11:4에 "아벨은 죽었으나 지금도 믿음으로 말하느니라"는 말씀이 기록되어 있는 것이다.

역대상 5장에 설사 유다가 장자권을 받는다 하여도 "장자의 명분은 요셉에게 있으니라"고 말씀하고 있다.

> 대상 5:1-2 이스라엘의 장자 르우벤의 아들들은 이러하니라 (르우벤은 장자라도 그 아비의 침상을 더럽게 하였으므로 장자의 명분이 이스라엘의 아들 요셉의 자손에게로 돌아갔으나 족보에는 장자의 명분대로 기록할 것이 아니니라 유다는 형제보다 뛰어나고 주권자가 유다로 말미암아 났을지라도 장자의 명분은 요셉에게 있으니라)

요셉은 횃불 언약을 통하여 아브라함, 이삭, 야곱의 3대를 거쳐 4대 만에 산 자의 첫 열매가 됨으로써 영적 장자가 되었다(레 19:23-25). 영적 장자가 되었다는 말은, 하나님 아들로 인정받는 씨가 되었다는 것이다.

로마서 1:4에 사망의 권세를 깨고 부활해야만 하나님 아들로 인정받을 수 있다고 말씀하고 있다.

요셉이 걸었던 692년의 행로는 영적으로는 요셉이 사망의 권세를 깨고 부활한다는 의미가 부여되는, 같은 맥락이라고 말할 수 있다. 다시 말해서 요셉이 완전한 하나님 아들의 씨로 승리했다는 것을 의미하는 말씀이다.

그렇기 때문에 요셉이 마지막 재림의 마당에 와서 영적 장자로서의 영광을 입어야 한다. 그러려면 고린도전서 15장에 기록되어 있는 말씀처럼 부활의 첫 열매, 산 자가 되어야 한다.

> 고전 15:22-24 아담 안에서 모든 사람이 죽은 것같이 그리스도 안에서 모든 사람이 삶을 얻으리라 그러나 각각 자기 차례대로 되리니 먼저는 첫 열매인 그리스도요 다음에는 그리스도 강림하실 때

에 그에게 붙은 자요 그 후에는 나중이니 저가 모든 정사와 모든 권세와 능력을 멸하시고 나라를 아버지 하나님께 바칠 때라

그러한 목적을 이루시기 위하여 하나님께서 천국을 이루시는 제 밭에 요셉을 좋은 씨로 뿌리신 것이다(마 13:24-30). 그 씨가 곧 이 땅의 주 앞에 선 두 감람나무와 두 촛대인 것이다(계 11:4).

야곱의 네 여자 중 '레아, 빌하, 실바'가 야곱을 통하여 열 자식을 낳았고 라헬도 열한 번째로 요셉을 낳았다. 그런데 라헬이 낳은 요셉을 땅의 자식이 아닌 하늘의 자식, 영적 장자라고 말씀하고 있다. 야곱의 네 여자가 똑같이 야곱의 자식을 낳았는데 왜 라헬이 낳은 열한 번째 아들인 요셉을 영적 장자라고 말씀하고 있는가? 인간의 생각으로는 납득이 가지 않는다. 일반계시를 통해서는 그 이유를 알지 못한다. 영적인 일은 영적인 은혜, 영적인 지혜, 중간계시를 통해서만 알 수 있기 때문이다(고전 2:13-14).

창세기 49장에 보면 야곱이 열두 아들에게 각자의 믿음의 분량대로 축복과 저주를 한다.

창 49:24 요셉의 활이 도리어 견강하며 그의 팔이 힘이 있으니 야곱의 전능자의 손을 힘입음이라 그로부터 이스라엘의 반석인 목자가 나도다

창 49:10 홀이 유다를 떠나지 아니하며 치리자의 지팡이가 그 발 사이에서

> 떠나지 아니하시기를 실로가 오시기까지 미치리니 그에게 모든 백성이 복종하리로다

유다 지파에게는 홀과 지팡이의 축복을 해주었고 요셉에게는 "이스라엘의 반석인 목자가 나도다"라고 축복해주었다. 고린도전서 10장에 "반석은 곧 그리스도시라"고 말씀하고 있다.

> 고전 10:4 다 같은 신령한 음료를 마셨으니 이는 저희를 따르는 신령한 반석으로부터 마셨으매 그 반석은 곧 그리스도시라

야곱이 유다에게 축복해준 축복의 내용처럼 유다가 홀과 지팡이의 축복을 받음으로써 예수께서 유다 지파를 통해서 이 땅에 오실 수 있었다. 유다 지파는 다윗을 중심으로 해서 왕권이 이루어진 것이다.

사울왕은 베냐민 지파이다. 베냐민은 요셉의 동생이다. 베냐민 지파인 사울을 왕으로 세우셨는데 사울이 하나님께서 후회하는 대상이 됨으로써(삼상 15:11, 15:35) 사울을 2대 만에 폐하시고 유다 지파에서 다윗을 왕으로 택하셨다.

마태복음 1:1에 "아브라함과 다윗의 자손 예수 그리스도의 세계(世系)라"는 말씀의 의미는, 예수 그리스도의 세계는 아브라함과 다윗이 중추적인 기둥이라는 것을 말씀하고 있다.

그러므로 표면적인 장자는 유다가 되었지만 역대상 5:2에 보면 영적 장자는 요셉이 되었다. 그렇기 때문에 야곱이 요셉에게 "너의 두 아들을 르우벤과 시므온처럼 내 아들의 반열에 올리겠다"라고 말했다.

창 48:5-6 내가 애굽으로 와서 네게 이르기 전에 애굽에서 네게 낳은 두 아들 에브라임과 므낫세는 내 것이라 르우벤과 시므온처럼 내 것이 될 것이요 이들 후의 네 소생이 네 것이 될 것이며 그 산업은 그 형의 명의 하에서 함께 하리라

장자는 차자의 두 몫이기 때문에(신 21:17) 영적 장자인 요셉을 보이는 족보에서 빼내고 에브라임과 므낫세를 야곱의 아들의 반열에 올린 것이다. 야곱이 두 손자를 자기 아들의 반열에 올려놓았다는 것은 그가 요셉의 영적 장자권을 알고 인정했다는 것을 의미한다.

왜 열한 번째 아들인 요셉이 영적 장자가 되는가? "혈과 육은 하나님 나라를 유업으로 받을 수 없고"(고전 15:50) "살리는 것은 영이고 육은 무익하니라"(요 6:63)고 말씀하고 있다. 성령으로 태어난 사람만이 영적 장자가 될 수 있는 것이지 혈과 육으로 태어난 사람은 절대 영적 장자가 될 수 없다는 의미이다.

물론 요셉이 성령으로 태어났다는 말이 성경에는 나와 있지 않지만 "하나님이 라헬을 생각하신지라"(창 30:22-23), "하나님이 한나를 생각하신지라"(삼상 1:19-20)고 말씀하신 것처럼 하나님께서 생각하고 주셨다는 것이다. 이것이 곧 성령으로 태어났다는 것을 의미하는 말씀이다. 그렇기 때문에 열두 아들 중에서 오직 성령으로 태어난 사람은 요셉밖에 없다.

요셉은 우연히 열한 번째 아들로 태어난 것인가? 열한 번째 아들의 의미는 전 시대를 총정리하는, 마감하는 사람으로서

세상 끝에 온 사람이라고 말할 수 있다. 10은 꽉 찬 수이고 11은 대단원의 장을 마치고 다시 새롭게 시작하는 수이다. 그러므로 요셉이 다시 시작하는 사람으로서 열한 번째 태어날 수밖에 없는 것이다.

　야곱이 "요셉으로부터 이스라엘의 반석인 목자가 나도다"(창 49:24)라고 말씀하고 있다. 예수님이 표면적으로는 유다 지파를 통해서 42대 만에 오셨지만 영적으로는 요셉의 후손으로 오셨기 때문이다(마 1:16).
　야곱이 요셉을 축복하는 가운데 므낫세와 에브라임을 자신의 아들의 반열로 올려놓고 "이들 후의 네 소생이 네 자식이 될 것이다"(창 48:5-6)라고 하였다. 그러나 요셉이 므낫세와 에브라임을 낳은 후로 자식을 낳지 못했다. 여기에서 "이들 후의 네 소생"은 누구를 가리키는가? 바로 영맥을 통해서 등장하는 예수님을 말씀하고 있는 것이다. 그렇기 때문에 야곱이 "요셉으로부터 이스라엘의 반석인 목자가 나도다"(창 49:24)라고 축복한 것이다. 아브라함, 이삭, 야곱, 그리고 4대인 요셉 다음에 영맥을 통해서 등장한 5대의 주인공이 바로 예수님이시다.
　아브라함, 이삭, 야곱이라는 산 자의 도맥을 통하여 4대 째 요셉이 열매를 맺고 요셉에 이어서 예수님이 5대 째에 등장하는 분이시다. 요셉에게서 반석이 나오게 하기 위하여 하나님께서 아브라함과 횃불 언약을 맺으신 것이다.

　횃불 언약을 시편 105편에서는 천대의 언약이라고 말씀하고 있다.

시 105:8-10 그는 그 언약 곧 천대에 명하신 말씀을 영원히 기억하셨으니 이것은 아브라함에게 하신 언약이며 이삭에게 하신 맹세며 야곱에게 세우신 율례 곧 이스라엘에게 하신 영영한 언약이라

횃불 언약이 692년 만에 이루어졌다. 그렇다면 천년의 언약으로 이루어질 말씀이 692년 만에 다 이루어졌다는 말인가?

모세가 출애굽하는 과정에서 이스라엘 백성들에게 법궤를 짊어지게 했고 또 하나는 요셉의 유언에 따라서 요셉의 해골을 짊어지게 했다. 그것은 요셉이 이스라엘 자손에게 맹세시켜 출애굽할 때에 "내 해골을 메고 올라가라"고 했기 때문이다.

창 50:24-25 요셉이 그 형제에게 이르되 나는 죽으나 하나님이 너희를 권고하시고 너희를 이 땅에서 인도하여 내사 아브라함과 이삭과 야곱에게 맹세하신 땅에 이르게 하시리라 하고 요셉이 또 이스라엘 자손에게 맹세시켜 이르기를 하나님이 정녕 너희를 권고하시리니 너희는 여기서 내 해골을 메고 올라가겠다 하라 하였더라

출 13:18- 19 그러므로 하나님이 홍해의 광야 길로 돌려 백성을 인도하시매 이스라엘 자손이 애굽 땅에서 항오를 지어 나올 때에 모세가 요셉의 해골을 취하였으니 이는 요셉이 이스라엘 자손으로 단단히 맹세케 하여 이르기를 하나님이 필연 너희를 권고하시리니 너희는 나의 해골을 여기서 가지고 나가라 하였음이었더라

이스라엘 백성들이 출애굽하여 40년 광야길과 가나안 정복을 위한 16년 동안 요셉의 해골을 짊어지고 다니다 세겜 땅에 요셉의 해골이 묻힘으로써 횃불 언약이 일단 이루어졌지만 요셉이 횃불 언약의 열매로서 아직 영광을 받지 못했다. 횃불 언약이 692년 만에 본방 이스라엘을 통하여 이루어졌지만 아직 그 언약이 완전히 성취된 것은 아니다.

　　왜 성취되지 않았는가? 요셉은 횃불 언약의 열매, 산 자의 첫 열매로서 하나님이 그 열매를 하늘로 수렴해가심으로써 영적 장자가 되었다(레 19:23-25, 대상 5:2). 영적 장자라면 영육 간에 영광을 입어야 한다. 그렇기 때문에 영적 이스라엘을 통하여 영광을 받는 과정이 아직 남아있는 것이다. 횃불 언약이 영적으로 육적으로 다 이루어져야만 요셉이 산 자의 첫 열매로서의 영광을 입게 되는 것이다. 그럼으로써 구약 때 표면적으로 이루어진 횃불 언약이 영적 이스라엘을 통해서 완전히 완성되고 이루어지는 것이다.

2. 왜 족보에 기록하지 말라고 하셨는가?

　　역대상 5:1에 "장자의 명분이 이스라엘의 아들 요셉의 자손에게로 돌아갔으나 족보에는 장자의 명분대로 기록할 것이 아니니라"고 말씀하고 있다.

　　왜 족보에 기록하지 말라고 했는가? 아직 하늘의 장자의 영광의 세계가 이루어지지 않았다. 하늘의 장자권은 티끌 같은 인생들을 통해서 이루시는 역사의 세계가 아니다. 그것은 하늘의 장자권에 대한 문제이기 때문에, 하늘에 있는 신령한 자들을 통해서 이 땅에서 이루어야 할 구속사의 세계이다. 그렇기 때문에 족보에 기록하지 말라고 한 것이다.

만약 족보에 기록되어 그의 종적, 발자취가 드러난다면 하늘에 있는 신령한 자들인 사단, 마귀가 절대 그를 그대로 두지 않는다. 창세기를 통해서 땅의 장자권과 하늘의 장자권이 이루어졌다면 이미 다 이루어진 영광의 세계인데 족보에 기록되지 않을 이유가 없다.

그러나 족보에 기록하지 말라고 한 것은 아직 하늘의 장자권이 이루어져야 할 역사의 세계가 남아있기 때문이다. 하늘의 장자권은 재림의 마당에서 이루어질 사건이다. 아직 이루어지지 않은 일이기 때문에 이루어진 것처럼 기록해서는 안된다는 것이다.

재림의 마당에서 하늘의 장자권이 이루어진다면 그때에는 더욱더 영광스러운 빛을 발하면서 요셉이 하늘의 장자라는 사실을 기록해야 할 것이다.

요셉은 692년 만에 요셉의 해골이 가나안 땅에 들어감으로써 영적 장자로서의 영광을 입고 거룩한 하늘의 씨가 뇌었지만 그 씨가 이 땅에서 육적인 영광까지도 입어야 한다.

영육 간에 영광을 이루시기 위하여 하나님이 재림 마당에 그 거룩한 흰 씨, 영적 장지인 요셉의 씨를 이 땅에 뿌려서 그를 통하여 요셉의 본 가지에 접붙인 가지로 열매맺는 마지막 구원의 수를 이루셔야 한다(사 17:6).

요셉의 해골이 692년 만에 세겜 땅에 묻힘으로 횃불 언약이 표면적으로는 이루어졌다. 그러나 692수는 완전수가 아니다. 완전수가 되려면 영적 완전수인 7의 배수인 700수가 되어야 한다. 700수가 되려면 8수가 더 필요하다. 그 8수를 통하여 이 땅에 뿌려진 거룩한 한 씨가 죽었다가 삼일 반 만에 살아남으로써 그가 바로 횃불 언약의 주인공으로서 영육 간에 완전한 산 자의 영광을 입게 되는 것이다(계 11:7-13).

재림의 마당에서 완전수 700을 이루려면 이 땅의 주 앞에 선 두 감람나무, 두 촛대의 역사[10](계 11:4)를 통해 본 가지에 3개 무성한 먼 가지에 5개의 열매를 맺힘으로 8수를 완성하게 되는 것이다.

요셉이 바로 재림의 마당에 등장하는 이 땅의 주 앞에 선 기름 발리운 자, 그리스도이다(슥 4:11-14). 그리스도란 하나님이 기름 부은 자라는 뜻이다(요일 2:20, 2:27).

재림의 마당에서는 두 감람나무의 의(義)를 입지 않고는 절대 의인의 반열에 오를 수 없다. 재림의 마당의 주인공인 이 땅의 주 앞에 선 두 감람나무를 통해서만 의인의 부활, 첫째 부활의 영광을 입을 수 있다.

로마서 8장에 "그리스도 예수 안에 있는 생명의 성령의 법"에 대한 실존인물은 두 감람나무를 말하는 것이다.

두 감람나무도 살아나야만 그의 생명 안에 있는 그의 영이 성령이 되는 것이다.

---

10) <다시복음으로 본 종말론적 구속사 시리즈> 제 3권 "두 감람나무와 두 촛대, 그들은 누구인가?" 275-336쪽, 벽암 조영래 저, 도서출판 오색이슬

롬 8:1-2 그러므로 이제 그리스도 예수 안에 있는 자에게는 결코 정죄함이 없나니 이는 그리스도 예수 안에 있는 생명의 성령의 법이 죄와 사망의 법에서 너를 해방하였음이라

제 4장

전쟁을 통해서 본
구속사의 세계

I
이 땅에서의 빛과 어두움의 전쟁

1. 양립되어 내려온 빛과 어두움의 족보

하나님께서 구속사의 세계를 펼치시는데 이 땅에 있는 인자, 사람을 통하여 역사하셔야 하기 때문에 하나님도 근심하시며 염려하시며 노심초사(勞心焦思)하시며 애쓰실 수밖에 없다. 하나님이 혼자 하시는 일이라면 그러실 필요가 없다.

그러나 죄에 종속된 인간을 통하여 자기의 목적을 이루셔야 하기 때문에 하나님도 사람의 눈치를 살피실 수밖에 없는 것이다. 그런 하나님이셨기 때문에 오죽하면 창조주가 피조물에게 '나의 벗, 친구'라고 말씀하셨을까!(요 15:14-15, 대하 20:7, 약 2:23, 사 41:8)

구속사의 출발점에 서있던 아담이 타락함으로 퇴장을 당했다. 그렇다면 선악을 알게 하는 나무 열매를 따먹기 전의 아담과 똑같은 분량을 가진 자가 아담의 후손 중에서 나타나야 한다. 그래야만 아담의 대타(代打) 자격으로 늦게나마 그 출발점에서 다시 출발할 수 있는 것이다.

그러한 후보자를 만드시기 위하여 아담으로부터 시작해서 300년 동안 하나님과 동행했던 7대 에녹, 8대 므두셀라, 9대 라멕을 거쳐 10대 자손인 노아가 등장하기까지 하나님께서 기다리신 것이다.

창세기 5:4-30에 아담으로부터 셋, 에노스, 게난, 마할랄렐, 야렛, 에녹, 므두셀라, 라멕, 노아까지 10대가 기록되어 있다. 그러나 창세기 4:16-22에 가인의 계열은 가인, 에녹, 이랏, 므후야엘, 므드사엘, 라멕, 그리고 라멕이 두 아내를 취하여 낳은 자식까지 7대까지만 기록되어 있다.

그렇게 기록된 이유는 무엇인가? 아담부터 노아까지의 10대는 인간의 수명이 나무 수한같이 살던 족장시대였다(사 65:22). 그 시대는 하나님이 인류를 구원하시기 위한, 구속사의 목적을 이루시기 위한 노정은 아니었다. 단지 아담을 통하여 장차 이루고자 하셨던 세계가 어떤 내용의 세계인지 보여주시기 위한 시대였기 때문에 더 이상 족보를 논(論)할만한 시대는 아니었다는 것이다.

또 아직 이 땅에서 구속사가 시작되지 않은 시대라는 것을 옛 뱀도 알고 있었다. 그들로서는 굳이 관여할 필요가 없는 시대였기 때문에 뱀들에게 있어서 족장시대는 휴년기(休年期)와 같은 시대였던 것이다.

앞서 기술했듯이 첫 사람 아담을 통해서 준비하셨던 계획을 이루시는 과정에서 하나님의 목적을 이루어드릴 수 있는 내용을 가진 사람들이 하나님의 뜻에 부응하지 못하고 끝내 하나님을 실망시켜드리고 말았다.

아담이 타락하여 영을 빼앗기고 가인과 아벨의 사건에서 아벨이 선의적 경쟁에서 하나님이 예비해놓으신 차선의 방책을 쓰지 못함으로 가인이 아벨을 쳐 죽이는 사건이 일어나고 말았다(창 4:3-8). 그러므로 혼을 빼앗겼다. 또한 다른 씨로 준 셋의 계열이 가인의 딸들의 미색에 빠져서 그들과 통혼하여 한 몸이 됨으로 말미암아 남은 몸마저 빼앗기고 말았다(창 4:25, 6:2-3, 고전 6:16). 그렇게 몸과 혼과 영을 다 빼앗김으로써 완전타락하고 말았다.

그러나 그것은 탈취 당한 것이었기 때문에 당연히 빼앗은 자들에게도 그 문제에 대한 책임추궁을 할 수 있는 근거가 마련되었다. 그러므로 아담 이후 7대 에녹, 8대 므두셀라, 9대 라멕을 거쳐서 드디어 10대 손 노아가 하나님께 완전한 은혜를 받음으로써(창 6:8-9) 노아를 중심으로 세상을 물심판 하실 수 있었다.

노아의 가장 큰 업적은 무엇인가? 방주를 지어서 세상을 물로 심판한 것과 생명나무가 포도나무로 오실 수 있는 길을 만들었다는 것이다(창 6:13-17, 9:20).

창세기 3:15에 뱀을 저주하는 가운데 여인의 후손으로 오시겠다는 말씀이 기록되어 있다. 말씀이 육신이 되어 여인의 후손으로 이 땅에 오신 예수님의 입장을 가리켜서 포도나무라고 말씀하고 있다(요 15:1). 영원한 생명을 가지신 생명나무가 자기 백성을 죄에서 구원하기 위하여 이 땅에 피 흘리는 죽는 나무로 오신 것이다.

> 마 1:21 아들을 낳으리니 이름을 예수라 하라 이는 그가 자기 백성을 저희 죄에서 구원할 자이심이라 하니라

그런 관점에서 예수님의 생애도 죽는 나무로서의 사역과 죽지 않는 나무로서의 사역을 하신 분기점이 있다. 말씀이 육신이 되어 이 땅에 오셔서 아버지의 영광을 입으시기까지가 생명나무가 포도나무로 오셔서 본질적인 목적을 이루시는 전 과정이라고 말할 수 있다. 그렇기 때문에 죽을 수 없는 분이 십자가의 사역을 통하여 영원한 생명을 스스로 버리셔야 했던 것이다.

예수님이 이 땅에 포도나무로 오셔서 부활과 변화라는 두 도맥을 통하여 아담을 통하여 이루고자 하셨던 산 자의 영광의 세계의 터를 이루실 수 있었다. 그것은 하나님께서 하늘 구도의 도장에서 시작하셨던 역사를 이 땅에 있는 노아의 포도원에 옮겨놓으셨기에 가능한 일이었다. 하늘에서 있었던 구속사의 첫 출발점의 사건을 이 땅에 그대로 옮겨놓으심으로써 그 포도원을 통하여 인류를 구원하실 수 있는 구속사의 세계를 시작하실 수 있었던 것이다.

그러한 내용이 노아가 포도원을 만들고 포도농사를 지은 역사 속에 고스란히 담겨져 있는 것이다.

그러한 입장에서 노아의 둘째 아들 함이 아비의 하체를 본 사건은 어떻게 보아야 하는가? 앞서 에덴동산에서 아담이 구도(求道)의 길을 걷는데 실패함으로써 그가 출발선상에서 퇴장을 당했다는 것과 그로 인하여 어두움의 세력들이 한 발 앞서서 출발했다는 사실을 기술했다.

그렇다면 이 땅에서 진행되는 인류 구속사의 세계에서는 누가 먼저 선취권을 가지게 되는가? 옛 뱀이 때로는 마귀의 입장이 되어서 때로는 사단의 입장이 되어서 역사함으로 아담 이후부터는 가인과 에서와 같은 자들이 당연히 장자로 태어날 수밖에 없었던 것이다.

그러한 에덴동산의 사건을 이 땅에 옮겨놓은 구도(構圖)라면 어두움을 대표하는 주자들이 홍수 후 2년에 첫째 아들 셈이 낳은 아르박삿보다 출발선상에서 앞서 달린다는 것은 당연한 일이다. 그들이 이긴 자로서 기득권을 가지고 있었기 때문이다. 그렇기 때문에 원리적인 입장에서도 젖과 꿀이 흐르는 가나안 땅을 그들이 먼저 선점할 수밖에 없었다는 논리가 성립되는 것이다.

그 우선권이 노아 때에 잡히는가 싶었다. 그런데 둘째 아들 함으로 말미암아 노아의 가정도 깨어지고 말았다.

그 내용 속에 개입된 영적인 문제가 무엇인가? 신명기 21:15-17 말씀을 인용하여 마귀가 "하나님, 이것은 안 됩니다. 분명히 우리가 장자권을 가지고 있는데 왜 그 장자권을 무시하고 인정하지 않으려 하십니까?"라고 그들이 부르짖고 있었다는 것이다. 그렇기 때문에 노아도 마귀의 그러한 역사를 단호하게 막아내지 못했다는 아쉬움이 있는 것이다.

즉 여기에는 창조원리적인 입장에서 그들이 선취한 장자권을 마귀들이 요구함으로써 노아의 가정에 개입한 내용이 들어있는 셋이나. 그러므로 마귀가 노아의 둘째 아들 함을 통하여 기어이 역사할 수 있었던 것이다.

마귀가 셈을 통해서 역사하지 않고 함을 통하여 역사했다는 점을 원리적인 입장에서 살펴볼 필요가 있다. 마귀의 입장에서는 함이 마땅히 장자가 되어야 하는데 왜 셈이 장자가 되었느냐는 점을 부각시키면서 그들이 당연히 문제 제기를 할 수 있는 일이었다.

그렇기 때문에 방주를 짓는데 최선을 다했던 함인데도 불구하고 죄로 말미암아 안타깝게 타락했다고 생각할 수만은 없다는 점을 지적하고 있는 것이다.

마귀의 입장에서는 당연히 장자의 권리를 앞세워서 첫째인 셈이 아닌 함을 통해서 그렇게 역사할 수 있었던 것이다. 그것은 하나님이 노아를 통해서 이루고자 하시는 하늘의 역사에 마귀가 분명한 시빗거리를 가지고 시비를 걸었다고 말할 수 있다. 그 시빗거리가 바로 장자권이었다.

창세기 11:10에 "셈은 홍수 후 이 년에 아르박삿을 낳았다"고 말씀하고 있다. 아르박삿은 셈의 첫째 아들이 아니다. 아르박삿 위에 '엘람, 앗수르'라는 아들이 있었고(창 10:22) 함의 아들 가나안 위에도 '구스와 미스라임과 붓'이라는 아들이 있었고(창 10:6) 야벳에게도 '고멜, 마곡, 마대, 야완, 두발, 메섹, 디라스'라는 아들들이 있었다(창 10:2).

성경에 다른 아들들의 이름은 제쳐놓고 아르박삿의 이름을 지명해서 기록한 것은 그를 장자로 세운다는 의미가 들어있는 것이다.

마찬가지다. 셈 이후 에벨의 이름이 등장한다(창 10:21, 10:24-25). 그도 장자, 후계자라는 의미로 기록되어 있는 것이다.

마귀는 밤낮없이 구속사 세계의 틈새를 바라보면서 항상 자기들의 권리를 주장하고 있다.

창세기 6:8-9에 "노아는 하나님께 은혜를 입음으로써 당대에 의인이요 완전한 자"라고 말씀하고 있다. 노아는 300규빗, 30규빗, 50규빗이라는 성부, 성자, 성령의 비밀을 받았기 때문에 당대에 완전한 의인이 될 수 있었다. 그런 노아가 외부로부터 침입하는 마귀의 역사를 전혀 모를 수 있었을까? 노아는 마귀의 침입을 막을 수 있는 은혜를 가진 사람이었다.

그런데 왜 노아는 방주를 만드는데 온갖 피와 땀과 눈물을 흘렸던 자기 가족들을 지키지 못했을까? 그 원인이 무엇인가? 그것은 "노아가 홍수 2년 후에 셈이 아르박삿을 낳았다"는 말씀 때문에 문제가 생긴 것이다. 노아가 그렇게 자기의 의중을 선언했기 때문에 마귀가 원칙을 어겼다고 태클(tackle)을 건 것이다.

예수님이 말씀이 육신이 되어 이 땅에 오셔서 율법을 마치시기 전까지는 어두움의 세력들이 장자권을 가지고 있었다. 마귀의 후손들이 장자가 되는 것은 당연하기 때문에 마귀가 노아의 가정에 침투할 수 있었던 것이다.

그러므로 노아는 옛 뱀, 마귀, 사단들이 총집결해서 자기의 가정을 공략할 것이라는 사실을 알고 있었다.

에덴동산을 침범한 옛 뱀이 머리 격인 아담에게 접근하지 않고 하와를 통하여 아담을 불순종하게 만들었다. 마찬가지다. 뱀이 노아의 장자인 셈을 건드리지 않고 둘째 아들 함을 유혹함으로써 노아의 성가정을 깬 것이다.

그러한 원리를 근거해서 그 세계를 바라본다면 함이 아비의 하체를 먼저 본 것도 우연한 일이 아니다. 아담을 쓰러뜨림으로써 뱀이 이긴 자가 되었다. 이긴 자가 된 뱀이 함을 통하여 역사했기 때문에 그가 먼저 아비의 하체를 볼 수 있는 우선권을 가질 수 있었던 것이다.

여기에서 뱀에게 선택받았다는 그 자체가 얼마나 어두움의 세력으로부터 강력한 권세를 부여받은 것인지 인식할 필요가 있다. 에덴동산에서 아담을 타락시키고 생령인 아담이 가지고 있던 모든 권리와 축복을 빼앗은 자가 뱀이다. 그러니까 뱀으로부터 그러한 권세와 능력을 부여받은 함도 보통 사람은 아니라는 것이다.

하나님께서 하늘에서 이루어진 뜻대로 이 땅에서 구속사의 세계를 펼치고자 하셨는데 첫 번째 아담의 가정이 깨어지고 두 번째 10대 후손인 노아의 가정도 깨어져버렸다. 이제 세 번째 아브라함 가정을 통하여 하나님이 뜻을 이루셔야 한다.

그러므로 아브라함의 가정을 통하여 뜻을 이루고자 하시는 하나님의 마음은 살얼음판을 걷는 심정이실 수밖에 없었던 것이다.

그렇기 때문에 믿음의 조상 아브라함, 순종의 조상 이삭, 행함의 조상 야곱을 통하여 한 사람 한 사람과 일일이 언약을 맺으시되 한 번 맺으신 것이 아니다. 맺으신 언약을 거듭거듭 그들에게 말씀해 주시고 기억나게 해주시고 또 일일이 챙겨주시는 하나님의 열심이 창세기의 모든 장(章)에 가득가득 채워져 있음을 목도하게 된다.

> 대상 16:15-17 너희는 그 언약 곧 천대에 명하신 말씀을 영원히 기억할지어다 이것은 아브라함에게 하신 언약이며 이삭에게 하신 맹세며 이는 야곱에게 세우신 율례 곧 이스라엘에게 하신 영원한 언약이라

하나님께서 이스라엘 백성들을 출애굽 시키는 과정에서 나타내신 열 가지 기사이적은 하나님만이 하실 수 있는 고유적인 역사가 아니다.

그것은 생령이라면 누구나 할 수 있는 일이다. 사단, 마귀가 생령이 가지고 있는 능력을 통해서 거룩한 성가정을, 하나님이 기름 부으신 자들을 일일이 깨버렸다. 하나님이 세워 놓으신 뜻의 가정, 하나님이 기름 부으신 자들이 맥없이 쓰러지는 것을 보시면서도 하나님께서는 그 사건에 관여하지 못하고 자기 백성을 돕지 못하셨다.

그 이유는 무엇인가? 선민(選民)인 이스라엘 백성들이 갚지 못한 죄와 허물 때문이었다. 그들이 지은 죄를 한 호리라도 갚지 않으면 하나님이 간섭해 주실 수 없다(눅 12:59). 그렇기 때문에 어쩔 수 없이 관여하지 못하시고, 함께해 주지 못하시고, 역사해 주지 못하셨던 것이다. 그러한 구속사 속에 감추어진 진정한 하나님의 뜻, 하나님의 아쓰신 마음을 피조물인 인간들은 알지 못했다.

게다가 사단, 마귀의 일꾼들이 하나님의 영광을 모방하고 가장(假裝)해서 인간들에게 광명한 천사로 하나님인 척 역시 하기 때문에 하나님을 믿는 백성들이 그들에게 속아 넘어갈 수밖에 없는 것이다(고후 11:13-15).

생령이었던 아담과 하와가 옛 뱀의 유혹을 받아 선악을 알

게 하는 나무 열매를 따먹었다. 생명나무와 선악을 알게 하는 나무는 쉽게 구별되는 것이 아니다. 그렇기 때문에 그들이 패배자가 된 것이다.

그렇다면 마지막 재림의 마당에서 이 땅에 있는 인간들이 인간의 삶 속에 뛰어든 사단, 마귀, 붉은 용의 정체와 실상을 분별할 수 있는 지혜와 능력을 가지고 있을까?
요한계시록에 보면 바다 모래 위에 서는 붉은 용이(계 12:17) 바다에서 나온 짐승에게 권세를 주고(계 13:1-7) 바다의 짐승이 땅에서 올라온 새끼 수양에게 권세를 준다(계 13:11-12).
하나님을 믿는 백성들이 아담과 하와보다 더 장성하고 뛰어난 지혜를 가지지 못한다면 재림의 마당에 등장하는 666의 정체와 실상과 암호와 비밀을 풀어낼 방법이 없다(계 13:17-18).

아담과 하와가 선악을 알게 하는 나무 열매를 따먹음으로써 구속사를 펼치시려는 하나님의 뜻이 무산되고 말았다. 패배의 쓰라림과 원통함을 가지신 하나님께서 이스라엘 백성들의 죄를 속량케 하시고 마침내 그들을 출애굽 시키셨다.
그때 하나님께서 애굽 왕, 바로에게 "이스라엘은 내 아들 장자다"라고 당당하게 말씀하셨다(출 4:22). 또 이스라엘 백성들을 '왕 같은 제사장, 거룩한 나라, 소유된 백성'이라고 친히 말씀하셨다(출 19:6, 벧전 2:9, 계 1:6).
표면적으로는 바로 왕에게 하신 말씀이지만 영적으로는 애굽의 신들에게 선포하신 말씀이다. 보이는 입장에서는 이스라엘 백성들을 400년 동안 종살이시켰던 애굽 사람들에게 선포하신 말씀인 것처럼 보인다. 그러나 그 이면의 세계를 살펴보면 그때 애굽 왕이었던 바로는 악령(惡靈)을 대신하여 이 세상을 다스리던 악의 주관자였다. 그러므로 바로 왕의 배후에는 그를 조종하고 수호하고 있는 애굽의 신들이 있었다(민 33:4). 바로 그러한 악령의 세계의 사단과 마귀들을 향하여 전(全) 우주적으로 선포하신 말씀이 되는 것이다.

> 출 12:12 내가 그 밤에 애굽 땅에 두루 다니며 사람과 짐승을 무론하고 애굽 나라 가운데 처음 난 것을 다 치고 애굽의 모든 신에게 벌을 내리리라 나는 여호와로라

그렇기 때문에 빛의 주인이신 하나님의 입장에서는 빛의 세계를 회복하시기 위하여 하나님 편에 서있는 사람들을 중심으로 항상 그들에게 개입하시고 역사하시고 있는 것이다.

그러므로 빛의 입장에서는 전쟁이 하나님의 손에 달려있다고 말할 수 있지만 반면, 상대적인 입장에서는 전쟁은 마귀의 손에 달려있다고 말할 수 있다는 것이다. 빛의 주인은 그들에게 소속된 하나님의 백성들을 통하여 역사하시지만 반면 어두움의 세력은 그들에게 소속된 자기 백성들을 통하여 역사하기 때문이다.

이 땅에서 구속사의 세계가 완성되기까지, 모든 영광이 본래대로 이루어지며 성취되기까지 항상 인간의 심전, 중심 안에서는 그러한 신(神)들이 싸우고 있다는 것이다. 또 그러한 신들의 조종을 받고 있는 인간들은 인간들대로 그들이 조종하

는 영향력에 따라서 항상 전쟁을 할 수밖에 없는 것이다. 그것을 깨닫는다면 전쟁이 여호와의 손에 달려있다는 말씀을 원리적으로 이해할 수 있을 것이다.

2. 전쟁으로 점철된 구속사의 세계

왜 구속사의 세계는 처음부터 이렇게 절박한 상황 속에서 서로가 서로를 싸워 이겨야만 하는 입장이 되어버렸을까?

에덴동산의 상황에서 보여주고 있듯이 구속사의 세계는 처음부터 선과 악의 싸움으로 출발했다. 그렇기 때문에 전쟁으로 시작해서 전쟁으로 끝나는 것이 구속사의 본질, 근본이 된 것이다. 그 말은, 구속사의 세계에서 전쟁은 부수적으로 따르는 것이 아니라 전쟁 자체가 구속사를 이루는 근간이 되고 근본이 된다는 것이다.

표면적으로 보았을 때는 인간들의 삶 속에서 욕심이 생기고 시기와 질투와 미움이 생겨서 전쟁이 일어나는 것처럼 보인다.

그러나 살펴본 바와 같이 영적으로 말하면 처음부터 구속사의 출발점이 전쟁으로 시작되었다는 것이다. 그러므로 인간들의 삶 자체가 전쟁일 수밖에 없고 구속사의 끝도 전쟁을 통해서만이 그 목적이 마감될 수 있다는 사실을 분명하게 인식해야 한다.

여호와 하나님이 가지고 있는 고유적인 품성을 말한다면

첫째, 질투의 신(출 20:5, 34:14, 신 4:24, 6:15, 수 24:19), 둘째, 보복의 신(렘 51:56, 나 1:2), 셋째, 전쟁의 신(삼상 17:47, 대하 20:15), 넷째, 진노의 신(신 29:28, 렘 25:15, 25:37, 겔 22:31)이다.

분명히 여호와 하나님의 품성 중에 하나가 전쟁이라고 말씀하고 있다. 그런 만큼 구속사에 등장하는 때의 주인공들도 모두 전쟁에 능한 사람들이 등장하게 마련이다.

그러나 그렇게 전쟁을 하는 과정에 있어서도 서로가 상호간에 지켜야 할 규칙이 있다. 바로 진 자는 이긴 자의 종이 된다는 것이다(벧후 2:19). 그렇기 때문에 진 자는 이긴 자에게 항복하는 것은 물론, 이긴 자가 요구하는 모든 조건에 승복할 수밖에 없다. 진 자가 이긴 자의 권세에서 벗어나려면 그들에게 진 모든 빚을 다 갚아야만 진 자의 입장에서 벗어날 수 있다.

누가복음 12:59에 "네가 한 호리라도 갚지 않고는 거기서 나오지 못하리라"는 말씀의 의미처럼 전쟁에는 분명하고도 엄연한 율례와 규례와 법도가 있다는 것이다.

예수께서 때가 차매 이 땅에 오셔서 여호와의 시대를 종식시키셨다(갈 4:4). 여호와의 시대를 종식시켰다는 말은, 4천년 동안 이긴 자에게 종속되었던 자들이 그제야 진 자의 입장에서 벗어났다는 것을 의미한다.

하나님이 뱀에게 "네가 이렇게 하였으니 종신토록 흙을 먹을지니라"(창 3:14)고 저주를 하셨다. 그 저주 속에는 "네가 이기기는 했지만 하나님의 이름을 도용(盜用)해서 이겼기 때문에 그 부분에 대해서는 마땅한 저주를 받아야 한다"는 의미가 들어있는 것이다.

뱀이 비록 그렇게 저주를 받기는 했지만 하나님도 그가 이긴 자라는 점은 인정해주셨다. 그렇기 때문에 뱀에게 흙을 먹으라고 말씀하신 것은 "하늘로 올라갈 수 없는 영혼은 네가 다 다스리고 삼켜도 된다"라는 의미가 함축되어 있는 것이다. 뱀을 저주한 의미 속에도 하나님께서 이긴 자의 입장을 부득이 인정해 주신 부분도 분명히 있었다는 것을 말씀하고 있는 것이다.

인류의 첫 번째 시조인 아담의 가정이 뱀에 의해서 파괴되었다. 그리고 10대 후손인 노아의 가정이 하나님의 주권적인 은혜 안에서 하나님이 바라시고 원하시는 성가정으로 회복되어가고 있었다. 그러나 함으로 말미암아 노아의 가정도 깨어지고 말았다. 가정은 깨어졌지만 노아 자신은 개인적으로 승리하여 의의 후사가 되었다(히 11:7).

그러므로 개인적으로 승리한 노아가 셈에게 축복해 주는 내용이 창세기 9장에 기록되어 있다.

> 창 9:26-27 또 가로되 셈의 하나님 여호와를 찬송하리로다 가나안은 셈의 종이 되고 하나님이 야벳을 창대케하사 셈의 장막에 거하게 하시고 가나안은 그의 종이 되게 하시기를 원하노라 하였더라

그러나 하나님이 노아의 가정을 통해서 이루고자 하신 목적은 깨어지고 말았다. 그렇기 때문에 하나님께서는 노아가

셈에게 축복해준 축복을 이어받을 수 있는 다음 타자를 기다리면서 또 다시 10대를 기다리셔야 했다.

셈이 노아로부터 축복을 받았다면 그 축복이 열매를 맺어서 하나님이 이루고자 하신 목적대로 승리할 수 있는 그러한 가정, 그러한 사람이 등장할 수도 있었다.

그런데 왜 노아가 셈에게 축복한 축복이 또 다시 10대를 기다려서 10대 손(孫)인 아브라함에게 이어져야만 하는가?

성경에서의 10은 만수(滿數)로서 세상사에 속한 최대수가 된다. 그러므로 하나님이 어떤 사람을 통하여 목적을 이루지 못하시면 다시 시작해서 그 다음 10대가 되는 사람에게 그 목적이 안착되어야 한다. 그렇게 하나님의 목적하신 바가 10대 후의 자손을 통하여 다시 역사되어야 하기 때문에 10대 이전의 사람들에게는 하나님의 뜻이 머무를 수 없다. 그들을 통하여 하나님의 목적을 이루실 수 없기 때문에 그들은 해당되지 않는다는 것이다.

아담의 10대 후손은 '노아'로서 그 이름의 의미는 '안위, 안식'이다(창 5:29). 노아가 인류의 두 번째 조상이 되었다. 또 노아가 셈에게 내린 축복이 10대 후손인 아브라함에게 임함으로써 아브라함이 세 번째 인류의 조상이 되었다. 그러므로 하나님이 노아를 통해서 이루고자 하셨던 목적을 그에게 펼치실 수 있었던 것이다.

그러한 역사의 과정이 10대까지 흘러가는 동안에 그 속에는 항상 도전과 대적함이 있게 마련이다. 그렇기 때문에 싸움과 전쟁이 끊임없이 진행되며 이루어지고 있었다는 것이다.

그러한 본질적인 삶의 구도(構圖) 위에서 우리가 살아가고 있기 때문에 살다보니 부득이하게 전쟁이 일어나는 것이 아니라 구속사의 세계가 처음부터 근본적으로 싸움, 전쟁이 일어날 수밖에 없는 구도(構圖)를 가지고 출발을 한 것이다.

그런데 여기에서 한 가지 새겨야 할 부분이 있다. 전쟁이 인간의 삶의 근본이 되어 있기 때문에 시기, 질투, 미움, 증오, 이런 것들이 폭발하면 전쟁이 생길 수밖에 없다. 그러면 인간들이 그 매듭을 풀어야 하고 해결해야 한다는 것은 분명하다.

그런데 하나님이 친히 전쟁에 개입하시는 경우가 있다는 것이다. 하나님이 자기 백성들이 죄를 너무 많이 짓는 경우에는 그들에게 회개를 유발시키기 위해서 전쟁이라는 혹독한 고통 속에 집어넣기도 하신다는 것이다.

예를 들면 하나님이 안식일을 기억하여 거룩하게 지키라고 명령하셨고(출 20:8-11) 안식년을 지키면 여러 나라에 꾸어 줄 만큼 물질의 축복을 주신다고 말씀하셨다(신 28:11-12).

그런데 이스라엘 백성들이 안식일과 안식년을 70년 동안 지키지 못했다. 그 대가로 하나님이 바벨론 느부갓네살에게 이스라엘 백성들을 70년 동안 포로로 던져버리심으로써 그들 스스로 해결할 수 없었던 죄의 굴레에서 벗어나게 해주셨다(대하 36:20-21).

이렇게 인간의 삶 속에서 일어날 수밖에 없는 전쟁 외에 하나님이 특별히 자기 백성들에게 개입하셔서 역사하시는 전쟁도 있다는 것이다. 또 하나님이 공의의 입장에서 상대적인 대상들이 하나님의 공도를 무시하거나 또는 그 시대의 율례와 규례를 벗어나서 하나님의 백성들을 혹독하게 짓밟을 때, 또는 전쟁을 일으켜 그들을 도말하거나 말살하려고 할 때에도 하나님이 개입하신다는 것이다.

창세기 11장에 보면, 인생들이 바벨탑을 쌓을 때 그대로 두면 에스겔 26-28장의 두로와 같은 입장이 된다. 그렇기 때문에 하나님이 그것을 미연에 방지하기 위하여 그들의 언어를 혼잡케 해서 흩으셨다는 말씀이 기록되어 있다(창 11:5-9). 이 사건도 하나님이 실질적으로 개입하신 역사의 한 면이라고 말할 수 있다.

이렇게 하나님의 입장에서 하나님의 공의와 공도에 따라 모든 것을 공평하게 하시기 위하여 전쟁을 친히 주관하시고 섭리하시는 경우도 있다는 것이다.

구속사의 중심이 전쟁으로 점철되어 진행되고 있기 때문에 욥기 7장 말씀처럼 "세상에 있는 인생에게 전쟁이 있지 아니하냐"라는 사실을 분명히 인식할 필요가 있다.

> 욥 7:1 세상에 있는 인생에게 전쟁이 있지 아니하냐 그 날이 품군의 날과 같지 아니하냐

에덴동산의 사건을 통해서도 알 수 있듯이 처음부터 빛과 어두움이 대치되는 역사가 진행되고 있었다. 시작부터가 전쟁, 싸움이었다는 것이다.

3. 구속사의 세계에서 펼쳐진 재앙의 유형

나라를 세우기 위해서는 사람이 있어야 하고, 땅이 있어야 하고, 하나님의 주권이 있어야 한다. 이 세 가지가 하나가 됨으로써 하나님께서 택한 백성의 나라가 이루어지고 존재할 수 있는 것이다.

그런데 그렇게 택한 백성에게 일어나는 재난의 형태를 살펴보면 인재, 자연재해, 하늘이 내리는 재앙으로 나타난다 할 수 있다. 어느 의미에서 본다면 전쟁은 지구상에서 일어나는 인재(人災) 중에서도 가장 큰 인재라고 할 수 있다.

하나님은 전쟁을 통해서 악인들이 날뛰는 이 세상의 죄를 징계하시고 징치하시고 심판하신다. 또 전쟁이 없다면 인구가 기하급수적으로 늘어날 것이다. 그러므로 전쟁을 통하여 때에 맞게 인구증가를 조절하시는 역사도 펼치신다는 것이다.

물론 하나님은 전쟁을 통해서뿐만 아니라 자연재해 즉 태풍, 해일, 폭풍과 회리바람, 벽력(霹靂)과 번개와 지진, 지각변동, 화산폭발 등 다양한 자연재해를 통해서도 지구촌의 질서를 유지하시며 관리하신다.

태풍이 불면 많은 피해를 입게 된다. 태풍으로 인한 피해가 얼마나 크고 막심한가? 그러나 태풍으로 인한 피해보다 그로 인하여 얻는 이익이 더 많다는 것을 생각해볼 필요가 있다.

바다에는 수산 자원이 풍부해서 해양에너지, 광물자원 등, 인류에게 유익한 많은 것들을 바다로부터 얻을 수 있다. 그런데 태풍이 불지 않으면 자원의 보고(寶庫)가 되는 바다가 온전함을 유지하지 못한다. 우리가 식용으로 먹는 물고기는 보편적으로 심해(深海)에서 잡는 것이 아니라 수심 300미터까지가 그들의 터전이 된다.

그런데 인간들이 쓰는 생활쓰레기들로 말미암아 바닷물이 오염되어 썩으면 물고기들, 해양생물들이 살 수 없다. 그러나 태풍이 불고 해일이 일어나면 바다 속 300미터 이하의 오염되지 않은 심층수가 위로 올라와 섞임으로써 생태계가 유지되고 물고기들이 죽지 않고 생존할 수 있다는 것이다.

또 우리의 삶의 현장 속에서 지진이 수없이 일어나고 있다. 스가랴 14:5에 이스라엘 웃시야 왕 때 큰 지진이 있었는데 그 당시에 감람산으로 도망간 사람만이 살아날 수 있었다는 말씀이 기록되어 있다.

표면적인 이스라엘에서 자연재해가 크게 일어났다면 영적 이스라엘인 우리나라에서도 동일한 역사로써 지진에 의한 큰 재난이 일어나리라는 것을 예측할 수 있다. 우리나라에도 과거의 역사의 기록을 보면 신라시대에 진도 7.5이상의 지진이 있었다고 한다. 그런 입장에서 근래 우리나라에도 지진이 왕성한 활동을 하고 있다는 사실을 깊이 생각하지 않을 수 없다.

또한 세계적으로노 남극에 있는 빙하가 예상 외로 빨리 녹고 있다. 빙하가 녹으면 해수면이 높아져 지구의 5분의 1 정도가 침식당하고 또 그로 인하여 기후 변화가 일어나게 된다.

우리나라는 원래 아열대 기후였다. 경상북도 의성, 경상남도 하동과 고성에서 공룡알 화석이 발견됨으로써 약 1억 년 전 중생대에 이 땅에 공룡이 살았다는 것이 밝혀졌다.[11]

---

11) 대한민국에는 쥐라기와 백악기의 지층이 넓게 분포되어 있다. 1973년에 경상북도

그러던 것이 노아의 물심판 때 지축이 23.5도 기울어짐으로써 봄, 여름, 가을, 겨울, 4계절이 생기고 기울어진 만큼 뭍이었던 곳이 바다로 잠겨버리기도 하였고 바다였던 곳이 뭍으로 드러나 육지가 되기도 하였다.

그러나 종말론적인 입장에서 본다면 모든 것이 서서히 본래의 모습으로 회복되어 가고 있다는 것을 알아야 한다. 빙산이 다 녹으면 한 쪽으로 쏠렸던 질량이 환원되어 기울었던 지축이 정축으로 바뀔 수도 있다는 것이다.

그런 과정에서 생기는 자연재해는 사람들이 사전적으로 개입하여 대비할 수 있는 재난이 아니다. 인간의 힘으로 막을 수 있고 버텨볼 수 있는 재난이 아니라 상상조차 할 수 없는 엄청난 재난이라는 것을 미루어 짐작할 수 있다. 그런 역사가 마지막 때에 다 이루어지게 되어 있다는 것이다.

예를 들면 애굽에서 행하신 열 가지 기사이적은 땅에서 자연발생적으로 생긴 자연재해가 아니라 하나님의 주권에 의해서 진행된 하늘에서 내린 재앙이었다(출 7:14-12:30). 그것은 하나님이 모세와 아론에게 친히 명령하여 치신 것이었기 때문에 인재도 아니고 자연재해도 아닌, 분명히 하늘이 내린 재앙이었다.

의성군 금성면 탑리 부근에서 공룡의 뼈 화석이 발견된 이후 1977년부터 이 '공룡골짜기'에 대한 본격적인 발굴이 시작되어 많은 공룡 화석을 발굴해 냈다. 1983년 경남 하동군 금남면에서는 조반류의 알껍질 화석이, 또 경상남도 고성군 하이면 덕평리에서는 약 360개의 발자국 화석이 발견되었다. 이 발자국은 거의 대부분 조반류의 두 다리로 걸은 공룡의 것이나, 일부 용반류의 것과 네 다리로 걸은 공룡의 것도 있다. 위키백과

사울이 다메섹에 가까이 갈 때 홀연히 하늘에서 빛이 둘러 비침으로 눈이 보이지 않게 되어 땅에 엎드러졌다. 사울이 사람의 손에 이끌려 다메섹에 들어가 사흘 동안 식음을 전폐했다. 예수님의 명을 받은 아나니아가 사울을 안수한 후, 그의 눈에서 비늘이 떨어짐으로써 다시 세상을 보게 되었다(행 9:1-18).

예수께서 그런 사울에게 "이 사람은 내가 택한 이방의 그릇이다"(행 9:15)라고 말씀하셨다. 그 말씀대로 바울은 어두움의 사자가 아닌 빛의 사자, 이방의 그릇으로서 쓰임을 받는 역사의 세계를 펼치게 된다. 사울에게 나타난 해(害)도 하나님이 주신 하늘의 재앙이었다고 할 수 있다.

이 땅에는 구속사를 완성하기 위하여 하나님께서 하늘에서 보내신 광명한 자들이 있다(창 1:16). 광명한 자들이 이 땅에 와서 자기의 할 일을 다 마치면 해를 입은 여인이 큰 독수리의 두 날개를 받아 자기의 곳으로 가신 것처럼, 노아가 내보낸 비둘기가 자기의 사명을 마치고 미련 없이 자기의 곳으로 날아간 것처럼 그들도 이 땅을 떠나게 되어있다.

슥 14:6 그 날에는 빛이 없겠고 광명한 자들이 떠닐 것이라

지구촌도 마찬가지다. 지구가 이 땅에 있는 하나님의 백성들을 부활과 변화를 통하여 흙 차원에서 하늘 차원의 사람으로 완성시키는 구도의 도장으로서의 사명을 다 마치면 지구의 수명은 그것으로 끝나게 되어 있는 것이다.

그렇기 때문에 그때가 되면 하나님께서 미련 없이 이 지구

를 버리신다는 것은 너무나 자연스럽고 당연한 일이라고 말할 수 있다. 하나님이 마지막 때 지구촌을 통하여 하나님의 목적을 다 이루신다면 지구는 자기가 해야 할 일을 다 마친 것이기 때문에 사람이 한 번 태어나면 죽는 것이 정한 이치인 것처럼(히 9:27) 그들의 존재도 자연계시적인 입장에서 블랙홀 속으로 사라지게 되어있는 것이다.

성경에 그러한 의미의 내용이 "큰 바벨론 성이 세 갈래로 갈라진다"는 말씀으로 기록되어 있다(계 16:17-19).

과학자들의 주장에 의하면 3차 세계대전이 일어나서 사람들이 그동안 만들어놓은 핵을 사용한다면 지구를 수십 갈래로 찢을 수 있는 화력이라고 말한다. 그러나 위 성구에서 말씀하는 것은, 인간이 만든 화기(火器)에 의해서 지구촌을 완전히 파멸시킨다는 의미가 아니다. 지구가 자기의 사명을 다 마쳤기 때문에 하나님이 거두어 가신다는 의미로 보아야 한다는 것이다.

그렇기 때문에 그러한 일은 하늘의 재앙을 통해서 이루어질 일이지 인간들이 만든 화력을 가지고 지구촌을 파괴한다는 그런 뜻이 아니라는 것이다.

II
성경에 기록된 전쟁

구약 마당에 130회의 전쟁사가 기록되어 있다. 성경에 기록된 전쟁을 통해서 하나님이 자기 백성에게 어떻게 개입하시고 역사하고 계시는지 그 내용의 세계를 심도있게 살펴보기로 하자.

1. 아브라함이 그돌라오멜의 연합국과 싸운 가나안 전쟁[12]

창세기 14장에 엘람 왕 그돌라오멜을 비롯하여 고임 왕 디달과 시날 왕 아므라벨과 엘라살 왕 아리옥, 네 나라의 연합군이 소돔 왕, 고모라 왕, 아드마 왕, 스보임 왕, 소알 왕, 다섯 왕과 접전하여 그들을 격파하고 소돔에 거하는 아브라함의 조카 롯와 그의 재물까지 빼앗아간 내용이 기록되어 있다(창 14:1-12).

---
12) <옥스퍼드 원어 성경대전> 창세기 14:1-16, 105-126쪽, 제자원

가나안 전쟁을 일으킨 원인은 무엇인가?

　창세기 14장에 기록된 전쟁은 가나안 북부지역 4개국 동맹군과 가나안 남부지역 5개국 동맹군 간에 벌어진 전쟁이다.
　당시 엘람 왕 그돌라오멜과 연합한 메소포타미아 4개국과 가나안 동맹군이 싯딤 골짜기에서 서로 대치하고 전쟁을 했다. 그들이 전쟁을 한 이유는 무엇인가? 소돔과 고모라를 비롯한 5개국 왕이 12년 동안 섬겨오던 엘람 왕 그돌라오멜을 배반했기 때문이다(창 14:1-4).

　그러므로 그들이 서로 전쟁을 해서 결국 가나안 남부군의 참패로 끝났다. 그리고 그돌라오멜과 함께한 메소포타미아 동맹군이 소돔에 거주하고 있던 아브라함의 조카 롯을 잡아갔다.
　그 소식을 들은 아브라함이 가신 318명을 데리고 롯을 구하기 위하여 즉각 출동했다. 아브라함이 하란에 머물러 있을 때 하나님이 "너는 너의 본토 친척 아비 집을 떠나 내가 네게 지시할 땅으로 가라"(창 12:1)고 명령하신 하나님의 말씀에 순종하여 떠날 때 롯을 데리고 나왔다. 아브라함이 그를 데리고 나온데 대한 책임을 지고 롯을 외면하지 않고 400km 떨어진 단까지 구하러간 것이다(창 14:14).

　그런데 하란을 떠나 아브라함과 함께 동행하던 롯이 왜 소돔에 거주하고 있었는가?
　아브라함이 애굽 왕이 준 재물을 가지고 롯과 함께 벧엘과 아이 사이에 거하고 있었다. 그곳은 아브라함이 처음 장막을 쳤던 곳인데 아브라함과 롯의 소유가 많아지자 가축을 치는 아브라함과 롯의 목동들이 서로 다투어 함께 동거할 수 없었다. 아브라함이 롯에게 "우리는 한 골육이니 서로 다투지 말자"하고 롯에게 왼편이나 오른편이나 원하는 땅을 정해서 떠나라고 제안하였다(창 13:1-9).

그 당시 소돔 사람들이 악을 행함으로 하나님 앞에 큰 죄인이라는 사실을 잘 알고 있음에도 불구하고 롯은 소돔이 물이 풍부하고 하나님의 동산 같고 애굽땅 같다는 이유로 요단 들을 택해 동쪽으로 갔다(창 13:10-12).
롯이 세상적인 욕심으로 아브라함을 떠나 풍요로운 요단 들을 택하고 장막을 소돔으로 옮겨 살다가 이러한 시련을 당하게 된 것이다.
전쟁이 일어났던 싯딤 골짜기는 모세 당시에는 '염해(鹽海)'라는 이름을 가지고 있었다. 한 때 "여호와의 동산 같고 애굽 땅과 같다"(창 13:10)라고 할 정도로 비옥했던 골짜기가 심한 지각변동으로 바다가 된 것이다. 이는 하나님이 죄악이 관영한 소돔과 고모라를 불과 유황으로 심판하신 후에 그곳이 바다 속에 잠겼기 때문이다(창 19:24-25).

승리의 쾌거를 이룬 아브라함의 믿음

롯이 포로로 잡혀갔다는 말을 들은 아브라함이 집에서 길리고 연습한 자 318명을 거느리고 단까지 쫓아가서 그들을 파하고 호바까지 쫓아가서 조카 롯과 부녀와 가나안 인민과 모든 빼앗겼던 재물을 되찾아왔다(창 14:5-16).

이기고 돌아오는 아브라함을 소돔 왕이 사웨 골짜기에 나와 그를 영접하였고 지극히 높으신 하나님의 제사장 멜기세덱이 나와 아브라함에게 떡과 포도주로 축복해주었다. 그리고 아브라함이 멜기세덱에게 십일조를 바쳤다(창 14:17-20).

아브라함의 가신(家臣)들은 평소에는 아브라함의 집에서 종으로서 아브라함을 섬기거나 양을 치던 자들이었고 만약을 대비하여 훈련된 자들이었다. 아브라함이 이들을 데리고 강력한 북방 연합군을 쳐부술 수 있었던 것은 전적으로 하나님의 도우심이 있었기 때문이다.

롯은 아브라함과 분리할 때 오직 눈으로 보기에 비옥해 보이는 요단 들을 선택하여 소돔에 거주하게 되었다. 롯은 소돔이 죄악의 도성이라는 사실을 잘 알고 있었지만 하나님께 대한 신앙을 저버리고 아브라함에 대한 인간적인 도리와 의리마저 버리고 오직 육신의 정욕을 좇아 소돔으로 갔던 것이다.

소돔에 거하던 롯은 결국 전쟁에 휘말려 가진 것을 송두리째 빼앗기고 포로로 끌려가고 말았다. 영원한 생명의 근원이 되시는 하나님을 떠나 육신의 정욕을 좇아 행하는 자는 세상과 함께 멸망을 당하게 되어 있다.

롯은 아브라함으로서는 상대조차 할 수 없는 4개국 연합군에게 포로로 잡혀갔다. 그러나 아브라함은 롯이 포로로 잡혀가자 오직 그를 구하겠다는 일념으로 헤브론에서 단까지 단숨에 쫓아갔다. 318명으로 수십만 명에 달하는 군사를 상대한다는 것은 계란으로 바위치기와 같은 무모한 행동이라고 말할 수 있다.

그러나 아브라함은 군사력에서 상대할 수조차 없는 상황에서도 자신과 늘 동행하시는 하나님의 은혜의 손길에 의지하여 담대하게 가나안 북부 동맹군을 향해 쳐들어갔다. 그 결과 아브라함은 가나안 북부 동맹군을 격파하고 승리할 수 있었다.

멜기세덱이 이기고 돌아온 아브라함에게 떡과 포도주로 축복해 준 의미는 무엇인가?

이러한 아브라함의 용감한 모습은 이전의 모습과는 완전히 달라진 것이었다. 사실 이전의 아브라함의 모습은 나약하기 그지없었다. 아브라함이 애굽으로 이주했을 당시 애굽 사람들을 두려워하여 자기 아내를 누이라고 속일 만큼 심약한 사람이었다. 그러한 그가 롯이 사로잡혔다는 소식을 듣고 소수의 인원만을 데리고 메소포타미아 연합군을 쫓아간 것은 참으로 놀라운 변화라고 할 수 있다.

그렇다면 아브라함이 이처럼 완전히 다른 모습으로 변화한 근본 원인은 어디에 있는가? 그것은 아브라함이 하나님을 온전히 믿고 의지하고 신뢰했기 때문이다.

성경에 기록된 내용은 없지만 그 이면의 세계를 들여다보면 아브라함이 집에서 길리고 연습한 자 318명을 데리고 단까지 400Km를 뒤쫓아 가서 그돌라오멜과 그 연합국을 친 것은 아브라함이 스스로 생각하고 판단해서 결정한 일이 아니었다.

여호와께서 기드온과 300명 용사에게 역사해주신 것처럼 (삿 7:7-9) 멜기세덱이 아브라함을 통하여 역사했기 때문에 아브라함이 318명을 데리고 그들과 싸울 수 있는 용단을 내릴 수 있었던 것이다. 그렇게 말할 수 있는 것은 창세기 15:1에 보면 "이 후에 여호와의 말씀이 아브라함에게 임하여 두려워 말라 나는 너의 방패요"라고 말씀하고 있기 때문이다.

> 창 15:1 이 후에 여호와의 말씀이 이상 중에 아브람에게 임하여 가라사대 아브람아 두려워 말라 나는 너의 방패요 너의 지극히 큰 상급이니라

아브라함이 하나님의 주권적인 은혜 안에서 기적적으로 4개국 연합군을 쳐서 이기고 돌아왔다. 그러나 그들이 언젠가 군(軍)을 정비해서 다시 침략해 올까봐 아브라함이 근심하고 두려워했다. 그러자 여호와께서 그런 아브라함을 위로하며 두려워하지 말라고 말씀하신 것이다.

위 성구에서 "내가 너의 방패요 상급이다"라고 말씀하신 것은, 하나님께서 친히 개입하셔서 이기도록 역사해주신다는 의미이다.

4개국 왕이 거느린 연합군이라면 그들의 수가 아마 수십만은 되었을 것이다. 소돔과 고모라, 아드마와 스보임, 소알, 5개국을 이긴 군대였으니까 그들이 얼마나 용맹했겠는가? 그런 군대를 상대로 해서 집에서 기른 318명을 데리고 그들을 쳐부수러 가는 아브라함의 용기는 사람이 가질 수 있는 용기가 아니었다. 하나님이 주권적인 은혜로 주신 믿음의 용기였다.

아브라함이 롯을 빼앗아오고자 했을 때에 분명히 그 과정

에는 마치 기드온 때에 하나님이 역사하셨던 것처럼 하나님의 언약의 내용이 있었기 때문에 아브라함이 그러한 선택을 할 수 있었던 것이다. 집에서 기른 318명을 데리고 가서 롯뿐만 아니라 그들이 빼앗아갔던 모든 노략물을 다시 찾아올 수 있었던 것은 하나님의 절대적인 개입이 없었다면 절대 불가능한 일이었다.

이 말씀을 새겨보면 아브라함에게 적을 치라고 명령하신 여호와가 곧 멜기세덱이었다는 것을 알 수 있다.
아브라함이 아무 것도 한 일이 없는데 멜기세덱이 떡과 포도주로 축복해 준 것이 아니다. 아브라함이 그돌라오멜을 비롯한 네 나라 군대를 격파하고 이긴 자가 되어 돌아왔다. 그러므로 아브라함이 멜기세덱으로부터 이긴 자만이 받을 수 있는 축복을 받을 수 있었다(계 2:17).

멜기세덱이 승리하고 돌아온 아브라함에게 떡과 포도주로 축복해 준 것은 어떤 의미가 들어있는가?
그것은 하나님께서 아브라함과 아브라함의 후손을 통하여 장차 이루실 구속사의 비밀을 선포하신 것으로써 빛의 세계가 어두움의 세계에 대하여 도전장을 내고 선쟁을 선포한 말씀이 되는 것이다.
마찬가지다. 여호와 하나님이 아브라함과 횃불 언약을 맺었다. 그때 하나님이 아브라함에게 "내가 너희를 애굽으로 보냈다가 4대 만에 언약의 땅에 돌아오게 하리라"(창 15:16)고 말씀하셨다. 그것도 빛의 입장에서 하나님께서 "내가 도전해서 너희가 차지하고 있는 젖과 꿀이 흐르는 가나안 땅을 본래

대로 찾아오겠다"라고 어두움의 세계를 향하여 공식적으로 선전포고를 하신 것이다.

2. 가나안 정복의 첫 관문, 여리고성 전쟁[13]

여호수아가 가나안 땅을 정복할 때 여리고성을 첫 공략지로 정했다. 여리고성은 둘레가 약 3.7km이고 면적은 약 7,000평 정도의 보통 성읍이다. 규모는 크지 않지만 성벽은 외벽과 내벽, 이중으로 되어있고 그 간격은 6m로 60톤 탱크가 60마일의 속도로 달려도 무너지지 않을 정도로 견고한 성이었다고 한다. 여리고 성은 가파르게 경사진 곳에 위치하여 있어서 사람들이 성을 무너뜨리거나 기어오르기 위해 접근하는 것은 거의 불가능한 철옹성이었다.

여리고 성은 요새화되어 있기 때문에 가나안 첫 공략지로는 적합하지 않았다. 그런데 왜 여호수아는 여리고 성을 첫 번째로 공격했을까?

여호수아가 가나안 땅 중심부에 위치한 여리고성을 공략한 것은 가나안의 허리를 잘라 남북 세력의 힘을 분산시키고 가나안의 모든 도시국가들이 하나로 뭉쳐 이스라엘에 대항하는 것을 차단하려고 했던 것이다.

---

13) <옥스퍼드 원어성경대전> 여호수아 6:1-21, 308-363쪽, 제자원

여리고성의 함락

여호수아 6장에 이스라엘 백성들이 외치는 믿음의 함성으로 견고한 여리고 성이 무너지는 내용이 기록되어 있다. 하나님께서 여호수아에게 법궤를 앞세우고 6일 동안은 매일 여리고 성을 한 바퀴씩 돌고 마지막 7일째는 일곱 바퀴를 돌라고 명령하셨다(수 6:2-20).

인간의 이성과 상식으로는 도저히 이해할 수 없는 명령임에도 불구하고 여호수아와 이스라엘 백성들은 그 말씀에 순종하였다.

여리고 성은 이스라엘의 공격에 대비하여 성문을 굳게 잠그고 있었다(수 6:1). 그들이 성문을 굳게 닫은 이유는 무엇인가? 여리고 성 사람들은 이스라엘이 하나님의 주권적인 능력에 의하여 홍해를 건너고 광야에서 아모리 두 왕인 시혼과 옥이 이끄는 나라들을 전멸시켰다는 소문을 들었다(수 2:9-11). 하나님이 이스라엘과 함께 하고 있다는 두려움으로 여리고 사람들은 공격할 엄두도 내지 못하고 방어만 하고 있었다.

그런데 여호수아 6:2에 여호와께서 "보라 내가 여리고와 그 왕과 용사들을 네 손에 붙였으니"라고 말씀하고 있다. 아직 이스라엘이 여리고성에 들어가지도 않은 상태에서 하나님께서 그 성의 지배권을 이미 이스라엘에게 주었다고 말씀하고 있다. 그리고 여리고성을 무너뜨리는 전략으로 "엿새 동안 여리고 성을 한 바퀴씩 돌고 제 칠일에는 일곱 바퀴를 돌며 제사장들이 양각 나팔을 불 때 백성들은 다 큰 소리로 외쳐 부르라"고 명하셨다.

> 수 6:3-5 너희 모든 군사는 성을 둘러 성 주위를 매일 한 번씩 돌되 엿새 동안 그리하라 제사장 일곱은 일곱 양각 나팔을 잡고 언약궤 앞에서 행할 것이요 제칠일에는 성을 일곱 번 돌며 제사장들은 나팔을 불 것이며 제사장들이 양각 나팔을 길게 울려 불어서 그 나팔 소리가 너희에게 들릴 때에는 백성은 다 큰 소리로 외쳐 부를 것이라 그리하면 그 성벽이 무너져 내리리니 백성은 각기 앞으로 올라갈지니라 하시매

여호수아가 백성들에게 명령하여, 행렬의 맨 앞에는 백성들을 보호하는 무장한 정예부대를 두고 그 다음에 양각 나팔을 부는 일곱 제사장, 그 뒤에 언약궤, 그리고 맨 뒤에는 후위 부대 순으로 행진하게 하였다.

성경 전체에서 일곱 제사장이 일곱 양각 나팔을 부는 것은 여리고 성을 무너뜨린 사건에만 등장하고 있는 특별한 내용이다. 나팔에는 은 나팔과 양각 나팔이 있는데 은 나팔은 소리를 인위적으로 조절할 수 있는 기능이 있는 반면, 양각 나팔은 양의 뿔로 만든 것으로 일정한 소리를 통해서 백성들에게 메시지를 단순하게 전하는 기능을 가지고 있다. 양각 나팔은 7월 1일 나팔절과 이스라엘 3대 절기와 7월 10일 대 속죄일에 불고 그 외에는 은 나팔을 불게 되어있다.

또 마지막 종말론적인 입장에서 심판의 역사 속에 일곱 인, 일곱 나팔, 일곱 대접이 등장하고 있다. 요한계시록 10:7에

"일곱째 천사가 나팔부는 날 하나님의 비밀이 그 종 선지자들에게 전하신 복음과 같이 이루리라"고 말씀하고 있다. 일곱째 천사장이 나팔을 분다는 것은 그 앞에 이미 나팔을 분 사람들이 있었다는 것이다.

여리고 성의 사건은 구약 마당에서 여호수아를 통해서 역사되었던 내용이기는 하지만, 영적으로 말하면 마지막 종말론적인 입장에서 영적 바벨론 성을 무너뜨리는 마지막 사건의 예표가 된다고 말씀할 수 있다.

여기에서 이스라엘 백성들이 여리고 성을 돈다는 것을 간단하게 생각할 수 있다. 그러나 내용을 살펴보면, 그것은 결코 쉬운 일이 아니다. 성벽 위에는 성을 지키는 군대가 완전무장을 한 채 내려다보고 있다. 그런데 성을 도는 사람들은 앞뒤에만 무장한 군인들이 있고, 중간에는 제사장들과 백성들의 대열이 따르고 있다. 무장하지 않은 백성들은 언제, 어느 때 성 위에서 수백, 수천 개의 화살이 날아올지 모르는 긴박한 상황 속에서 성을 돌고 있는 것이다. 그들이 아무런 방어능력이 없는 입장에서 돌고 있기 때문에 무서움과 두려움과 공포감을 느낄 수밖에 없다.

그렇기 때문에 하나님이 일곱 제사장에게 일곱 양각 나팔을 불게 하신 것이다.

제사장들의 마지막 나팔소리와 함께 백성들이 크게 함성을 지르자 성벽이 무너져 내렸다(수 6:20).

여리고성은 두꺼운 이중 성벽으로 축조된 매우 견고한 성이었기 때문에 인간의 눈으로 볼 때에 여리고 성벽이 무너진 것은 도저히 이해할 수 없는 일이었다.

모세가 홍해를 가를 때 "지팡이를 든 손을 앞으로 내밀자 하나님께서 큰 동풍으로 밤새도록 바닷물을 물러가게 하셨다"(출 14:21). 그러나 출애굽기 15:8에 보면 바다가 하나님의 콧김에 의해서 갈라졌다는 이면의 내용이 기록되어 있다.

사도 바울이 "나는 심었고 아볼로는 물을 주었으되 오직 하나님은 자라나게 하셨나니"(고전 3:6)라고 말씀하고 있다. 마찬가지다. 성을 돌기 위해서는 세 가지 조건이 갖추어져야 한다. 첫째는 자국 제사장들을 보호할 수 있는 군대가 있어야 하고 양각 나팔을 불 수 있는 일곱 제사장과 백성들이 있어야 하고 홍해를 가르시는 하나님의 콧김의 역사처럼 하나님의 주권적인 권능의 역사가 있어야 한다.

이스라엘 백성들이 첫째 날부터 여섯째 날까지 소리 지르지 못했다. 사람이 공포감, 두려움을 느끼게 되면 침묵을 지키기 보다는 그 공포심을 이기기 위해서 심리적으로 소리를 치려고 한다. 그러한 의식 속에서 이스라엘 백성들도 두려움과 공포심을 이겨내기 위해서 무언가 외쳐보고 싶었을 것이다.

그런데 하나님이 여호수아를 통해서 "너희들은 절대로 입 밖으로 소리를 내서는 안 된다"(수 6:10)라고 말씀하셨다. 하나님께로부터 어떠한 소리도 내지 말라는 명령을 받은 이스라엘 백성들은 잠잠하였고 여리고 거민들은 무장한 이스라엘이 언제 공격할지 모르는 팽팽한 긴장 속에서 대치하고 있었다.

일곱째 날 마지막 일곱 바퀴를 다 도는 순간, 여리고성을 도는 모든 사역이 최절정에 달하였을 때 양쪽 진영의 고요를 뚫고 제사장들의 나팔소리가 울려 퍼졌다.

그때 적막 속에 있던 이스라엘 군사들이 여호수아의 명령에 따라 마치 막아놓았던 거대한 폭포수를 일시에 쏟아 붓듯이 지금까지 참고 인내했던 거친 함성을 그 성을 향해 질렀다. 긴장과 두려움 속에 있던 이스라엘 백성들이 마지막 순간에 참고 참았던 최고의 함성소리를 높이 지를 수 있었다. 그것은 여리고 성을 이스라엘의 손에 붙이시겠다는(수 6:15-16) 하나님을 찬양하는 기쁨의 외침이었다.

마침내 여리고성이 무너졌다. 하나님의 역사하심으로 성벽이 무너져 내렸기 때문에 이스라엘 군사들이 성벽에 기어오를 필요 없이 곧장 성안으로 들어가 여리고 성을 초토화시킬 수 있었다.

40년 동안 하나님의 역사를 체험했던 여호수아는 인간의 이성으로는 도저히 납득이 가지 않는 이러한 하나님의 역사를 전혀 의심하지 않았기 때문에 그대로 시행할 수 있었다. 그리고 온전하게 순종한 결과 아무 사상자 없이 칠일 만에 여리고 성을 완전히 점령할 수 있었다.

이스라엘이 블레셋과의 전쟁이 일어났을 때 언약궤를 가져와 진(陣)에 들여 놓았다. 그때 백성들이 함성을 질렀다(삼상 4:4-5). 여리고 성을 무너뜨린 선조들의 찬란한 승리의 역사를 알고 있던 이스라엘이 적과의 대치 상황에서 블레셋에게 일격을 가할 수 있는 방법으로 언약궤를 적진에 들고 들어가서 함성을 지르는 작전을 펼쳤던 것이다.

그러나 그것은 아무 영향력도 미치지 못하고 실패하였다. 오히려 언약궤는 빼앗기고 이스라엘은 패배했다(삼상 4:10- 11). 이스라엘은 언약궤를 앞세우고 함성만 지르면 블레셋을 무찌를 줄 알았다. 그러나 하나님을 주권자로 인정하지 않은 채 외형적으로 모양만 갖춘 행위로는 아무 의미가 없다는 것을 잘 보여주고 있다.

세계 전쟁사를 살펴볼 때 이와 같이 짧은 시간에 아군의 피해 없이 적군을 완전히 제압한 대승은 찾기 어렵다. 더욱이 여리고 성의 경우에는 이스라엘이 공략해야 할 가나안 첫 성이었기 때문에 여기에서 오랜 시간을 지체한다는 것은 위험부담이 너무 컸다. 그러나 하나님께서는 전쟁을 직접 주관하셔서 속전속결의 완전한 승리를 이루게 하심으로써 이러한 모든 문제를 일거에 해결하셨다는 것이다.

여리고 성은 이스라엘이 가나안 땅을 정복하는데 있어서 첫 번째 성이었다. "이 성과 그 가운데 모든 물건은 여호와께 바치되"(수 6:17)라는 말씀대로 여리고 성은 가나안 첫 원정지로써 완전히 하나님께 바쳐진 것이기 때문에 거기에 속한 모든 물건들 역시 하나님의 소유였다. 그러므로 그 성에 있는 사람을 비롯하여 하나도 빠짐없이 하나님의 것으로 구별되어 하나님께 드려진바 되었기 때문에 이스라엘 백성들 중 그 누구도 그 속에서 소득을 얻을 수 없었다. 여리고 성 사람들을 종으로 삼을 수도 있고 그들의 가축을 재산으로 삼을 수도 있었으나 이스라엘 백성들은 하나님의 명령에 순종하여 그 성 안에 있는 남자와 여자와 노인과 어린 아이 구별없이 모든 가축들까지도 완전히 진멸했다(수 6:18-22).

다만 여리고 성 함락 당시 기생 라합과 그녀의 가족들의 생명은 보존될 수 있었다. 그것은 기생 라합과 이스라엘 정탐꾼 간의 약속 때문이었다. 기생 라합은 생명을 무릅 쓰고 이스라엘 두 정탐꾼을 숨겨주었고 그 대가로 이스라엘이 여리고성을 함락할 때 생명을 보장받을 수 있었다. 여리고 성에 거한 모든 자들이 다 진멸을 당할 수밖에 없는 상황에서 기생 라합과 그녀의 집에 함께 거한 자들이 죽지 않고 구원을 받은 것이다(수 6:17).

온전한 순종으로 이루어진 여리고성의 함락

여리고성은 적의 공격을 무력화시킬 수 있는 좋은 조건을 많이 가지고 있었음에도 불구하고 이스라엘에 멸망당하고 말았다.

여리고 전쟁은 이스라엘이 하나님의 말씀에 온전히 순종하여 일구어낸 승리였으며 아무리 견고한 성이라 할지라도 하나님의 능력을 저지할 수 없다는 사실을 증명한 전쟁이었다. 이스라엘 백성들이 하나님의 명령을 의심없이 따르고 순종하는 그 믿음의 터 위에서 하나님의 능력이 역사했기 때문에 승리할 수 있었던 것이다.

하나님께서 사울에게 "아말렉을 진멸하되 남녀노소와 모든 가축까지 남김없이 진멸하라"는 명령을 내리셨다. 사울이 하나님의 명령에 따라 아말렉을 치기는 했지만 가축 중에서 질 좋은 것과 또 아말렉 왕 아각을 살려둠으로써 결국 하나님께 불순종했다. 그 결과로 사울은 버림받는 신세가 되고 말았다(삼상 28:18-19).

하나님의 백성들이라면 하나님을 온전히 믿고 의지해야 한다. 그러한 믿음의 터 위에서 강력한 하나님의 능력이 발휘될 수 있는 것이다. 그렇기 때문에 여호수아가 하나님을 믿고 의지하여 싸웠을 때 태양을 멈추게 하는 엄청난 능력을 발휘할 수 있었다(수 10:12-13).

마찬가지다. 다윗은 하나님을 믿는 믿음으로 자신보다 배나 더 큰 골리앗을 작은 물맷돌 하나로 쓰러뜨릴 수 있었고 히스기야는 그러한 믿음으로 당대 최고 강국이었던 앗수르를 피 한 방울 흘리지 않고 물리칠 수 있었다(왕하 19:14-37).

여호수아가 "너희는 외치지 말며 너희 음성을 들레지 말며 너희 앞에서 아무 말도 내지 말라"(수 6:10)고 백성들에게 명했다. 그것은 하나님의 명령을 행함에 있어서 이스라엘 백성들이 입에 담을 수도 있는 불평불만이나 경건치 못한 비웃음을 차단하기 위한 조치이기도 했다. 그러므로 하나님의 지엄하신 명령 앞에 자기 의견이나 생각을 말하지 말라는 의미로 금언령(禁言令)을 내린 것이었다.

하나님의 명령 앞에 하나님의 백성이 자기 소리를 낸다는 것은 하나님의 절대적인 권위에 대한 도전인 동시에 하나님의 전지전능하심을 신뢰하지 못하는 불신이 된다. 어찌 종이 주인의 명령을 판단하며 평할 수 있겠는가?(사 10:15) 미련하고 무지한 자가 어찌 명철하고 지혜의 근본이신 하나님(잠 9:10)

의 행위를 판단할 수 있겠는가?

사실 하나님께서 이스라엘 백성들에게 명하셨던 명령은 인간의 이성으로써는 도저히 납득할 수 없는 어려운 명령이었다. 철저하게 임전태세를 갖추고 있는 여리고 성 거민들 앞에서 성 주위를 맴돈다는 것 자체가 무척 위험한 일이었을 뿐만 아니라 그 방법대로 행한다고 해도 단순히 성 주위를 맴돌고 고함을 치는 것만으로 성이 무너져 내린다는 것은 도저히 있을 수 없는 일이기 때문이다.

만약 이스라엘 백성들이 하나님의 명령이 이성적으로 납득할 수 없는 명령이라고 해서 성심껏 행하지 않았다고 하자. 엿새 동안 지속적으로 성 주위를 돌지 않고 하루라도 쉬거나, 혹은 양각 나팔을 든 제사장이 언약궤 앞에서 행하지 않거나, 마지막 제 칠일 째 되는 날 이스라엘 백성들이 성 주위를 일곱 바퀴 돌지 않고 자기들의 방법대로 싸웠다면 그들은 여리고 성을 함락시키기는커녕 참패를 면치 못하고 여리고 성은 결코 무너지지 않았을 것이다.

그러나 이스라엘 백성들이 온전히 하나님의 명령에 순종하여 행하였기 때문에 난공불락의 여리고 성은 속절없이 무너지고 말았다. 그러므로 그들이 여리고성을 무너뜨리고 가나안 정복 전쟁의 서두를 승리로 장식할 수 있었다.

3. 기드온 300명 용사와 미디안의 전쟁[14]

이스라엘 백성들이 여호와의 목전에 악을 행함으로 여호와께서 가나안 왕 야빈의 손에 그들을 붙였다. 이스라엘이 하솔 왕 야빈에게 20년 동안 심한 학대를 받다가(삿 4:1-3) 드보라와 바락으로 인하여 40년을 태평하게 지낼 수 있었다. 태평세월이 계속되니까 이스라엘 백성들이 또 다시 과거와 같은 죄를 저지르기 시작했다.

그러므로 여호와께서 칠 년 동안 이스라엘을 미디안의 손에 붙이셨다.

> 삿 6:1 이스라엘 자손이 또 여호와의 목전에 악을 행하였으므로 여호와께서 칠 년 동안 그들을 미디안의 손에 붙이시니

"이스라엘 자손이 여호와의 목전에 악을 행하였다"는 말은, 이스라엘이 행한 우상숭배를 말하는 것이다. 이스라엘이 숭배한 우상은 바알과 아세라였으며(삿 6:25) 이것이 하나님의 진노를 일으켰다.

미디안은 아브라함이 후처인 그두라를 통해서 낳은 여섯 아들 중 하나로(창 25:2, 대상 1:32) 이스라엘 동편 사막지역에서 유목생활을 하던 족속이다. 그들은 군사적으로 이스라엘보다 약했으나 하나님께서 이스라엘을 미디안에 붙이심으로 40여 년 동안 미디안의 수중으로 넘어갔다. 그러므로 미디안이 이스라엘을 침략하고 약탈할 수 있었던 것이다. 미디안이

---

[14] <옥스퍼드 원어성경대전> 사사기 6:1-24, 344-400쪽, 제자원

강해서가 아니라 하나님께서 이스라엘을 징벌하시기 위하여 미디안에 붙이셨기 때문이다.

미디안이 수시로 가나안 땅에 올라와 7년 동안 이스라엘 백성들의 곡식과 가축을 닥치는 대로 약탈해갔기 때문에 이스라엘 백성들이 산속에 구멍과 굴과 산성을 만들어 피신해야 했다(삿 6:2).

파종할 때면 미디안뿐만 아니라 아말렉 사람, 동방 사람이 치러 올라와서 토지 소산을 멸하고 양과 소와 나귀도 남기지 아니하고 이스라엘을 멸하려 하자 이스라엘 백성들이 여호와께 부르짖었다(삿 6:3-6). 이에 여호와께서 한 선지자를 보내서 이스라엘이 그 지경에 이르게 된 것은 그들이 여호와의 목소리에 청종치 않았기 때문이라고 했다(삿 6:7-10).

그리고 이스라엘을 구할 사사를 세우셨는데 그가 바로 기드온이었다. 기드온은 므낫세 지파 아비에셀 사람 요아스의 아들로(삿 6:11) 이스라엘의 다섯 번째 사사로서 40년 동안 사역했다(삿 8:28).

기드온이 미디안의 눈을 피해 포도주 틀에서 밀을 타작하고 있는데 여호와의 사자가 나타나 "큰 용사여 여호와께서 너와 함께 계시도다. 너는 가서 이스라엘을 미디안의 손에서 구원하라. 내가 너를 보냈다"(삿 6:12-16)라고 말했다.

기드온이 여호와의 사자에게 말씀하시는 이가 주(主)라는 표징을 보여 달라고 했다. 그러자 여호와의 사자가 지팡이 끝을 내밀어 고기와 무교 전병에 대매 불이 반석에서 나와 고기와 무교 전병을 태웠다(삿 6:17-21). 기드온이 여호와를 위하여 그곳에 단을 쌓고 '여호와 살롬'이라 하였다(삿 6:24).

그 날 밤에 여호와께서 기드온에게 이른 대로 기드온이 종 열을 데리고 아비의 집에 있는 바알의 제단을 훼파하고 단 곁에 있는 아세라 상을 찍어버리고 찍은 아세라 나무로 번제를 드렸다(삿 6:25-28).

그 결과 성읍 사람들의 분노를 사서 기드온이 생명을 잃을 위기에 처하게 되었다. 기드온의 아버지가 성읍 사람들이 기드온의 목숨을 달라고 몰려오자 "바알이 과연 신이라면 그가 스스로 쟁론할 것이라"(삿 6:29-32)고 말하였다. 바알이 진정한 신이라면 바알이 자신의 단이 훼파된 것에 대해 스스로 싸워서 자신이 살아있다는 것을 입증해 보라는 것이었다.

이 사건을 계기로 기드온은 여룹바알, 곧 '바알과 더불어 논쟁하는 자'(삿 6:32)라는 별명을 얻게 되었다. 후에 이 이름은 '우상과 논쟁하는 자'라는 의미인 '여룹베셋'[15](삼하 11:21)으로 불리게 되었다.

미디안 사람과 아멜렉 사람과 동방 사람들이 요단을 건너와서 이스르엘 골짜기에 진을 치자 여호와의 신이 기드온에게 강림하였다.

기드온이 나팔을 불어 아비에셀 족속을 모으고 사자를 므낫세, 아셀, 스불론, 납달리 지파에 보냄으로 32,000명의 군

---

15) 여룹베셋(Jerub-Besheth) '수치(치욕, 우상)와 더불어 다투다', '부끄럽게 하다', '수치가 늘어나다'는 뜻. '여룹바알'의 변형된 이름(삼하 11:21). 바알의 무능함을 꼬집고 그 숭배자들을 부끄럽게 하기 위해, 또 원래 이름에 있던 '바알'이라는 요소를 없애고자 신명(神名)인 바알 대신에 '베쉐트'('수치스럽게 해야 할 것'이란 뜻)를 대치시킨 것이다. 라이프 성경사전

사들이 미디안과의 전쟁을 하기 위해서 모여들었다(삿 6:33-35).

기드온이 전쟁에 앞서 하나님께 승리를 확증하는 표적을 구했다. 첫 번째는 이슬이 양털에만 있고 사면 땅은 마르게 해주시기를 구했고, 두 번째는 양털만 마르게 하고 반대로 사면 땅에는 이슬이 있게 해주시면 하나님께서 이스라엘을 구원하실 줄로 알겠다고 했다. 하나님께서 기드온이 구한대로 그대로 행하여 보여 주었다(삿 6:36-40).

여호와께서 기드온을 좇은 백성이 너무 많다고 하시자 기드온이 3만 2천 명의 병사들 중에서 두려워 떠는 이만 이천 명을 돌아가게 함으로 일만 명이 남았다. 일만 명을 인도하여 물가로 내려가게 하고 그들을 시험하여 물을 손으로 떠서 마시는 용사 300명 만을 선발하였다(삿 7:1-8).

여호와께서 기드온으로 하여금 적진에 들어가게 해서 미디안 군사가 다른 병사에게 "보리떡 한 덩어리가 미디안 진으로 굴러 들어와서 한 장막을 쳐서 무너뜨린 것은 요아스의 아들 기드온의 칼날이고 하나님이 미디안과 그 모든 군대를 그의 손에 붙이신 것이다"(삿 7:9-14)라는 꿈과 해몽하는 말을 듣게 한다.

기드온이 300명 용사를 데리고(삿 7:6-25) 미디안 13만 5천 명과 450대 1로 싸워서 이겼다. 그런데 놀라운 것은 기드온의 용사 300명이 대군을 상대로 싸웠는데도 한 사람도 죽지 않았다는 것이다. 세상적으로 있을 수 없는 놀라운 전과였다.

왜 한 사람도 죽지 않았을까? 그들이 가지고 있는 무기는 활과 창이 아닌 나팔과 횃불이었다. 그들이 나팔을 불며 "여호와를 위하라 기드온을 위하라"라고 외친 것은 하나님을 믿는 믿음의 외침소리였다.

> 삿 7:18-20 나와 나를 좇는 자가 다 나팔을 불거든 너희도 그 진 사면에서 또한 나팔을 불며 이르기를 여호와를 위하라 기드온을 위하라 하라 하니라-(중략)-세 대가 나팔을 불며 항아리를 부수고 좌수에 횃불을 들고 우수에 나팔을 들어 불며 외쳐 가로되 여호와와 기드온의 칼이여 하고

300명 용사들이 한 사람도 궐이 나지 않은 것은, 그들이 다윗과 같은 옷을 입고 다윗과 같은 믿음을 가지고 다윗과 같은 검을 가지고 있었기 때문이다.

나팔과 횃불은 사람을 죽이는데 도움이 되지 않는다. 전쟁을 할 때는 무기로 쓸 수 있는 칼과 활이 더 필요하다. 그들은 그러한 무기 대신 하나님의 말씀대로 나팔과 횃불을 무기삼아 미디안과 싸워 이긴 것이다.

그것은 다윗이 영적인 전신갑주를 입고 있었던 것처럼 기드온의 300명 용사도 하나님께서 1명당 능히 3천 명과 싸워 이길 수 있는 말씀의 전신갑주를 입혀주시고 하나님의 절대주권적인 능력이 함께해 주셨기 때문에 완전한 승리를 얻을 수 있었던 것이다(삿 6:12-40, 7:2-25).

4. 다윗과 골리앗의 전쟁[16]

　다윗과 골리앗의 싸움은 한 쪽의 장수가 다른 쪽 장수와 일대 일로 겨루는 싸움으로써 이스라엘 전쟁사에서 찾아보기 힘든 싸움의 형태였다.
　그 당시 블레셋[17]은 출애굽 때부터 초기 이스라엘 왕조시대에 이르기까지 이스라엘을 가장 힘들게 했던 이방 족속이었다. 블레셋은 가나안 원주민이 아닌 지중해에 인접해 있는 민족으로 청동기 문명과 초기 철기문명을 소유했고 가나안에 철기문명을 소개한 민족이다. 그렇기 때문에 가나안 땅에 들어온 블레셋은 애굽에게도 큰 위협이 되었다. 당시 애굽의 새 왕이 된 바로가 이스라엘 백성들이 외부의 적과 연합해서 애굽 왕조에 대항해서 싸울까봐 경계하고 있었다(출 1:8-10).

　다윗과 골리앗의 싸움의 내용을 보면 이스라엘과 블레셋 두 진영이 칼과 창으로 무장을 하고 서로 항오를 벌이고 있었다. 그러나 이스라엘 백성들에게는 제대로 된 무기가 없었다.
　그 당시 이스라엘은 철공(鐵工)이 없었기 때문에 철을 다룰 수 있는 기술이 없었다. 이스라엘 사람들이 삽이나 도끼나 괭

---

16) <옥스퍼드 원어성경대전> 삼상 17:1-58, 삼상 18:1-9, 490-624쪽, 제자원
17) 블레셋(Philistines):고대 팔레스타인 민족 가운데 하나. 기원전 13세기 말 에게 해에서 팔레스타인의 서쪽 해안으로 침입하여 정착한 비셈계 민족으로 이스라엘 인을 압박하였다. 다음 어학사전
　필리스티아(Philistine), 또는 블레셋은 고내 가나안 지방의 지중해 연안 지역에 5도시 연맹체를 구성하고 있던 인도유럽인계열 민족 집단의 총칭이다. 구약성서에 나오는 블레셋 사람(성서 표기)이 바로 필리스티아인들이다. 이스라엘 민족의 강력한 적으로 구약성서에 자주 등장한다. 또한 이들을 가리키는 필리스티아란 말은 팔레스타인의 유래가 되었다. 위키백과

이를 벼리려면 블레셋 사람에게 가야 했다. 그렇기 때문에 오죽했으면 "싸우는 날에 사울과 요나단과 함께 한 백성의 손에는 칼이나 창이 없고 오직 사울과 그의 아들 요나단에게만 있으니라"(삼상 13:19-22)고 말씀하고 있다.

소년 다윗이 블레셋 사람 골리앗과 싸우러 나갈 때 "너는 칼과 단창으로 내게 오거니와 나는 네가 모욕하는 이스라엘 군대의 하나님, 만군의 여호와의 이름으로 네게 가노라 전쟁은 여호와께 속한 것인즉 그가 너를 내 손에 붙이시리라"(삼상 17:45-47)고 당당하게 외친다.

다윗의 고백을 통해 골리앗이 입에 담을 수 없는 말로 하나님을 모욕했다는 것을 분명히 알 수 있다.

다윗과 골리앗의 싸움은 그들 개인적인 싸움이 아니라 이스라엘과 블레셋 간의 전쟁으로 "전쟁은 하나님께 속한 것이다"(대하 20:15, 삼상 17:47)라는 말씀의 의미처럼 하나님께서 주도하시지 않았다면 결코 승리할 수 없는 전쟁이었다.

소년 다윗이 외치는 것이 일개 소년의 철없는 소년의 말이었고 모습이었다면 사울이 자기의 갑옷을 내어주지 않았을 것이다. 그러나 다윗의 외침 속에는 거룩한 기름 부음을 받은 자로서의 권세와 능력이 들어있었고(시 89:20) 싸울 수 있는 용기와 용력이 다윗의 모습에서 분명하게 드러나고 있었다. 그렇기 때문에 사울이 그러한 믿음의 능력을 가진 다윗에 감동하여 이스라엘 군을 대표해서 그를 골리앗에게 내보낼 수 있었던 것이다.

다윗이 싸우기를 만류하는 사울에게 "내가 목자로서 아비의 양을 지킬 때에 사자나 곰이 나타나서 내 가축들을 물고 가면 그들을 쫓아가서 그들의 수염을 잡고 쳐 죽여 그 입에서 새끼를 건져내었습니다. 내가 하나님의 말씀의 권세와 능력으로 그들과도 싸워 이겼는데 하나님의 군대를 모욕한 할례 받지 못한 저 자와 능히 싸워 이길 수 있습니다"(삼상 17:33-36)라고 말하였다.

에베소서 6:11에 "마귀의 궤계를 능히 대적하기 위하여 하나님의 전신갑주를 입으라"고 말씀하고 있다. 외형적으로 보면 블레셋의 대표주자인 골리앗은 놋 투구를 머리에 쓰고 어린 갑을 입고 다리와 어깨에 놋경갑과 놋 단창을 메고 베틀 채 같은 창으로 완전무장을 함으로써 몸에 전신갑주를 완벽하게 입고 있었다(삼상 17:4-7).

반면 다윗은 목동의 옷을 입고 있었다. 그러나 영적으로 보면 그는 거룩한 기름 부음을 받은 자로서 성령의 전신갑주를 입고 있었다. 다윗은 목자의 제구를 메고 손에는 양치는 막대기를 하나 들고 있었다. 제구 안에 돌 다섯 개를 넣고 물매를 가지고 골리앗에게 나아갔다(삼상 17:40).

물맷돌을 가죽 끈에 싸서 힘차게 돌릴 때 회전이 빠를수록 날아가는 속도가 더 빨라진다. 그러한 물매를 가지고 다윗이 골리앗을 향해 달려 나갈 때 외치는 그 대갈일성(大喝一聲)이야말로 다윗에게는 믿음의 전신갑주가 되었던 것이다.

하나님께서 "나의 기름 부은 자를 만지지 말며 나의 선지자를 상하지 말라 그를 만지는 자는 내 눈을 찌른 것과 같다"(대상 16:22, 시 105:15, 사 3:8)라고 말씀하셨다. 하나님께서 기름 부은 자를 절대 만지지 못하게 하신다는 의미는, 그는 외형적으로 어떤 모습을 하든지 간에 그는 하늘의 전신갑주, 성령의 전신갑주를 입은 사람이기 때문이다.

다윗이 비록 초라한 목동의 옷을 입고 있었지만 하나님이 보시기에는 "내 마음에 합한 사람"(행 13:22)의 아름다운 모습이며 성령의 기름으로 전신갑주를 입은 모습이었다.

이렇게 믿음의 전신갑주를 입고 골리앗을 쳐 죽이고 있는 용맹스러운 소년 다윗의 모습은 자기 민족을 수호할 수 있는 병거와 마병이 되는 사람이라고 말할 수 있다(삼상 7:13, 왕하 2:11-12, 13:14).

성경에 다윗이 전쟁에서 패했다는 기록이 없다. 그것은 다윗이 물맷돌, 즉 성령의 실탄을 가지고 있었기 때문이다. 물맷돌은 성령의 검을 대신한 것이고 물매는 성령의 실탄을 쏠 수 있는 활, 총과 같은 것이다. 그러한 성령의 검, 성령의 실탄을 가지고 있었기 때문에 다윗이 백전백승할 수 있었던 것이다.

사울은 어떻게 초대왕이 되었는가?

이스라엘의 최후의 사사였던 사무엘이 하나님께서 이스라엘 왕으로 택하신 사울에게 기름을 붓고 그를 왕으로 세운다. 그러므로 사사 시대가 마감되고 이스라엘의 왕정이 시작된다.

이스라엘이 가나안에 정착하고 350년이 지났을 때 이스라엘은 막강한 군사력을 가진 블레셋 등 이방 세력으로부터 위협을 받아 위기에 처하게 된다. 그들은 이러한 위기가 그들의 체제에 문제가 있다고 생각하여 열방과 같은 왕을 세워서 왕이 통치하는 왕정체제를 도입할 것을 요구한다(삼상 8:5).

그러나 이스라엘이 당면한 위기는 그러한 외적인 요인에 있는 것이 아니라 하나님에 대한 불순종으로 말미암아 하나님과 올바른 관계를 갖지 못한데 그 원인이 있었다. 이스라엘은 하나님에 대한 신앙을 먼저 회복해야 했다. 그런데도 이스라엘은 왕을 세워서 나라를 부강시키려는 불신앙적인 태도를 보였다.

하나님은 이러한 이스라엘 백성들의 연약함을 인정하시고 일단 왕을 세우는 것을 허락하셨다(삼상 8:9, 8:22).
하나님이 사울을 선택하시고 사무엘 선지자로 하여금 그에게 기름을 붓게 하셨다(삼상 10:1). 이스라엘은 열방과 같은 인본주의적 왕정이 아니라 하나님께서 진정한 왕이 되시는 나라이기 때문에 이스라엘 왕은 하나님의 말씀에 절대 순종해야 한다. 만일 그렇지 않으면 하나님께 버림을 받거나 징계를 받을 수 있었다.

이스라엘의 초대 왕 사울은 즉위한지 불과 2년이 지나지 않은 때부터 교만해져서 하나님의 명령을 지키지 않고 망령되이 행함으로써 폐위를 선언 받게 된다(삼상 13:13-14, 15:26). 심지어 하나님께서 사울을 왕으로 삼으신 것을 후회하신다고 말씀하고 있다(삼상 15:10-11, 15:35).
사울이 40세에 왕이 되었는데 즉위 2년 만에 블레셋과 전쟁을 치르게 된다. 요나단이 게바에 있는 블레셋 수비대를 공격하여 전쟁이 일어났다(삼상 13:3). 병거가 삼 만이고 마병이 육 천, 백성은 해변의 모래 같이 막강한 블레셋군의 위력에 이스라엘 사람들이 절박하여 굴과 수풀과 바위틈과 은밀한 곳과 웅덩이에 숨었고 사울을 좇은 백성은 두려워 떨었다(삼상 13:5-7).

그러자 사울이 출전하기에 앞서 제사를 집전하는 사무엘을 기다리지 못하고 제사장의 권한을 침해하여 자신이 직접 번제를 드렸다. 사무엘이 도착하여 사울이 망령되이 번제를 드린 것에 대해 책망했다. 그리고 여호와께서 그 마음에 맞는 사람을 이스라엘의 새로운 지도자로 작정해놓으셨고 왕의 나라가 길지 못할 것이라고 예언한다(삼상 13: 8-14).

하나님은 사울이 불순종할 것을 모르시는 분이었을까? 이스라엘에 왕을 세우기 전에 하나님께서는 모세나 여호수아와 같은 지도자를 세워서 이스라엘을 통치하게 하시고 사사시대에는 사사를 세워서 이스라엘을 다스리게 하셨다.

이스라엘은 하나님이 세우신 자들을 통해서 다스리고 있었기 때문에 굳이 왕이 필요하지 않았던 것이다. 이스라엘은 하나님께 순종하기만 하면 하나님의 보호아래 평화로운 삶을 살 수 있었다. 그러나 이스라엘이 가나안에 정착하면서 하나님의 말씀에 점차 불순종하게 되었고 그로 인하여 이스라엘에는 하나님의 징계가 뒤따랐다.

사사기는 이러한 정황을 잘 보여주고 있다. 그런데 이스라엘 백성들은 그들이 하나님의 징계를 받는 원인을 깨닫지 못하고 열방과 같이 왕정을 도입하면 외세의 침입을 막아내고 부강한 나라를 이룰 수 있다고 생각한 것이다(삼상 8:5).

이스라엘 백성들은 외세의 침입을 받고 환난을 받는 것이 그들의 잘못에 대한 하나님의 징계인 줄을 깨닫지 못했다. 오히려 하나님이 자기들을 보호하지 못한다는 불신앙에 빠져 자신들을 출애굽시키고 가나안 땅으로 인도하신 하나님의 은혜를 망각하고 왕을 세워 강대한 국가를 만들려고 하는, 하나님을 저버리는 행위를 서슴지 않고 한 것이다.

이스라엘 백성들의 이러한 패역함을 방치할 수 없었던 하나님께서는 이스라엘 백성들의 요구를 들어주어 왕을 세울 것을 허락하셨다(삼상 8:7-9). 그러나 무조건 허락하신 것이 아니라 "그들의 말을 들되 그들에게 엄히 경계하고 그들을 다스릴 왕의 제도를 알게 하라"(삼상 8:9)고 하시고 이스라엘 백성들이 "만일 여호와를 경외하며 그를 섬기며 그 목소리를 듣고 여호와의 명령을 거역하지 아니하면 좋으려니와 만일 여호와의 목소리를 듣지 아니하고 여호와의 명령을 거역하면 여호와의 손이 너희의 열조를 치신 것같이 너희를 치실 것이라"(삼상 12:14-15)고 하시며 이를 수용하셨다.

이것은 왕을 세우더라도 하나님께서 그들을 다스리시고 하나님이 그들의 주인이시라는 하나님의 주권을 선포하신 것이다. 그렇기 때문에 이스라엘 왕은 백성들과 더불어 하나님을 경외하여 그 목소리를 청종하며 여호와의 명령에 거역하지 말아야 했다.

그러나 하나님께서 택하신 초대 왕 사울은 즉위한지 얼마지나지 않아 불순종함으로 하나님이 후회하시는 왕이 되어버렸다(삼상 15:11, 15:35). 그러므로 하나님께서는 사울을 버리고 새로운 왕을 택하셔야 했다.

이스라엘 초대왕 사울은 아버지의 잃어버린 나귀를 찾다가 하나님의 택함을 받았다(삼상 9:1-27). 이에 사무엘 선지가 하나님의 명령을 받고 사울에게 기름을 부어 이스라엘의 지도자로 삼았다(삼상 9:16). 사울이 하나님의 도우심으로 암몬 족속을 물리침으로 인하여 사무엘이 모든 백성과 길갈로 가서 여호와 앞에 화목제를 드리고 사울을 왕으로 삼았다(삼상 11:11-15).

그렇게 왕이 된 사울이 블레셋과의 전쟁을 치를 때 사무엘의 정한 기한대로 길갈에서 이레를 기다렸으나 사무엘이 오지 않자 번제를 드림으로써 제사장의 영역을 침범하고 말았다(삼상 13:5-10). 이러한 사실은 "왕이 왕의 하나님 여호와께서 왕에게 명하신 명령을 지키지 아니하였도다"(삼상 13:13)라는 사무엘의 책망에서 잘 드러나고 있다.

따라서 하나님은 망령된 행동을 한 사울을 언제든지 폐위시키실 수 있었다. 하나님은 처음부터 사울이 여호와의 목소리에 청종하고 순종할 때에만 왕으로 두실 것을 전제하고 왕으로 세우셨기 때문에 사울을 폐하신 것이다.

하나님이 예비하신 새 왕, 다윗의 등장

여호와께서 사무엘에게 베들레헴에 있는 이새의 집으로 가서 이새의 아들에게 기름을 부으라고 지시하셨다(삼상 16:1-3). 사무엘이 이새의 형들의 외모를 보고 기름부음을 받을 자라고 생각하자 여호와께서 사무엘에게 "사람은 외모를 보지만 나 여호와는 중심을 보느니라"(삼상 16:6-7)고 말씀하셨다.

마침내 양을 지키느라 그 자리에 없었던 다윗이 돌아왔다. 사무엘이 보니 그의 빛이 붉고 눈이 빼어나고 얼굴이 아름다웠다. 여호와께서 사무엘에게 일어나 그에게 기름을 부으라고 하셨다(삼상 16:12).

기름부음을 받은 다윗은 여호와의 신에 크게 감동된다. 반면, 사울은 악을 행함으로 여호와의 신이 사울에게서 떠났고 악신이 사울에게 임했다(삼상 16:13-14).

다윗과 골리앗의 싸움은 다윗이 이스라엘 역사에 등장하는 결정적인 계기가 되었다. 하나님께 불순종하여 왕 삼으신 것을 후회한 사울을 대신하여(삼상 15:11, 15:35) 이스라엘의 새 왕으로 선택받은 다윗이 사무엘로부터 기름부음을 받는다(삼상 16:12-13).

그런 다윗이 악신이 든 사울에게 불려와 수금 타는 자와 병기 든 자로서 사울을 수종들게 된다. 여호와의 신이 떠나자 사울에게는 여호와의 부리신 악신이 찾아왔다. 악신이 사울을 번뇌케 하자 다윗이 사울에게 불려가 수금을 타고 병기 든 자로서 사울의 신임을 받게 된다. 하나님이 부리시는 악신이 사울에게 들어 다윗이 수금을 타면 사울이 상쾌하게 낫고 악신은 그에게서 떠났다(삼상 16:14-23).

당시는 이스라엘과 블레셋 사이에 오랜 싸움이 있었는데 믹마스 전투에서 이스라엘이 승리함으로(삼상 14:1-23) 이스라엘의 전력이 우세한 때였다.

복수의 날만 기다리던 블레셋이 마침내 거인 골리앗을 앞세우고 이스라엘을 쳐들어왔다(삼상 17:1-3). 사울을 비롯하여 이스라엘 군대는 자신들을 모독하면서 싸움을 돋우는 골리앗 앞에서 전의를 상실하고 말았다(삼상 17:1-11).

그때 아비의 심부름으로 이스라엘군과 블레셋군이 대치하고 있는 엘라 골짜기에 당도한 다윗은(삼상 17:17-19) 하나님의 군대가 이방 군대에 의해서 모독을 당하는 기막힌 상황을 목도하고 거룩한 의분이 솟구쳤다. 하나님을 굳게 믿고 있는 다윗은 하나님의 군대가 이방인에게 모독을 당하는 것을 용납할 수 없었다(삼상 17:21-30).

사울에게 불려간 다윗이 골리앗과 싸우게 해달라고 자청했다. 그는 양치기를 할 때의 체험을 통해서 하나님의 도우심으로 자신이 승리할 것을 확신하고 있었다(삼상 17:31-36).

다윗은 오직 물매와 매끄러운 돌 다섯 개만을 가지고 골리앗에게 나아갔다(삼상 17:40). 골리앗이 이스라엘의 대표로 나온 다윗이 젊고 붉고 용모가 아름다운 것을 보고 업신여겼다. 더구나 무기를 들지 않고 막대기를 가지고 나온 다윗을 조롱하며 저주했다. 다윗이 칼과 단창을 가지고 나오는 골리앗에 대해 자신은 여호와의 이름으로 맞서 승리할 것이며 여호와의 도우심으로 골리앗을 죽이고 블레셋을 이겨 이스라엘에 하나님이 계신 줄을 온 땅으로 알게 하겠다고 외쳤다. 또 여호와의 구원이 칼과 창에 있지 아니함을 알게 할 것이며 전쟁은 여호와께 속한 것이므로 승리를 확신한다고 외쳤다(삼상 17:42-47).

승부는 눈 깜짝할 사이에 결정되었다. 다윗이 던진 물매가 갑옷을 뚫고 들어가 이마에 박힘으로써 골리앗이 쓰러지고 말았다. 다윗이 쓰러진 골리앗의 칼집에서 칼을 빼내어 골리앗을 죽이고 그의 머리를 베었다(삼상 17:48-51).
블레셋 사람들이 골리앗의 죽음을 보고 도망가기 시작하자 이스라엘과 유다 사람들이 블레셋군을 가이와 에그론 성문까지 추격하여 죽이고 그들의 진을 노략했다. 다윗이 골리앗의 머리를 예루살렘으로 가져가고 갑옷은 자기 장막에 두었다(삼상 17:51-54).

사울이 다윗을 머무르게 하고 사울이 보내는 곳마다 다윗이 가서 지혜롭게 행하자 사울이 그를 군대의 장으로 삼았고 모든 사람이 이를 합당하게 여겼다. 이스라엘이 블레셋과의 전쟁에서 승리하고 개선할 때 여인들이 뛰놀며 "사울의 죽인 자는 천천이요 다윗은 만만이로다"(삼상 18:2-7)라고 노래하였다.

다윗의 승리의 비결은 무엇이었을까? 다윗이 하나님을 믿는 믿음의 능력으로 당당하게 이길 수 있었던 것이다. 그는 전쟁이 하나님께 속해 있다는 것과 하나님을 믿고 의뢰하는 자에게 하나님이 기필코 승리를 주실 것임을 굳게 믿고 있었다.
그렇기 때문에 오랫동안 양을 지키며 맹수들과 싸워 이긴 체험을 가지고 있던 다윗이(삼상 17:34-36) 하나님의 성호가 모독당하는 것을 견디지 못하고 홀연히 나아가 골리앗과 맞서 싸우고 마침내 승리한 것이다.

백전백승의 신화를 남긴 다윗

어린 목동에 불과한 다윗이 이스라엘 왕으로 기름부음을 받고 골리앗과의 싸움에서 승리했다. 이는 전적으로 하나님을 의지하는 믿음을 가지고 하나님의 이름으로 나아가 싸웠기 때문에 하나님의 도우심으로 거인 골리앗을 쓰러뜨린 것이다.
엘라 골짜기에서 벌어진 다윗과 골리앗의 싸움은 하나님을 의지하는 자는 필연적으로 승리할 수밖에 없고 자신의 힘만을 의지하는 자는 실패할 수밖에 없다는 것을 보여준 한 판 승부였다고 말할 수 있다.

하나님은 사울의 뒤를 이어 이스라엘의 왕이 된 다윗과 영원한 언약을 맺으시고 "네 집과 네 나라가 네 앞에서 영원히 보전되고 네 위가 영원히 견고하리라"(삼하 7:16, 사 55:3, 대하 13:5)고 선언하셨다.
전쟁 결과 개선하는 다윗을 보고 여인들이 "사울을 죽인 자는 천천이요 다윗의 죽인 자는 만만이로다"(삼상 18:7, 29:5)라고 노래하였다
여인들의 노래에서 보여주듯이 다윗은 당시 이스라엘의 구

원자였다. 만일 이때 다윗이 골리앗을 쳐 죽이지 않았다면 골리앗의 말대로 이스라엘은 블레셋의 종이 되어야 했다(삼상 17:9).

다윗과 골리앗의 싸움을 통해서 전쟁의 승패는 하나님의 뜻에 의해서 좌우되고 있다는 것을 보여주고 있다. 이 전쟁으로 인하여 다윗은 모든 백성들의 지지를 받고 이스라엘의 새로운 지도자로 인정을 받게 되었다. 반면 사울은 하나님의 말씀에 불순종함으로써 후회하는 왕이 되어 패망의 길을 걸었다.

다윗은 하나님을 신뢰하고 하나님에게 모든 것을 맡기고 의뢰함으로써 전쟁에서 한 번도 진 적이 없는 백전백승의 신화를 남겼다.

5. 여호사밧 왕과 아람과의 전쟁[18]

여호사밧의 막강한 군사력

여호사밧은 유다 왕국 제 3대 왕 아사, 제 13대 히스기야 왕, 제 16대 요시야 왕과 더불어 남유다의 대표적인 선왕이다. 여호사밧이라는 이름은 '여호와께서 심판하신다'는 의미이다.

---

18) <옥스퍼드 원어성경대전> 대하17:1-19, 대하18:1-34, 대하 19:1-3, 577-660쪽, 제자원

여호사밧은 다윗 왕과 아버지 아사의 경건한 행위를 본받아 행한 선왕이었다. 그는 하나님께 대한 무너진 신앙을 회복시키기 위하여 총체적인 종교개혁을 단행하였다. 그는 다른 왕보다 더 철저하게 종교개혁을 행하여 전심을 다하여 유다 내에서 산당과 아세라 목상 등을 제거하였을 뿐만 아니라 방백들과 제사장들을 유다 성읍에 보내서 여호와의 율법책으로 이스라엘 백성들에게 율법교육을 시켰다(대하 17:7-9).

여호사밧의 이러한 조치로 말미암아 남유다는 하나님의 축복을 받아 이스라엘이 남북으로 분열된 이후 최고의 번성기를 맞게 되었다.

그 결과 하나님께서 그에게 부와 명성과 막강한 군사력을 주셨다. 여호사밧은 강권과 무력을 행사하지 않았는데도 주변 열국은 여호사밧을 두려워했다. 이는 역대하 17:10에 "여호와께서 유다 사면 열국에 두려움을 주사 여호사밧과 싸우지 못하게 하시매"라는 말씀의 의미처럼 하나님께서 역사하시고 섭리하셨기 때문이다.

창세기 35:5에도 하나님이 세겜 사람들에게 두려움을 주어 야곱의 가족을 감히 추격하지 못하게 했다는 말씀이 기록되어 있다. 하나님을 두려워하여 주변 열국의 사람들이 하나님의 백성들을 상대로 싸울 생각조차 하지 못했다는 것이다.

그렇기 때문에 이방국가들이 여호사밧에게 조공을 바치기까지 하였다(대하 17:11). 일반적으로 조공은 전쟁에서 지거나 국력 차이가 현저한 약소국이 강대국에게 바치는 것인데 남유다가 전쟁도 하지 않고 이들 나라로부터 조공을 받은 것을 보면, 여호사밧 당시 남유다의 국력이 얼마나 강성했는지를 보여주고 있다.

　여호사밧 통치하의 남유다는 이스라엘 역사상 최전성기였던 솔로몬 시대에 버금갈 정도로 전성기였고 재원이 충분했기 때문에 국방을 튼튼히 강화할 수 있었다. 그러므로 유다에 견고한 채와 국고성을 건축하여 저장하였고 이를 자기 자신의 부귀영화를 위해 사용하지 않고 국방과 백성을 위해 사용하였다(대하 17:12-19).

　여호사밧 시대에 남유다의 군사 규모가 116만 명으로 기록되어 있는데(대하 17:13-18) 이는 다윗 시대의 130만 명에 버금가는 군사력이었다. 여호사밧은 다윗과 그 아비 아사를 본받아 하나님 앞에서 선정을 베풀었고 그로 말미암아 하나님으로부터 큰 축복을 받았다. 그것은 여호사밧이 하나님께 온전히 의지함으로써 하나님이 그와 함께 하시고 하나님이 그를 견고하게 해주셨기 때문이다.

> 대하 17:3-5 여호와께서 여호사밧과 함께하셨으니 이는 저가 그 조상 다윗의 처음 길로 행하여 바알들에게 구하지 아니하고 오직 그 부친의 하나님께 구하며 그 계명을 행하고 이스라엘의 행위를 좇지 아니하였음이라 그러므로 여호와께서 나라를 그 손에서 견고하게 하시매 유다 무리가 여호사밧에게 예물을 드렸으므로 저가 부귀와 영광이 극하였더라

　위 성구에서 '부친의 하나님'은 이스라엘을 애굽 땅에서 이

끌어내시어 가나안 땅에 나라를 세우고 살게 해주신 하나님을 말하고 '계명'은 이스라엘 백성들이 하나님께 순종할 때는 축복이 임하고 거역할 때는 저주가 임한다고 말씀하신 하나님의 율법을 말한다(레 26:14-44, 신 28:15-68).

여호사밧은 하나님이 기뻐하시는 신앙의 삶을 살던 왕이었다. 그렇기 때문에 신명기에 약속된 하나님의 축복을 풍성히 누릴 수 있었다.

그러나 여호사밧이 선왕(善王)으로서 긍정적인 면만 있었던 것은 아니다. 여호사밧이 하나님을 믿고 의지할 때에는 형통하게 번성할 수 있었지만 하나님보다 인간을 더 신뢰했을 때는 해를 받게 된다는 것을 선명하게 보여주는 삶을 살았다.

역대하 17:6에 "여호사밧이 전심으로 여호와의 도를 행하여 산당과 아세라 목상들도 유다에서 제하였더라"고 말씀하고 있다. 여호사밧의 아버지 아사는 바아사의 침공을 받자 아람에게 도움을 요청하고 그 일에 대해 책망하는 선지자를 옥에 가두는 잘못을 범하기는 했지만 우상 척결에 대한 그의 의지는 대단했다. 그는 남유다에 뿌리깊이 존재하던 우상을 척결하기 위하여 최선을 다했으며 모친 마아가가 아세라 우상을 만들자 태후의 위(位)를 폐하고 그 우상을 찍어 기드론 시냇가에서 불살랐다(왕상 15:11-13).

아사에 이어 왕위에 오른 여호사밧 역시 우상 척결정책을 계속 시행하였다. 여호사밧은 조상 다윗의 처음 길로 행하여 바알들에게 구하지 아니하고 부친의 하나님께 구하며 그 계명을 행하고 이스라엘의 행위를 좇지 아니함으로 하나님 앞에 인정받는 왕이 되었다(대하 17:3-5).

아합의 최후를 예언한 미가야 선지자

선한 왕으로서 하나님에게 인정받아 큰 부귀영화를 누리던 여호사밧이 북이스라엘 아합 왕과 연혼하여 사돈이 되었다(대하 18:1).

여호사밧이 아합을 만나려고 사마리아로 내려갔을 때 아합이 길르앗 라못을 함께 치자고 제안을 하자 여호사밧이 그와 함께 싸우겠다고 응해주었다(왕상 22:2-4, 대하 18:2-3).

길르앗 라못은 요단강 건너 동쪽 바산 지역에 위치한 북 이스라엘 땅으로 본래 여호와가 모세에게 명하여 르우벤과 갓, 므낫세 반 지파에게 주었던 땅이다(신 3:12-13, 수 1:12-13, 22:9).

그런데 아합의 부친 오므리가 아람 왕 벤하닷의 부친에게 그곳을 빼앗김으로 길르앗 라못은 아합 때까지 아람의 지배 아래에 있었다. 열왕기상의 기록에 의하면 아합이 여호사밧과 연합군을 결성하여 전쟁을 벌이기 이전에 아합은 이미 아람 왕 벤하닷의 아들과 두 번의 전쟁을 치르고 승리하였다. 아들인 벤하닷 2세가 침략해 왔을 때 그를 격퇴하고 그의 아비가 이스라엘에서 빼앗은 성읍을 돌려받는 조건으로 놓아주었는데 벤하닷 2세가 그 약속을 지키지 않았다(왕상 20:34).

아합이 국력이 약하여 그곳을 되돌려 받을 수 없게 되자 사돈인 여호사밧에게 도움을 청하고 길르앗 라못을 다시 수복하기 위하여 남북 연합군을 결성하였다.

그 당시의 여호사밧은 116만의 막강한 정예 군대를 가지고 있었다(대하 17:12-18). 여호사밧이 아합의 제의를 수락한 것은 자녀들의 결혼으로 아합과 동맹관계에 있었기 때문이었고 남유다 역시 아람의 위협을 받고 있었기 때문이다.

아합이 도움을 청하자, 여호사밧은 아합과 동맹하여 아람을 치기로 합의하고 아합에게 선지자들을 모아 하나님의 뜻이 무엇인지를 물어보자고 제의하였다. 이에 아합이 선지자 사백 인을 모으고 "우리가 길르앗 라못에 가서 싸우랴?"라고 묻자 그들이 "올라가소서 하나님이 그 성을 왕의 손에 붙이시리이다"(대하 18:4-5)라고 한 목소리로 이스라엘의 승리를 장담하였다.

아합과 여호사밧이 왕복을 입고 사마리아 성문 어귀 광장에서 각기 보좌에 앉았고 모든 선지자가 그 앞에서 예언하는데 그나아나의 아들 시드기야는 철로 뿔들을 만들어 가지고 "여호와의 말씀이 왕이 이것들로 아람 사람을 찔러 진멸하리라 하셨다"라고 말했다. 모든 선지자들도 그와 같이 길르앗 라못으로 올라가 승리를 얻으라고 말하며 하나님께서 그 성을 아합 왕의 손에 붙이셨다고 예언했다(대하 18:9-11).

여호사밧이 그들 말고 하나님의 뜻을 물을만한 여호와의 선지자가 있느냐고 물었다. 아합이 "이믈라의 아들 미가야라는 사람이 있는데 그는 항상 자신에 대하여 흉한 일만 예언하기 때문에 그를 미워한다"고 했다. 여호사밧이 그를 당장 부르라고 청하자 아합이 한 내시를 불러 미가야를 속히 데리고 오라고 명하였다(대하 18:6-8).

　사백 명의 선지자들은 이스라엘 연합군이 당연히 승리한다고 일치된 예언을 하였다. 그러나 미가야는 여호와가 거짓말하는 한 영을 모든 선지자의 입에 있게 하여 아합을 꾀임으로써 그가 화를 입을 것이라고 예언하였다(대하 18:18-22).

　아합이 부른 선지자들은 하나님의 참된 종들이 아니라 아합 왕의 비위에 맞는 말만 하는 거짓 선지자들이었다.
　예레미야 선지자가 활동하던 유다 왕국 말기에 백성들과 왕에게 유다의 평화를 예언했던 수많은 선지자들 역시 모두 하나님께 속한 선지자들은 아니었다. 그들은 하나님의 뜻과는 상관없이 거짓 예언을 한 자들이었다. 하나님은 이에 대하여 "너희에게 예언하는 선지자들의 말을 듣지 말라. 그들은 너희에게 헛된 것을 가르치나니 그들의 말한 묵시는 자기 마음으로 말미암은 것이요 여호와의 입에서 나온 것이 아니니라"고 경고하셨다(렘 23:16).

　사백 명의 아합의 선지자들은 한결같이 거짓 예언을 함으로써 아합의 마음을 더욱 부추겼다. 반면, 미가야 선지사의 예언은 항상 아합에게 거슬리는 것이었다. 하나님을 경외하지 않고 우상을 숭배하는 아합에게 하나님의 참 선지자가 긍정적인 예언을 할 리 없다.
　아합은 미가야 선지자의 참된 예언을 통해 깨닫고 돌이킬 수 있는 기회가 있었음에도 불구하고 회개하기는커녕 오히려 마음이 더욱 강퍅해져서 자신에 대하여 불리한 예언만을 하는 미가야를 싫어해서 멀리하고 있었다.
 여호사밧은 아합의 잘못된 태도를 지적하고 미가야 선지자를 불러 물어보자고 하였다.

 아합이 내시를 시켜 미가야를 불러오자 왕이 길르앗 라못의 공격 여부를 물었다 그러자 미가야가 "저들이 왕의 손에 붙인 바 되었다"고 올라가서 승리를 얻으라고 거짓으로 말했다(대하 18:14). 아합이 그에게 여호와의 이름으로 진실만을 말하라고 비난했다. 미가야가 왕에게 "내가 보니 온 이스라엘이 목자 없는 양같이 산에 흩어졌는데 여호와께서 이들을 돌볼 목자가 없으니 평안히 집으로 돌아갈 것이다"(대하 18:15-16)라고 했다.
 '목자 없는 양같이 산에 흩어졌는데'라는 말은, 길르앗 라못을 탈환하기 위해 출전한 이스라엘 연합군을 하나님께서 아람 군에게 패하게 하여 흩어버리실 것을 말씀한 것이다.

 아합이 여호사밧에게 그가 자신에 대해 길한 예언은 하지 않고 흉한 것만 예언한다고 불평하자(대하 18:17) 미가야가 다시 왕에게 자기가 본 환상을 고했다. "내가 보좌에 앉으신 여호와와 그 좌우편에서 그를 모시는 하늘의 군대를 보았는데 여호와께서 누가 이스라엘 왕 아합을 꾀어 저로 길르앗 라못으로 올라가 죽게 하겠느냐?"라고 물으시자 한 영이 여호와 앞에 나아와 "내가 거짓말하는 영이 되어 아합의 모든 선지자가 거짓말을 하도록 하겠다" 여호와께서 나가서 그렇게 행하라고 명시하는 것을 보았고 거짓말하는 영을 왕의 모든 선지자들의 입에 넣어 결국은 왕이 화를 입을 것이라고 말했다(대하 18:18-22).

그러자 그나아나의 아들 시드기야가 다가와 미가야의 뺨을 쳤고 아합은 미가야를 끌고 가서 옥에 투옥시키라고 했다(대하 18:23-26).

아합은 자신이 길르앗 라못 전쟁에 나가 승리하고 사마리아 성으로 안전하게 돌아올 것이라고 장담하였다. 그러나 미가야 선지자는 자신을 핍박하는 왕과 거짓 선지자들 앞에서 조금도 굴하지 않고 그곳에 모인 모든 사람들에게 하나님으로부터 받은 자신의 예언이 반드시 성취될 것이라 말하였다. 그리고 그곳에 모인 모든 사람에게 자신이 한 모든 말을 기억하라고 했다(대하 18:27).

미가야 선지자는 선지자의 사명을 명확히 알고 있었으며 그 사명대로 살아가는 자였다. 선지자는 결코 개인의 의견을 선포해서도 안 되고 권력자와 영합하거나 그의 권력에 굴복해서도 안 된다. 선지자는 오직 하나님으로부터 받은 말씀만을 전해야 한다. 하나님께서 주시는 말씀이 자신의 견해와 일치하지 않아도 또 그것을 듣는 사람의 구미에 맞지 않아도 선지자는 하나님께서 주신 말씀만을 선포해야 한다.

하나님의 뜻이 선지자들을 통해서 인간 세상에 전달되는데 만약 선지자가 개인의 뜻을 앞세우고 권력자와 세상에 영합한다면 하나님의 뜻은 왜곡되고 만다. 어두움의 때일수록 그러한 거짓 선지자들이 세상에 넘쳐나게 마련이다.

엘리야가 850명의 바알과 아세라 선지자들과 맞서 싸웠던 것처럼 미가야는 하나님의 참 선지자로서 하나님의 뜻을 올바로 전하는 자신의 사명을 감당하기 위해 애쓰고 힘쓴 사람이었다. 미가야는 아합이 하나님의 참된 예언에 귀 기울이는 사람이 아니라는 것을 잘 알고 있었음에도 불구하고 아합의 죽음을 그대로 예언하였다.

여호사밧이 아합에게 설득되어 그의 청을 받아들인 것은, 결혼 동맹을 맺은 사돈의 제안을 뿌리칠 수 없기도 했지만 아합이 내세운 약속의 땅 회복과 선민을 위협하는 요소를 제거한다는 명분도 한 몫을 하였다.

길르앗 라못을 탈취할 경우 팔레스틴 북동쪽에 위치하여 역사상 여러 번 히브리인을 괴롭혔던(삼상 14:47, 삼하 8:3-5, 10:1-8) 아람의 세력을 약화시킴으로써 더 이상 아람으로부터 군사적 위협을 당하지 않아도 될 것이라는 계산 때문에 아합의 요청을 수락하였던 것이다.

그러나 명분이 어떠하든 여호사밧의 이러한 행위는 눈앞의 이익을 앞세워서 우상숭배를 하고 하나님을 대적하고 미워하는 아합과 손잡았다는 점에서 비난을 면할 수 없다.

아합과 연합하여 싸운 길르앗 라못 전쟁

아합과 여호사밧이 길르앗 라못을 치려고 함께 올라갔다. 아합이 여호사밧에게 "나는 변장하고 군중으로 들어가려 하노니 당신은 왕복을 입으소서"라고 말했다. 아람 왕이 병거 장관들에게 "너희는 아무하고도 싸우지 말고 오직 이스라엘 왕과 싸우라"고 명령을 내렸다. 병거 장관들이 여호사밧을 이스라엘의 왕이라 생각하여 그를 치려고 달려들었다. 병거 장관 수는 모두 32명이었다(왕상 22:29-31). 그들이 아합을 표적으로 삼는다면 아합은 살아남을 가망이 거의 없었다. 그러므로 아합은 왕복을 벗어 위장을 했고 오히려 여호사밧은 왕복을 입고 있었기 때문에 그들의 칼에 죽을 위험에 처해 있었다(대하 18:28-30).

그러나 결과는 어떻게 나타났는가? 여호사밧이 소리를 지르자 병거의 장관들이 그가 아합이 아니라는 것을 알고 여호사밧을 쫓지 않고 돌아섰다. 하나님이 그들로 하여금 여호사밧이 그들의 표적이 아니라는 것을 알게 해주시고 돌아서도록 역사해주셨기 때문이다(왕상 22:32-33, 대하 18:31-32).

왕복을 벗고 위장한 아합은 어떻게 되었는가? 한 병사가 우연히 당긴 화살이 아합 왕의 갑옷 솔기에 꽂혔다(왕상 22:34, 대하 18:33). 전도서 9:11에 "시기와 우연이 모든 자에게 임한다"라고 말씀하고 있다. 참새 한 마리도 하나님이 허락하지 아니하시면 땅에 떨어지지 않는다고 말씀하고 있다(마 10:29). 하물며 한 나라를 통치하는 왕의 목숨이 떨어지는 것이 어찌 우연일 수 있겠는가? 그것은 아합을 심판하시고 미가야 선지자의 예언을 이루시는 하나님의 역사였던 것이다.

아합이 자신이 부상당했음을 알리고 병거를 돌려 전쟁터를 빠져나가라고 명령했다. 그러나 이날의 전쟁이 맹렬하였으므로 아합은 결국 전쟁터를 빠져나오지 못하고 저녁때까지 아람 사람과 싸우다가 해가 질 때쯤 숨을 거두었다(왕상 22:35-37, 대하 18:34).

이는 일평생 하나님을 대적하고 북이스라엘에 우상숭배를 조장한 아합에 대한 하나님의 심판의 결과였다(왕상 21:17-26).

아합 왕과 연혼한 여호사밧의 실책

미가야 선지자의 예언을 무시하고 전쟁터에 나간 아합이 예언한 대로 전사하였다. 그는 위기에 처했을 때 하나님을 찾은 여호사밧과는 달리 하나님께 부르짖지 않았다. 그러므로 길르앗 라못에 올라가면서 왕복을 입지 않고 변장을 하고 적진에 뛰어들었음에도 불구하고 하나님의 심판을 피하지 못했다.

미가야 선지자의 예언은 아합 뿐만 아니라 여호사밧도 같이 들었다. 평소 하나님의 말씀을 사랑하여 하나님을 경외하는 삶을 살아온 여호사밧은 마땅히 미가야 선지자의 예언을 신뢰하고 전쟁에 참전하지 말았어야 했다.

여호사밧은 아합과 사돈지간이 되어 그의 요구를 거절하지 못하고 전쟁에 참가했다. 여호사밧은 하나님의 뜻을 충실히 따라야 했음에도 불구하고 인간 상호간의 관계를 더 중요하게 생각함으로써 씻지 못할 과오를 저지르고 말았다.

그러나 비록 연혼하여 사돈인 아합의 뜻을 따르기는 했지만 일평생 하나님의 뜻을 따른 여호사밧은 전쟁에서 머리털 하나 상하지 않고 돌아올 수 있었다.

결국 이 전쟁에서 아합은 하나님의 심판을 받아 전사하고 여호사밧은 간신히 생명을 보전하고 예루살렘으로 돌아왔다. 그러나 여호사밧 역시 예후[19]로부터 하나님의 진노가 임할 것이라는 경고를 듣게 된다(대하 19:2). 하나니의 아들 선견자 예후가 여호사밧을 맞아들이면서 "왕이 악한 자를 돕고 여호와를 미워하는 자를 사랑하는 것이 가하니이까?"(대하 19:2)라고 책망하며 앞으로 하나님의 진노가 왕에게 임할 것을 예언하였다.

그러나 여호사밧은 예후의 책망과 경고를 듣자 그의 아비 아사가 자신의 불신앙적인 처사를 책망하는 선견자 하나니와 백성들을 핍박한 것과는(대하 16:7-10) 달리 더욱 여호와를 경외함으로 개혁에 박차를 가했고(대하 19:4-11) 모압 연합군의 침공 앞에서도 "여호와께로 낯을 향하여 간구하고 온 유다 백성에게 금식하라 공포하매"(대하 20:3) 하나님을 의지하고 구하는 모습을 보인다.

그는 비록 북 이스라엘 아합 왕과 연혼하고(대하 18:1) 그를 도움으로써 하나님의 선견자 예후로부터 책망을 받고 그의 경고대로 재잉이 임하기는 했지만 그의 대(代)에서는 하나님

---

19) 예후(재위: 기원전 842년 ~ 815년)는 분열 북이스라엘 왕국의 10대 왕으로 혁명을 일으켜 왕들을 죽이고 왕위에 올랐다. 예후라는 이름의 뜻은 "그는 여호와"라는 의미를 가지고 있었다. 그는 예후 왕조의 초대 왕이다. 다음백과
　예후는 님시의 손자이자 여호사밧(동명이인)의 아들로 요람 왕 때 군대 사령관으로 있었다. 당시 아람군과 전쟁 중이라 길르앗 라못에 주둔하고 있었는데 이스라엘의 요람 왕과 함께 전쟁을 치르던 유다의 아하시야 왕이 이스르엘 성으로 간 사이 선지자 엘리사가 한 사람을 시켜 예후의 머리에 기름을 부어 새 왕으로 세우게 하였다. 위키백과

의 도우심으로 모압 연합군을 격퇴하고 일평생 여호와를 향한 신앙의 열정이 식지 않았으며 하나님의 마음에 합한 자인 다윗의 모범을 충실히 따라 여호와 앞에 정직히 행하였다(대하 20:32).

여호사밧이 하나님을 경외하는 자로서 종교개혁을 단행하여 하나님 보시기에 선을 행했을 때는 유다 왕국이 크게 부강하게 되었지만 여호사밧이 악한 자와 연합하였을 때는 하나님의 심판과 경고를 받아 극심한 위기에 처해졌다.

그러므로 그의 시대에 모압, 암몬, 세일 연합군의 침공이 있었고(대하 20:1-30) 여호사밧이 죽은 후 약 10년 후에 여호람의 아내이자 북조의 아합과 이세벨의 딸인 아달랴에 의해 일시적이기는 했지만 다윗 왕조의 왕권이 찬탈을 당하고 다윗 왕조의 씨가 완전히 진멸할 위기에 처하게 된다(대하 22:10-12).

아달랴는 남조 유다의 제 6대 왕 아하시야가 죽은 후 왕위 계승이 가능한 왕자들을 다 죽이고 스스로 왕위에 올랐다(대하 21:6, 22:2). 그러므로 남조 유다에 왕의 씨가 마를 뻔한 위기가 찾아와서(대하 22:10-12) 일시적이었기는 했지만 다윗의 왕통이 끊어지는 엄청난 시련을 겪어야 했다.

이러한 사실들을 통하여 죄를 범한 자들에게 임하는 하나님의 진노가 얼마나 무서운지 알 수 있다. 이것이 여호사밧이 악한 자와 연합한 결과였다.

그러나 여호사밧이 그릇된 길로 행하였을 때 그를 엄중하게 징계하면서도 하나님께서는 다윗과 맺은 언약을 기억하시고 그와 다윗 왕조를 버리지 않으셨다. 하나님께서는 여호사밧의 잘못에 대한 징계로 모압 연합군으로 하여금 유다를 침공하게 했지만 여호사밧과 백성들이 회개하여 일심으로 기도하자 그들을 구원해주셨다.

하나님께서는 자기 백성이 잘못을 범하면 반드시 징계하시나 그들이 잘못을 회개하고 하나님께 부르짖으면 다시 그들에게 은혜를 주셔서 회복시키신다는 것을 알 수 있다.

여기에서 한 가지 교훈으로 받아들여야 할 것은, 전쟁은 하나님의 손에 달려있기도 하지만 때로는 하나님이 그런 거짓 영을 통해서도 역사하시는 전쟁도 있다는 것이다.

바로 그런 입장을 가리켜서 "깨끗한 자에게는 주의 깨끗하심을 보이시며 사특한 자에게는 주의 거스리심을 보이시리이다"(삼하 22:27, 시 18:26)라고 말씀하고 있고 "어떤 길은 사람의 보기에 바르나 필경은 사망의 길이니라"(잠 14:12, 16:25)는 말씀이 기록되어 있는 것이다.

하나님은 전쟁을 친히 주관하시며 섭리하시기도 하지만 "하나님의 하시는 일의 시종을 사람으로 측량할 수 없게 하셨도다"(전 3:11)라는 말씀처럼 그렇게 역사하시는 하나님의 오묘힘의 세계를 알 수 없다는 것이다. 그러나 하나님께서 허락해주신 자들에게는 하나님이 진정 어떻게 전쟁을 이끄시며 역사하실 것인지의 실상을 그들에게 밝히 보이시며 행하게 하신다는 것이다(암 3:7).

여호사밧 왕 때에 모압 자손과 암몬 자손이 마온 사람들과 함께 쳐들어 왔다(대하 20:1). 그 당시에 여호사밧의 군대의 수는 116만 명이었다. 여호사밧이 "저 많은 군대를 우리 군대로써는 당할 수가 없습니다. 우리를 치러 오는 이 큰 무리를 우리가 대적할 능력이 없고 어떻게 할 줄도 알지 못하옵고 오직 주만 바라보나이다"(대하 20:12)라고 기도했다.

그러자 여호와의 신이 스가랴의 아들인 야하시엘에게 임하여 "이 전쟁이 너희에게 속한 것이 아니요 하나님께 속한 것이니 두려워하거나 놀라지 말라. 저희가 시스 고개로 올라와 여루엘 들 앞에서 너희를 만날 것이다"(대하 20:15-17)라는 응답을 받았다.

여호사밧이 성가대에게 거룩한 예복을 입혀 군대 앞에서 찬양을 부르게 하면서 하나님이 말씀하신 장소로 나갔다 그들이 찬송을 부를 때 여호와께서 복병을 두어 유다를 치러온 세 나라 중에 암몬 자손과 모압이 힘을 합쳐 세일 산 거민을 쳐서 진멸하고 그 후에 또 두 나라가 서로 살육함으로써 세 나라가 완전히 전멸했다.

그래서 여호사밧이 적군의 물건을 옮기는 데만 사흘이 걸리고 제 사일에 그들이 브라가 골짜기에 모여서 거기에서 여호와를 송축했다는 말씀이 기록되어 있다(대하 20:21-23).

그때에 여호사밧이 이스라엘 백성들에게 찬양하게 한 찬양의 내용이 "너희는 너희 하나님 여호와를 신뢰하라. 그의 선지자를 신뢰하라. 그리하면 형통하리라"(대하 20:20)였다.

그러므로 전쟁 때문에 두려워 떠는 자가 있다면 예수님께서 제자들에게 "어찌 하여 무서워하느냐 믿음이 적은 자들아!"(마 8:26)라고 책망하신 것처럼 그들에게도 똑같이 책망을 하실 것이다.

그 이유는 무엇인가? 전쟁을 주관하시는 분이 하나님이시라면 두려워할 하등의 이유가 없는 것이다. 하나님께서 역사하시는 전쟁이라면 어떤 경우이든 하나님을 믿는 백성들은 절대 패자가 아니라 승자가 될 것이기 때문이다.

6. 엘리사와 도단 성을 에워싼 아람 군대

열왕기하 6장에 천군에 대한 말씀이 기록되어 있다. 엘리사가 도단성에 있을 때 아람 왕이 기병대를 보내서 도단성을 포위하게 하고 엘리사를 죽이려고 했다. 그 사실을 알게 된 엘리사의 몸종 게하시가 두려움에 떨면서 엘리사에게 "큰일 났습니다. 아람 군대가 도단성을 에워싸서 우리가 죽게 되었습니다"라고 외쳤다. 그때 엘리사가 기도함으로 게하시의 눈을 뜨게 해서 하늘의 불말과 불병거를 탄 하늘의 군대가 도단성을 지키고 보호해주는 것을 보게 했다.

> 왕하 6:14-17 왕이 이에 말과 병거와 많은 군사를 보내매 저희가 밤에 가서 그 성을 에워쌌더라 하나님의 사람의 수종드는 자가 일찌기 일어나서 나가 보니 군사와 말과 병거가 성을 에워쌌는지라 그 사환이 엘리사에게 고하되-(중략)-여호와여 원컨대 저의 눈을 열어서 보게 하옵소서 하니 여호와께서 그 사환의 눈을 여시매 저가 보니 불말과 불병거가 산에 가득하여 엘리사를 둘렀더라

블레셋 족속이 두 번째 이스라엘을 침범했을 때 다윗이 기도를 드리자 하나님께서 "네가 직접 올라가지 말고 저희 뒤로 돌아서 뽕나무 수풀 맞은편에 가만히 있다가 뽕나무 꼭대기에서 걸음 소리가 나거든 움직여라 그때 여호와가 앞서 나아가서 블레셋 군대를 치리라"(삼하 5:22-25)고 말씀하셨다.

여호수아가 여리고에 가까이 왔을 때 한 사람이 칼을 뽑아 들고 앞을 막고 있었다. 여호수아가 "너는 우리를 대적하러 온 자냐? 우리를 도우러 온 자냐?"라고 물었을 때 "나는 여호와의 군대장관이다. 네가 선 곳은 거룩한 곳이니 네 발에서 신을 벗으라"(수 5:13-15)고 하였다. 여기에서의 여호와의 군대 장관도 여호수아를 도와주기 위하여 이 땅에 왔었다는 것을 알 수 있다.

7. 히스기야 왕과 앗수르의 군대장관 랍사게의 전쟁

히스기야 왕 때 앗수르 대군이 침공했다. 그때 앗수르는 세계 최고의 정복자였다. 처음에는 히스기야 왕이 자기가 성전에 입혔던 모든 금을 뜯어서 바쳤다(왕하 18:15-16). 앗수르 왕이 '이 많은 금을 바치는 것을 보니까 아직도 많은 금, 보물을 가지고 있구나!'라고 생각했다. 히스기야 왕의 입장에서는 그 정도로 정성을 다해서 금을 바쳤으면 돌아갈 줄 알았는데 앗수르 왕 산헤립이 돌아가지 않고 다시 또 공격하기 시작했다. 그래서 히스기야 왕이 궁지에 몰리고 말았다.

앗수르의 군대장관이 랍사게이다. 그가 자기 왕을 대신해서 이스라엘 백성들에게 폭언을 하며 겁을 주었다(사 36:13-20). 랍사게가 이스라엘 백성들에게 히브리어로 위협함으로써 백성들이 듣고 떨었다(대하 32:18). 그러자 거룩한 천사가 하룻밤 사이에 앗수르의 군대 18만 5천명을 죽였다. 분명히 성경에 '여호와의 사자'가 죽였다고 말씀하고 있다(사 37:36).

그것은 어떤 경우였기에 하나님께서 여호와의 사자인 천사를 보내어 그러한 역사를 하셨는가? 바로 산헤립이 랍사게를 보내서 하나님을 조롱했기 때문이다. "야, 너희가 믿는 하나님은 내가 믿는 신에 비하면 발바닥의 때만도 못한 하나님이야!"라는 내용을 편지에 써서 하나님을 조롱했다.

그 일로 히스기야 왕이 이사야 선지와 함께 성전에 들어가 그 편지를 제단 위에 올려놓고 "지금 앗수르 왕 산헤립이 이렇게 우리를 핍박합니다. 우리를 구해주소서"(왕하 19:14-19)라고 간구하였다.

그러자 하나님이 앗수르 왕에 대하여 "네가 누구를 꾸짖었으며 훼방하였느냐 누구를 향하여 소리를 높였으며 눈을 높이 떴느냐 이스라엘의 거룩한 자에게 그리하였노라"(왕하 19:22)고 말씀하시고 직접 개입하셔서 그들을 징치하셨다.

그러므로 그 밤에 여호와의 사자가 앗수르 진에 있는 군사 십팔만 오천을 쳐서 하루아침에 그들이 다 송장이 되었다(왕하 19:35).

8. 요아스 왕과 아람과의 전쟁

전도서 3:1에 "천하에 범사가 기한이 있고 모든 목적이 이룰 때가 있나니"라고 말씀하고 있다. 만사가 다 기한이 있고 때가 있다는 것이다.

엘리사가 죽을 병에 들매 요아스 왕이 와서 눈물을 흘리면서 "이스라엘의 병거와 마병이여, 나의 아버지여!"라고 외쳤다.

> 왕하 13:14-19 엘리사가 죽을 병이 들매 이스라엘 왕 요아스가 저에게로 내려가서 그 얼굴에 눈물을 흘리며 가로되 내 아버지여 내 아버지여 이스라엘의 병거와 마병이여 하매 엘리사가 저에게 이르되 활과 살들을 취하소서 활과 살들을 취하매-(중략)-엘리사가 가로되 쏘소서-(중략)-살들을 취하소서 곧 취하매 엘리사가 또 이스라엘 왕에게 이르되 땅을 치소서 이에 세 번 치고 그친지라 하나님의 사람이 노하여 가로되 왕이 오륙 번을 칠 것이니이다 그리하였더면 왕이 아람을 진멸하도록 쳤으리이다 그런즉 이제는 왕이 아람을 세 번만 치리이다 하니라

엘리사가 죽을 병에 들었다는 말은, 하나님이 엘리사에게 사명을 마치게 하시고 엘리사로 하여금 이 땅에서 잠들게 하셨다는 의미가 들어있다. 엘리사는 하나님의 말씀의 권세와 능력으로 스승인 엘리야보다 갑절의 기사이적을 행했던 하나님의 사람이었다. 그런 사람임에도 불구하고 도저히 듣지도 보지도 못한, 고칠 수 없는 병이 든 것이다.

그렇게 죽을 병이 든 엘리사가 죽기 전에 이스라엘 백성들의 나라의 행복과 안녕과 질서를 위해서 마지막으로 요아스 왕을 불러서 안찰해주는 내용이다.

엘리사가 슬퍼하는 요아스의 손에 안찰하고 그의 손에 활을 잡게 해서 창문을 열고 활을 쏘게 했다. 그리고 나서 "땅을 치소서"라고 엘리사가 말하자 요아스 왕이 땅을 세 번만 치고 말았다. 그러자 엘리사가 "당신이 땅을 오륙 번을 쳤더라면 아람 족속을 완전히 진멸시킬 수 있었는데 세 번만 쳤기 때문에 세 번밖에 이길 수 없습니다"라고 나무랐다. 오륙 번을 쳤더라면 아람 족속을 부분적으로 이기는 것이 아니라 완전하게 굴복시키고 승리할 수 있었다. 그런데 요아스 왕이 여섯 번을 치지 않고 세 번만을 쳤기 때문에 요아스는 절반의 축복밖에 받지 못했다.

반밖에 축복을 받지 못한 사람들을 가리켜 열 처녀의 비유 가운데 미련한 처녀들이라고 말할 수 있다(마 25:1-2).

마지막 때에도 마찬가지다. 여섯 번을 쳤더라면 666이라는 6수를 이길 수 있는데 세 번만을 쳤기 때문에 6수를 이기지 못한다는 것이다. 믿는 하나님의 백성들이라면 요아스 왕처럼 세 번의 안찰을 받는 것이 아니라 여섯 번의 안찰을 받아야 한다. 그래야만 기도의 능력, 산 자의 능력을 받아 666이라는 짐승의 수와 싸워 이길 수 있는 것이다.

9. 바벨론, 메대, 바사의 멸망과 기독교국이 된 헬라와 로마

다니엘 5장에 벨사살 왕이 귀인 일천 명을 위하여 큰 잔치를 베풀고 술을 마실 때 그 부친 느부갓네살이 예루살렘 성전에서 취해 온 금, 은 기명을 가지고 오게 하여 귀인들과 왕후들과 빈궁들과 함께 술을 마시고 금, 은, 동, 철, 목, 석으로 만든 신들을 찬양했다(단 5:1-4).

그때 왕궁 분벽에 손가락이 나타나서 '메네 메네 데겔 우바르신'이라는 글자를 썼다(단 5:24-25). 벨사살 왕이 태후의 말을 듣고 다니엘을 불러 분벽에 쓴 글자를 해석하게 했다.

> 단 5:26-28 그 뜻을 해석하건대 메네는 하나님이 이미 왕의 나라의 시대를 세어서 그것을 끝나게 하셨다 함이요 데겔은 왕이 저울에 달려서 부족함이 뵈었다 함이요 베레스는 왕의 나라가 나뉘어서 메대와 바사 사람에게 준 바 되었다 함이니이다

그 날 밤에 갈대아 왕 벨사살이 죽임을 당하고 뒤를 이어 다리오가 왕이 되었다. 하나님이 메대 사람, 다리오 왕을 도와주시어 바벨론 제국을 멸망시키셨다. 그때 다리오의 나이는 62세였다(단 5:30-31).

다리오 왕 다음이 바사왕 고레스이다(스 1:1, 단 11:1, 6:28). 다니엘 10:1에 하나님의 섭리 속에서 이루어지는 '큰 전쟁에 관한 것'을 다니엘이 이상 중에 깨닫고 알게 되었다고 말씀하고 있다. 전쟁이 하나님께 속해 있다는 것이 성립되는 말씀이다.

하나님이 가브리엘 천사장과 대군 미가엘 천사장을 통하여 헬라와 로마제국을 일으켜 세워주셨다(단 10:19-21). 물론 바벨론 느부갓네살 왕과 메대와 바사 왕도 하나님이 도와주셨지만 결과적으로 그 나라들은 하나님의 도우심을 뿌리치고 끝까지 우상을 섬겼기 때문에 멸망 받을 수밖에 없는 공통점을 가지고 있다.

느부갓네살 왕이 두로 평지에 60규빗의 금신상을 만들어 세웠다. 그 금신상은 느부갓네살 자신을 우상으로 만들어 세운 것이다(단 3:1-2). 하나님께서 느부갓네살 왕에게 얼마나 많은 기사이적과 권능을 보여주셨는가? 그것을 자기 입으로 시인하면서도 바벨론은 우상의 나라로서의 근본을 버리지 않았다.

헬라는 지금의 그리스를 말한다. 신약의 입장에서 말한다면 그들도 우상을 섬기기는 했지만 그리스와 로마는 하나님의 복음에 정복당하여 기독교 국가가 되었다.
예수님이 십자가에 달리실 때 '히브리어, 헬라어, 로마어'로 '유대인의 왕'이라는 명패가 십자가 위에 있었다(요 19:19-20). 헬라는 그리스의 별칭이다. 그러므로 당연히 그리스와 로마는 하나님의 복음에 무릎을 꿇고 기독교 국가로써 등장할 수밖에 없었던 것이다.
로마는 콘스탄티누스 대제[20] 때에 기독교 국가가 되었고 그

---

20) 콘스탄티누스 대제는 첫번째 기독교인 로마 군주로 알려져 있다. 그의 치세는 기독교 역사에서 중요한 전환점이 되었는데 313년 밀라노 칙령으로 기독교에 대한 관용을 선포하여 기독교에 대한 박해를 끝내고 사실상 정식 종교로 공인했다. 위키백과

리스 국가도 이방의 그릇인 바울로부터 기독교 국가로 정복당하는 내용들이 사도행전에 소개되어있다.

그렇다면 마지막 때 재림주께서 역사하시는 나라가 있다면, 하나님의 주권적인 섭리 속에서 마지막 때 그 나라를 통하여 이루고자 하시는 하나님의 뜻이 성취되고 이루어져야 한다. 그렇기 때문에 그러한 하나님의 뜻이 이루어질 때까지는 당연히 그 누구도 그 나라를 침범할 수 없는 것은 당연하다.

그러한 나라이기 때문에 하나님이 구약 때 애굽을 속량물로 삼으시고 구스와 스바를 마귀에게 대신 내어주면서까지 자기 백성을 끝까지 지켜주시고 보호해 주신 것처럼 그 나라 또한 구속사의 목적을 성취하시기까지 하나님이 굳건하게 보전해주신다는 것이다(사 43:3-4).

그러한 목적을 이루시기 위하여 구약 때는 하나님이 왕벌을 보내서 역사하셨다. 대군 미가엘은 왕벌의 암호를 가지고 있다. 하나님께서 왕벌을 보내셔서 자기 백성의 나라를 일으켜 세워주신 것이다.

왕벌이 자기 백성을 구해주신다는 말씀이 구약 세 곳에 기록되어 있다(출 23:28, 신 7:20, 수 24:12). 왕벌은 중동지역의 광야와 사막에 실제로 존재한다. 왕벌의 크기는 어린 아기의 주먹만 하고 한 번 쏘이면 기절을 하는 것은 물론 심지어 사망에까지 이른다고 한다. 건강한 사람이라 할지라도 쏘이면 5~10시간까지 혼절해서 일어나지 못할 정도로 아주 맹렬한 독을 가지고 있다.

하나님이 자연계시적인 입장에서 왕벌을 이용하시기도 하

지만 여기에서의 왕벌의 영적 의미는 하늘의 천군들을 말하는 것이다.

Ⅲ
6.25 한국전쟁

    우리나라 근대사를 살펴보면 일제 강점기 동안 우리 한민족이 받았던 수난의 시대가 있었고 또 1950년 6월 25일에 발발한 한국전쟁이 있다. 6.25는 우리 민족에게는 잊지 못할 비극적인 동족상잔(同族相殘)의 전쟁이었다.

    6.25 전쟁이 발발한 것은 1950년 6월 25일 새벽 4시, 일요일 새벽이었다. 온 나라가 단잠에 빠져있을 때 북한이 선전포고도 없이 남침하여 1953년 7월 27일 휴전협정이 체결될 때까지 전 국토의 80%가 잿더미로 변하고 강산이 완전히 초토화된 참혹한 전쟁이었다.

    전쟁사에 기록된 내용에 의하면 육군참모부에서 참모총장을 비롯하여 각 군사령관들과 지휘관들이 한 자리에 모여서 일요일 새벽 3시 30분까지 육군본부연회실에서 술을 마셨다고 한다. 그리고 30분 후인 새벽 4시에 6.25가 발발했다. 그러니까 지휘관들은 누가 꼬집어 깨워도 일어날 수 없는 그런 상태였는데 북한이 남침을 한 것이다.

그 당시에 우리나라에는 탱크가 한 대도 없었는데 이북에는 소련제 탱크가 242대가 있었다. 우리나라에는 전투기가 없었고 기관총도 장착되지 않은 프로펠러로 비행하는 훈련기가 10대가 있었다. 그런데 이북에는 제트 엔진으로 비행하는 F-80 비행기가 210대가 있었다고 한다. 게임이 안 되는 전쟁이었다. 작전상 후퇴라고 말하고 있지만 그냥 밀려나간 것이다. 고작 거기에 대처했던 것이 탱크에 수류탄을 던지는 정도였다.

"남한은 105mm 곡사포가 있었고 북한은 122mm 곡사포를 가지고 있었다"[21] 당시 북한의 군사력은 남한과 비교할 수 없을 만큼 압도적이었다. "북한군 전체 병력은 20만 1,050이고 국군은 10만 5,752명이었다"[22] 부대병력이나 주요 무기로 보았을 때 골리앗과 다윗의 싸움처럼 말도 안 되는 싸움이었다.

그 결과 우리나라 국군이 137,899명이 죽었고 민간인은 사망자가 244,663명이고 학살당한 수는 128,936명이다. 유엔군도 40,670명이 죽었는데 그 중에 미군이 36,940명이다. 북한군은 사망자와 부상자를 합하여 520,000명이고 중공군은 사망자가 148,600명이고 부상자가 798,400명이다.[23]

6.25 전쟁으로 인하여 실제 전사자로 기록된 사람이 160만 명이고 어린 아이로부터 노인에 이르기까지 총을 들고 싸웠던

---

21) <대한민국 근현대사 시리즈> 4권 "잊을 수 없는 6.25전쟁" 56쪽, 박윤식 저, 도서출판 휘선
22) <대한민국 근현대사 시리즈> 4권 "잊을 수 없는 6.25전쟁" 55쪽, 박윤식 저, 도서출판 휘선
23) 국방부 군사편찬위원회

젊은이, 또 가족을 지키기 위해서, 사상을 지키기 위해서 기록되지 않은 사람들을 포함하여 무수히 많은 사람들이 희생되었다. 그 외에 피난 나갔다가 병들어 죽고, 굶어 죽고, 실종자도 생겼다. 한 마디로 수백만 명이 죽었다.

   3년 조금 넘은 기간 동안에 한국전쟁에서 죽은 사람들이 2차 대전 때 죽은 사람들보다 더 많다고 통계는 말하고 있다. 우리나라의 6.25전쟁이 얼마나 참혹한 전쟁이었는가를 뼈저리게 느끼게 된다. 많은 전사자와 포로들과 실종자를 합치면 약 500만 명이라는 사람들이 죽고 실종되고 포로로 잡혀가는 무서운 결과를 초래했다는 것이다.

   6.25 전쟁 때 남한 사람들만 죽은 것은 아니다. 이북에 있는 동포들도 많이 죽었다. 다른 나라, 다른 민족과 싸운 것도 아니고 같은 피를 나눈 한 민족, 한 형제간에 그러한 참혹한 전쟁이 일어난 것이다. 결과적인 원인을 규명하기에 앞서서 그렇게 서로가 서로를 죽이고 죽인 전쟁이었다.

   그런데 수많은 사람들이 살상을 당했는데도 불구하고 아무도 그 전쟁에 대한 죄를 책임질 수 있는 사람이 없었다. 그 이유는 무엇인가? 정당방위로 살인하는 것은 법적으로도 죄가 되지 않는다. 전쟁 중에 나라를 지키기 위하여 서로가 서로를 죽인 것이기 때문에 아무에게도 죄를 물을 수 없었다는 것이다.

1. 6.25 전쟁이 일어난 원인은 무엇인가?

그렇다면 이 나라, 이 민족이 겪었던 전쟁의 참상의 원인은 무엇인지, 그 책임은 누구에게 물어야 하는지 생각해보아야 한다. 표면적으로는 평온히 살고 있는 대한민국을 북한이 남침을 해서 전쟁의 포문이 열려진 것만은 분명하지만 그러나 우리가 이 전쟁에 대한 책임을, 그 많은 사람들이 피를 흘린데 대한 피의 책임을 누구에게 물어야 하는지 따져봐야 한다는 것이다.

왜 전쟁이 일어나야만 했는가? 한 마디로 그러한 전쟁이 일어난 원인은 이 민족이 저지른 죄 때문에 그토록 참혹한 전쟁이 일어난 것이다.

예수께서 이스라엘 백성들을 심판하시는 종말론적인 상황에서 "아벨의 피로부터 사가랴의 피까지 이 세대가 담당하리라"고 말씀하셨다.

> 마 23:35 그러므로 의인 아벨의 피로부터 성전과 제단 사이에서 너희가 죽인 바라갸의 아들 사가랴의 피까지 땅 위에서 흘린 의로운 피가 다 너희에게 돌아가리라

> 눅 11:50-51 창세 이후로 흘린 모든 선지자의 피를 이 세대가 담당하되 곧 아벨의 피로부터 제단과 성전 사이에서 죽임을 당한 사가랴의 피까지 하리라 내가 너희에게 이르노니 과연 이 세대가 담당하리라

그것이 이스라엘 백성들이 짊어져야 할, 심판을 받아야 할 죄의 내용이었다.

"아벨은 죽었으나 믿음으로 소리치고 있다"(히 11:4)라고 말씀하고 있다. 또 요한계시록 6:9-11에 다섯째 인을 떼실 때에 하나님의 말씀과 저희의 가진 증거를 인하여 죽임을 당한 영혼들이 제단 아래에서 큰 소리로 "땅에 거하는 자들을 심판하여 우리 피를 신원하여 주지 아니하시기를 어느 때까지 하시려나이까"라고 외치자 "저희 동무 종들과 형제들도 자기처럼 죽임을 받아 그 수가 차기까지 기다리라"고 말씀하고 있다.

마찬가지다. 우리나라에도 기독교가 들어오는 과정에서 초기에 선교사들과 하나님의 복음을 짊어졌던 많은 사람들이 순교를 당한 사실이 역사에 기록되어 있다.

그런 입장을 생각한다면 이스라엘 백성들이 오늘날이라고 외치는 광야 길에서 저질렀던 그 죄와 허물의 내용이 우리 민족에게도 동일하게 적용되어 6.25 참상이 일어났다는 사실을 알 수 있다는 것이다. 이 나라, 이 민족도 조상들이 우상을 섬기고 하나님을 시험하고 원망하고 간음하는 네 가지의 죄가 동일하게 적용을 받음으로써 하나님께서 1차적으로 끓는 가마를 북에서 남으로 쏟아 부으신 것이다(렘 1:13-14). 그러므로 그러한 전쟁의 참화가 시작되었다고 말할 수 있다.

"전쟁은 하나님의 손에 달려있다"(삼상 17:47)라고 성경은 분명히 말씀하고 있다. 기록된 말씀을 통하여 죄로 말미암아 심판을 받을 때 그것이 전쟁이라는 결과로 나타난다는 사실을 알 수 있다. 전쟁이 하나님의 손에 달렸다는 의미는, 오직 하나님만이 인류의 죄를 심판하실 수 있는 의의 재판장이라는 입장에서 전쟁이 일어나는 원인은 죄라고 결론지어 말할 수 있는 것이다.

우리나라가 겪었던 일제 강점기의 원인은 무엇인가?

일본으로부터 핍박을 받은 일제 강점기 때의 내용을 성경적인 입장에서 어떻게 수용해야 할지 살펴볼 필요가 있다. 영적인 이스라엘이라 일컫는 우리 한민족이 일제 강점기 동안 받았던 수난을 본방 이스라엘 백성들이 겪었던 역사의 내용들을 통하여 동일한 말씀의 입장에서 살펴본다면 어떻게 설명할 수 있는가?

우리나라 기독교사(基督敎史)를 살펴보면, 자국인이건 타국인이건 대한민국이 현재 기독교 역사관의 입장에서 가장 중심적인 나라가 되고, 가장 정점(頂點)이 되는 나라라는 것은 누구나 인정하는 사실이다.

전 세계적으로 새벽제단을 통하여 하나님께 영광을 돌리는 나라가 바로 우리나라이다. 비록 작은 나라이기는 하지만 세계적으로 외국에 선교사를 가장 많이 파송하고 있는 나라가 또한 대한민국이다. 또 인구비율로 보아도 기독교를 국교(國敎)로 삼고 있는 나라들보다도 교회 수가 가장 많고 성도의 수가 가장 많다는 점도 우리나라가 가지고 있는 특징 중의 하나이다.

그렇기 때문에 대한민국이 기독교가 국교인 나라들을 제치고 신앙적으로 모든 면에 있어서 정수리처럼 가장 윗부분, 꼭

지점을 차지하고 있다는 것이다. 그런 점에서 가장 왕성한 신앙생활을 하고 있는 나라가 우리나라라는 것은 전 세계가 부인할 수 없는 사실인 것이다.

하나님이 이스라엘 백성들을 바벨론에 넘겨주시기 전에 분명히 이스라엘 백성들에게 나무 멍에를 씌워주셨다. 그런데 이스라엘 백성들과 선지자들이 더욱더 패역함으로 나무 멍에 대신 쇠 멍에를 씌웠다고 말씀하고 있다(렘 28:12-14).

하나님께서 비록 이스라엘 백성들에게 쇠 멍에를 메게 하셨지만 포로로 잡혀간 백성들은 보기에 좋은 무화과와 같은 자들이었다. 그렇기 때문에 하나님은 그들에게 자비와 긍휼을 베풀어 주시려고 했다.

그러므로 하나님이 다니엘과 다니엘의 세 친구를 통하여 느부갓네살에게 하나님의 권능의 세계를 친히 체험하게 해주셨다. 그런데 느부갓네살이 하나님의 기적적인 은총의 세계를 수없이 체험했음에도 불구하고 그러한 하나님의 자비와 긍휼을 외면하고 끝끝내 이스라엘 백성들의 **뼈**를 꺾고 말았다.

예레미야 50:17에 "처음에는 앗수르가 이스라엘의 살을 삼켰고 바벨론이 그들의 **뼈**를 꺾도다"라고 말씀하고 있다. 성경에서 하나님이 용서하시지 못하는 죄 중의 하나가 **뼈를 꺾는 죄**이다. 그래서 하나님이 유월절 양으로 오신 예수님의 **뼈**를 절대 꺾지 말라고 하신 것이다(민 9:12).

율법으로도 태장을 칠 때 40대 이상을 때리면 죄가 된다고 했다(신 25:2-3). 40대 이상을 때리면 살이 해지고 **뼈**까지 다쳐서 부러지게 되어 있다. 사람이 때리다보면 실수할 수 있다.

39대만 때리려고 하다가 잘못해서 한 대를 더치면 40대가 된다. 그래서 아무리 큰 죄인이라 할지라도 이스라엘 백성들은 그런 실수를 피하기 위해서 매를 칠 때 37~38대까지만 쳤다는 것이다.

뼈를 꺾고 말았다는 의미는 무엇인가? 하나님이 느부갓네살을 통해서 이스라엘 백성들을 징치하려고 하셨다. 그런데 느부갓네살이 하나님의 의중을 외면하고 하나님이 허락하신 범주를 벗어나 이스라엘 백성들을 참혹하게 짓밟았다. 그것을 가리켜 뼈를 꺾었다고 말씀하는 것이다.

1905년 11월 17일 일본은 을사보호조약[24]을 강제로 체결하여 한국의 외교권을 빼앗고 통감부를 설치하여 일제의 보호국으로 만들었다. 우리나라가 일제 강점기하에서 36년을 지냈다고 하지만 을사보호조약을 기준으로 하면 40년 동안 수난을 당한 것이다.
우리나라도 일본을 속량물로 주어서 나라의 주권과 국호는 물론 각자의 이름도 빼앗기고 글자, 언어를 빼앗김으로써 나라 잃은 설움을 겪었다.

그런데 그것도 모자라서 일본이 침략전쟁을 일으켜서 우리나라의 젊은이들을 강제로 징용, 징병해서 전쟁에 내몰았을 뿐만 아니라 '종군 위안부'를 만들이 악랄하고 악독한 행태를

---

24) 을사늑약: 1905년 일본이 한국의 외교권을 박탈하기 위해 강제로 체결한 조약. 개설 원명은 한일협상조약이며 제2차 한일협약, 을사 5조약, 을사늑약(乙巳勒約)이라고도 한다. 한국민족문화 대백과사전

서슴없이 저질렀다.

"1932년 만주를 침략한 일본 관동군이 만주국을 수립한 후 일본군의 성적 욕구를 해소하기 위한 목적으로 위안소를 만들기 시작했고 1937년 중일전쟁이 시작되고 군인이 늘어나자 군위안소 제도를 만들고 이때 강제로 동원되어 일본군의 성노예로 끌려간 조선의 젊은 처녀들이 약 20만 명이나 되었다.

야수 같은 일본 병사들은 남자에 대해서 전혀 알지 못하는 꽃다운 나이의 십대 소녀들의 온 몸을 짐승같이 달려들어 걸레처럼 만신창이가 되도록 망가뜨렸다. 더욱 천인공노할 일은, 패전 이후 일제가 모든 흔적을 없애기 위해 위안부 했던 자들을 대부분 사살했고 혹은 자결을 강요하여 현지에 버려지도록 했다. 살아남았어도 일본군 위안부였다는 수치심으로 고향에 돌아오는 것을 단념한 이도 많았으며 숱한 어려움을 헤치며 고향 땅을 밟은 이도 있었지만 대부분 일본군에게 짓밟혔던 혹독한 세월 그 이상으로 고통스러운 나날을 보내야 했다.

그들은 위안부의 삶으로 살았던 상처 때문에 말할 수 없는 고독과 끊임없이 싸워야 했고 일평생 신체적 질병은 물론 순결을 잃은 여성이라는 굴레와 한을 지닌 채 고향 사람, 친척, 부모 앞에 나서지 못하고 숨을 죽이며 살았다. 자신의 청춘이 망가뜨려진 데 대한 분노와 화병, 불안증, 피해의식, 심각한 우울증, 불면, 악몽에 시달리는 등 숨질 때까지 참혹한 나날을 견뎌야 했다."[25]

---

25) <대한민국 근현대사 시리즈> 1권 "구한말-일제 강점기" 133-138쪽 , 박윤식 저, 도서출판 휘선

"1929년부터 일본에 강제 징용으로 끌려간 수가 200만 명에 달했고 일본의 해양패권의 전진기지였던 남양군도를 비롯하여 미얀마, 사할린 등에 끌려간 노무자가 약 70만에서 100만 명에 이르렀다.

일본은 1931년 만주사변을 시작으로 1937년 중일전쟁을 일으키면서 중국대륙을 침략했고 1941년에는 진주만을 기습 공격하여 태평양 전쟁을 일으켰다. 1943년에 징병제도를 발표하고 젊은 청년들을 강제 징병하여 닥치는 대로 전쟁터에 끌고 가 침략전쟁에 희생된 젊은이가 21만 명, 학도병으로 끌려간 자들은 4,500명이었다. 또 패전을 앞두고 증거를 없애기 위하여 지시마 열도에서 5,000여명을 학살하였고 만주의 731부대에서는 3,000여명이 세균무기의 인체실험 대상자로 쓰임을 받았다."[26]

일본이 일제 강점기 때 행한 일들은 느부갓네살이 이스라엘 백성들의 뼈를 꺾은 것과 같은 입장이라고 말할 수 있다.

이스라엘 백성들도 바벨론에 포로로 잡혀가서 글을 빼앗기고 이름도 빼앗기고 그들의 문화와 고유적인 전통, 풍습 등 모든 것을 빼앗겼다. 그런데 하나님께서는 그것이 진 자로서 이긴 자에게 받아야 할 정당한 수욕으로 인정하셨다. 그러나 그 이상은 허락하지 않으셨기 때문에 하나님께서 뼈를 꺾는 것은 인정하실 수 없었던 것이다.

하나님이 이 나라, 이 민족을 자기 백성으로 삼으시기 위하

---

26) <대한민국 근현대사 시리즈> 1권 "구한말-일제 강점기" 132-133쪽, 박윤식 저. 도서출판 휘선

여 조선 시대에 많은 외국 선교사들로 하여금 하나님의 말씀을 전하게 하셨다.

그런데 언어가 다르기 때문에 하나님의 말씀을 전하는데 있어서 많은 어려움이 있었다. 그러면서도 그들이 전하는 하나님의 복음이 서서히 우리 한민족의 틈새를 파고들어 전파되기 시작했다.

그러나 전통적으로 유교를 믿었던 조선 시대였기 때문에 하나님을 믿는 백성들이 많은 박해를 받았다. 우리나라 곳곳을 살펴보면 순교자들의 성지가 많이 있는 것을 볼 수 있다. 그만큼 하나님의 복음이 전파되는 과정에서 순교자들의 피가 강산 곳곳에 뿌려졌다는 것이다.

"유관순 열사는 3.1 독립운동에서 빼놓을 수 없는 인물이다. 3.1 운동 당시 유관순은 이화학당의 보통과를 졸업하고 고등보통학교 1학년이었다"[27] "유관순은 어려서부터 기독교로 개종한 집안에서 자라 학교 근처의 정동교회에 다니면서 신앙심을 키웠다. 그의 깊은 신앙심은 일제의 모진 고문 속에서도 굴하지 않고 조국의 독립을 위해 순국할 수 있는 정신적 바탕이 되었다"[28]

"유관순은 대한민국의 자유와 독립을 위해 일제에 끝까지 저항하다가 옥중에서 순국한 열사이다. 그는 서대문 감옥에서도 수시로 대한독립만세를 외치다가 모진 고문을 당했다. 심

---

27) <대한민국 근현대사 시리즈> 1권 "구한말-일제 강점기" 107쪽, 박윤식 저, 도서출판 휘선
28) <대한민국 근현대사 시리즈> 1권 "구한말-일제 강점기" 112쪽, 박윤식 저, 도서출판 휘선

한 구타와 오랜 고문으로 방광이 터져 몸이 썩어 들어가는 등 고초를 당하다가 1920년 9월 28일 19세의 꽃다운 나이로 서대문 형무소에서 순국하고 말았다."[29]

"3.1 만세 운동의 불길이 전국적으로 번져 나가던 1919년 4월 초, 경기도 화성의 제암리 교회 청년들이 만세 시위를 벌이기로 결의했다. 투철한 신앙과 민족 사상을 가진 제암리 교회 청년들의 만세 시위가 계속되자 일본 경찰과 헌병대원들이 제암리 청년들의 학살을 계획했다. 그들이 지난 4월 5일 발안 장터에서 심하게 진압한 것을 사과하겠다고 예배당에 모이라고 했다. 예배당 안에 사람들이 모이자 헌병대원 30명이 예배당 문을 폐쇄한 후, 일제히 총으로 난사하기 시작했고 교인들이 총상을 입어 쓰러지고 죽자 예배당에 불을 질렀다. 이때 불속에서 뛰쳐나오는 신자들은 총으로 쏘거나 칼로 찔러 죽였다. 이러한 일본의 학살과 만행은 서천리 부근 기독교인들이 사는 열다섯 군데에서도 똑같이 자행되었다.

그 외에도 정주, 맹산, 강서, 천안, 의주, 강계, 곽산, 위원, 창성에서도 계속되었다. 그리고 서울에서도 남녀 교인들을 포박해서 경성의 일본 기독교회당에 가두고 무수한 십자가를 나열해 놓은 다음 포박한 남녀를 그 위에 매달고 왜병이 앞뒤로 늘어서서 독을 바른 몽둥이로 때려 수많은 사상자를 낳은 사건을 비롯하여 잔인무도한 만행이 계속되었다."[30]

---

29) <대한민국 근현대사 시리즈> 1권 "구한말-일제 강점기" 107-111쪽, 박윤식 저, 도서출판 휘선
30) <대한민국 근현대사 시리즈> 1권 "구한말-일제 강점기" 124-125쪽, 박윤식 저, 도서출판 휘선

"일제는 1931년부터 만주와 중국 대륙 침략을 본격화하면서 황국신민화정책을 전개하여 한국인을 일본 천황의 신민으로 만들고자 일본 천황의 궁성을 향하여 절을 하는 동방요배(東方遙拜)를 강요하였고 황국신민서사(皇國臣民誓詞)를 아침 조회 때마다 암송하게 하였다. 이는 일종의 민족말살정책이었고 신앙의 자유를 유린하는 종교적 침략행위였다.

일제는 자신들의 정책에 걸림돌이 되는 교회를 노골적으로 박해하여 각 교회당 안에 '가미가다'라는 신단을 만들어 예배 드리기 전에 먼저 그것에 절을 하게 하는 동방요배를 강요했다. 이에 반대하면 가차없이 끌어다가 갖은 고문을 하고 옥에 가두고 수없이 매로 쳐서 수많은 주의 종들과 성도들이 이 땅에 순교의 피를 흘리며 죽어갔다."[31]

경남노회 주기철 목사[32]가 "신사참배는 10계명에 위배되는 죄로서 사신 우상에게 절하는 죄입니다!"라고 신사참배를 반대하다가 감옥에 네 차례나 붙잡혀 들어갔다.

"주기철 목사에 대한 일제의 잔악한 고문과 학대는 이루 다

---

31) <대한민국 근현대사 시리즈> 1권 "구한말-일제 강점기" 127-128쪽, 박윤식 저, 도서출판 휘선
32) 주기철(朱基徹, 1897년 11월 25일~1944년 4월 21일): 일제강점기 마산 문창교회, 평양 산정현교회 등에서 목회한 목사. 순교자. 한국민족문화대백과
아명은 기복. 호는 소양. 1916년 오산중학교를 졸업하고 연희전문학교를 중퇴했다. 1921년 평양 장로회신학교에 입학해 1925년 경남노회에서 목사 안수를 받았다. 1926년 부산 초량교회에 부임했으며, 1931년 마산 문창교회에 부임해서는 신앙운동과 계몽운동을 벌였다. 1936년 10월에 평양 산정현교회에 부임하여 재직하던 중 일제가 신사참배를 강요하자 이를 결사적으로 거부하며 신사참배 반대운동에 앞장섰다. 이로 인해 1938년 체포되어 황실불경죄·치안유지법 위반이란 죄목으로 징역 10년형을 선고받고 평양형무소에서 복역중 일제의 잔혹한 고문으로 순교했다. 1963년 대한민국건국공로훈장에 추서되었다. 다음백과

말할 수 없었다. 신사참배를 끝까지 반대했기 때문에 뾰족한 못 판 위를 걷는 고문, 전기 고문 등을 계속 당하여 몸이 찢기고 손발톱이 다 빠졌다. 배고픔과 추위, 육신의 고통 속에서 하루에도 여러 번 기절했고 죽을 고비를 여러 번 넘겼다. 주전자에 물을 가득 담고 고춧가루를 잔뜩 넣어 코와 입에 부어 넣으면 배가 농구공 두 개만큼 부풀어 올라서 의자 두 개를 얹어 놓고 짓누르면 입과 코, 귀에서 붉은 물인지 핏물인지 모르는 것들이 흘러나왔다고 한다. 그러는 가운데도 주기철 목사의 감방에서는 단 하루도 찬송이 그치지 않았다는 것이다.

순교 당일 평양 형무소 소장의 주선으로 주기철 목사와 오정모 사모의 최후의 면회가 이루어졌다. 금방 죽을 것 같은 느낌을 받은 형무소 소장이 주기철 목사를 병보석으로 퇴소시켜 병원에 입원시켜도 좋다는 뜻을 전했지만 7년 간 단 하루도 따뜻한 방에서 자지 못했던 오정모 사모 또한 조금도 나약한 모습을 보이지 않고 "당신은 꼭 승리하셔야 합니다. 살아서는 이곳을 못 나오십니다"라고 오히려 강하게 격려를 했다.

주기철 목사는 "나는 오래지 않아 주님 앞으로 갑니다. 어머니와 어린 자식을 잘 부탁합니다. 하나님 나라에 가서 산정현 교회와 조선의 모든 교회를 위해서 기도하겠소, 나의 죽음이 한 알의 밀알이 되어지기를 원합니다"라는 마지막 말을 남기고 간수의 등에 업혀가 다섯 시간 뒤인 1944년 4월 21일, 해빙되기 1년 4개월 전에 주기철 목사는 1938년부터 약 7년 간의 옥고 끝에 47세로 평양 형무소에서 순교하였다.

일제의 갖은 고문에도 신앙의 정절과 순결을 지킨 주기철 목사의 고귀한 죽음은 한국교회의 순교적 신앙의 전통을 이어주는 소중한 한 알의 밀알이 되어"[33] 지금도 믿음으로 소리치고 있다.

그렇게 강산에 뿌려진 순교자들의 흘린 피가 하나님께 신원하고 있다는 것이다. 하나님께서 이 나라, 이 민족을 하나님의 백성으로 택하셨기 때문에 하나님의 백성으로 만들어가는 과정에서 조상으로부터 지은 모든 죄의 대가를 하나님이 치르게 하실 수밖에 없다. 한 호리라도 남기지 않고 죗값을 다 치러야만 하나님께서 그제야 개입하실 수 있기 때문이다.

그러므로 하나님께서는 그들의 핏값을 찾으셔야 한다. 핏값을 찾으신다는 의미는, 희생된 그들의 피를 헛되지 않게 하신다는 것이다.
우리가 겪은 일제 강점기 40년은 우리 조상들이 지은 죗값을 치루기 위한 환난으로 본방 이스라엘 백성들이 애굽에서 종살이한 400년을 압축한 의미를 가지고 있다.
우리나라가 40년 동안 일제에 의하여 나라를 빼앗김으로써 국토와 국권이 상실되고 자유를 박탈당함으로써 인권이 유린된 것은 물론 일제의 야만적인 신민통치로 말미암아 말과 글과 이름을 쓰지 못하는 암흑의 세월을 보내야 했다.

그 과정에서 분명히 일본도 하나님이 택하신 백성들의 뼈를 꺾은 내용을 가진 나라가 되고 말았다. 그렇기 때문에 그들도 거기에 대한 상응한 대가를 받았다.

---

33) <대한민국 근현대사 시리즈> 1권 "구한말-일제 강점기" 129-132쪽, 박윤식 저, 도서출판 휘선

바벨론이 이스라엘 백성들의 뼈를 꺾음으로 말미암아 초토화가 되었던 것처럼 일본도 미국과 벌인 태평양 전쟁에서 패전국이 됨으로써 초토화되고 말았다.

전쟁 막판에 일본이 오키나와에서 가미카제 특공작전을 펼치며 최후의 발악을 했지만 결국 1945년 8월 6일 역사상 최초로 원자폭탄이 히로시마에 투하되었고, 3일 후에는 나가사키에 두 번째 원폭이 투하되었다. 그러므로 일본천황이 8월 10일, 연합군 측에 무조건 항복 의사를 전달하고 5일 후에 항복을 선언함으로써 개전 5년 만에 막을 내렸다.[34] 그럼으로써 우리나라가 일본으로부터 해방될 수 있었던 것이다.

그런데 해방 후에 또 어떠한 문제가 생겼는가? 바로 사상(思想)문제에 부딪히게 되었다. 민주주의와 공산주의의 이념적인 갈등으로 인하여 다시 한 번 이 나라, 이 민족이 남과 북으로 나뉘어 동족상잔의 피를 뿌리는 전쟁의 소용돌이에 휘말리고 말았다.

이것을 본방 이스라엘에 적용시켜서 말한다면 이스라엘도 남조와 북조로 나누어져 있었다. 남조와 북조로 분리된 원인이 무엇인가? 솔로몬의 죄 때문에 솔로몬의 아들 르호보암 때, 북조와 남조로 갈라지게 되었다(왕상 11:1-13). 그곳도 분명히 죄로 말미암아 분리가 된 것이다.

우리나라의 경우도 마찬가지다. 선교사들을 통하여 하나님의 말씀, 복음이 전해지면서 남쪽에만 하나님의 말씀을 전하

---

34) 세계전쟁사 다이제스트 100, 미국의 반격과 일본의 패망, 히로시마 원폭 투하(1945년), 네이버 지식백과

는 예배당이 있었던 것은 아니다. 북쪽에도 평양을 중심으로 함흥 쪽에 기독교의 큰 축을 이루는 교회들이 남쪽보다 오히려 더 많이 있었다.

하나님이 가인과 아벨이 드린 제사를 통하여 장자와 차자로 구별하신 것처럼 6.25 전쟁은 어느 의미에서는 남한과 북한의 사상적인 색깔을 통하여 남과 북의 신앙의 색깔을 구별하시는 하나님의 특별한 섭리적 과정이었다고 말할 수 있다. 그러므로 결과적으로 어느 쪽이 하나님이 택하신 장자인지 분명하게 나타나게 된 사건이었다는 것이다.

그런 관점에서 보면 전쟁을 포함한 모든 인류의 역사는 하나님의 뜻을 성취하시기 위하여 진행되는 역사의 과정이라고 말씀할 수 있다.

"주께서 그 사랑하시는 자를 징계하신다"고 말씀하셨다. 징계는 하나님의 사랑이라는 것이다.

> 히 12:6-8 주께서 그 사랑하시는 자를 징계 하시고 그의 받으시는 아들마다 채찍질 하심이니라 하였으니 너희가 참음은 징계를 받기 위함이라 하나님이 아들과 같이 너희를 대우하시나니 어찌 아비가 징계하지 않는 아들이 있으리요 징계는 다 받는 것이거늘 너희에게 없으면 사생자요 참 아들이 아니니라

하나님께서 이 민족을 택하시고 사랑하신 것은 대한민국이 마지막 인류를 구원할 수 있는 머리와 같은, 장자와 같은 나라이기 때문이다. 그러므로 하나님이 6.25 전쟁을 통하여 이 나라, 이 민족을 징계하심으로써 구별의 역사를 하신 것이다.

6.25 전쟁이 그러한 목적을 이루시기 위한 환난이었다면 마지막 때는 하나님이 택하신 이 나라, 이 민족 중에 남아있는 의인들을 위하여 창세 후 전무후무한 제 2의 6.25가 온다는 것은 기정사실이라고 할 수 있다.
　일제 강점기 40년과 6.25 전쟁은 분명히 하나님께서 그러한 목적을 이루시고자 섭리하신 풀무불이었다고 말할 수 있다. 애굽이 본방 이스라엘을 속량시키는 철 풀무, 쇠 풀무였던 것처럼 일본과 북한을 비롯한 주변 열강을 통하여 이 나라, 이 민족이 짊어지고 있는 죄악을 풀무 속에서 녹여내는 하늘의 섭리적 역사를 펼치셨다는 사실을 우리는 분명히 받아들이고 인식해야 한다.

2. 애굽을 속량물로 주었다는 의미는 무엇인가?

　'속량'이라는 말을 국어사전에서 찾아보면 '예수가 십자가에 못 박힘으로써 인류의 죄를 대신 씻어 구원한 일, 몸값을 받고 노비의 신분을 풀어주어서 양민이 되게 하던 일'[35]이라고 되어 있다.
　속량의 내용을 성경에서 찾아보면, 신명기 24:18에 애굽에서 종살이하던 이스라엘 백성을 하나님이 속량하여 건져내셨다는 말씀이 있고 레위기 25:47-49에 채무(債務)로 종이 된 자를 형제나 근족이 대신해서 값을 치르고 속량시켜줄 수 있다고 말씀하고 있다.

---

35) 네이버 표준국어대사전

이사야 43:3에 "내가 애굽을 너의 속량물로, 구스와 스바를 너의 대신으로 주었노라"는 말씀이 기록되어 있다.

속량물은 무엇인가? 구원을 이루기 위해서는 구속의 대가를 지불해야만 목적을 이룰 수 있다. 아담이 선악을 알게 하는 나무 열매를 따먹지 않고 생명나무 열매를 따먹었다면 구속의 의미는 사라지게 된다. 그러나 그들이 선악을 알게 하는 나무 열매를 따먹는 죄를 지었기 때문에 그에 대한 대가를 지불해야 한다.

출애굽기 22:1에 남의 물건을 훔쳤든지 나의 실수로 물건에 손상을 주게 된다면 당연히 배상해주어야 한다고 말씀하고 있다. 양을 한 마리 훔치면 네 마리로 갚아주어야 하고 소를 한 마리 훔치면 다섯 마리로 갚아주어야 한다. 갚아줄 것이 없으면 내 몸을 팔아서라도 그 대가를 지불해주어야 한다.

피해자가 있기 때문에 배상은 반드시 피해자에게 하도록 되어 있다. 사무엘하 12:4-6에 나단 선지자가 다윗 왕에게 와서 부자가 자신의 것을 손해 보지 않기 위해 가난한 사람의 양 새끼를 빼앗아 대신 희생 시킨 내용을 고한다. 그러자 다윗이 크게 노하여 그 가난한 사람의 양 새끼를 사 배나 갚아주어야 한다고 말하고 있다.

마찬가지다. 우리 자신이 가지고 있는 원죄, 유전죄, 자범죄를 해결하기 위해서는 배상법의 원리처럼 그 대가를 아무에게나 지불하는 것이 아니다. 남의 소를 훔치면 소 주인에게 소 다섯 마리를 지불해야 하듯이 배상해야 할 대상에게 정확하게 지불해야 한다는 것이다.

이사야 43장에서 애굽을 속량물로 주었다고 말씀하고 있다. 애굽은 함의 장자이다. 대가를 지불하려면 함 족속에게 해야 한다. 그렇다고 함의 후손 모두에게 지불할 필요는 없다. 함을 대표한 사람에게 지불하면 된다. 그런 이치로 애굽이 함의 장자였기 때문에 애굽을 속량물로 삼은 것이다.

흙으로 사람을 지으시고 코에 생기를 불어넣어 생령이 된 아담은 하나님의 형상과 모양을 입은 영화로운 존재로서 에덴동산을 지키고 다스리는 자, 에덴동산에 있는 각종 나무 열매를 임의로 먹을 수 있는 권한과 능력, 권위를 가지고 있었다. 그런 아담이 들짐승 중에 가장 간교한 뱀의 유혹에 넘어가 생령으로서 받은 모든 영광을 빼앗기고 에덴동산에서 쫓겨났다. 그는 마땅히 흙의 입장으로 내쫓겨야 했다. 그런데 하나님이 양을 잡아 가죽옷을 입혀주셨다(창 3:21). 하나님께서 자비와 긍휼을 베풀어주심으로써 그나마 사람의 입장으로 쫓겨난 것이다.

인류의 시조인 아담의 불순종으로 아담의 후손들이 원죄, 유전죄, 자범죄, 세 가지의 죄를 짊어지게 되었다. 생령이란, 사람이 하나님의 영, 말씀을 입은 존재를 말한다. 거꾸로 생령에서 사람으로 되었다는 말은, 영을 빼앗긴 사람이 되었다는 것을 의미한다.

이담이 타락함으로 하나님의 영, 말씀을 빼앗겼다. 혼은 언제 빼앗겼는가? 아벨이 가인에게 쳐 죽임을 당함으로 혼을 빼앗겼다. 아벨이 하나님이 바라시고 원하시는 대로 뱀같이 지혜롭고 비둘기같이 순결하지 못했기 때문에 선으로 악을 이기지 못했다. 가인이 아벨을 쳐 죽일 때 피를 나눈 형제인데 죽이기 직전에 죽이고 죽는 자 사이에 무언가 대화가 있었을 것이다. 아벨이 "왜 나를 죽이려고 하십니까? 하나님께서 형님 제물을 받지 않으신다면 제가 형님 제물을 대신 바쳐드리겠습니다" 그것이 아벨이 가인을 구할 수 있는 정당하고 올바른 지혜였다. 아벨이 가인을 설득하여 가인으로 하여금 "내가 화만 낼 것이 아니라 동생이 나의 제물을 대신 바쳐준다면 하나님께서 받으실 것이다"라고 따르게 했어야 했다. 그렇게 했다면 가인은 최초의 살인자가 되지 않았을 것이고 아벨은 하나님과 가인 사이에 중보자 역할을 한 것이 된다.

하나님께서는 창세기 4:6에 "네가 분하여 함은 어찜이며 안색이 변함은 어찜이뇨"라고 아벨이 보는 앞에서 가인을 책망하실 때 아벨이 그러한 중보자 역할을 해줄 것을 바라고 계셨다는 것이다.

영과 혼을 빼앗기고 몸이 남았는데 셋의 아들들이 가인의 딸들의 미색에 빠져 그들과 한 몸이 됨으로 몸까지 빼앗기고 말았다(고전 6:16, 창 6:3).

그렇게 영과 혼과 몸을 모두 빼앗기고 완전 타락했기 때문에 하나님이 인생 지으심을 한탄하사 노아를 통해서 물로 세상을 심판하셨다(창 6:5-7).

속량의 근본적인 원리 속에는, 하나님이 속량의 대상에게 '내 백성이 대가를 다 지불하면 내가 너를 용서하지 않을 것이다. 내가 너를 그대로 두지 않겠다'라고 생각하지 않으신다는 것이다. 그래서 애굽도 3대 후 자손은 하나님의 총회에 들어

올 수 있다고 말씀하신 것이다(신 23:7-8). 속량해주는 그 나라가 하나님이 바라시고 원하시는 대로 하나님의 말씀에 기꺼이 순종해준다면 그들도 속량해주는 입장으로서의 은혜를 입을 수 있다는 것이다.

애굽이 이스라엘 백성들을 6년 동안 종으로 노역시키다가 7년째 되는 해에 빈손으로 내보내지 않고 그들에게 일정한 양식을 주어서 내보낸다면 하나님이 그들에게 큰 축복을 해주시겠다고 했다. 이미 하나님이 애굽을 그러한 대상으로 생각하고 계셨다는 것이다. 그런데 하나님의 의중을 벗어나서 애굽이 도(度)가 지나치게 이스라엘 백성들을 핍박했다. 그러므로 바로의 마음을 강퍅하게 해서 군대를 총출동시켜 이스라엘의 뒤를 추격하게 함으로써 그들을 모두 바다 속에 수장시키셨다(출 14:26-30).

반면에 고레스 왕[36]에게는 큰 은총을 주었다. 다니엘이 고레스 왕의 마음을 움직였다. 고레스 왕이 가장 흥왕한 때인 고레스 3년에 다니엘이 있었다(단 10:1). 다니엘이 이사야 서책을 통하여 하나님께서 고레스 왕을 지명하여 부른 사람이라는 사실을 고레스 왕에게 알려주었다(사 45:1-7). 그러므로 고레스 왕이 큰 축복을 받아서 열 왕의 머리가 될 수 있었다.

애굽을 속량물로 삼으신 것은 애굽을 통하여 선민 이스라

---

[36] 키루스 2세 : 키루스 1세의 손자이며 캄비세스 1세의 아들이다. 그는 이란인들에게 건국의 아버지로 알려져 있다. 성경에는 히브리어 발음에 근접한 고레스 왕이라고 기록되어 있다. 페르시아인의 지도자로서, 그가 다스리는 동안 페르시아는 서남아시아, 중앙아시아의 대부분을 정복하고 인도에 이르는 대제국으로 성장하였다. 29년 동안 통치하면서 메디아, 신 바빌로니아, 리디아를 굴복시켰다. 위키백과

엘 백성들이 가지고 있는 원죄, 유전죄, 자범죄, 이 세 가지 죄를 갚게 하기 위해서였다. 이스라엘 백성들이 애굽에서 400년 동안 종살이할 때 세 가지의 죄를 모두 갚은 것이다.

세 가지 죄 중에서 가장 큰 죄가 원죄이다. 원죄는 우리 인간의 능력으로는 해결할 수 없는 죄이다. 그 원죄를 요셉이 생명나무의 지혜로써 들짐승 중에서 가장 간교한 뱀이 가진 지혜의 4배의 대가를 주고 해결했다.

유전죄는 어떻게 해결했는가? 요셉이 죽고 요셉을 알지 못하는 새 왕조가 일어났다. 요셉 때까지는 애굽의 왕권을 셈족인 힉소스 왕조가 가지고 있었다. 그런데 순수 애굽인들이 쿠데타를 일으켜서 18대에 새로운 투트모스 왕조가 세워져 갓 태어난 이스라엘 남자 아이는 무조건 애굽의 하수에 던져 죽였다. 가인이 아벨을 쳐 죽임으로 말미암아 빼앗겼던 혼을 그들이 어린 아이들을 죽인 만큼 회복할 수 있었다. 가인은 한 사람을 죽이고 혼을 빼앗아갔지만 함의 장자인 애굽이 수백, 수천 명의 아이들을 죽임으로써 그 대가를 지불하고 빼앗긴 혼을 회복할 수 있었던 것이다.

그리고 이제 자범죄를 회복해야 한다. 그렇기 때문에 이스라엘 백성들이 애굽에서 가장 비참한 노역을 몸으로 짊어지게 된 것이다. 볏짚을 주지 않고 하루에 배당된 벽돌을 전과 똑같이 구워내게 하고 만들어내지 못하면 매질을 했다. 그러므로 벽돌을 맡았던 이스라엘 백성들이 논에 다니면서 벼를 베고 난 그루터기를 캤다. 그러니까 잠도 못자고 밤새워가며 죽도록 일만 한 것이다. 그런 노역을 400년 동안 함으로써 비로소 자범죄를 회복할 수 있었던 것이다.

자범죄를 회복하기 위해서 노역을 했고, 유전죄를 회복하기 위해서 수백, 수천 명의 어린 아이들의 생명을 내어주었고, 원죄를 회복하기 위해서 생명나무의 지혜로 요셉이 7년 대기근으로 멸망 받아 죽을 수밖에 없는 애굽 백성들의 생명을 모두 살려주었다.

그런 의미에서 요셉은 이스라엘 백성들을 속량시키고자 하시는 속량의 중보자였다고 말할 수 있다.

힉소스 왕조를 무너뜨린 것도 하나님이 하신 것이다. 순수 애굽인인 투트모스 1세가 쿠데타를 일으켜서 힉소스 왕조를 무너뜨리고 투트모스 왕조를 세웠다. 이스라엘 백성들을 학대한 장본인이 투트모스 3세이다.

애굽은 함의 장자이지만 힉소스 왕조는 함의 장자라고 말할 수 없다. 힉소스 왕조는 셈족이었다. 그렇기 때문에 하나님이 하고자 하시는 역사에 합당한 역할을 할 수 있었다. 하나님이 셈의 후손인 힉소스 왕조를 통해서 요셉을 애굽의 총리로 만드신 것이다. 처음부터 애굽 왕조를 통해서 역사했다면 절대 애굽이 요셉을 총리로 세울 리 없다. 그러나 힉소스 왕조는 셈의 후손이었기 때문에 하나님의 말씀과 하나님의 섭리의 세계를 소홀히 여기지 않았다. 그들은 요셉을 하나님이 보낸 사람이라고 믿었기 때문에 지하 옥중에 갇혀있던 이방 소년을 애굽의 총리로 세울 수 있었던 것이다.

진 자로서 이긴 자가 된 함의 장자에게 빚을 갚게 하기 위하여 하나님이 힉소스 왕조를 무너뜨리고 투트모스 왕조를 세우신 것이다.

그리고 애굽을 통하여 세 가지 죄를 다 속량 받을 수 있었다. 그런 역사를 가리켜서 애굽을 속량물로 주었다고 말씀하고 있는 것이다.

3. 그날과 그때를 감해주시는 하나님의 긍휼하심의 역사

이스라엘 백성들이 70년 동안 바벨론에서 포로생활을 할 때 포로로 잡혀온 그들의 삶은 결코 행복하지 못했다. 하나님께 찬양으로써 경배와 영광을 드리지도 못했을 뿐만 아니라 제한된 장소에서 거주를 해야 했기 때문에 바벨론에서의 70년 포로생활은 결코 평안하고 행복한 삶이 아니었다. 그들은 하나님이 예레미야 선지를 통해서 예언한 말씀처럼 70년 만에 자기들이 포로에서 해방된다는 사실을 알지도 못하고 믿지도 못하고 있었다(렘 29:10, 단 9:1-2).

그러한 사실을 모르고 있는 입장에서 이스라엘 백성들의 삶은 무척 고단하고 피곤하고 처절한 삶이라고 말할 수 있다. 그렇기 때문에 그들은 선조들이 애굽에서 400년 동안 종살이한 것처럼 자기들도 바벨론에서 그렇게 종살이를 하는 것이 아닐까 두려워했다.

예레미야 선지가 바벨론에 포로로 잡혀간 자들에게 편지를 보내서 "그 나라와 민족을 위하여 여호와께 기도하라. 그들이 평안해야 너희도 평안할 것이다"(렘 29:4-7)라는 말씀을 전했다.

바벨론에 포로로 잡혀간 자들에게 있어서 그 기간은 빛이 없고 소망이 없는 어두움의 시간이었다. 그럼에도 불구하고 그들 가운데 이스라엘 민족과는 전혀 다른 삶을 누리고 있던 놀라운 사람들이 있었다.

바로 다니엘과 다니엘의 세 친구들이었다. 그들도 분명히 히브리인, 유대민족이다. 그런데도 이스라엘 백성들이 어두움의 삶 속에서 고통의 신음을 하고 있을 때 그들은 자기 백성들을 잡아온 적의 중심세력, 구심점 안에서 하나님이 기뻐하시는 믿음으로써 하나님의 영광을 나타내는 삶을 살고 있었던 것이다.

그들의 삶은 이스라엘 백성들과는 전혀 다른 입장에서 하나님의 영광을 나타내면서 사는 삶이였기 때문에 하나님께서는 그러한 다니엘과 다니엘의 세 친구에게는 그날과 그때를 감해주고 계셨다는 것이다.

그러므로 그날과 그때를 감해주는 역사는 이스라엘 백성들 모두에게 포괄적으로 해당되는 말씀은 아니었다.

예를 들면 삼일절 만세 운동 당시, 우리나라 3천만 동포들이 다 만세사건에 참여한 것은 아니다. 극히 소수이기는 하지만 1919년 3월 1일에 북한 땅으로부터 남쪽 끝까지 33인이 중심이 되어서 기미년 만세운동을 일으켰다. 그들 중 16인이 기독교인이었다. 그러나 그 사건의 여파는 대한민국 국민들에게 새로운 기쁨의 소망을 안겨줄 수 있는 그날과 그때를 단축시켜준 획기적인 사건이 되었다.

이와 같이 다니엘과 다니엘의 세 친구와 같은 사람들이 있었기에 고레스의 마음을 감화, 감동시켜서 이스라엘 백성들이

70년의 포로생활을 끝내고 돌아올 수 있는 단초(端初)가 될 수 있었던 것이다(대하 36:22-23, 스 1:1-2).

　때를 단축시켜주는 대상들은 전체가 아니라 구심점이 되는 소수를 통해서 하나님께서 그렇게 역사하신다는 것이다. 그럼으로써 그들을 통하여 하나님의 뜻을 알지 못하는 모든 백성들에 이르기까지 때를 단축시켜주시는 은혜와 축복을 입게 하시는 것이다.
　다니엘과 다니엘의 세 친구는 어떤 신앙을 가지고 있었는가? 하나님의 영광을 위해서는 기꺼이 자기들의 목숨까지도 바치겠다는 뜨거운 순교의 믿음을 가지고 있었다. 그렇기 때문에 그들이 느부갓네살을 두려워하지 않았고 풀무불과 사자굴을 두려워하지 않았던 것이다.

　마찬가지다. 성경은 기록된 말씀이기 때문에 누구나 볼 수 있고 누구나 읽을 수 있는 말씀이기는 하지만 읽는 모든 사람들에게 적용되는 보편적인 말씀은 아니라는 것이다.
　성경의 각 구절에는 분명히 그 말씀의 열매를 맺어야 하는 때에 맞는 사람이 있는 것이다. 그러한 그들에게 그날과 그때를 감해주시고 단축시켜주심으로써 그들을 통해서 하나님의 영광을 나타내게 해주시는 것이지, 기록된 말씀이라고 해서 읽는 모든 사람들에게 똑같이 이루어지는 말씀은 아니라는 것이다.

Ⅳ
미국과 월맹의 전쟁

구스와 스바를 대신 주었다는 의미는 무엇인가?

6.25 전쟁사의 내용을 살펴보면 몇 가지 특징이 있다. 하나님이 영적 이스라엘을 택하시고 하늘에서 이루어진 뜻대로 이 땅에서 하나님의 뜻을 이루기 위해서는 그 목적이 이루어질 때까지 택하신 나라를 지켜주시고 보호해주셔야 한다.

그런 입장에서 대한민국은 하나님의 특별한 은혜를 입은 역사의 내용을 가지고 있다. 대한민국은 쌍태의 아픔을 짊어지고 있는 나라로서 전쟁을 두 번 겪을 수밖에 없는 나라가 된다. 왜 두 번 겪어야 하는가? 본래 우리나라는 진작에 마귀의 수중에 떨어질 뻔한 나라였기 때문이다.

이사야 43:3-4에 "구스와 스바를 너의 대신으로 주었노라"는 말씀처럼 우리나라의 국운(國運)이 다 된 순간, 우리나라 대신 남베트남과 크메르를 마귀에게 내어주었다는 사실을 알아야 한다. 그러므로 삼킴을 당할 수밖에 없는 우리나라의 운명이 연장된 것이다.

6.25 당시 북한의 김일성이 남한으로 물밀듯이 쳐들어와서 서울에 3일 동안 머물러 있었다. 그런데 그가 서울에 3일 동안 머물러 있었다는 사실로 인하여 통한의 눈물을 흘릴 수밖에 없었다.

그가 왜 3일을 머물렀는가? 외형적으로는 박헌영[37]이 주장한 말 때문이었다. 그가 김일성에게 "서울과 수도권만 장악하면 각 지방마다 봉기가 일어나서 당신이 쳐들어가지 않아도 수령인 당신 앞에 자동적으로 모두 무릎을 꿇게 되어있습니다. 그러니 굳이 더 이상 피를 흘릴 필요없이 기다리시면 됩니다"라고 말했다.

그래서 김일성이 박헌영의 말을 그대로 믿고 서울에 3일 동안 머무르고 있었다. 그런데 그 3일 동안 어떤 일이 벌어졌는가? 우리나라가 연합군의 도움을 받아 전쟁을 위한 재정비의 시간을 얻을 수 있었던 것이다. 다시 말하면 일본 오키나와에 머무르고 있던 미군이 부산으로 상륙하여 탱크 등 모든 전술적 무기를 이동시킬 수 있는 시간을 얻을 수 있었던 것이다.

만일 그때 김일성이 3일 동안 서울에 머무르지 않고 그대로 부산까지 밀고 내려왔다면 그들이 남침의 목적을 이루고 완벽하게 남한을 삼킬 수 있었을 것이다.

그러나 영적으로 보면 그 3일은 인간의 마음에 개입해서 역사하신 하나님의 모략이라고 말할 수 있는 것이다. 그 사건으로 인하여 남로당 박헌영은 반당종파주의자(反黨宗派主義者)로서, 한국전쟁 당시 남한에 50여만 당원이 전시태세를 갖추

---

37) 박헌영(朴憲永) 1900-1955년, 해방 이후 북한에서 남조선노동당 부위원장, 북한정권 부수상, 외상 등을 역임한 사회주의운동가, 한국민족문화대백과

고 있다고 허위사실을 유포하고, 정권전복을 위해 쿠데타 음모를 했다는 등의 죄목으로 사형에 처해졌다.[38] 통한의 눈물을 흘리던 김일성이 그를 제거한 것이다.

그러한 김일성에게 다시 기회가 왔다. 4.19 혁명[39]때 우리나라가 정치적으로 얼마나 혼란하던 시기였는가? 국기(國基)가 완전히 흔들리고 있었던 때였다. 그런데 김일성은 정작 그 기회를 노리지 않았다. 왜 그랬을까? 그 점이 이해할 수 없는 모호한 부분이다.

그러나 성경은 그러한 내용에 대하여 하나님이 구스와 스바를 마귀에게 대신 내어주고 자기 백성을 지켜주시고 보호해 주셨다고 말씀하고 있다.

대한민국은 열매 맺는 백성, 이면적 이스라엘, 영적 이스라엘이다(마 21:43, 롬 2:28-29). 그렇기 때문에 이스라엘처럼 우리나라도 그러한 의미의 환난을 받는다는 것은 당연한 일이다. 그리고 우리나라도 동일한 말씀의 역사로써 하나님이 구스와 스바를 대신 내어준 것과 같은 역사를 하셨다는 것이다.

우리나라 대신 내어준 구스와 스바 격인 나라는 바로 남베트남과 크메르이다. 월남전 때, 이면적인 유대인으로 택함을 받은 우리나라를 보호해주시기 위해서, 지켜주시기 위해서 하

---

38) 박헌영 [朴憲永] (한국근현대사사전, 한국사사전편찬회) 네이버 지식백과
39) 4.19 혁명: 1950년대 후반이 되면서 이승만 정권의 독재 체제에 대한 국민들의 불만과 민주주의 욕구가 높아졌다. 위기를 느낀 이승만 정권은 부정 관권 선거를 감행하고, 이는 범국민적인 독재 정권 타도 항쟁을 촉발시켰다. 4월 혁명은 이승만 대통령의 하야를 불러왔고 6.25 전쟁 이후 침체됐던 민족 통일운동을 재점화시키는 계기가 되었다. 국민 주권과 민주주의를 향한 4월 혁명의 정신은 1960년대 이후 민주화 운동으로 이어졌다. <한국사를 움직인 100대 사건> 다음백과

나님이 구스와 스바, 즉 남베트남과 크메르를 영적으로 마귀에게 대신 내어주신 것이다.

1955년~1975년에 베트남 민주 공화국(북베트남)과 베트남 공화국(남베트남) 사이에 전쟁이 일어났다. 그 당시는 냉전 시대였다. 소련과 더불어 초강대국이었던 미국이 남베트남에 파병하여 월맹(북베트남)을 상대로 싸웠다. 그런데 남베트남에서 활동하는 게릴라 조직인 남베트남 민족해방전선(베트콩) 때문에 고전하게 된다.

미군의 화력이 워낙 압도적이었기 때문에 미국은 승리를 확신하고 있었다. 그러나 미국은 전차와 비행기로 하는 전쟁에는 익숙했지만 베트남에서의 게릴라전은 경험해보지 못했다. 정글에서 전투가 벌어지기 때문에 전차 등 중장비는 제대로 활용할 수 없었고 보병이 정글 속으로 들어가야 했다. 베트콩은 땅굴 등을 이용해서 자신들이 싸우고 싶을 때 나타나고 불리할 때는 숨어버리는 새로운 형태의 싸움을 했다.

베트남 전쟁은 전투하기에 힘든 환경이었지만 군사력이 압도적으로 세계 1위인 미국이 북베트남을 이기지 못할 이유는 없었다. 그러나 미군의 교전 대상은 북베트남이 아닌 남베트남 내의 베트콩 세력이었고 미국은 남베트남 정부의 요청에 의하여 인도적으로 도와주는 원조군이었다.

그런 까닭에 미국이 북베트남 영토로 지상군이 진입하지 못하고 직접 공격할 수 없었다. 만약 공격하면 소련이나 중국이 끼어들어 제3차 세계대전이 벌어질 것이 우려되는 상황이었다. '그린 베레'라는 특수부대가 투입되기는 했지만 주력부대가 아니고 숫자도 적어서 국지전(局地戰)에서는 강했지만 전쟁의 대세에는 큰 도움이 되지 못했다.

항공 공세 작전으로 B-52를 동원해 융단폭격을 수차례 강행했지만 폭격을 통해 월맹의 전쟁 의지를 무력화시키기에는 불가능한 상황이었다. 폭격으로 월맹의 의지를 꺾으려면 대공습으로 북베트남을 불태워서 갈아엎는 방법밖에 없었는데 소련제 무기로 구축된 월맹의 전력이 미국에게 커다란 부담이 되었다. 소련제 반공용 지대공 미사일 때문에 미국 역시 피해를 감수해야만 가능한 일이었다. 미국이 이렇게 뻔히 보이는 막대한 피해를 무릅쓸 이유는 없었다.

게다가 미국 내의 반전(反戰) 여론은 말할 것도 없고 이미 전쟁의 정당성을 잃은 미국이 북베트남을 공습한다면 친미 우방국들조차 등을 돌릴 것이 뻔했다. 결국 전쟁은 북베트남의 지속적인 지원을 받은 베트콩들의 일방적인 게릴라전으로 흘러갔다.[40]

결국 미국 내(內)의 반전 운동과 여론에 밀려 미군은 철수하게 되고 미군의 군사적 명성은 크게 실추되었다. 그리고 미군의 철수 이후 남베트남은 고전하다가 결국 월맹에게 패망하였다.

1973년 1월 미국은 파리 깅화협정을 체결히고 남베트남에서 완전히 철수하게 된다. 베트남 전쟁에 한국군도 파병되었다. 우리나라에서는 보통 '월남전(越南戰)'이라고 말한다. 한국

---

40) 베트남 전쟁. 나무위키

군도 이때부터 철수하기 시작했다.

　화력으로 보았을 때 월맹과 미국의 싸움은 다윗과 골리앗의 싸움처럼 백대 일 싸움도 안 된다. 그럼에도 불구하고 미국이 월남에서 쫓겨나 비참하게 철수해야 했다.

　1975년 3월, 북베트남은 남베트남을 대대적으로 침공한다. 월맹군이 쳐들어오자 남베트남은 제대로 저항도 못해보고 박살나버렸다. 1975년 4월 30일 사이공 함락과 함께 결국 남베트남은 패망하고 만다. 남베트남은 베트콩이 정권을 잡고 이듬해인 1978년 월맹과의 통일을 선언하고 베트남 사회주의 공화국 정부가 수립되었다. 그때 인도차이나 반도의 절반이 적화되었다. 그 때문에 캄보디아(크메르)와 라오스마저 적화되어버렸다.

　왜 그런 결과가 나타났을까? 그때 하나님께서는 영적 이스라엘인 우리나라 대신 구스와 스바 격인 남베트남과 크메르를 던져주기 위하여 미국 편에 서신 것이 아니라 베트콩과 북베트남 편에 서계셨다는 것이다. 그렇기 때문에 미국이 베트남 전쟁에서 승전을 거두지 못하고 말도 안 되는 전쟁의 종지부를 찍게 되었다.
　그렇게 하신 이유는, 바로 이면적인 이스라엘인 대한민국을 보호하기 위해서 그렇게 역사하셨다는 것이다.

　과연 그때 그러한 사실을 알고 믿고 외쳤던 사람이 있었을까? 만약 그때 그것을 알고 외친 사람이 있었다면 그 사람은 하나님이 세우신 진정한 때에 맞는 파수꾼이라고 말할 수 있다. 파수꾼이 자기 나라와 자기 민족의 운명을 모른다면 그 사람은 절대 파수꾼이 아니다.

V
이스라엘과 아랍 연맹과의 6일 전쟁

　이스라엘은 2,000년 전에 나라를 잃어버렸던 유대인들이 제2차 세계대전 이후 중동의 신생국가로 분리 독립되면서 제1차 중동전쟁을 일으켜 시리아와 요르단 사이에 있는 영국령 팔레스타인을 무력으로 접수하여 세운 나라이다.

　1967년 6월 5일부터 6월 10일까지 이집트, 시리아, 요르단, 이라크, 4개국 아랍 연맹과 이스라엘 사이에 전쟁이 있었다. 이 전쟁을 역사책에서는 '제3차 중동 전쟁'이라 하고 이스라엘에서는 '6일 전쟁'이라고 한다. 6일 동안 전쟁을 한 이유는 안식일을 지키기 위해서였다고 말하고 있다.[41]

　제2차 중동전쟁 이후 당시 시리아와 이스라엘 간에 비무장 지대에 있던 골란 고원을 둘러싸고 긴장이 고조되기 시작했다. 그러자 시리아와 요르단은 이집트의 개입을 요청하고 이라크와 주변의 아랍 국가들과 동맹을 맺어 이스라엘을 압박했다.

　1967년 6월 5일, 이스라엘은 이집트 공군기지를 선제공격

---
41) 제3차 중동전쟁. 나무위키

함으로써 제공권을 완전히 장악하고 이스라엘 지상군이 시나이 반도로 신속하게 진출하게 했다. 그러므로 전쟁은 이집트의 완패와 시리아의 휴전제의로 끝나고 이스라엘은 골란고원을 포함하여 전쟁 전의 영토보다 4배의 땅을 획득하게 되었다.

이스라엘은 전투 병력이 267만이었고 그 당시 전술가들이 대체적으로 계산한 이집트, 시리아, 요르단, 이라크, 아랍 연합군의 전투 병력은 1억 6천만으로 군사적으로는 60대 1의 비율이었다.

그렇다고 이스라엘만 뛰어난 화기(火器)를 가지고 있었던 것은 아니다. 그 당시 아랍 연합군도 전술적으로 중요한 무기를 많이 가지고 있었다. 그러므로 누구라도 당연히 이스라엘은 패배할 것이라고 전술가들 100명이 있다면 100명이 다 그렇게 생각하고 있었다.

이슬람교를 신봉하는 아랍인들은 금요일이 안식일이고 유대교는 금요일 해질 때부터 토요일 해질 때까지가 안식일이다. 아랍 연합군은 유대인들이 안식일에 쉰다는 것을 이용하여 그 시간에 이스라엘을 융단폭격 했다. 이스라엘은 지하벙커에 들어가 아랍 연합군이 포격을 퍼붓는 것을 지켜보아야 했다.

그때 이스라엘 국방장관이 모세 다이안(Moshe Dayan)이었다. 그는 총알 파편으로 왼쪽 눈을 크게 다친 후 안구 제거술을 받고 검은 안대를 쓰고 다녔다. 다이안 장군은 학자 겸 군사전략가이다. 본래 직업은 신학자로서 성경에 아주 능통한 사람이었다.

그런 다이안 장군이 6일 전쟁을 시작하는 첫 날, 토요일 오후 6시에 전쟁을 하기에 앞서 모든 방송을 꺼버리고 국민들에게 성명을 발표했다. 사이렌 소리가 이스라엘 전국에 울리면서 다이안 장군이 방송에서 성명을 발표했다. 세상 사람들 같으면 연설문을 써서 "우리 잘 싸웁시다!"라고 말했을 것이다. 그러나 다이안 장군은 그렇게 말하지 않았다. "국민 여러분 지금부터 제가 하는 말을 들으십시오"라고 하면서 아모스 9:14-15 말씀을 방송에 내보냈다.[42]

> 암 9:14-15 내가 내 백성 이스라엘의 사로잡힌 것을 돌이키리니 저희가 황무한 성읍을 건축하고 거하며 포도원들을 심고 그 포도주를 마시며 과원들을 만들고 그 과실을 먹으리라 내가 저희를 그 본토에 심으리니 저희가 나의 준 땅에서 다시 뽑히지 아니하리라 이는 네 하나님 여호와의 말씀이니라

다이안 장군이 전쟁을 시작하기 전에 인간의 말을 한 것이 아니라 간곡하게 성경 말씀을 담화문으로 읽어주었다는 것이다.

모세 다이안 장군이 아랍 연합군과 맞서는 전쟁에 앞서 세계가 깜짝 놀랄만한 선언을 했다. "우리에게는 신무기가 있기 때문에 전쟁에서 반드시 승리할 것이다"라고 장담한 것이다.

이 말을 들은 세계 사람들은 유대인들은 노벨상 수상자도 많고 과학자도 많고 돈도 많으니까 이 말은 거짓이 아닐 것이라 생각했다. 그렇다면 그것은 아마도 원자폭탄이나 수소폭탄

---

42) 위키백과사전, 네이버 지식백과

을 능가하는 숨겨놓은 신무기일 것이라고 추측하였다.

전쟁이 끝난 후 세계 특파원들이 모세 다이안 장군에게 전쟁에서 승리한 비결이 뭐냐고 질문했다. 그러자 다이안 장군이 기자들에게 이렇게 말했다. "우리는 이번 전쟁에 신무기를 사용했습니다. 우리를 승리하게 한 신무기는 다름이 아니라 시편 121편 말씀입니다"라고 발표했다.

> 시 121:1-8 내가 산을 향하여 눈을 들리라 나의 도움이 어디서 올꼬 나의 도움이 천지를 지으신 여호와에게서로다 여호와께서 너로 실족지 않게 하시며 너를 지키시는 자가 졸지 아니하시리로다 이스라엘을 지키시는 자는 졸지도 아니하고 주무시지도 아니하시리로다 여호와는 너를 지키시는 자라 여호와께서 네 우편에서 네 그늘이 되시나니 낮의 해가 너를 상치 아니하며 밤의 달도 너를 해치 아니하리로다 여호와께서 너를 지켜 모든 환난을 면케 하시며 또 네 영혼을 지키시리로다 여호와께서 너의 출입을 지금부터 영원까지 지키시리로다

그 결과가 어떻게 나타났는가? 결국 전쟁은 단 6일 만에 이스라엘의 승리로 끝났다. 이 때 있었던 일화가 당시 이스라엘 신문에 실렸다. 이스라엘 군대도 용감했지만 전쟁이 일어나사 누군지는 모르지만 어디선가 "나를 따르라!"는 음성이 있었고 하늘에서 불비가 내려 적군의 진격을 막고 사막에서 땅벌이 진격해 오는 기갑부대를 무력화시켰는가 하면 진군해 오던 몇 개 사단의 병력이 허상을 보고 항복하는 등, 이 때 일어난 기적적인 도우심은 다 기록할 수 없다고 했다.[43]

---

43) e-channel 익스트림 미스터리

이것을 통하여 시편 121편 말씀이 결코 거짓이 아니라는 것을 똑똑히 보여주었다는 것이다. 기적이 아니고서야 어떻게 이런 결과가 있을 수 있겠는가?

　전쟁사의 내용의 세계를 면면히 살펴보면 사람의 수에 의해서, 사람들이 가지고 있는 화력에 의해서 전쟁의 승패가 결정되는 것이 아니라 하나님의 말씀을 믿는 믿음으로 인하여 전쟁의 승패가 결정 난다는 것을 알 수 있다는 것이다.

제 5장

하나님을 부인하고
대적함으로써 받는 환난

I
하나님은 왜 자기 백성을 징치하셔야 하는가?

이스라엘 백성들이 출애굽하여 광야의 지도자인 모세의 인도로 40년 광야 생활을 했다. 하나님이 이스라엘 백성들로 하여금 광야 40년의 길을 걷게 하신 것은 이들이 하나님의 명령을 지키는지 안 지키는지 알기 위해서였다.

> 신 8:2 네 하나님 여호와께서 이 사십 년 동안에 너로 광야의 길을 걷게 하신 것을 기억하라 이는 너를 낮추시며 너를 시험하사 네 마음이 어떠한지 그 명령을 지키는지 아니 지키는지 알려 하심이라

이스라엘 백성들이 광야에서 우상 숭배, 간음, 하나님을 시험하고 원망하는 네 가지의 죄를 지었다(고전 10:7-10). 그 죄로 말미암아 1세대 603,550명 중에서 여호수아와 갈렙을 제외하고 603,548명이 다 죽었다(민 14:30-38, 26:65).

그리고 남은 2세대가 하나님의 깊은 은혜의 세계를 깨닫지 못한 상태에서 요단강을 건너 가나안 땅에 들어갔다. 하나님이 그러한 2세대가 하나님을 잘 믿는지 못 믿는지 여부를 시험하시기 위하여 14명의 사사를 등장시켜 전쟁의 소용돌이 속에

서 살아가게 하셨다. 또 이스라엘 백성들이 안식일과 안식년을 지키지 않았기 때문에 바벨론에 포로로 잡혀 가게 해서 70년 동안 아주 곤혹스럽고 처절한 종의 삶을 살게 하셨다(대하 36:21, 렘 34:13-22).

이렇게 하나님은 전쟁이나 환난을 통하여 자기 백성들을 징치하시고 고난의 풀무 속에 연단하심으로써 하나님의 역사의 세계, 뜻의 세계를 알도록 양육하신다는 것이다(잠 17:3, 사 48:10, 렘 9:7).

요셉의 형제들이 요셉을 애굽에 팔았다. 결과적으로 7년 대기근 끝에 야곱의 66가족이 양식을 구하러 애굽에 갔는데 거기에서 총리가 된 요셉을 만난다. 생명나무의 지혜를 가진 요셉으로 말미암아 야곱의 70가족이 고센 땅에 거주함으로 7년 대기근을 면하게 된다.

그 후 요셉을 알지 못하는 새 왕이 등장한다(출 1:8). 그 새 왕으로 인하여 이스라엘 백성들이 애굽에서 400년 동안 고난을 받기 시작했다. 애굽에서 종살이 하던 그들의 참혹함은 이루 말할 수 없었다. 성경은 그런 이스라엘 백성들을 가리켜서 철 풀무, 쇠 풀무 같은 애굽에서 시험과 연단을 받았다고 말씀하고 있다(신 4:20, 왕상 8:51).

다니엘의 세 친구가 평소보다 7배나 뜨거운 용광로 불속에 들어갔던 것처럼(단 3:19-23) 하나님이 이스라엘 백성을 400년 동안 그러한 용광로 속에 넣어 두셨다.

왜 그렇게 하셨을까? 진 자는 이긴 자의 종이다(벧후 2:19). 이스라엘 백성들은 이긴 자가 아닌 진 자이기 때문에 한 호리라도 갚지 않으면 거기서 빠져나올 수 없는 것이다(눅 12:59).

진 자들에게는 누가 역사하게 되어 있는가? 종들의 하나님인 여호와가 그들을 다스리게 되어 있다. 하나님이 이스라엘 백성들을 400년 동안 애굽에서 종살이를 시키신 것은, 그들이 지은 원죄, 유전죄, 자범죄, 이 세 가지의 죄를 해결하지 않고는 하나님의 선민으로서의 택함을 입을 수 없기 때문이다.

그러므로 이스라엘 백성들이 고난의 풀무 속에 갇혀 있었던 것이다(욥 23:10, 사 48:10). 하나님이 그들의 고통 소리를 들으시고 아브라함, 이삭, 야곱에게 하셨던 맹세와 언약, 율례와 규례를 기억하심으로써 이스라엘 자손을 권념하실 수 있었다(출 2:24-25). 그렇기 때문에 하나님이 이스라엘 백성들에게 개입하셔서 열 가지 기사이적으로 애굽을 치셨을 뿐만 아니라 애굽의 모든 신들까지도 벌하실 수 있었던 것이다(출 12:12, 민 33:4).

하나님께서 철 풀무, 쇠 풀무와 같은 함의 장자인 애굽에서 이스라엘 백성들이 진 자로서 짊어질 수밖에 없었던 죄를 전부 속량시키셨다. 그들이 400년 동안 고난의 풀무 속에서 정금처럼 속량을 받고 깨끗함을 입게 될 때에 하나님이 드디어 자기 백성들에게 개입하실 수 있었던 것이다.

하나님은 우리가 기도할 때마다 가까이 해주시지만(신 4:7) 죄가 있으면 가까이 와주시지 않는다. 그렇기 때문에 죄를 다 속량시켜 놓으신 후 그제야 하나님이 친히 개입하셔서 애굽을 열 가지 재앙으로 치셨다. 그러므로 이스라엘 백성들이 출애굽 할 때 항오를 지어 힘찬 찬송을 부르면서 나올 수 있었던 것이다(출 13:18, 시 105:42-43).

애굽에서 이스라엘 백성들이 받았던 시험과 환난과 연단은 하나님이 그들을 다시 한 번 선민으로 택하시는데 있어서 절대적으로 필요한 구속의 과정이었다.

그 후 이스라엘 백성들이 또 어떠한 환난을 당하였는가? 아론의 반차를 통해서 77대 대제사장이 탄생되었다. 40대까지는 아론의 반차의 계열이 어느 정도 유지되어 왔는데 그 후로는 아론의 반차를 따르지 않고 그 시대를 지배하고 있던 왕, 총독들이 대제사장을 임명하는 임명제로 바뀌었다.

정치인들이 하나님의 종을 임명하는 권력을 휘둘렀으니 구약 마당의 끝이 얼마나 비참했는가? '안티오쿠스 4세, 에피파네스'[44]는 다니엘 11:31에 "성소 곧 견고한 곳을 더럽히며 멸망케 하는 미운 물건을 세울 것이며"와 마태복음 24:15에 "멸망의 가증한 것이 거룩한 곳에 선 것을 보거든"이라는 말씀의 의미처럼 성전에 '미운 물건, 멸망의 가증한 것'을 세운 인물이다.

그는 스스로를 하나님이라 칭하며 거룩한 하나님의 성전에

---

44) 안티오쿠스 4세 에피파네스(기원전 215년경~기원전 164년)는 기원전 175년부터 사망한 164년까지 셀레우코스 제국을 다스린 바실레우스이다. 에피파네스는 신의 현신을 의미한다. 안티오쿠스 3세의 아들이며 셀레우코스 4세 필로파토르의 형제였다. 본명은 미트리다테스로, 그는 안티오쿠스라는 이름을 형 안티오쿠스의 사후에 왕위를 승계할 때 사용하였다. 그의 치세의 기록할 만한 사건들에 이집트를 거의 정복한 것과 유다이아와 사마리아에서 유대인 박해 및 마카베오 반란 등이 있었다. 위키백과

그리스의 제우스신을 세워놓고 유대인들이 가장 싫어하는 돼지피를 성전에 뿌려 제사를 드리게 하였다(살후 2:4).

이것이 구약 마당의 끝에 거룩한 성전이 가장 비참하고 참혹하게 파괴되는 모습이었다. 죄가 있으면 하나님이 우리에게 임마누엘 되어 주실 수 없다.

II
본방 이스라엘이 담당한 핏값

하나님이 개입하시는 역사의 내용을 보면 하나님의 절대적인 의지와 뜻이 들어 있다는 것을 알게 된다. 그렇기 때문에 전쟁이나 환난은 우연히 일어나는 것이 아니라 필연적으로 일어나는 것이다.

그러나 한 가지 간과(看過)해서는 안 될 것이 있다. "전쟁은 하나님께 속해 있다"는 말씀을 긍정적으로만 생각해서는 안 된다. 그 양면성을 깊이 깨달아야 한다. 그 이유는 무엇인가? 설사 하나님이 사랑하시는 민족이라 할지라도 죄를 짓는다면 그 죄를 깨닫게 하기 위해서, 그 죄를 징치하시기 위해서 하나님이 북쪽 나라의 손을 들어주셔서 그 나라를 통해서 자기 백성을 치게 하신다는 것이다.

이스라엘 백성들이 안식년뿐만 아니라 안식일을 70년 동안 지키지 못했다. 하나님이 그 벌로 바벨론 느부갓네살 왕에게 이스라엘 백성들을 던져서 70년 동안 포로생활을 하게 하셨다. 그러므로 이스라엘 땅이 70년 동안 안식을 누림으로써 안식년(安息年)을 회복할 수 있었다(레 25:3-5, 대하 36:21).

하나님은 사랑하는 백성일수록 죄의 문제에 있어서는 더욱 철저하게 채찍질하시고 책망하시고 징계하신다.

그런 때에는 긍정적이 아닌 부정적인 입장에서의 전쟁이 일어난다. 죄를 징치하시기 위하여 하나님이 본 백성이 아닌 이방의 팔을 들어주셔서 그들로 하여금 징계 받을 자기 백성들을 침략하게 함으로써 때로는 간담을 녹이게 하시고 때로는 많은 인명과 재산을 잃게도 하신다. 그렇게 철저하게 진노하심으로써 자기 백성들의 죄를 징치하시는 것이다.

1. 이스라엘 백성들이 다윗을 배신하고 받은 환난

이스라엘 백성들이 헤브론에 모여 다윗을 왕으로 세울 때 맹세를 했다. 다윗이 여호와 앞에서 "너희가 진정으로 나를 왕으로 받들고 충성한다면 너희가 큰 복을 받겠지만 나를 배신하고 저버릴 때는 너희에게 저주가 임하리라"(대상 11:1-3)는 맹세를 하게 했다.

그렇게 맹세했던 이스라엘 백성들이 압실롬에게 넘어가서 다윗을 배신하고 내쫓음으로써 그 맹세를 어겼다. 그러므로 여호와께서 다윗을 격동시켜 인구조사를 하게 했다(삼하 24:1-2).

인구조사를 한 대가로 징벌이 내려졌다. 여호와의 말씀이 갓 선지자에게 임하여 다윗에게 세 가지 중 하나를 선택하라고 하였다. 두 가지는 사람에게 받는 환난이고 한 가지는 3

일 간의 온역으로 하나님께 받는 환난이었다. 지혜가 있는 다윗이 "내가 차라리 자비와 긍휼이 크신 여호와께 벌을 받겠다"(삼하 24:11-14)라고 했다. 그 결과 3일 동안 단에서부터 브엘세바까지 온역이 내려 7만 명의 백성이 죽었다. 천사가 예루살렘을 향하여 손을 들어 멸하려 하자 여호와께서 "족하다. 이제는 네 손을 거두라"(삼하 24:15-16)고 하였다.

이 사건을 깊이 헤아리지 못하면 다윗이 죄를 지어서 억울하게 7만 명의 백성들이 죽었다고 오해할 수 있다. 그러나 그것은 이스라엘 백성들이 스스로 약속한 맹세를 저버렸기 때문에 여호와께서 이스라엘 백성들을 징벌하신 것이다. 인구조사를 한 것을 다윗의 죄라고 한다면 열왕기상 15:5에 "다윗이 우리아의 일 외에는 죄를 짓지 않았다"는 말씀은 잘못 기록된 것이다.

피 흘린 죄가 얼마나 무서운지 말씀하고 있다. 이렇게 하나님은 죄악을 징치하시면서 인간의 마음속에 있는 선과 악의 세계를 항상 조절하신다는 것이다.

2. 아벨의 피로부터 사가랴의 피까지 의인들의 핏값으로 받은 환난

남조 유다, 요아스 왕은 어떤 사람인가? 요아스가 어렸을 때 이세벨의 딸 아달랴가 유다 집의 왕의 씨를 진멸하였으나 제사장 여호야다의 아내인 여호람 왕의 딸 여호사브앗이 요아스를 빼내어 유모와 함께 침실에 숨겼다(대하 22:10-11).

요아스가 하나님의 전에 숨은 지 제 칠년에 여호야다와 그 아들들이 왕자를 인도하여 그에게 기름을 붓고 보좌에 앉혀 왕으로 세웠다(대하 23:9-21). 처음 여호야다가 살아있는 동안에는 요아스 왕이 여호야다를 잘 믿고 따랐기 때문에 여호와 보시기에 정직히 행하였다(대하 24:2). 그런데 여호야다가 130세에 죽자 요아스 왕이 간신들에게 넘어가서 여호와의 전을 버리고 아세라 목상과 우상을 섬겼다(대하 24:15-18). 그리고 그를 책망하던 여호야다의 아들, 사가랴를 돌로 쳐 죽였다.

요아스 왕이 사가랴(스가랴)를 돌로 쳐 죽일 때에 사가랴가 "여호와는 감찰하시고 신원하여 주옵소서"라고 간하였다.

> 대하 24:20-22 이에 하나님의 신이 제사장 여호야다의 아들 스가랴를 감동시키시매-(중략)-너희가 여호와를 버린고로 여호와께서도 너희를 버리셨느니라 하나 무리가 함께 꾀하고 왕의 명을 좇아 여호와의 전 뜰 안에서 돌로 쳐 죽였더라 요아스 왕이 이와 같이 스가랴의 아비 여호야다의 베푼 은혜를 생각지 아니하고 그 아들을 죽이니 저가 죽을 때에 이르되 여호와는 감찰하시고 신원하여 주옵소서 하니라

요아스가 열조의 하나님 여호와를 버린 죄와 허물로 말미암아 아람군대가 쳐들어왔을 때 하나님이 요아스를 그들의 손에 붙이셨다. 결국 신복들이 제사장 여호야다의 아들들의 피로 인하여 모반하여 전쟁에서 크게 상하여 누워있는 요아스를

침상에서 쳐 죽였다(대하 24:25-26).

많은 병력을 가지고 있던 요아스가 아주 적은 수로 침투한 아람 군대에게 진 이유는 그가 하나님의 도(道)를 버리고 외면했기 때문이다. 또 자기에게 큰 은혜를 베풀었던 여호야다의 아들을 죽였기 때문이다.

예수님이 그 일을 잊지 않으시고 "의인 아벨의 피로부터 바라갸의 아들 사가랴의 피까지 이 세대가 다 담당하리라"고 말씀하셨다.

> 마 23:35 그러므로 의인 아벨의 피로부터 성전과 제단 사이에서 너희가 죽인 바라갸의 아들 사가랴의 피까지 땅 위에서 흘린 의로운 피가 다 너희에게 돌아가리라

> 눅 11:51 곧 아벨의 피로부터 제단과 성전 사이에서 죽임을 당한 사가랴의 피까지 하리라 내가 너희에게 이르노니 과연 이 세대가 담당하리라

그 결과가 어떻게 나타났는가? 초림 때 세상 끝에 오신 예수께서 이스라엘 백성들이 담당할 무서운 환난에 대하여 예언하셨다. 누가복음 19장에 예수님이 예루살렘의 멸망을 바라보시면서 우셨다는 말씀이 기록되어 있다.

> 눅 19:41-44 가까이 오사 성을 보시고 우시며 가라사대 너도 오늘날 평화에 관한 일을 알았더면 좋을 뻔하였거니와 지금 네 눈에 숨기웠도다 날이 이를지라 네 원수들이 토성을 쌓고 너를 둘러 사면으

로 가두고 또 너와 및 그 가운데 있는 네 자식들을 땅에 메어치며 돌 하나도 돌 위에 남기지 아니하리니 이는 권고 받는 날을 네가 알지 못함을 인함이니라 하시니라

예수님이 예언하신 대로 주후 70년째 되던 해에 베스파시아누스 황제의 아들 디도(티투스)[45]가 군대를 이끌고 와서 예루살렘을 포위했다. 밀리고 쫓기던 자들이 예루살렘 성 안으로 피신하여 들어간 수가 110만 명이었다. 디도가 예루살렘 성 바깥에 흙으로 토성을 쌓았기 때문에 한 명도 빠져나갈 수 없었다.

레위기 26:1-13, 신명기 28:1-14의 말씀은 축복의 말씀이고 그 후반인 레위기 26:14-39, 신명기 28:15-68에는 저주의 말씀이 기록되어 있다. 그 저주 속에는 부모가 자기 자식을 잡아먹는 내용이 들어있다(레 26:28-29, 신 28:53-57).

디도가 예루살렘 성을 포위했을 때에도 그런 일이 있었다. 좁은 성 안에 110만 명이 모여 있으니까 대번 식량난에 부딪치게 되었다. 성 안에 갇혀있는 자들이 굶다가 견디지 못하고 3개월 만에 자기의 아들, 딸들을 잡아먹기 시작했다.

유대 역사학자 요세푸스[46]에 의하면 성이 포위됨으로 말미

---

45) 티투스[Imperator Titus Flavius Caesar Vespasianus Augustus]: 로마 황제(재위 79~81). 유대 전쟁의 최고 지휘자로서 예루살렘을 함락시켰고 즉위 후에는 선정으로 국민들의 환영을 받았다. 배수비오 화산의 폭발과 로마 대화재 등 대재난을 겪었고 로마의 재건, 구제시업에 진력하다 사망하였다. 네이버 지식백과

46) 플라비우스 요세푸스(기원후 37년 경~100년 경)는 1세기 제정 로마 시대의 유대인 출신의 정치가이자 역사가이다. 기원후 66년에 발발한 유다이아 전쟁에서 유대군을 지휘하여 로마군에 맞섰으나, 로마군의 포로가 된 뒤 투항하여 정보를 제공해 주고 베스파시아누스 황제의 배려로 풀려나 로마 시민이 되었다. 플라비우스 요세푸스라는

암아 양식이 끊어지자 부모들이 어린 아이들을 잡아먹는 상황이 적나라하게 묘사되어 있다. 아내가 자식을 삶았는데 남편이 아내보다 한 점을 더 먹었다. 그러자 아내가 눈을 흘기면서 "당신이 왜 나보다 한 점 더 먹었느냐?"며 싸우는 장면이 기록되어 있다. 또 이웃을 잡아먹으려고 "우리 집에 먹을 것이 있으니 놀러오시오"라고 청한다. 미련한 사람이 그 말을 믿고 그 집에 가면 문 뒤에 숨어 있다가 둔기로 머리를 쳐서 죽인 다음에 삶아서 아껴먹었다는 것이다.

술 취한 로마 병정들이 예루살렘 성에 들어가서 재미삼아 어린 아이들의 발목을 잡고 개구리를 패대기치듯이 성벽 화강암에 메어쳐서 죽였다(눅 19:44). 병정들이 가버리면 부모들이 몰래 숨어 있다가 그 시체를 가져가려고 서로 싸웠고 이긴 자들이 그것을 가져다가 삶아 먹었다고 기술하고 있다.

시편 137편에 바벨론에 잡혀간 히브리 노예들의 합창에 이러한 피맺힌 한을 기억하면서 "우리 아이들이 당한 것처럼 갈대아 사람들의 자식들을 돌에 패대기쳐서 죽이는 자는 복을 받으리라"는 내용이 들어있다.

> 시 137:8-9 여자 같은 멸망할 바벨론아 네가 우리에게 행한대로 네게 갚는 자가 유복하리로다 네 어린 것들을 반석에 메어치는 자는 유복하리로다

이름은 새로 로마 시민이 된 이들에게 적용되는 관례에 따라 보호자인 베스파시아누스 황제의 가문을 이름을 따 '플라비우스'를 가문이름(nomen)으로 삼은 것으로 보인다. 티투스의 막료로서 예루살렘 함락의 순간을 모두 지켜보았으며, 훗날 이 전말을《유대전쟁사》라는 책으로 남겼다. 다음백과

예루살렘 성이 함락 당하자 예루살렘 거민들은 살육당하고 성전은 돌 위에 돌 하나도 첨 놓이지 않고 다 훼파되었다(마 24:2, 막 13:2, 눅 19:44). 결국 성이 점령을 당하고 포로로 잡혀간 6만 명 외에는 성 안에 있던 사람은 하나도 살아남지 못하고 다 죽었다. 일반적으로 체중이 60kg 되는 사람의 피의 양이 약 5리터라고 한다. 그런데 예루살렘 성에서 110만 명이 죽었으니 얼마나 많은 피를 흘렸겠는가? 예루살렘 성 40km 밖까지 송장 썩는 냄새가 진동했다고 한다.

그들이 아벨로부터 사가랴까지 의인들을 죽인 핏값으로 그러한 환난을 당한 것이다. 그러므로 "아벨로부터 사가랴의 피까지 그 세대가 담당하리라"(마 23:35)는 말씀이 응한 것이다. 그것이 이스라엘 백성들이 짊어져야 할 아픔이었다. 죄가 그렇게 무서운 것이다.

히틀러가 유대인들을 가스실에 몰아놓고 죽일 때에도 기적적으로 살아남은 어린 아이들이 있었다. 그런데 칼과 창으로 죽이던 시대에 성 안에 있던 자들이 한 사람도 살지 못하고 다 죽은 것이다.

예수께서 나귀 새끼를 타고 벳바게로부터 예루살렘 성으로 올라가실 때 이미 그런 날을 바라보시고 "예루살렘아, 예루살렘아, 암탉이 병아리 품듯 너희를 품으려고 했으나 너희가 끝내 거절하고 말았도다"(눅 13:34, 마 23:37)라고 말씀하셨다. 또 예수님이 골고다 언덕을 향하여 십자가를 지고 가실 때에 가슴을 치며 슬피 울면서 따라오는 여인들에게 "나를 위해 울지 말고 너희와 너희 자녀들을 위해서 울라"(눅 23:27-28)고 말씀하셨다.

예수님이 예언하신 말씀대로 초림 때에도 아벨의 피로부터 사가랴의 피까지 핏값을 묻는 창세 후 전무후무한 환난이 있었다는 것이다.

사람이 지은 죄는 그 죄를 지은 당사자의 피로써만 그 죄를 속할 수 있다(히 9:22, 레 17:11).
세상에도 '남의 눈에 눈물 흘리게 한 자는 자기 눈에서 피눈물이 난다'는 말이 있다. 그렇기 때문에 남에게 마음의 상처를 주거나 남에게 피를 흘리게 한 것은 절대 한 호리라도 갚지 않고는 다 핏값을 물게 되어있다(눅 12:59). 핏값이 그렇게 무서운 것이다.

3. 예수님의 핏값으로 받은 환난

초림의 마당에는 어떠한 일이 있었는가? 초림 때 말씀이 육신이 되어 오신 창조주 하나님이신 예수님을 피조물이 십자가에 달아 죽이는 무서운 죄를 범했다.

예수님이 십자가에 달려계실 때 그 밑에서 손가락질하며 조롱하던 자들이 누구인가? 그 당시의 종교지도자였던 대제사장들과 서기관들과 장로들이었다(마 27:41-42). 하나님을 가장 잘 믿는다고 자부하고 있던 그들이 말씀이 육신이 되어 오신 하나님이신 예수님을 알아보기는커녕 오히려 앞장서서 그를 이단의 괴수로 몰아 십자가에 못 박았다. 마태복음 27:1-2에 "모든 대제사장과 백성의 장로들이 예수를 죽이려고 함께 의논하고 결박하여 끌고 가서 총독 빌라도에게 넘겨주었다"라고 기록되어 있다.

예수님이 이 땅에서 삼년 공생애 과정을 지내시는 동안 이스라엘 백성들치고 예수님에게 신세지지 않은 자가 없었다. 병든 자, 귀신 들린 자, 어느 누구를 막론하고 고통과 아픔 속에 신음하고 있던 인생들 중에서 예수님을 찾아오지 않은 사람은 한 사람도 없었다. 그들 모두 예수님에게 나아와 고침을 받았다는 것은 부인할 수 없는 사실이다.

빌라도 광장에 십만 명이 모였는데 그들은 어떤 과정을 통해서든지 예수님에게 은혜를 입은 사람들이다. 그런 그들이 마지막에 예수님을 배신하고 외면하고 조롱하고 비웃고 정죄하고 심판했다. 오늘날 우리들도 그들과 같은 동류의 인생들은 아닌지 깊이 생각해보아야 한다.

빌라도 광장에 모인 무자비한 핍박자들이 예수님을 십자가에 못 박으라고 소리치고 있었다(마 27:22-23, 막 15:13-14, 눅 23:21-23). 빌라도가 "나는 이 사람의 죄를 찾지 못했으니 때려서 놓아주겠다"(눅 23:13-16)라고 했다. 그러자 이스라엘 백성들이 더욱 소리 질러 "그를 십자가에 못 박아 죽이라"(눅 23:21)고 외쳐댔다.

빌라도가 이스라엘 율법대로 대야에 손을 닦으면서 "나는 이 사람의 피에 대해 무죄하니 너희가 당하라"고 하자 이스라엘 백성들이 "그 피를 우리와 우리 자손들에게 돌릴지어다"(마

27:23-26)라고 대답했다.

　이스라엘 백성들이 예수님의 피에 대하여 그들과 그들의 자손들이 담당하겠다고 외친 결과가 어떻게 나타났는가? 예수님을 죽인 핏값으로 후대에 이르러 제2차 세계 대전 중, 독일의 히틀러가 학살한 유대인의 수는 600만 명이나 되고 그중 가스실에 몰아넣어 죽인 숫자만 100만에서 150만 명에 이른다. 당시 유럽에 살고 있던 약 1,100만 명의 유대인들 가운데 절반이 넘는 600만 명의 히브리 민족의 후손들이 히틀러에 의해서 죽었다는 것은 우연이라고 할 수 없다.[47]
　영적으로 말하면 히틀러가 하나님의 심판의 도구로 쓰임을 받아 예수님을 십자가에 달아 죽인 핏값으로 유대인을 죽인 것이다.

　그것이 지금도 유대교가 예수님을 부인하는 이유가 된다. '예수님이 참 하나님이라면 하나님의 선민을 그렇게 비참하게 죽이도록 내버려둘 수 있었는가?'라고 생각하기 때문에 그들은 절대 예수님을 하나님으로도, 하나님의 아들로도 믿지 않는다는 것이다.

---

47) '이스라엘사', 네이버 지식백과

III
영적 이스라엘이 담당해야 할 핏값

　마태복음 21:33-43에 '포도원 농부의 비유'에 대한 말씀이 기록되어 있다. 포도원 주인이 포도원을 농부들에게 세로 주고 실과 때에 세를 받으려고 자기의 종들을 보냈다. 농부들이 주인이 보낸 종들을 잡아서 하나는 심히 때리고 하나는 죽이고 하나는 돌로 쳤다. 주인이 처음보다 다른 종들을 많이 보냈지만 그들에게도 똑같이 하였기 때문에 마침내 자기 아들을 보냈다.
　아들을 보내면 공경할 줄로 알았는데 농부들이 그가 상속자인 줄 알아보고 오히려 그의 유업을 빼앗기 위하여 아들을 죽이고 말았다. 그러자 포도원 주인이 그 포도원을 빼앗아 제 때에 실과를 바칠만한 다른 농부들에게 주었다(마 21:33-41, 막 12:1-9, 눅 20:9-16)).

　이 비유의 말씀처럼 하나님이 택하신 선민 이스라엘은 그들을 구원하러 자기 땅, 자기 백성에게 오신 예수님을 십자가에 못 박아 죽이고 말았다. 그러므로 그들은 하나님의 나라를 빼앗기고 열매 맺는 백성에게 그 유업이 넘어가고 말았다.

마 21:43 그러므로 내가 너희에게 이르노니 하나님의 나라를 너희는 빼앗기고 그 나라의 열매 맺는 백성이 받으리라

1. 영적 이스라엘에서는 어떤 죄로 심판받는가?

포도원은 하나님이 이루고자 하시는 구속사의 세계를 의미한다. 그런데 그 포도원이 열매 맺는 백성, 영적 이스라엘에게로 넘어갔다. 그렇기 때문에 하나님의 뜻이 더 이상 표면적인 이스라엘에 머무르지 않는다는 것은 당연한 이치이다.

우리나라는 기독교가 국교도 아닌 나라인데 세계에서 가장 많이 선교사를 파송하는 나라, 또 세계적으로 새벽제단을 쌓는 유일무이한 나라이다. 그렇기 때문에 신앙적인 입장에서 우리나라를 이면적인 이스라엘, 영적 이스라엘이라고 누구나 인정하고 있다(롬 2:28-29).

그렇다면 하나님의 뜻이 머무르게 된 대한민국의 국가적인 운명은 어떻게 되는 것일까? 불꽃같은 눈을 가지신 하나님의 장중에 들어있는 대한민국을 통하여 하나님이 역사하실 것은 너무도 당연한 일이다(사 24:13).

대한민국이 이면적 이스라엘, 영적 이스라엘이라면 그러한 우리나라는 얼마나 큰 축복을 받은 나라인가? 우리나라는 마지막 때 이 땅에서 하늘나라를 이루시고자 하나님께서 만세 전에 예비하시고 준비해두셨던 땅이라고 말할 수 있다(겔

20:6).

요한계시록 2:4-5에 오른손에 일곱 별을 붙잡고 일곱 금 촛대 사이에 다니시는 이가 처음 사랑을 버린 에베소 교회를 책망하면서 회개치 아니하면 "네 촛대를 그 자리에서 옮기리라"고 말씀하고 있다.

그 말씀의 의미처럼 선민 이스라엘 백성들이 예수님을 십자가에 못 박아 죽임으로써 하나님이 그들에게서 포도원을 빼앗아 우리 한민족에게 주시고 이 땅에 영적 이스라엘 나라를 건국하셨다.

그리고 "인자가 아버지의 영광으로 올 때 거룩한 천사들과 함께 오리라"(마 16:27, 막 8:38, 눅 9:26)는 말씀대로 하늘나라를 이루시기 위하여 거룩한 천사들과 함께 이 땅에 아버지의 영광으로 오신 인자가 있다. 바로 그들이 요한계시록 11:4에서 말씀하고 있는 이 땅의 주와 주 앞에 선 두 감람나무와 두 촛대이다. 그들이 바로 하늘에서 온 광명한 자들이다.

본방 이스라엘에서 하나님이 구속사를 펼치시는 과정에서 이스라엘 백성들이 하나님의 뜻을 대적함으로써 그 죗값을 치렀다. 그렇다면 마지막 재림의 마당에서 70이레 중 남은 한 이레의 역사의 종지부를 찍는 역사가 펼쳐질 때 영적 이스라엘에서는 그러한 죄를 짓지 않았을까?

영적 이스라엘에서는 본방 이스라엘과 영적으로 동일한 역사가 펼쳐지게 되어있다. 과연 그 역사는 어떠한 사건으로 펼쳐지는가? 초림 때와 마찬가지로 그들도 마지막 한 이레의 절반인 전 삼년 반을 통해서 역사하시는 때의 주인이신 믿음의 주, 말씀의 주, 마지막 일곱 날의 영광의 빛을 영접하지 못하고 배척한다. 그리고 예수님을 죽인 것처럼 두 감람나무를 죽인다(계 11:7-8).

그러면 영적 이스라엘은 어떻게 되는가? 왜 영적 이스라엘이 본방 이스라엘이 겪었던 두렵고 떨리는 심판을 받아야하는가? 그것은 이 땅에 온 광명한 자들, 바로 이 땅의 주와 주 앞에 선 두 감람나무와 두 촛대를 배척하고 죽이는 죄를 범하는 나라와 민족이 되었기 때문이다.

우리나라가 영적 이스라엘이라면 고린도전서 15:22-24에 "첫째는 그리스도요 다음은 그리스도 강림할 때 붙은 자요 그 다음은 나중이라"는 말씀이 성취되는 나라로서의 축복을 받는 나라가 된다. 그러나 한편으로는 광명한 자들을 대적함으로써 하나님의 진노로 무서운 심판을 받는 나라도 되는 것이다.

본방 이스라엘에서 선지자의 핏값과 예수님의 핏값을 치렀듯이, 영적 이스라엘 역시 광명한 자들을 대적하고 죽인 대가를 치러야 한다.

그러므로 표면적인 유대인이 겪었던 것처럼 이면적인 유대인들도 마지막 때에 하나님의 진노의 심판이 이 땅에 쏟아짐으로써 창세 이후 전무후무한 환난을 당하게 되어있다. 그것이 대한민국이 운명적으로나 숙명적으로 받아들여야 할 전쟁인 것이다.

① 영적 이스라엘에 등장한 광명한 자들

하나님의 역사의 세계는 분명히 시작과 끝이 있다(계 1:8, 21:6, 22:13). 하나님은 시작한 자로 하여금 끝을 마치게 하신다.

재창조의 세계에서 여호와 하나님이 흙으로 사람을 지으시고 생기를 그 코에 불어넣어 생령이 되게 한 첫 사람 아담이 존재했었다. 구속사를 시작하는 첫 주인공이 있었다면 마지막 재림의 마당에도 구속사의 마지막 종지부를 찍는 주인공이 당연히 존재할 수밖에 없다.

홀로 하나이신 하나님이 만유 바깥에 제일 먼저 자기의 집을 지으시고 두 번째 지으신 세계가 만유의 세계이다. 태초의 말씀이신 예수님이 자신의 영광의 세계를 위하여 제일 먼저 만유 위에 아버지의 집을 지으시고 만유의 주가 되시기 위하여 만유 안으로 들어오셨다.

그 만유 안에 궁창의 세계가 들어있다. 궁창의 세계는 신령한 천사들의 세계이다. 하나님이 창조의 7일 중에 둘째 날 궁창의 세계를 지으셨다. 그리고 넷째 날 하나님이 큰 광명과 작은 광명을 만드시고 큰 광명으로 하여금 낮을 주관하게 하시고 작은 광명으로 하여금 밤을 주관하게 하셨다(창 1:14-19).

창세기 1:3의 첫째 날 하나님이 "빛이 있으라 하시매 빛이 있었고"라고 말씀하신 그 빛이 궁창의 세계에 들어와 광명이 됨으로써 그 광명으로 인하여 징조와 사시와 일자와 연한이 시작된다.

창세기 넷째 날 '하늘의 궁창에 광명이 있어'라는 말은, 하늘 궁창의 세계의 주인이 광명이라는 것을 의미한다. 광명이 있기 때문에 큰 광명과 작은 광명을 만들 수 있는 것이다. 그렇기 때문에 주인으로 세우신 광명에게 모든 권한과 능력을 부여해서 그로 하여금 큰 광명과 작은 광명을 만들게 하셨다. 광명이 존재함으로써 광명 안에서 큰 광명과 작은 광명이 나타나게 되어있는 것이다.

이것은 요한계시록 11:4에 이 땅의 주가 계심으로써 이 땅의 주 앞에 두 감람나무와 두 촛대가 존재할 수 있는 것과 같은 맥락의 말씀이다. 그러므로 이 땅의 주가 없다면 두 감람나무와 두 촛대도 존재할 수 없다.

예수님이 4,004년 만에 세상 끝에 오실 때 여인이 낳은 자 중에서 가장 큰 자인 세례 요한을 데리고 오셨다. 그러나 세례 요한은 안타깝게도 고린도전서 2:8에 "그가 영광의 주인 줄 알았더라면 십자가에 못 박지 아니하였으리라"는 말씀의 의미처럼 예수님을 영광의 주로도 아버지로도 믿지 못했다. 결과적으로 성령으로 잉태된 세례 요한이 말씀이 육신이 되어 오신 예수님, 은혜와 진리로 오신 예수님, 영광의 주이신 아버지를 하나님의 아들로도 믿지 못했기 때문에 실족하고 말았다.

세례 요한이 제자들을 보내서 "우리가 다른 이를 기다리오리이까?"(마 11:3)라고 한 것은 예수님을 하나님의 아들로도 믿지 못했다는 것이다.

예수께서 넷째 날 세상 끝에 둘째 아담으로 이 땅에 오셨다. 여기에서 세상 끝이라는 말은, 넷째 날의 끝을 말하는 것이다. 광명이신 예수님에 의해서 큰 광명과 작은 광명이 만들어지는데 세례 요한은 예수님의 파트너십으로 이 땅에 큰 광명으로 등장한 사람이다.

그런데 그가 실족함으로 말미암아 넷째 날 큰 광명이 이루어지지 않은 것이다. 루시엘과 비교하자면 루시엘은 완전히 타락한 존재로서 죄의 원조가 된 자이고 세례 요한은 타락한 것이 아니라 실족한 것이다. 그렇기 때문에 세례 요한은 천국에서 가장 작은 자가 되었다.

> 마 11:11-12 내가 진실로 너희에게 말하노니 여자가 낳은 자 중에 세례 요한보다 큰 이가 일어남이 없도다 그러나 천국에서는 극히 작은 자라도 저보다 크니라 세례 요한의 때부터 지금까지 천국은 침노를 당하나니 침노하는 자는 빼앗느니라

세례 요한이 예수님을 영광의 주, 아버지로 믿었다면 여자가 낳은 자 중에서 가장 큰 자로 승리하여 큰 광명이 될 수 있었을 것이다. 세례 요한이 산 자의 믿음을 가지지 못함으로 '근본 하나님의 본체'(빌 2:6)이시며 '하나님의 영광의 광채시요 그 본체의 형상'(히 1:3)이신 예수님을 하나님으로 믿지 못하고 실족한 것이다.

예수님이 "세례 요한 이후 천국은 침노를 받는다"라고 말씀하신 것은, 세례 요한이 본래 큰 광명의 자리에 앉을 수 있는 사람이었는데 그가 실족했기 때문에 누군가 그 자리에 도전할 수 있게 되었다는 것을 선포하신 말씀이다.

그 결과적인 열매가 재림의 마당에서 재림주 멜기세덱에

의해서 이루어지게 되어있는 것이다. 태중에서도 머리가 생기고 척추가 생기고 지어지는 순서와 질서, 수리성이 존재하듯이 이 땅의 주 안에서 두 감람나무와 두 촛대가 이루어질 수 있고 또 큰 광명 안에서 작은 광명이 이루어질 수 있는 것이다.

"인자가 아버지의 영광으로 거룩한 천사들과 함께 오리라"(마 16:27, 막 8:38, 눅 9:26)고 한 그들은 누구인가? 그들이 바로 이 땅의 주와 주 앞에 선 두 감람나무와 두 촛대로서(슥 4:11-14, 계 11:4) 그들이 큰 광명과 작은 광명의 존재가 되는 사람들이다.

② 신랑 신부의 원형의 존재는 누구인가?

예수님께서 십자가상에서 "다 이루었다"고 말씀하셨다. 예수님이 십자가를 통해서 이루시는 세계는 창조주만이 하실 수 있는 역사의 세계이다. 피조물로서는 절대 이룰 수 없는 영역이다.

창조주 하나님이 피조세계를 지으신 것은 피조물로부터 세세무궁토록 찬양과 경배를 받으시기 위해서라고 말씀하고 있다(사 43:21). 하나님께서 피조물로부터 영광을 받으시기 위해서는 하나님도 피조물에게 자기의 존재를 나타내셔야 한다. 보이지 않는 하나님께 세세 무궁한 찬양과 경배와 영광을 올릴 수 없다.

그렇기 때문에 하나님도 영광을 받으시기 위해서는 영광을 돌리는 피조물들에게 보이는 인격적인 하나님, 인자로 나타나셔야 한다. 보좌가 있다는 말은, 누군가 앉을 인자가 있기 때문에 보좌도 존재하는 것이다. 무형의 존재는 보좌에 앉을 수 없다.

그러나 그 역사의 세계를 살펴보면 오순절 날, 마가의 다락방에 강림한 성령도 인자가 아닌 무형의 존재로 나타났다. 하나님께서 능력이 부족하셔서 보이지 않는, 볼 수 없는 무형의 성령, 불같은 성령, 보혜사 성령을 보내신 것일까? 예수님이 공생애 3년 동안 행하신 능력의 세계를 보았을 때 능력이 부족하셔서 보이지 않는 성령을 이 땅에 보내신 것이 아니다.

본래 성령의 본질은 인자를 통해서 이루어지게 되어 있다. 그 말은, 본래 인류의 시작은 남자와 여자로부터 시작되었다는 것이다. 하나님이 남자를 먼저 지으시고 남자를 통해서 또 여자를 만드셨다. 아담을 깊이 잠들게 하시고 그의 갈비뼈로 여자를 만드신 그 과정의 역사가 인류 구속사의 시작이며 첫 발걸음이라고 할 수 있다(창 2:20-23).

아담은 궁창의 세계에 큰 광명으로 부름을 받은 사람이었다. 그렇다면 작은 광명은 그의 갈비뼈로 지음을 받은 하와라고 말할 수 있다.

신랑과 신부의 본질적인 원형은 아담과 하와였다. 아담과 하와는 여호와가 지은 피조물이다. 그들이 열국의 아버지, 열국의 어머니로서 우리 인류의 시부(始父), 시모(始母)가 되는 사람들이다. 그들이 본래 우리의 신랑과 신부인 것이다. 그런데 그들이 하나님이 주신 계명을 지키지 않고 불순종함으로 말미암아 신랑과 신부로서의 모든 영광을 빼앗기고 말았다.

그 영광을 회복하기 위해서는 신랑과 신부가 될 수 있는 자가 이 땅에 등장해서 아담과 하와가 빼앗겼던 생령의 능력을 되찾아 와야 한다. 그러나 그것을 회복하는 것이 결코 만만치 않다는 것이다.

그 이유는 무엇인가? 그것을 회복하는 과정에서 사람이 해결할 수 없는 문제가 개입되었기 때문이다. 상실했던 신랑 신부의 영광을 회복하기 위해서는 본질적으로 아담과 하와가 지은 죄의 문제를 해결해야 한다. 그것을 해결하지 않고는 절대 빼앗긴 신랑 신부의 영광을 되찾아올 수 없다.

죄의 문제를 해결하실 수 있는 분은 천상천하에 오직 한 분, 예수님밖에 없다. 예수님은 우주만물을 지으신 창조주이시다(창 1:1, 요 1:1-3). 그렇기 때문에 예수님만이 만물에 대한 책임을 지실 수 있고 죄를 사해주실 수 있는 권세를 가진 분이시다(히 1:1-3). 그러므로 예수님이 오셔야만 죄의 문제가 해결될 수 있는 것이다.

빼앗긴 아담의 영광을 회복해주시기 위하여 '아담은 오실 자의 표상'[48]이라는 기록된 말씀대로 예수님이 둘째 아담으로 이 땅에 오셨다(롬 5:14, 고전 15:47-48). 그 말은, 아담이 이루어야 할 큰 광명의 영광을 대신 이루어주시기 위하여 예수님이 둘째 아담의 입장으로 오셨다는 것을 의미한다.

예수님이 죄의 문제를 근본적으로 해결해주셔야만 하나님

---

48) 표상(表象) 추상적인 사물이나 개념에 상대하여 그것을 상기시키거나 연상시키는 구체적인 사물로 나타내는 일. 다음 어학사전

이 아담과 하와를 통해서 이루고자 하셨던 하늘나라를 이 땅에서 이루실 수 있다. 그러므로 예수님이 죽는 이름으로 이 땅에 오셔서 자기 백성을 죄에서 구원하시기 위하여 십자가를 지신 것이다(마 1:21, 딤전 1:15).

첫째 날 빛을 지으시고 넷째 날 빛을 중심으로 큰 광명과 작은 광명을 만드셨다는 것은, 오른쪽 보좌와 왼쪽 보좌를 만드셨다는 것을 의미한다. 그렇게 하늘에서 세 보좌를 만드셨는데 그것이 성부, 성자, 성령의 보좌이다.

그 보좌에 앉을 인자를 만드실 수 있는 분은 사람이 아니다. 삼위일체 하나님의 영광을 입으실 그 보좌의 주인공을 피조물이 만들 수 없다. 그러므로 예수님이 이 땅에 오셔서 그 보좌에 앉을 주인공들이 탄생될 수 있도록 다볼산, 변화의 산에 산 자인 모세와 엘리야를 부르셔서 그 문제를 상의하신 것이다(마 17:1-3, 막 9:2-4, 눅 9:28-31).

큰 광명과 작은 광명, 즉 우편 보좌와 좌편 보좌의 주인공은 본래 누구였는가? 앞서 기술했듯이 구속사의 시작의 구심점은 아담과 하와였다. 우편 보좌와 좌편 보좌는 아담과 하와의 자리로서 본래 신랑과 신부가 앉을 자리였다.

아담은 우리의 시부(始父)로서 우리의 신랑이신 멜기세덱이 될 수 있었던 사람이었다. 그러나 그가 불순종하여 타락함으로써 그 영광을 이루지 못했다. 재림의 마당에서 해를 입은 여인이 신랑의 영광을 회복하신다. 그리고 신랑의 영광을 입은 재림주 멜기세덱에 의해서 신부의 영광이 이루어진다.

신부의 영광은 어떻게 이루어지는가? 해를 입은 여인이 만국을 다스릴 수 있는 철장의 권세를 가진 아이를 낳아 하늘보좌로 올린다(계 12:5).

예수님은 태초의 말씀인 해를 이 땅에 떨치고 죽으셨기 때문에 스스로 부활하실 수 없다. 그렇기 때문에 하나님께 죽음에서 구원해주실 것을 통곡과 눈물로써 간구와 소원을 올린 것이다(히 5:7).

그러나 해를 입은 여인은 해를 입고 광야로 날아갔기 때문에 한 때 두 때 반 때를 지나 양육 받는 기간이 끝나면 사망의 권세를 깨고 스스로 부활할 수 있다(롬 1:3-4). 그가 부활하여 하나님 아들과 방불한 하늘의 대제사장 멜기세덱이 됨으로써 신랑의 영광을 회복한다. 그러면 에덴동산에서 아담의 갈비뼈로 하와를 만들었듯이 신랑인 그에 의해서 신부가 탄생될 수 있는 것이다.

그 신부가 누구인가? 앞서 기술했듯이 이스라엘의 영적 장자인 요셉이 재림의 마당에 신부의 영광을 입기 위하여 이 땅의 주 앞에 선 두 감람나무와 두 촛대로서 이 땅에 등장한다. 그가 장차 만국을 다스릴 수 있는 철장의 권세를 가진 아이가 되어 예수님 이후 피조물로서는 최초로 하늘보좌로 올라가는 존재가 되는 것이다.

이렇게 해를 입은 여인과 그에 의해서 탄생되는 철장의 권세를 가진 아이와의 관계가 바로 신랑과 신부, 큰 광명과 작은 광명의 관계인 것이다. 그러므로 재림의 마당에서 오른쪽 보좌와 왼쪽 보좌가 이루어지는 것이다. 오른쪽 보좌는 신랑의 보좌이고 왼쪽 보좌는 신부의 보좌이다.

예수님은 첫째 아담이 상실한 내용의 세계를 회복하시기 위해서 창조주 하나님이 아담의 입장으로 오신 것이다. 만약 예수님이 피조물로서 둘째 아담으로 오셨다면 예수님이 진짜 우리의 신랑이라고 말할 수 있다. 그러나 예수님은 창조주 하나님이시지 피조물이 아니다. 창조주와 피조물은 짝이 될 수 없다.

아담과 하와는 신랑 신부의 전형적인 푯대, 표상이다. 아담도 피조물이고 하와도 피조물이다. 신랑과 신부는 본질이 같은 피조물로 이루어지는 것이다. 마지막 때 재림의 마당에 등장하는 이 땅의 주와 주 앞에 선 두 감람나무는 본질이 같은 피조물로서 네 생물 속에 있는 인자들의 모습이라고 말할 수 있다.

③ 인격적인 네 생물로 온 존재는 누구인가?

재림의 마당의 주인공은 이 땅의 주와 주 앞에 선 두 감람나무와 두 촛대이다(계 11:4). 그들은 네 생물에 소속된 자들로서 하늘 궁창의 세계에서 넷째 날 큰 광명과 작은 광명으로 지음을 받은 자들이다.

그들이 "하늘에서 이루어진 뜻대로 이 땅에서 이루어지이다"라는 주기도문의 내용처럼 그 나라와 의를 이루기 위하여, 큰 광명과 작은 광명의 영광을 입기 위하여 세상 끝에 이 땅에 등장한다.

에스겔 1:1-5에 하늘문이 열리는 가운데 네 생물이 이 땅에 등장하는 모습이 기록되어 있다. 네 생물이 하늘에서 이 땅으로 왔기 때문에 하늘문이 열린 것이다. 그렇기 때문에 예수님이 세례 요한에게 침례를 받으실 때 하늘이 열리고 비둘기 같은 성령이 예수님에게 임했다고 말씀하고 있고(마 3:16, 막 1:10, 눅 3:22, 요 1:32) 예수님도 "세례 요한 이후 천국은 침노를 받는다"(마 11:12)라고 말씀하셨다.

하늘문이 열렸을 때에는 하늘에서 나온 사람이 있기 때문에 열린 것이다. 또 문이 닫힐 때에는 나온 사람이 닫았다는 의미이다.

열왕기상 17장에 등장한 디셉 사람 엘리야는 그의 족보가 기록되어있지 않다. 그러므로 엘리야를 가리켜 족보가 없는 사람이라고 말한다. 그 말씀의 저의 속에는, 분명히 여인의 태를 통해서 이 땅에 왔지만 영적으로 말하면 그는 멜기세덱 반차를 통해서 왔다는 것을 의미한다(시 110:4, 히 5:6, 5:10, 6:20, 7:11, 7:17).

야곱이 외삼촌 라반의 집으로 가던 도중에 한 곳에서 돌을 베고 자던 중에 꿈 중의 계시로 땅에서 만들어진 사닥다리가 하늘에 닿는 것을 보았다. 그 사닥다리를 타고 하나님의 사자가 오르락내리락 하고 그 꼭대기 위에 여호와 하나님이 계신 것을 보았다(창 28:10-13).

하늘문을 열고 닫을 수 있는 사람은, 이 땅에서 사닥다리를 만든 사람만이 하늘문을 열 수 있다. 멜기세덱은 '폰티펙스[49],

---

49) 폰티펙스 막시무스(라틴어: Pontifex Maximus)는 고대 로마의 국가 사제단(Collegium Pontificum)에 속한 최고 사제를 가리키는 라틴어 명칭이다. 위키백과

다리를 놓는 자'라는 의미이다. 사닥다리를 만든 자만이 멜기세덱 반차의 비밀과 암호를 아는 자로서 하늘문을 열 수 있는 것이다.

두 감람나무가 하늘문을 열고 닫을 수 있는 권세를 가졌다는 말은, 그는 본래 하늘에서 온 자라는 것을 알 수 있다.
역대상 5:1-2에 하나님이 열납하여 하늘로 취한 영적 장자가 있다. 그가 바로 천국을 이룰 수 있는 제 밭에 좋은 씨로 뿌려진 요셉이다. 요셉은 영맥을 가지고 있는 자로서 하늘에서 이루어진 뜻대로 영적인 세계를 이 땅에서 이룰 수 있는 하나님이 예비하시고 준비하신 유일한 산 자의 씨, 열매이다.

재림의 때를 영적인 때라고 말씀하고 있다(계 11:8). 영적인 때에는 당연히 영적 장자가 와야 한다. 영적 장자 없이 영적인 역사를 어떻게 이룰 수 있겠는가?
그렇기 때문에 제 밭에 요셉을 뿌린 것이다. 그는 하나님이 이 땅에서 하늘로 취해 간 자이며 재림의 마당에 제 밭에 좋은 씨로 뿌려지기 위하여 하늘에서 다시 이 땅에 온 존재이다. 그가 하늘로 올라갔다가(계 11:11-12) "해와 달과 별들이 내게 절하더이다"라는 신부로서의 영광을 받기 위하여, 영적 장자의 영광을 입기 위하여 다시 이 땅에 내려오는 것이다.
그가 내려오는 모습을 가리켜서 하늘에서 내려오는 거룩한 성 예루살렘을 보이시며 "내가 신부 곧 어린 양의 아내를 네게 보이리라"(계 21:9-10)고 말씀하고 있다.

요셉은 하늘문을 열고 닫을 수 있는 비밀과 암호를 가지고 있기 때문에 그만이 하늘문을 열고 닫을 수 있는 것이다. 그러므로 두 감람나무의 사역이 마쳐지기 전까지는 닫힌 하늘문이 절대 열리지 않는다.

그 하늘문이 언제 다시 열릴 것인가? 두 감람나무가 죽었다가 삼일 반 만에 살아나서 하늘 보좌로 올라갈 때 닫혔던 하늘문이 당연히 열리게 되어 있다. 두 감람나무는 문을 열고 닫을 수 있는 권세를 가진 사람이다. 그동안은 엘리야 때처럼 우로가 내리지 않는다. 그렇기 때문에 아모스 8:11에 "물이 없어 갈함이 아니라 말씀이 없어 기갈이 온다"라는 말씀처럼 두 감람나무가 땅을 치면서 역사할 때에는 절대 성령의 은사가 나타나지 않는다.

닫혔던 하늘문이 열리면 그때 어떤 일이 일어나는가? 댐이나 둑이 무너지면 갇혀있던 어마어마한 양의 물이 폭포수처럼 순식간에 쏟아져 내리듯이 하늘에서 꼼짝도 못하고 숨도 못 쉬고 있던 존재들이 하늘문이 열리자마자 이 땅에 쏟아져 내려서 별별 역사를 다 하게 된다. 그렇기 때문에 예수께서 그러한 그들의 역사를 가리켜서 "예수가 여기 있다 저기 있다 해도 너희는 절대 나가지 말라"고 말씀하신 것이다(마 24:23-26). 그렇게 쏟아져 내린 그들이 이 땅에서 광명한 천사로 무섭게 역사한다는 사실을 잊지 말아야 한다(고후 11:13-15).

요한계시록 12:5에 만국을 다스릴 수 있는 철장의 권세를 가진 아이가 하늘보좌로 올려간다. 그러면 재림의 마당에서 두 감람나무와 두 촛대로 역사했던 그리스도가 예수님 이후 하늘 보좌로 올라간 첫 번째 사람이 되는 것이다.

그가 하늘보좌로 올라가서 하늘의 전쟁을 일으켜서 아담을 타락시키고 육천 년 동안 하늘을 장악하고 있던 붉은 용과 그의 사자들을 내쫓는다(계 12:7-12). 철장의 권세를 가진 아이가 미가엘 군대장관과 같은 존재로서 붉은 용과 그의 사자들과 싸워 이기고 하늘에서 그들을 내쫓음으로 말미암아 창세기 둘째 날 궁창을 중심으로 윗물과 아랫물로 나누시고 "보시기에 좋았더라"고 하시지 못한 분리된 하늘을 회복시킨다.

그가 하늘을 통일시키고 다시 이 땅에 내려와 붉은 용을 무저갱에 집어넣고 이 땅을 평정한 후에 자기를 바라는 자들과 함께 천년왕국을 이룬다(계 20:1-6). 요셉이 산 자의 열매로 하나님께 수렴되었다가 마지막 재림의 마당에 다시 등장하여 하늘의 장자권을 회복함으로써 영적 장자와 육적 장자를 상징하는 그의 두 가지 꿈이 모두 완벽하게 성취되는 역사가 이루어지는 것이다.

재림의 마당에서 해를 입은 여인의 주도에 의하여 한 이레의 역사 속에서 펼쳐지는 빛과 어두움의 싸움은 하늘에서 이루어지는 것이 아니라 이 땅에서 그 목적과 결과가 이루어지는 것이다.

해를 입은 여인은 예수님이 가지고 계셨던 태초의 말씀, 해를 입었기 때문에 마지막 하늘의 모든 것을 짊어지고 역사하는 분이시다. 그가 재림의 마당을 통하여 자기의 목적을 이루시고자 천국이 이루어질 제 밭의 좋은 씨로 하여금 영광을 입게 하는 결과적인 이름이 멜기세덱이다.

해를 입은 여인의 원형의 모습이 독수리이다. 살았을 때는 해를 입은 여인이지만 죽는 순간, 본래의 모습인 독수리로 돌아간다. 본래의 원형으로 돌아간 입장을 가리켜서 "큰 독수리의 두 날개를 받아 광야 자기 곳으로 가서 한 때 두 때 반 때를 양육받는다"(계 12:14)라고 말씀하고 있다.

독수리는 독수리를 낳고 소는 소를 낳고 개는 개를 낳고 사람이 사람을 낳는 것처럼 첫 사람의 존재가 나타나면 그 존재의 계열을 통하여 후손들이 이루어지게 되어있다. 독수리가 있다면 당연히 독수리 새끼들이 태어나게 마련이다. 또 "주검이 있는 곳에는 독수리들이 모일지니라"는 의미처럼 독수리가 죽으면 그곳에 독수리 새끼들이 모이는 것은 당연하다.

마 24:28 주검이 있는 곳에는 독수리들이 모일지니라

눅 17:37 저희가 대답하여 가로되 주여 어디오니이까 가라사대 주검 있는 곳에는 독수리가 모이느니라 하시니라

요한계시록 1:8에 '알파와 오메가', 21:6에 '알파와 오메가, 처음과 나중', 22:13에 '알파와 오메가, 처음과 나중, 시작과 끝'이라는 세 단계의 과정은 해를 입은 여인이 메시야가 되기 위하여 걷는 3단계 과정을 말한다.

처음에는 '알파와 오메가'로 해를 입은 여인으로 등장한다. 두 번째 '알파와 오메가, 처음과 나중'은, 그렇게 등장하신 분이 이 땅의 주로 역사하신 세계를 말한다. 세 번째 '알파와 오메가, 처음과 나중, 시작과 끝'은, 메시야로서 걷는 3단계의 수리성의 과정을 모두 마치고 처음 시작한 자의 입장으로 등장

하신다는 것을 의미하는 말씀이다.

　요셉은 692년 만에 영적 장자라는 거룩한 하늘의 씨로 수렴되었지만 아직 영적 장자로서의 영광을 입지 못했다. 그가 영적 장자로서의 영광을 입으려면 영육 간에 산 자가 되어야 한다. 그렇기 때문에 영육 간에 산 자의 영광을 입기 위하여 이 땅에 좋은 씨로 뿌려져야 한다. 영육 간에 산 자의 영광을 입어야 하나님 아들과 방불한 존재로 인정받을 수 있는 것이다(롬 1:4).
　사망의 권세를 깨고 부활해야만 비로소 그의 몸이 말씀이 육신이 되어 오신 하나님과 같은 거룩한 몸이 될 수 있는 것이다. 그러한 영광을 이루기 위하여 하나님이 거룩한 한 씨, 영적 장자인 요셉의 씨를 이 땅에 뿌리셨다.

　마태족보를 통하여 믿음으로 의롭다함을 입을 수 있는 아브라함 계열의 족보를 만드셨다면 여인의 족보인 누가족보를 통해서는 마지막 신부의 영광 안에 등장하는 사람들이 본 가지인 요셉의 영광에 접붙여진 가지로서 구원의 수를 이루게 된다(롬 11:17-25).
　그렇기 때문에 신약이 마당에서는 예수님이 아브라함의 믿음을 통해서 의를 인정해 주셨지만, 재림의 마당에서는 두 감람나무를 인정하지 못하고 부인하는 존재들은 절대 마지막 때 의인이 되지 못한다. 두 감람나무의 의를 통하지 않고는 절대 의의 열매를 맺지 못한다는 것이다.
　요셉이 횃불 언약이 맺어진지 692년 만에 야곱이 사두었던 세겜 땅에 묻혔다. 그러므로 이 땅에 와서 남은 8수를 채워야 한다. 그 이유는 무엇인가? 692년은 완전수가 아니다. 700년이 되어야 완전수이다. 왜 8수를 남겨두었는가? 그 8수 안에 거룩한 한 씨로 이 땅에 뿌려진 씨가 죽었다가 삼일 반 만에 살아남으로써 그가 횃불 언약의 주인공으로서 영육 간에 완전한 영광을 입게 되는 것이다.

그렇기 때문에 요셉을 통해서 나타나고 있는 692년의 행로는 요셉이 사망의 권세를 깨고 부활하는 영적인 의미가 부여되는 과정이라고 할 수 있다. 하나님이 재림의 마당, 한 이레의 역사 속에서 남은 8년을 통하여 완전수로 이루시기 위한 역사가 이 땅의 주와 주 앞에 선 두 감람나무와 두 촛대의 역사인 것이다(계 11:4-13).

> 사 17:6 그러나 오히려 주울 것이 남으리니 감람나무를 흔들 때에 가장 높은 가지 꼭대기에 실과 이삼 개가 남음 같겠고 무성한 나무의 가장 먼 가지에 사오 개가 남음 같으리라 이스라엘의 하나님 여호와의 말씀이니라

요셉이 횃불 언약을 통해서 영적 장자가 되었다는 말은, 그 씨가 하나님 아들과 같은 씨가 되었다는 의미이다. 성경 전체에서 하나님 아들로 인정받는 씨는 요셉 외에 모세가 있다. 모세의 부활을 인정한다면 모세의 씨도 부활의 능력으로 사망의 권세를 깬 씨라고 말할 수 있는 것이다.

재림의 마당에서 신랑이 먼저 해를 입었다. 그렇게 탄생된 신랑에 의해서 신부가 탄생되는 것이다. 신부를 탄생시키기 위해서 제 밭에 씨를 뿌리게 한 사람이 신랑이다.

장자에는 영적 장자와 육적 장자가 있다(대상 5:1-2). 육적 장자가 더 큰 영광을 입기 위해서는 영적인 길을 걸어서 영육 간의 장자가 되어야 한다. 또 영적 장자는 이 땅에서 육적 장자의 길을 통해서 영육 간에 장자가 되어야 한다. 그러려면 그들이 이 땅에 와서 자기가 마지막에 걸어야 할 운명적인 십자가의 길을 걸어야 한다.

이 땅에서 철장의 권세를 가진 아이가 탄생된다는 말은, 이 땅에서 생명나무 열매를 따먹었다는 것을 의미한다. 그가 하늘보좌로 올라가서 하늘전쟁을 일으켜 붉은 용과 그의 무리들을 이 땅으로 내어 쫓음으로써 잘못된 궁창의 세계를 창조 본래의 목적대로 회복한다. 그러므로 그를 통해서 "보시기에 좋았더라"고 말씀하지 못했던 궁창의 세계를 창조본연의 보시기에 좋은 세계로 회복하는 것이다.

굳이 신부격인 이 땅의 주 앞에 선 두 감람나무와 두 촛대를 만국을 다스릴 수 있는 철장의 권세를 가진 아이로 만들어서 하늘보좌로 올리고 그로 하여금 궁창의 세계를 바로 잡으시려고 하는 하나님의 저의는 무엇인가?

선악을 알게 하는 나무 열매를 최초로 따먹은 사람이 하와였다. 여자가 따먹고 남자에게도 주매 아담이 그것을 받아먹었다(창 3:6). 하나님이 그들에게 주신 원시계명을 지키지 못하도록 원인제공을 한 장본인이 하와였다. 피 흘리게 한 자의 피로써만이 그 피의 댓가를 치를 수 있는 것이다(히 9:22).

그렇기 때문에 마지막 때 신부격인 이 땅의 주 앞에 선 두 감람나무가 산 자의 첫 열매가 되어 하늘보좌에 올라가서 하늘 전쟁에서 승리하고 궁창의 세계를 평정해야만 그가 상실한 영광을 회복할 수 있는 것이다.

첫째 아담이 상실한 영광의 세계를 초림 때 둘째 아담으로 오신 예수님이 이루셨다면 둘째 아담이 이루신 그 영광의 터전 위에 세 번째 오시는 분은 누구인가? 초림 때 첫째 아담의 표상으로 예수께서 둘째 아담으로 오셨다고 해서 재림의 마당에 셋째 아담이 오는 것이 아니다. 셋째 아담이 아닌 멜기세덱이 등장한다.

재림의 마당의 해를 입은 여인은 아담의 계열에 소속된 자가 아니라 처음부터 네 생물의 계열에 소속된 존재이기 때문에 그는 비록 아브라함의 후손으로 이 땅에 왔다 할지라도 아담의 계열과는 본질이 전혀 다른 사람이다.

예수님은 둘째 아담으로 오신 분이시다. 둘째 아담으로 오셔서 첫째 아담이 상실한 모든 구속사의 영광을 다 이루셨다. 예수님이 둘째 아담으로 오셔서 그 영광을 다 이루시지 못했다면 셋째 아담이 와야 할 여지도 있다. 그러나 둘째 아담으로 오신 분이 다 이루셨기 때문에(요 19:30) 더 이상 아담의 이름으로는 올 필요가 없는 것이다. 재림주는 아담의 계열이 아니라 네 생물의 계열이기 때문에 셋째 아담으로 오지 않는다.

네 생물의 계열이 마지막 때 와야만 하는 이유는 무엇인가? 창세기 14:17-20에 멜기세덱이 아브라함에게 떡과 포도주로 축복해 줌으로써 구속사의 시작의 테이프를 끊었다. 그렇게 시작한 멜기세덱으로 하여금 끝을 맺게 하는 것이 '나는 알파와 오메가, 처음과 나중, 시작과 끝'이라고 기록되어 있는 말씀의 정확한 귀결이 되는 것이다. 멜기세덱이 시작했기 때문에 마지막 때 끝을 맺어야 할 재림주의 이름도 멜기세덱이 되어야 하는 것이다.

마찬가지다. 횃불 언약도 표면적으로는 여호와가 시작한 것 같지만(창 15:6-21), 영광의 하나님이 갈대아 우르에 살고 있는 아브라함 가(家)에게 떠나라고 하면서 시작된 것이다.

> 행 7:2-4 스데반이 가로되 여러분 부형들이여 들으소서 우리 조상 아브라함이 하란에 있기 전 메소보다미아에 있을 때에 영광의 하나님이 그에게 보여 가라사대 네 고향과 친척을 떠나 내가 네게 보일 땅으로 가라 하시니 아브라함이 갈대아 사람의 땅을 떠나 하란에 거하다가 그 아비가 죽으매 하나님이 그를 거기서 너희 시방 거하는 이 땅으로 옮기셨느니라

위 성구에서 스데반이 말하고 있는 영광의 하나님은 누구인가? 성경 전체에서 여호와를 '영광의 하나님'이라고 말씀한 곳은 없다. 여호와를 '만군의 주 여호와'(시 69:6, 사 28:22) 또는 '여호와 하나님'이라고 부르기는 했지만 여호와를 영광의 하나님이라고 지적한 곳은 한 군데도 없다.

스데반이 돌 탕에 맞아죽기 전에 외친 이 영광의 하나님은 바로 멜기세덱을 말씀한 것이다. 예수께서 "다른 사람이 자기의 이름으로 오면 영접하리라"(요 5:43)고 말씀하신 분이 누구인가? 그가 바로 인자가 아버지의 영광으로 오시는 재림주 멜기세덱인 것이다.

재림주는 셋째 아담으로 오시는 분이 아니라 하늘의 대제

사장인 멜기세덱으로 오시는 것이다.

　예수께서 "그 날과 그 때는 하늘에 있는 천사들도 모르고 아들도 모르고 아버지만이 아신다"(마 24:36, 막 13:32)라고 말씀하셨다.

　창세기 넷째 날 "하늘 궁창에 있는 광명으로 하여금 징조와 사시와 일자와 연한을 이루게 하신다"(창 1:14)라고 하신 것은 광명만이 그 날과 그 때를 알 수 있다는 의미의 말씀이다.

　히브리서 9:26에 예수님이 세상 끝에 오셨다고 말씀하고 있다. 예수님이 세상 끝에 오신 그 날은 몇째 날이라고 말할 수 있는가? "하루가 천년 같고 천년이 하루 같은 이 한 가지 사실을 잊지 말라"(벧후 3:8)는 말씀에 비추어보면 예수님이 4,004년 만에 오셨으니까 넷째 날에 오셨다고 말씀할 수 있다. 그렇다면 6,000년이 지나서 오시는 재림주는 마지막 여섯째 날 세상 끝에 오셨다고 말씀할 수 있는 것이다.

　궁창의 세계의 주인은 광명이다. 그 광명에 의해서 큰 광명과 작은 광명이 만들어졌다. 큰 광명과 작은 광명이 될 수 있는 자들은 누구인가? 영적으로 하면 저희 주께서 십자가에 못박히신 것과 같은 의미의 세례를 받은 자만이 큰 광명, 작은 광명이 될 수 있다.

> 계 11:8 저희 시체가 큰 성 길에 있으리니 그 성은 영적으로 하면 소돔이라고도 하고 애굽이라고도 하니 곧 저희 주께서 십자가에 못박히신 곳이니라

　예수께서 야고보와 요한에게 "내가 받을 세례를 너희가 받

을 수 있느냐?"라고 물으신 것은, 그러한 세례를 받지 않고는 절대 큰 광명과 작은 광명의 존재가 될 수 없다는 것을 말씀하신 것이다. 예수께서 세례를 언급하시자 그들은 요단강에서 예수님이 받으신 세례를 생각하고 "받을 수 있습니다"라고 대답했다. 그러나 예수께서 말씀하신 세례는 그들이 생각하는 세례가 아니라 십자가상에서 받는 불세례를 말씀하신 것이다(눅 12:50). 십자가상에서 그러한 세례를 받으셨기 때문에 예수님이 "다 이루었다"라고 말씀하신 것이다. 예수님과 같은 그러한 세례를 받지 않고는 절대 큰 광명과 작은 광명의 존재가 될 수 없다.

두 감람나무의 죽음을 가리켜서 "저희 주께서 십자가에 못 박히신 곳이니라"고 말씀하고 있다(계 11:8). 그 말은 두 감람나무는 표면적으로 예수님의 죽음과 의미는 다르지만 영적으로는 같은 죽음의 세례를 받았다는 의미이다.

그렇기 때문에 큰 광명과 작은 광명은 아무나 할 수 있는 것이 아니다. 만세 전에 미리 아신 자, 미리 정하신 자들을 하나님의 후회하심이 없는 은사와 부르심을 통해서 부르신 존재들인 것이다(롬 8:28-30, 11:29).

예수님이 넷째 날, 둘째 아담으로 오셨다는 말은, 아담이 이루어야 할 큰 광명이 되시기 위해서 오셨다는 것을 의미한다.

예수님이 앉으신 오른쪽 보좌의 의미는 무엇인가? 오른쪽 보좌는 에덴동산 한가운데를 말한다. 예수께서 만유 위에 있는 아버지의 집으로 가시지 않고 에덴동산 한 가운데 계신 것은 만유 안에서 영광을 받으시기 위해서다. 그것을 하나님 보좌 우편에 계신다고 말씀하고 있다(마 26:64, 막 16:19, 눅 22:69, 행 7:55-56, 롬 8:34, 골 3:1, 히 1:3, 8:1, 10:12, 12:2, 벧전 3:22).

예수님이 가운데 보좌, 아버지의 집으로 가신다면 이 땅에 있는 우리들은 만유 위에 계신 그분의 영역, 영광의 세계를 바라볼 수 없다. 그분이 만유 안에 계시기 때문에 그나마 우리가 예수님을 바라볼 수 있는 것이다.

셋째 날 구속사의 대상인 씨를 만드셨고 넷째 날 큰 광명과 작은 광명을 만드셨다. 셋째 날 구속의 대상을 만드시고 넷째 날에는 구속주를 만드신 것이다. 그 구속주가 바로 큰 광명과 작은 광명인 것이다. 둘째 날 궁창의 세계에 큰 광명과 작은 광명의 모습은 나타나지 않았지만 셋째 날 구속사의 대상들을 만드신 후, 넷째 날에 구속사의 대상들에게 큰 광명과 작은 광명의 존재를 드러나게 하셨다는 것이다.

큰 광명과 작은 광명은 궁창의 세계의 일이기는 하지만 궁창의 세계에서 이루어지는 것이 아니다. 어디에서 이루어지는가? 예수께서 마 20:20-23에 "내 좌우편에 앉는 것은 내 아버지께서 예비한 자가 앉는다"라고 말씀하셨다. 하늘 세계의 주인공들은 하늘에서 이루어지는 것이 아니라 이 땅에서 이루어진다는 것을 말씀하고 있는 것이다.

그래서 예수께서 베드로에게 "네가 땅에서 매면 하늘에서도 매일 것이요 네가 땅에서 풀면 하늘에서도 풀리리라"(마 16:19)고 말씀하신 것이다.

마지막 때 그러한 영광이 이루어지는 것을 저지하기 위해서 예수님 때에도 등장하지 않았던 붉은 용이 이 땅에 온다(계 12:3-4). 그 이유는 무엇인가? 이 땅에서 큰 광명과 작은 광명이 이루어진다면 그동안 자기들이 누려왔던 공중의 권세가 끝장이 나기 때문이다.

예수님이 "사단이 하늘로서 번개 같이 떨어지는 것을 내가 보았노라"(눅 10:18)고 말씀하셨다. 예수님 때에도 사단이 온 것이지 붉은 용은 오지 않았다. 그러나 마지막 때는 붉은 용이 이 땅에 등장한다. 붉은 용이 이 땅에 와서 해를 입은 여인이 철장의 권세를 가진 아이를 낳으면 그를 삼키려고 호시탐탐 노리면서 최선을 다하지만 실패한다. 결국 이 땅의 주이신 해를 입은 여인이 철장의 권세를 가진 아이를 낳아서 하늘보좌로 올린다(계 12:1-5).

④ 이 땅의 주와 주 앞에 선 두 감람나무와 두 촛대

재림의 마당의 주인은 해를 입고 이 땅의 주로서 살아 역사하신 해를 입은 여인이다(계 12:1). 해를 입은 여인이신 이 땅의 주 앞에는 두 증인인 두 감람나무와 두 촛대가 있다(계 11:3-4).

두 감람나무의 역사는 한 사람이 한 때 두 때의 역사를 하고 또 한 사람이 나머지 반 때의 역사를 하기 때문에 두 증인이라고 말씀하고 있다. 본래는 한 사람이 해야 할 사역인데 두 사람이 완성한다는 영적인 의미가 들어있는 것이다.

우레는 소리를 발하는 입장에서 보면 한 사람의 소리이지만 소리를 내려면 양전기와 음전기가 하나로 이루어져야만 우레를 발할 수 있는 것과 같은 이치이다. "손뼉이 마주쳐야 소리가 난다"는 세상 소리가 있듯이 우레는 하늘과 땅이 마주쳐야 소리가 나는 것이다.

그들이 바로 스가랴 4장에서 말씀하고 있는 '기름 발리운 자 둘로서 온 세상의 주 앞에 모셔 섰는 자'이다.

> 슥 4:11-14 내가 그에게 물어 가로되 등대 좌우의 두 감람나무는 무슨 뜻이니이까 하고 다시 그에게 물어 가로되 금 기름을 흘려내는 두 금관 옆에 있는 이 감람나무 두 가지는 무슨 뜻이니이까 그가 내게 대답하여 가로되 네가 이것이 무엇인지 알지 못하느냐 대답하되 내 주여 알지 못하나이다 가로되 이는 기름 발리운 자 둘이니 온 세상의 주 앞에 모셔 섰는 자니라 하더라

이사야 17장과 24장에 감람나무 역사의 내용이 기록되어 있다.

> 사 24:13 세계 민족 중에 이러한 일이 있으리니 곧 감람나무를 흔듦 같고 포도를 거둔 후에 그 남은 것을 주움 같을 것이니라

> 사 17:6-7 그러나 오히려 주울 것이 남으리니 감람나무를 흔들 때에 가장 높은 가지 꼭대기에 실과 이삼 개가 남음 같겠고 무성한 나무의 가장 먼 가지에 사오 개가 남음 같으리라 이스라엘의 하나님 여호와의 말씀이니라 그 날에 사람이 자기를 지으신 자를 쳐다보겠으며 그 눈이 이스라엘의 거룩하신 자를 바라보겠고

"세계 민족 중에 이러한 일이 있으리니"라고 말씀한 것은 표면적인 유대인이 아니라 이면적인 유대인을 통해서 감람나무 역사가 이루어진다는 것을 말씀하고 있는 것이다.

본방 이스라엘을 통해서 포도나무 역사를 하셨지만 감람나무 역사는 하지 않으셨다. 그 이유는 무엇인가? 창세기 15장에 하나님이 이미 믿음의 조상 아브라함에게 제물을 바치라고 한 내용 속에 확실하게 구별해 놓으셨다. 구약의 마당을 위해서는 삼년 된 암소와 삼년 된 암염소, 신약의 마당을 위해서는 삼년 된 수양, 재림의 마당을 위해서는 산비둘기와 집비둘기 새끼를 제물로 바치라고 하였다(창 15:9).

재림의 마당을 위해서 바친 산비둘기와 집비둘기 새끼가 두 감람나무와 두 촛대의 사역을 짊어진 자들이다. 그들이 재림의 마당을 주관하고 섭리하는 자들로서 제 밭에 뿌려진 좋은 씨들이다.

마지막 때 등장하는 그들을 통해서 하나님은 어떤 역사를 이루실 것인가? 예수님이 천국을 비유하신 일곱 가지 말씀 중에 일곱 번째가 "천국은 그물로 많은 물고기를 잡은 것과 같으니 좋은 고기는 그릇에 담고 못된 고기는 내어버리라"(마 13:47-50)고 말씀하셨다. 예수께서 마지막 세상 끝에 의인 중에서 악인을 골라내리라고 말씀하고 있다. 마지막 때에는 악인 중에서 의인을 찾아내는 것이 아니라 의인 중에 숨어있는 악인을 골라내는 역사를 한다는 것이다.

그러한 역사를 위해서 두 감람나무에게 일천이백육십 일 동안 일할 수 있는 권세를 주신다. 그가 예언하는 날 동안 하늘문을 닫고 비 오지 못하게 하고 물을 변하여 피되게 하고 그를 대적하거나 해하고자 하는 자들을 저희 입에서 나오는 불로 심판하게 하신다. 또 그에게 갈대자를 주어 성전 안을 척량하게 하시고 그에게 여러 가지 재앙으로 땅을 치게 하신다(계 11:1-6).

성전 안을 척량하라는 말은, 알곡인 양 잘 믿는 척하는 자들을 찾아내어 못된 고기를 하나하나 끄집어내어 버리는 것처럼 심판하라는 것이다.

두 감람나무는 왜 그런 권세를 가질 수 있는가? 제 밭에는 누가 장자가 되는가? 기력의 시작이 되는 자에게 장자의 권리가 있는 것이다(창 49:3, 신 21:17). 제 밭에 좋은 씨가 먼저 뿌려졌기 때문에 기력의 시작이 된 좋은 씨가 장자로서 제 밭을 주관하고 다스리고 통제할 수 있는 것이다.

2. 두 감람나무를 죽인 핏값으로 깨어지는 성도의 권세

구속사의 역사는 동일한 말씀의 역사로 이루어진다고 말씀하고 있다.

벧후 3:7 이제 하늘과 땅은 그 동일한 말씀으로 불사르기 위하여 간수하신 바 되어 경건치 아니한 사람들의 심판과 멸망의 날까지 보존하여 두신 것이니라 그렇기 때문에 초림 때 겪은 창세 이후 전무후무한 환난이나 재림 때 겪을 창세 이후 전무후무한 환난은 맥락이 같을 수밖에 없다는 것이다.

그렇다면 재림의 마당의 끝에는 어떤 상황이 전개되는가? 초림 때 예수님은 죄인을 구원하러 이 땅에 오셨다(마 1:21, 막 2:17). 그러나 재림주는 죄인을 구원하러 오신 분이 아니다. 죄와 상관없이 자기를 바라는 자들에게 두 번째 오는 분이시다(히 9:28). 재림주는 죄악된 세상에 남아있는 거룩한 성도, 성별된 성도, 의인들을 구원하러 오셨기 때문에 죄인과는 아무 상관이 없는 분이시다.

그렇기 때문에 재림 때는 초림 때와는 구원의 내용이 전혀 다르다. 재림 때는 죄인은 구원 받지 못한다. 여기서 죄인이라는 말은, 99%를 의롭게 살았는데 1%의 죄가 있다면 그 사람은 절대 첫째 부활에 들어가지 못한다는 것을 의미한다.

성도의 권세는 재림의 마당에서 다 깨어지게 되어있다. 다니엘 12장에 보면 70이레 중에서 재림의 마당에서 이루어질 한 이레의 역사 속에 있는 7년 대환난을 바라보면서 강둑에 있는 자 중에 하나가 세마포를 입고 강물 위에 있는 자에게 "이 기사의 끝이 어느 때까지입니까?"라고 묻자 그가 손을 들어 하늘의 영생하시는 하나님을 가리켜 맹세하여 "한 때 두 때 반 때를 지나 성도의 권세가 다 깨어지기까지니"(단 12:5-7)라고 말씀하고 있다.[50]

---

50) <다시 복음으로 본 종말론적 구속사 시리즈> 제 6권 "작은 책" 121-122쪽, 335쪽, "666, 그들은 누구인가?" 531-533쪽, 벽암 조영래 저, 도서출판 오색이슬

왜 창세 이후 전무후무한 환난이 일어날 수밖에 없는가? 성별된 성도만이 첫째 부활에 참여할 수 있기 때문이다. 7년 대환난 속에서 성도의 권세는 다 깨어지기 때문에 성도는 생명의 부활로도 구원을 받지 못한다는 것이다.

죄인을 구하러 본방 이스라엘에 오신 예수님은 자기 백성들에게 자비와 긍휼을 베풀어주셨다. 그러나 재림의 마당에 오신 재림주는 자기를 바라는 자들, 의인들을 구원하러 오셨기 때문에(히 9:28) 절대 성전 밖에 있는 자들에게 자비와 긍휼을 베풀지 않는다는 것이다.

그렇기 때문에 심판은 다 하나님의 집으로부터 시작된다(벧전 4:17, 겔 9:6). 심판의 대상은 하나님의 성전과 제단과 그 안에서 경배하는 자들이다. 성전 밖 마당은 심판의 대상, 구원의 대상이 아니기 때문에 마귀에게 마흔두 달 동안 짓밟히도록 내어준다(계 11:1-2).

그러므로 마지막 때에는 두렵고 떨리는 일이 일어날 수밖에 없다. 노아, 다니엘, 욥과 같은 의인만이(겔 14:14, 14:20), 아브라함과 같은 믿음을 가진 사람만이 구원의 대상이 된다. 아브라함, 이삭, 야곱과 같은 믿음이 없는 사람은 다 죽게 되어있다.

베드로전서 4:17-18에 "의인이 겨우 구원을 받는다"고 말씀하고 있다. 나머지 경건치 아니한 자와 죄인은 회개하지 않는다. 성도들은 666에게 다 경배를 드리게 되어있다(계 13:16-18). 그렇기 때문에 성도의 권세는 다 깨어지게 되어있는 것이다. 성도의 권세가 다 깨어진다는 말은, 성도 중에 희소한 수가 남는다는 그런 뜻이 아니다. 성도는 100% 전체가 다 깨어진다는 것이다.

그러므로 마지막 때 하나님의 종들이 책임져야 할 책임이 막중할 수밖에 없다. 단단한 식물을 먹이지 못하고 선악을 분별하지 못하는 초보의 말씀으로는 마지막 때에 양들을 책임질 수 없다. 그들이 가르치는 말씀으로는 도저히 양들을 성별된 성도, 의인으로 거듭나게 만들 수 없다는 것이다(히 5:11-14, 6:1-3).

오늘날 각 교회마다 하나님의 종들이 외치는 말씀은 붉은 용, 바다의 짐승, 땅에서 올라온 새끼 수양이 이미 다 알고 있는 말씀이다. 그렇기 때문에 그들이 가지고 있는 신앙의 내용, 본질, 근본을 가지고는 자기의 양들을 666이라는 세 짐승과 싸워 이길 수 있는 의의 병기로 무장시킬 수 없다.

그것이 오늘날 진행되고 있는 기독교의 현실이며 진실이다. 그 진실을 알고 있는 목자들 중에도 두려움에 빠져서 감히 올바른 말씀을 외치지 못하고 있다. 그러므로 성도의 권세가 깨어지는 것은 목회자들의 전적인 책임이라고 말할 수 있다. 양들을 책임지지 못한 목자들은 당연히 심판을 받을 수밖에 없기 때문에 구원받기 힘들다는 것이다.

마지막 재림의 마당에 때의 주인으로 오시는 분은 말씀의 인자(人子)이시다. 예수님이 십자가상에서 떨치신 해를 입고 이 땅에서 살아 역사하신 이 땅의 주, 말씀의 주, 믿음의 주이시다. 그분이 "나를 아는 자가 있으면 손들어 보라!"고 하실 때 그분을 영접할 목회자가 있을까? 아무리 평생을 경건하고 거룩한 신앙생활을 했더라도 때의 주인을 모른다면, 그는 올바른 하나님의 종이라고 말할 수 없다. 예수님이 아니고는 다 마귀라고 하는데 믿음의 주, 말씀의 주로 역사하신 그를 아는 사람이 있을까?

그렇기 때문에 두 감람나무가 성전 안을 갈대자로 척량할 때 성전 안에 있는 목사, 신부, 목회자들은 구원받기 힘들다는 것이다. 그렇다면 일반 성도들이야 말할 것도 없다. 마귀에게 삼킴을 받으면 다 마귀의 병기로 쓰임을 받게 되어있다.

성도의 권세가 다 깨어지는 기간을 1260일이라고 말씀하고 있다(단 12:7). 그리고 30일이 지나 1290일까지가 짐승이 인치는 기간으로 짐승에게 표를 받지 아니하고 경배 드리지 아니한 성별된 성도들이 받는 환난의 기간이다. 그렇기 때문에 꼭 싸워서 이겨야 하는 기간이 바로 이 한 달이다(단 12:11-12).

성도의 권세가 깨어지면 성별된 성도들이 남아있다. 그들이 666이라는 세 짐승과 마지막 한 달 동안 격전을 벌이게 된다. 그 한 달 동안이 하늘과 그 가운데 거하는 자들이 어두움의 권세와 마지막 싸움을 통하여 신앙의 의를 이루는 기간이다. 이때가 다니엘이 사자굴에 들어가고 다니엘의 세 친구가 평소보다 칠 배 뜨거운 풀무불에 들어가는 때와 같은 기간인 것이다.

붉은 용은 자기가 싸워야 할 목표가 되는 대상들을 누구보다도 잘 알고 있다. 그런 점에서 하늘과 그 가운데 거하는 자들을 잘 알고 있다. 그러므로 마지막 때는 마귀가 우는 사자가 되어 삼킬 자를 삼키려고 무섭게 역사하기 때문에 다시 한 번 무서운 시험을 받게 되어있다(벧전 5:8). 마귀가 하나님의 자녀를 절대 그냥 두지 않는다. 셋째 화 속에서는 그것이 다 이루어진다.

하늘과 그 가운데 거하는 성별된 성도들이라면 이 30일 동안은 꼭 싸워서 이기는 자가 되어야 한다. 싸워서 이기는 승리의 공력과 믿음의 분량에 따라서 해와 같은 영광, 달과 같은 영광, 별과 같은 영광, 별과 별들의 다른 영광이 정해진다(고전 15:41).

오늘날 하나님의 종들이 가르치는 말씀을 가지고는 하늘의 큰 이적이 되는 해를 입은 여인의 정체와 실상과 비밀과 암호를 알 수 없다(계 12:1). 하나님의 백성들이 그러한 사실을 알지 못하고 캄캄한 어두움에 묻혀있기 때문에 도리어 그 역사의 세계에 대하여 증거를 하면 이단으로 간주하여 대적하려고 한다.

그에 반하여 두 이적 중에 하나인 붉은 용은 해를 입은 여인이 만국을 다스릴 수 있는 철장의 권세를 가진 아이를 낳으면 삼키려고 대기하고 있다(계 12:3-4). 붉은 용이 이 땅에서 펼쳐지는 구속사의 비밀을 이미 알고 있기 때문에 해를 입은 여인이 아이를 해산하면 삼키려고 하는 것이 아닌가? 적과 싸워 이기려면 적을 알아야 한다고 했는데 그러한 역사가 이 땅에서 펼쳐지고 있음에도 불구하고 오늘날 붉은 용의 정체를 아는 사람이 없다. 또 해를 입은 여인이 누구인지 아는 사람이 아무도 없다.

마태복음 13장에 일곱 가지 천국의 비유 가운데 예수께서 천국이 이루어질 제 밭에 좋은 씨를 뿌렸다고 말씀하고 있다. 제 밭에 뿌려진 좋은 씨가 천국을 이룰 수 있는 주인공이기 때문에 그를 통하여 주시는 말씀이 천국복음인 것이다.

그런데 오늘날 하나님의 종들은 자기들이 하는 말씀이 다 천국복음이라고 가르치고 있다. 그 결과는 어떠한가? 마태복음 23:13에 하나님의 종들의 무지(無知)와 어리석음으로 말미암아 자기 자신도 천국에 들어가지 못할 뿐만 아니라 양들도 들어가지 못하게 막고 있다고 말씀하고 있다.

그렇기 때문에 농부의 입장으로 말한다면 폐농(廢農)이라고 말할 수 있다. 벼를 천 가마, 만 가마를 뿌렸는데 단 한 알의 알곡을 수확하지 못하는 입장에 처해있는데도 목자들이 오늘의 현실을 알지 못한다는 것이다.

하나님의 종들은 하늘의 발등상이 되는 이 땅에서 주님이 피로 사신 주님의 몸 된 교회에서 천국이 이루어진다고 믿고 있지 천국이 언제 어디에서 어떻게 이루어지는지 알지 못한다.

천국은 아무데서나 이루어지는 것이 아니다. 아브라함이 하나님이 명하신 대로 모리아 한 산에 가서 백세에 얻은 만득자 이삭을 제물로 바쳤다(창 22:9-12). 그곳이 천국이 이루어지는 제 밭이었기 때문에 그곳에 솔로몬 성전, 스룹바벨 성전, 헤롯 성전이 지어진 것이다.

하나님이 만세 전에 예비하시고 준비하시고 찾아두었던 땅이 있다고 말씀하고 있다(겔 20:6). 왜 그곳을 젖과 꿀이 흐르는 땅이라고 말씀하셨는가? 그곳만큼은 하나님이 저주하지 않은 땅이기 때문이다. 하나님이 처음부터 천국이 이루어질 거룩한 장소를 예비하시고 준비하신 곳이 있다는 것이다.

마지막 때도 마찬가지다. 영적 이스라엘에 하나님이 예비하신 곳에 좋은 씨가 뿌려졌다면 좋은 씨가 그곳의 주인공이 된다. 그렇게 뿌려진 좋은 씨를 통해서 천국복음이 온 세상에 널리 전해지고 전파되면 그제야 세상 끝이 오는 것이다.

그런데 마지막 때 하나님이 그렇게 예비하신 제 밭에 좋은 씨로 뿌려진 두 감람나무를 이 나라 이 민족이 어떻게 대하는가? 예수님을 죽인 것처럼 그들이 이 땅의 주 앞에 선 두 감람나무와 두 촛대를 죽임으로써 이 땅에 의인의 피가 뿌려졌다. 그리고 해를 입고 살아 역사하신 이 땅의 주이신 아버지를 이 나라, 이 민족이 대적하고 배척했다. 영적 이스라엘이 마지막 한 이레의 전 삼년 반을 통해서 때의 주인으로 오신 믿음의 주, 말씀의 주를 배척하고 삼일 반의 주인공이 되는 그리스도를 죽였다.

재림의 마당에서 영적으로 애굽이라고도 하고 소돔이라고도 하는 곳에서 이 땅의 주 앞에 선 두 감람나무가 죽는다. 그를 누가 죽이는가? 믿지 않는 사람들이 죽이는 것이 아니다. 초림 때처럼 예수님을 제일 잘 믿는다는 목사, 신부를 비롯하여 하나님을 믿는 백성들이 죽인다.

그들은 재림의 마당에 등장하는 때의 주인이 누구인지 모르기 때문에, 그를 아는 지식이 없음으로 무지함으로 그분을 배척함으로 죽인다. 하나님을 믿지 않는 사람들은 그가 누구인지 상관하지도 않는다.

두 감람나무가 무저갱으로부터 올라온 짐승으로부터 죽임을 당한다(계 11:7-8). 무저갱에서 올라온 짐승이 인간들의 마음에 침투해서 믿는 모든 성도들이 "저것들 이단이야!"라고 그를 이단으로 몰아서 죽인다는 것이다.

그렇게 죽인 두 감람나무의 핏값으로 성도의 권세가 다 깨어지기 때문에 재림의 마당에서 성도들은 다 죽을 수밖에 없는 것이다. 진짜 이단을 이단이라고 하면 죄가 되지 않지만 의인을 매도(罵倒)해서 이단이라고 말하는 자들은 자기가 한 악한 말로 인하여 다 죽을 수밖에 없다. "생명을 사랑하고 좋은 날 보기를 원하는 자는 혀를 금하여 악한 말을 그치라"(벧전 3:10)고 말씀하고 있고 "사람이 무슨 무익한 말을 하든지 심판 날에 자기가 한 말로 심판을 받으리라"(마 12:36-37)고 말씀하고 있다. 그렇기 때문에 마지막 때 가장 불쌍한 사람이 이단감별사들이다. 그들은 첫째 대접이 쏟아지면 독종이 발하여 비참하게 죽게 되어 있다(계 16:2).

목사가 어느 한 사람을 가리켜 이단이라고 말하면 그 밑에 소속되어 있는 성도들이 박수치고 "아멘"하면서 "저것들 이단이야!"라고 동조를 한다. 정말 사단, 마귀 같은 자들을 가리켜 이단이라고 말하면 상관이 없지만 초림 때 예수님에게 그랬던 것처럼 재림의 마당에서 하나님이 기름 부어 보내신 사람을 이단이라고 말한다면 그렇게 말한 사람들은 회개하기 전에는 결코 용서받지 못한다.

그렇다면 왜 오늘날 하늘의 권능이 흔들리는 이러한 역사 속에서 성전 안에 있는 하나님의 종들이 회개하지 않는가? 그들은 자기 자신들이 의롭다고 믿고 있기 때문이다. 하나님의 종, 사역자로서 목회생활을 하면서 스스로 자기 자신들이 의롭다고 믿고 있기 때문에 절대 회개하지 않는다는 것이다.

그렇게 개인적으로 의로운 신앙생활을 한다고 믿는 사람들이 왜 도적같이 오시는 믿음의 주, 말씀의 주를 믿지 못하는가? 참 목자라고 주장하는 그들이 때의 주인을 모른다면 그것은 이사야서에서 말씀하고 있는 눈 뜬 장님, 귀머거리, 말 못하는 벙어리 개 같은 목자들이라고 말할 수 있다(사 42:19, 56:10).

그런 사람들이 "나는 정말 하늘의 뜻, 하나님을 위해서 고생을 많이 했다"라고 자기의 신앙의 의를 자랑한다. 그렇게 주장하는 그들이 왜 마지막 때 오시는 때의 주인을 알지 못하고 때의 주인의 말씀을 믿지 못하고 때의 주인의 믿음의 세계를 알지 못하는가? 그것은 자기들이 가지고 있는 신앙, 말씀의 세계가 모두 옳다고 믿고 있기 때문이다.

그들이 때의 주인을 영접하지 못하는 이유는, 한 마디로 자기들의 부대에 자기들의 술이 가득 차 있기 때문이다. 그들은 절대 새 술을 받을 수가 없다는 것이다. 자기가 가진 술을 버린다는 것은 곧 자기 목숨을 버리는 것과 같기 때문에 수십 년 동안 자기들이 닦은 신앙의 노선을 버린다는 것은 상상할 수도 없는 것이다. 특히 그들은 그 신앙의 노선을 자기의 신앙의 의라고 믿고 있기 때문에 새 술을 영접하지 못한다는 것이다.

그렇기 때문에 하늘의 권능이 흔들리는 가운데 하나님의 노여움, 진노의 심판이 이 땅에 쏟아지게 되어있다. 거기에 대한 하나님의 진노로 성도의 권세가 다 깨어지는 것이다. 자기들끼리 죽임으로써 성도의 권세가 깨어지는 것이 아니다. 하나님께서 성도의 권세가 다 깨어지게 하기 위해서 전쟁을 이용하신다는 것이다. 그러므로 전쟁은 이 나라 이 민족의 운명이 되는 것이다.

"구속사 시리즈 말씀"과 "작은 책"의 말씀은 하늘이 인류에게 주시는 마지막 메시지, 말씀이다. "구속사 시리즈" 말씀과 "작은 책"의 말씀을 통하여 성경에 기록된 정확하고 올바른 말씀의 세계를, 구중의 유리바다와 같은 영광의 세계를 밝히 가르쳐주고 있음에도 불구하고 그것을 대적하는 자들은 자기들이 가지고 있는 말씀이 의롭다고 믿고 있기 때문에 그런 것이다.

그렇기 때문에 이 세상은 당연히 하나님의 진노와 노여움을 받을 수밖에 없는 것이다. 노아 때처럼 죄가 관영하고 패괴한 시대, 강포한 시대, 사랑이 없는 시대가 되었기 때문에 부득이 하나님께서 하늘의 권능을 흔드시면서 마지막으로 회개를 촉구하고 계신다.

코로나 19 확진자가 전 세계적으로 1억 명을 넘었다. 그러나 이것으로 끝나지 않는다. 그 이유는 무엇인가? 회개의 부흥을 일으켜야 할 정신적인 지주가 되어야 할 하나님의 종들이 하나님이 왜 진노하시는지 깨닫지 못하기 때문이다. 그렇기 때문에 하나님이 곧 네 번째 진노를 폭발시키실 것이다. 네 번째는 억 단위가 아니라 두 자리 억이 될 것이다.

그때 네 마리의 말들이 날뛰기 시작한다(계 6:1-8). 기근과 온역, 환난으로 세상이 어지러워지면 그것이 곧 전쟁으로 이어지게 된다. 그런 역사가 일어나기 전에 하나님의 종들이 왜 하나님께서 진노하시는지 그 의미를 먼저 깨닫고 회개해야만 하나님의 진노를 잠재울 수 있는 것이다.

① 남조와 북조, 남한과 북한

하나님께서 두 감람나무의 핏값을 받으시기 위해서 어떤 역사를 펼치시는가?

예레미야가 "끓는 가마가 북에서 남으로 기울어졌나이다"(렘 1:13-16)라고 예언했듯이 본방 이스라엘에서 나타난 사건과 영적 이스라엘에서 재림주에 의해서 나타날 사건은 표면적으로는 다르지만 영적으로는 같다고 말씀할 수 있다.

하나님은 죄를 징치하실 때 북방을 심판의 병기로 사용하신다(렘 1:14-15, 4:6, 6:1, 6:22, 10:22, 25:9, 46:24, 47:2, 50:3, 50:9, 51:48, 겔 26:7, 단 11:15).

이 땅에서 광명한 자들을 죽인 핏값으로 북에서 끓는 가마가 남으로 기울어져 쏟아지게 되어있는 것이다. 끓는 가마가 스스로 기울어질 수 있는가? 가마가 저절로 기울어질 때는 한 쪽으로 무게가 치우치기 때문이다. 가마의 무게가 왜 한 쪽으로 치우치는 것일까?

에스겔 23:1-4에 오홀라와 오홀리바의 행음에 대한 말씀이 소개되어 있다. 오홀라는 소돔과 고모라를 의미하는 사마리아를 말하고 오홀리바는 예루살렘을 말한다. 오홀라는 북조 이스라엘을 말하고 오홀리바는 남조 유다를 말하고 있다.

그런데 남조 유다의 죄가 북조의 죄보다 더 무거웠다. 오홀라가 죄를 지어 하나님이 진노하심으로써 북조 이스라엘이 앗수르 왕, 에살핫돈을 통하여 잡아가는 것을 남조 유다인 오홀리바가 목도하면서도 오홀리바가 더 무서운 죄를 지었다.

> 겔 23:11 그 아우 오홀리바가 이것을 보고도 그 형보다 음욕을 더하며 그 형의 간음함보다 그 간음이 더 심하므로 그 형보다 더 부패하여 졌느니라

그러므로 하나님이 군대를 거느리고 와서 치게 하여 그들을 심판하였다는 말씀이 에스겔 23:46-47에 적나라하게 기록되어 있다. 소돔과 고모라와 북조 이스라엘은 죄의 유형과 본질이 비슷하다는 것이다. 북조인 오홀라가 먼저 죄를 짓고 하나님에게 어떻게 징계 받고 어떻게 심판 받는지를 바라보면서도 남조인 오홀리바가 더 큰 죄를 지었다.

이 세상에서 가장 무서운 것이 무엇인가? 죄가 가장 무서운 것이다. 그렇기 때문에 죄가 쌓이는 곳, 죄가 깊어지는 곳으로 끓는 가마가 당연히 기울어지게 되어있는 것이다.

오늘날 우리의 현실도 다르지 않다. 모르고 짓는 죄보다 알고 짓는 죄가 더 무섭다. 오홀라는 북한을 의미하고 오홀리바는 남한을 의미한다. 이북 사람들은 하나님을 모르기 때문에 모르고 짓는 죄가 되지만 하나님을 믿는다고 자부하는 남한 사람들은 다 알면서도 짓는 고범죄를 범하는 것이다(시

19:13). 알고 짓는 죄이기 때문에 당연히 끓는 가마가 남쪽으로 기울어지는 것이다.

예레미야 5:1에 "네가 예루살렘 성을 돌아다니면서 하나님의 뜻을 위해 탄식하며 우는 자 한 사람이라도 찾으면 내가 예루살렘의 죄를 사해주겠다"고 말씀하고 있다.
마찬가지다. 서울에 한 사람의 의인이 없어서 하나님이 남한을 북한의 손에 던져버리시겠다고 한다면 이 말씀 앞에 '나는 정말 하나님이 인정해주시는 그 한 사람이 될 수 있을까?'라는 생각을 할 줄 알아야 한다.

사람들은 대부분 북한이 인권을 유린하고 인간의 존엄성을 무시하는 사회이기 때문에 북한의 죄가 더 크고 무겁다고 생각한다. 그러나 그렇지 않다. 북한 사람들이 죄를 짓는 부분도 있지만 그것은 한정되어있는 소수 특권층이 자기들의 주권과 권력을 유지하기 위해서 저지르는 죄이다. 북한 사람들의 일반적인 성향을 살펴보면 그들은 굶주리기 때문에 먹을 것을 해결하기 위하여 애쓰고 힘쓴다. 그들은 먹고 살기에 전전긍긍하느라 죄를 지을 겨를도 없다. 북한은 권력을 휘두르는 악귀와 같은 지배층을 제외하면 나머지 사람들은 남한 사람들에 비해서 순수하고 순진하다.

남한은 어떤가? 우리들이 생각할 때 남한에 교회가 많고 하나님을 믿는 성도들이 많으니까 당연히 하나님은 남한 편이라고 생각한다.
그러나 하나님의 생각과 사람의 생각은 다르다(사 55:8-

9). 하나님은 남한 편을 들어주시지 않는다. 그 이유는 무엇인가? 남한은 일부 특권층이 죄를 짓는 것이 아니라 모든 사람들이 무서운 죄를 짓고 있다는 것이다.

우리 부모님들 대(代)에는 대한민국이 얼마나 가난하게 살았는가? 가난한 가운데서도 자식들을 먹여 살리려고 애쓰고 하나라도 가르치려고 애썼기 때문에 죄 지을 겨를이 없었다. 그런데 경제가 부흥하고 부를 축적하면서 풍족해지고 배가 부르니까 온갖 죄악이 극에 달하고 있다.

얼마나 죄를 많이 짓는지 죄의 무게를 말한다면 북한 사람들이 짓는 죄는 남한 사람들이 짓는 죄의 십분의 일도 안 된다. 그렇기 때문에 당연히 끓는 가마가 남쪽으로 기울어지게 되어있는 것이다. 그러므로 하나님은 남한 편이 아니라 북한의 손을 들어주고 계신다는 사실을 올바로 깨달아야 한다. 우리들의 개념 속에 혹시라도 '하나님께서는 저 북쪽의 공산도당들을 못된 것들이라고 생각하시겠지?'라고 생각하면 안 된다. 하나님은 북한의 팔을 들어주고 계시기 때문이다.

남한의 죄가 더 무겁고 크기 때문에 하나님은 못된 마귀와 같은 김일성, 김정일, 김정은의 손을 들어주시고 그들이 바라고 원하는 것을 다 이루게 해주신다는 것이다.

노아 때에 죄가 관영했기 때문에 하나님께서 물심판을 하셨다. 죄가 관영(貫盈)했다는 말은, 죄가 죄의 그릇에 가득차서 더 이상 찰 수 없는 상태를 말한다.

창세기 15:16에 "아직 아모리 족속의 죄악이 관영치 아니하였다"는 말씀이 기록되어 있다. 아모리 족속의 죄가 아직 차지 않았기 때문에 하나님이 아모리 족속을 심판하시지 못하고 기다리고 있다는 의미의 말씀이다.

지금 끓는 가마의 물이 쏟아지지 않는 이유는 죄가 심판을 받을 수 있는 분량에 차기까지 기다리고 있기 때문이다. 분량이 다 차면 하나님의 심판이 물밀 듯이 쏟아지게 되어있는 것이다. 지금 남한의 죄는 찰대로 찼기 때문에 끓는 가마가 곧 기울어질 것이다.

예레미야 1:14에 분명히 "재앙이 북방에서 일어나 이 땅의 모든 거민에게 임하리라"고 말씀하고 있다. 그릇에 다 차면 쏟아지게 되어있다. 그것이 창조원리인 것이다.

심판은 언제 시작하는가? 끓는 가마가 쏟아지기 전에 먼저 하나님의 파수꾼이 모든 사람들에게 그들의 죄를 선포하는 말씀을 함으로써 심판이 시작되는 것이다.

② 왜 끓는 가마의 면이 북에서 남으로 기울어지는가?

끓는 가마는 누군가 밀어서 쏟아지는 것이 아니라 죄가 무거운 쪽으로 기울어지기 때문에 스스로 쏟아지는 것이다. 그것이 죄를 징치하시는 하나님의 말씀의 원리가 되는 것이다.

예레미야 1:13-14에 끓는 가마가 기울어진 것을 가리켜 우리나라의 6.25 전쟁이었다고 주장하는 목자들이 많이 있다. 그러나 여기에서 북에서 남으로 기울어지는 끓는 가마는 그 물이 남쪽의 모든 백성에게 적용된다는 것이 성경에 표면적으로도 기록되어 있다. 남한에 있는 모든 거민에게 임하기 때문에 어떤 특정인만 심판하는 것이 아니다. 그러므로 남쪽에 있는 모든 사람들이 그 심판을 받을 수밖에 없는 것이다.

6.25 한국전쟁은 전 백성에게 임하는 심판은 아니었다. 북한이 대구 낙동강까지 침입을 했기 때문에 그 아래 부산까지는 끓는 가마의 물이 들어가지 못했다. 그러나 예레미야 1:14에서 말씀하고 있는 끓는 가마의 물은 남한 곳곳 전체가 다 끓는 물의 재앙을 받는 대상이 된다고 했다.

6.25 한국전쟁은 6월이라 더울 때였지만 예수께서 종말론을 말씀하실 때 "너희가 그 날이 겨울철이나 안식일이 아니기를 기도하라"고 말씀하셨다(마 24:20). 겨울철에 그러한 일이 일어난다는 것이다. 6.25 전쟁과는 그 내용이 다르다. 마지막 때 이 땅에서 일어날 전쟁에 비하면 우리가 71년 전에 겪었던 6.25 전쟁은 어린 아이 딱총장난이라고 말할 수 있다.

필자는 1978년도에 하나님께서 명령하셔서 끓는 가마의 물이 남한 끝까지 미치는 내용을 가지고 북한이 남한에 있는 10개 도시에 핵폭탄을 떨어뜨린다는 것을 증거한 바 있다.

하나님이 이미 북한의 손을 들어주셨기 때문에 미국을 비롯하여 세계적으로 강대국이라는 나라들이 북한의 눈치를 보고 함부로 대하지 못하는 것이다. 그러므로 세계열강들이 북한이 핵을 보유하는 것을 아무리 저지한다 해도 북한은 소형 핵폭탄, 장거리 미사일, 핵 가방 등, 원하는 것을 다 만들게 되어 있다.

핵폭탄이 분명히 남한의 열 군데에 떨어진다. 그것으로 인하여 전쟁이 일어나는 순간 우리나라 인구의 삼분의 일이 죽고, 전쟁 중에 삼분의 일이 죽고, 나머지 삼분의 일 중에서 십분의 일만 살아남는다. 우리나라 인구가 대략 5,200만 명이니까 약 173만 정도만 살아남는 것이다.

하나님이 하시는 일이기 때문에 아무도 그것을 막을 수 없다. 남한의 죄가 점점 관영하고 있기 때문에 지금 가마솥이 거의 기울어지고 있다는 것이다. 그것은 이미 작정되어있는 것이다.

우주만물을 창조하신 하나님이 그것을 못 이루실 분인가? "천지는 없어지나 율법의 일점일획도 떨어지지 않고 다 이루리라"(마 5:18)고 말씀하셨다. 더구나 이 땅에서 보혈의 피를 흘리신 예수께서 예언하신 말씀인데 반드시 이루어지게 되어 있다. 곧 북에서 남으로 끓는 가마가 기울어질 것이다.

지금은 필자가 전하는 말씀을 못 믿을지라도 그러한 상황에 부딪히는 순간 믿을 수밖에 없게 된다. 그때라도 증거 받은 말씀들을 깊이 생각하고 '아, 드디어 전쟁이 시작되는구나!'라는 것을 깨달아야 한다.

③ 영적인 환난과 육적인 환난

구속사의 세계는 70이레로 정해져 있다. 구약이 마당에서 62이레가 이루어졌고 신약의 마당에서 예수님이 7이레를 이루셨다. 그리고 재림의 마당인 한 이레의 역사가 남아있다(단 9:24-27).

그 한 이레의 중심을 기점으로 전 삼년 반과 후 삼년 반으로 나누어 하나님의 공의로써 전 삼년 반은 빛이 주관하고 후 삼년 반은 어두움이 주관하게 되어있다.

전 삼년 반에 광명한 자들이 등장하여 역사한다(슥 14:6). 그들이 바로 해를 입고 역사하신 이 땅의 주와 주 앞에 선 두 감람나무와 두 촛대이다(계 11:4).

그렇다면 후 삼년 반에는 누가 등장하는가? 요한계시록 13장에 어두움을 대표하는 붉은 용과 바다의 짐승과 땅에서 올라온 새끼 수양인 666이 소개되어 있다(계 13:18). 그들이 후 삼년 반을 주관하는 자들이다.

노아 때 노아의 말을 믿지 못함으로 물심판을 받았다. 예수께서 "마지막 인자의 역사는 노아 때와 같다"(마 24:37)라고 말씀하셨다. 지금은 노아 때와 같은 시대로서 마지막 때도 마지막 선지자, 마지막 파수꾼이 외치는 경고의 말씀을 믿지 못함으로 다 심판을 받게 되어 있다.

하나님이 공의로써 칠십 이레 중 남은 한 이레를 절반으로 나누어 전 삼년 반과 후 삼년 반으로 나누시고 빛이 주관하는 전 삼년 반에 한 때 두 때 반 때의 시간을 주셨고 어두움이 주관하는 후 삼년 반에도 한 때 두 때 반 때의 시간을 공정하게 주셨다.

한 때 두 때 반 때라는 말은, 하나님이 때마다 때를 주관하는 때의 주인을 세우셨다는 것을 의미한다. 한 때 두 때 반 때 중에서 산비둘기가 주관하던 한 때 두 때를 지나 지금은 집비둘기 새끼가 주관하는 반 때이다.

반 때의 주인공이 그의 사역을 마치면 둘째 화가 끝나게 된다. 그러면 이 땅에 육적 환난인 전쟁이 임하게 되어있다. 다니엘 12장에서 말씀하고 있는 1,335일 안에 그러한 육적 전쟁이 들어있다.

> 단 12:11-12 매일 드리는 제사를 폐하며 멸망케 할 미운 물건을 세울 때부터 일천이백구십 일을 지낼 것이요 기다려서 일천삼백삼십오 일까지 이르는 그 사람은 복이 있으리라

육적 전쟁이 일어나기 전에 영적 환난이 먼저 일어난다. 영적 환난은 예레미야 30:5-7에서 말씀하고 있는 야곱의 환난을 말한다. 야곱의 환난을 가리켜서 남자들이 마치 해산하는 여인같이 허리를 짚고 얼굴빛이 창백하여 곧 죽을 것 같은, 구로의 고통 속에 있는 환난이라고 말씀하고 있다.

야곱의 환난은 전 세계적으로 임하는 환난이 아니라 천국이 이루어지는 제 밭에 소속된 사람들에게만 적용되는 영적인 환난을 말한다. 제 밭에는 좋은 씨와 그에 소속된 알곡들이 있고 또 가라지와 그의 추종자들이 있다. 제 밭에 함께 있던 그들이 서로가 서로를 죽이며 싸우는 전쟁을 야곱의 환난이라고 한다. 구속사의 세계의 영광이 이루어지기까지 약속의 자녀들이 육신의 자녀들에게 핍박을 받는다(갈 4:29). 그것이 후 삼년 반 안에 들어있는 영적 환난이다.

야곱의 환난이 끝나면 이어서 육적인 환난이 임하는데, 육적 환난 속에는 전쟁이 포함되어 있다. 영적 이스라엘에서 일어나는 육적 환난은 세계 3차 대전을 유발시키는 전쟁이 아니

라 하나님의 주권 속에서 이루어지는 이 나라, 이 민족이 이 땅에서 짊어져야 할 전쟁이다.

야곱의 환난과 전쟁을 이기고 남은 자들에게 666이라는 세 짐승이 인치는 역사를 시작한다. 그때 뜻을 위한 순교의 수가 채워진다. 성도는 전쟁에 휩쓸려 다 죽게 되어 있는데 그들은 순교자가 아니다. 성전 밖에서 죽는 것은 이방에게 짓밟힌 수이다. 오직 제단을 지키기 위해서 목숨을 버리는 자만이 순교자의 수에 들어갈 수 있다.

해를 입은 여인이 후 삼년 반을 어두움의 권세에게 넘겨주고 광야 자기 곳으로 날아가 한 때 두 때 반 때를 양육 받는다. 후 삼년 반은 시작하는 정확한 날이 있고 마쳐지는 정확한 끝 날이 있다.

1335일이 끝나는 날이라면 거기서부터 1335일을 거꾸로 세면 시작한 날이 나오기 때문에 초등학생이라도 다 셀 수 있다. 후 삼년 반은 그렇게 분명히 시작한 날이 있고 끝나는 날이 있다는 것이다.

빛이신 광명한 자가 이 땅을 언제 떠났는지 그 날을 기억한다면, 알고 있다면 그 빛이 다시 돌아오는 날도 자연히 알게 되는 것이다. "나는 알파와 오메가, 처음과 나중, 시작과 끝이다"라는 말씀의 이면 속에도 그런 의미가 들어있는 것이다. 시작한 날을 아는 사람은 자연히 끝을 알게 되고 끝을 아는 사람은 자연히 시작한 날을 알 수 있는 것이다.

"마지막 인자의 역사는 노아 때와 같다"라는 말은, 노아의 방주 일지 속에 전쟁의 기간이 정확하게 기록되어 있기 때문이다(창 8:2-14). 노아 방주 일지에 의하면 물심판이 2월 17일에 시작해서 7월 17일에 아라랏산에 도착하는 데까지 5개월이 걸렸다. 그리고 다음 해인 2월 27일까지 땅이 마르는데 1년 10일 걸렸다.

전쟁 기간은 노아의 방주가 물 위에 떠다닌 '일백오십일'(창 7:23-24)과 무저갱에서 올라온 황충이 하나님의 인 맞지 아니한 사람들을 해하는 기간인 '다섯 달'(계 9:4-5)에서 나타나듯 속전속결로 끝나는 전쟁이다. 실제 전쟁 기간은 5개월이지만 전쟁이 마무리될 때까지 1년 10일이 걸린다.

땅이 말랐다는 말은, 하나님이 계획하신 대로 심판이 끝났다는 것을 의미한다. 심판이 끝났다는 것은 영적인 환난과 육적인 환난이 다 마쳐졌다는 것을 의미한다. 실제 상황이다. 지금은 믿지 못해도 그때가 되면 다 믿게 될 것이다.

그리고 "1290일에서 45일 기다려 1335일에 이르는 자 복이 있다"라고 말씀하고 있다. 여기에서 말씀하고 있는 1335일 안에 1년 10일의 기간이 들어있다.

그렇다면 정해진 1335일의 끝을 어떻게 알 수 있는가? 후 삼년 반이 어느 누구를 통해서 시작된다는 것을 알게 된다면 후 삼년 반의 날짜를 셀 수 있기 때문에 당연히 알게 된다.

그러나 이것은 아무나 알 수 있는 것이 아니다. 바로 이 땅의 주와 주 앞에 선 두 감람나무의 비밀을 아는 사람들만이 그 날짜를 계산할 수 있다. 또 그렇게 계산할 수 있는 사람들만이 666이라는 세 짐승에게 순교의 대상이 되는 사람들이다. 다른 사람들은 아무 상관이 없다. 그런 사람들만이 세 짐승의 표적이 되고 제거해야 할 목표가 되는 사람들이다. 그렇기 때문에 그들이 곧 마지막 순교의 수를 채우는 사람들이 되는 것이다.

둘째 화가 끝나면 지체하지 않고 셋째 화가 곧 쏟아진다고 말씀하고 있다(계 11:14). 둘째 화가 끝나면 곧바로 짐승이 인치는 육적인 환난, 육적인 전쟁이 이 땅에서 일어난다. 셋째 화 속에는 창세 이후 전무후무한 환난, 즉 전쟁이 들어있다.

광명한 자 세 사람 중에 두 사람은 이미 떠나고 없다. 이제 남아있는 반 때의 주인공도 곧 떠나게 되어있다. 그마저 떠난다면, 세 번째 비둘기가 제 갈 곳으로 영영히 날아간다면 이 땅에는 광명한 자가 다 사라지게 된다(슥 14:6). 광명한 자들이 다 떠나면 정말 캄캄한 어두움, 밤이 오는 것이다.

예수께서 "밤이 오면 아무 것도 할 수 없다. 빛이 있는 동안에 열심히 일하라"(요 9:4-5)고 말씀하셨다. 밤이 오면 믿는 하나님의 백성들이 집안에 성경책을 두지도 못하고 기도도 드리지 못한다. 기도하다가 들키면 그 사람만 죽이는 것이 아니라 가족들까지도 다 죽인다. 후 삼년 반에는 그런 환난의 기간이 들어있다.

그런 때의 징조가 무엇인가? 마태복음 24:12에 "불법이 성하므로 많은 사람의 사랑이 식어지리라"고 말씀하고 있다. 그렇기 때문에 그때에는 합력하여 선을 이루는 가족이 되지 못한다. 육신적으로는 잘 뭉쳐져 있는듯한데 영적으로는 모래알과 같이 뭉쳐지지 않는 것이 사랑이 식어지는 모습이라고 말할 수 있다. 불법이 난무하고 사랑이 식어지기 때문에 상식적으로 이성적으로 도저히 이해할 수 없는 일들이 나타나기 시작한다.

그렇기 때문에 "너희 인내로 너희 영혼을 얻으리라"(눅 21:19)는 말씀이 기록되어 있는 것이다. 사로잡히는 자는 사로잡힐 것이요 칼로 찌른 자는 자기도 찔림을 받을 것이기 때문에 인내와 믿음으로 끝까지 살아남은 자는 그 사랑의 결과를 얻을 수 있다는 것이다(계 13:10, 14:12). 끝까지 인내하라는 것은 악을 선으로 이기라는 것이다. 그렇게 하는 사람만이 원수를 사랑할 수 있기 때문이다. 그러므로 빛이 있는 동안에 끝까지 참고 견디는 인내로써 사랑의 열매를 맺어야 한다.

하나님이 자기 자녀를 찾아오려면, 아무리 사랑하는 자녀라 할지라도 그가 이 땅에서 지은 죗값, 업보를 다 지불해야만 그를 찾아올 수 있다.

예수께서도 그런 원리적인 이치로 십자가를 짊어지신 것이다. 예수님은 죄와 상관이 없는 분이신데 인류의 죄를 다 짊어지시기 위하여 저주받을 수밖에 없는 십자가의 처형을 받으셨다(신 21:23, 갈 3:13). 예수님이 인류가 지불해야 할 모든 고난을 대신 짊어져주심으로써 하나님이 사랑하시는 자녀들을 죄의 속박에서 모두 회복시켜 주실 수 있었던 것이다.

마찬가지다. 내가 이 땅에서 알게 모르게 지은 죗값을 지불하기 위해서는 고난의 길을 걷는 수밖에 없다. 우리 민족이 짊어진 죄도 우리의 힘으로, 능력으로는 그것을 해결할 수 없기 때문에 환난을 통하여 죗값을 치를 수 있는 역사를 펼쳐주시는 것이다. 그 대가를 다 지불하면 하나님이 그때서야 나를 불러주시고 찾아주시고 함께 해주실 수 있다. 그것을 지불하지 않고는 죄에서 영영 헤어 나올 수 없기 때문이다.

광명한 자들이 다 떠나면 이제 육적인 전쟁, 밤이 시작되는 것이다. 노아의 일지에 의하면 전쟁이 일어나 휴전협정을 맺을 때까지가 1년 10일로 시작과 끝이 정해진 전쟁이다(창 8:2-14).

그러나 그 전쟁의 참상이란 실로 가히에 이른다. 그 전쟁에서 살아남는 자가 삼분의 일이다. 그 삼분의 일 중에서 결국 십분의 일만 살아남기 때문에 우리나라 인구 5,200만 중에서 173만 정도만 살아남는다는 것이 성경 말씀이다.

그것이 예수께서 말씀하신 창세 후 전무후무한 환난으로 영적 이스라엘이 안고 있는 전쟁인 것이다(마 24:21).

우리나라 조선시대에 정감록(鄭鑑錄)[51]과 격암유록(格菴遺錄)이라는 예언서가 있다. 정감록에는 "전쟁, 흉년, 전염병 같은 여러 형태의 재앙이 이 땅을 덮치게 된다는 것과 재앙이 일어나면 죽은 사람의 피가 내(漆)를 이루게 되고 그 때에 십승지(十勝地)로 피한 자만이 살아남을 수 있다는 흉흉한 내용이 있다. 이어서 환난 끝에 진인(眞人)이 나타나 새로운 국가를 세우고 그때부터 세상에는 태평성대가 찾아오고

---

51) 정감록: 조선 중기 이후 백성들 속에 유포된, 나라의 운명과 백성의 앞날에 대한 예언서. 풍수지리상으로 본 조선 왕조 후 역대의 변천 따위를 예언한 것으로, 이심(李沁)과 정감(鄭鑑)의 문답을 기록한 책이라 하나 이본이 많아 확실한 것은 알 수 없다. 표준국어대사전

새로운 왕조가 세상의 중심으로 떠오른다"는 내용이 들어있다. 그렇게 옛 세상이 끝나고 천지가 개벽[52]한다고 예언하고 있다.

정감록에 기록된 십승지를 살펴보면 전부 남한에만 있다. 지형지물로 본다면 사람이 숨을만한 큰 산들은 북한 땅에 더 많다. 그런데 정작 이북에는 피난처가 한 군데도 없고 이남에만 열 군데의 십승지가 기록되어 있다.

과연 십승지는 어디를 말하는가? 십승지의 진정한 의미는 이렇게 말할 수 있다. 예수님의 십자가야말로 십승지의 가장 구심점, 한 가운데가 되는 곳이라고 말할 수 있다. 그렇기 때문에 예수님이 십자가를 통하여 "다 이루었다"는 말씀을 선포하실 수 있었던 것이다.

그러므로 시편 85:11에 "진리는 땅에서 솟아나고 의는 하늘에서 하감하였도다"라는 말씀처럼 진리가 머물러 있고 하나님의 말씀이 살아 역사하시는 곳이 십승지라고 말씀할 수 있다.

정감록 뿐만 아니라 격암유록에도 다음과 같은 내용이 있다. 격암유록[53]에는 어떤 내용이 있는가?

---

52) 개벽(開闢): 천지가 처음으로 생김. 다음백과사전
53) 격암유록 (格菴遺錄)은 1977년에 처음 소개되고 1987년에 처음 번역되어 출간된 한국의 역사서이자 예언서로, 총 60장으로 구성되어 있다. 조선 명종 때의 예언가 격암 남사고(1509년~1571년)가 어린 시절 '신인(神人)'을 만나 전수받았다고 주장되고 있으나, 현재 대한민국의 역사학계에서는 검토할 가치가 없는 위서라는 견해가 지배적이다. 현재 전해지는 것은 1977년 이도은(李桃隱, 본명 이용세, 1907년~1998년)이 필사, 기증한 것으로, 국립중앙도서관에 소장되어 있다. 네이버 지식백과

天火飛落燒人間 十里一人難不見 十室之內無一人 一境之內亦無一人

(천화비락소인간 십리일인난불견 십실지내무일인 일경지내역무일인)

하늘에서 불이 날아 떨어져 인간을 불태우니 십리를 지나가도 사람보기가 힘들구나. 방이 열개 있어도 그 안에 한 사람도 없고 한 구획을 돌아봐도 사람은 보이지 않는다.

八人萬逕人跡滅 小頭無足飛火落 千組一孫極悲運 怪氣陰毒重病死

(팔인만경인적멸 소두무족비화락 천조일손극비운 괴기음독중병사)

불이 만 길에 퍼져있으니 사람의 흔적은 멸하였고 소두무족(小頭無足)들이 날아다니며 불을 떨어뜨리니 조상이 천이 있어도 자손은 하나 겨우 사는 비참한 운수로다.

哭聲相接末世 無名急疾天降災 積尸如山毒疾死 塡於溝壑無道理

(곡성상접말세 무명급질천강재 적시여산독질사 진어구학무도리)

괴상한 기운으로 중한 병에 걸려 죽으니 울부짖는 소리가 연이어 그치지 않아 과연 말세로다. 이름 없는 괴질병은 하늘에서 내려준 재난인 것을, 그 병으로 앓아 죽는 시체가 산과 같이 쌓여 계곡을 메우니 길조차 찾기 힘들더라.

살펴보았듯이 '격암유록'에도 재앙이 일어나면 "天火飛落燒

人間에 十里一人難不見(십리를 지나도 살아있는 사람을 만나기가 힘들다)"라고 예언한 내용이 들어있다.

우리나라 민족종교[54]인 증산교에서도 후천개벽(開闢)[55]을 주장하고 있다. 후천개벽은 미래에 신천지가 도래한다는 참위론적(讖緯論的)[56] 운세(運世) 사상이다. 세상 예언가들이나 세

---

[54] 민족종교: 1860년 수운(水雲) 최제우(崔濟愚)가 제창한 동학교(東學敎) 개벽사상(開闢思想)의 영향을 받았거나, 단군을 신앙대상으로 삼고 일어난 한국 자생종교들. 민족주의적 개벽사상(開闢思想)이 한국민족종교의 핵심사상을 이루고 있고, 그 위에 보국안민(輔國安民: 나랏일을 돕고 백성을 편안하게 함.)과 광제창생(廣濟蒼生: 세상의 모든 사람을 널리 구제하는 것)이 주창된다. 한국민족문화대백과사전

[55] 개벽(開闢)은 한국 신종교에서 일종의 우주론적 전환과 미래를 믿는 종교사상. 개벽은 선천(先天)과 후천(後天)을 가르는 우주론적 시간의 일대 전환점이며, 동시에 인간이 선천에서 경험한 온갖 고통과 혼돈을 극복하고, 다가올 후천에서 신선선경(神仙仙境)의 이상사회에서 살기를 원하는 우주론적 시간관이 표현된 사상이다. 증산은 동학의 후천개벽사상을 받아들였다. 천(天)·지(地)·인(人) 삼계(三界)를 개벽하는 것이 곧 천지공사라고 한다. 한국 민족종교인 동학과 천도교, 김일부의 사상, 증산교, 원불교 등에 대표적으로 나타난다. 한국민족문화대백과사전
　이 사상은 조선 후기에 들어서면서 동학(東學)·정역(正易)·원불교·증산교 등 민족의 자생적인 종교운동을 계기로 하여 공간적 대망(待望) 사상인 남조선신앙 및 정감록신앙과 함께 한국 신종교 특유의 시간적인 대망사상으로 정착되었다. 이 양자의 결합은 시간적·공간적으로 분명한 미래의 청사진을 제공할 수 있기 때문에 당시 사회의 급격한 변동 속에 있었던 민중들에게 현세구원사상으로 큰 힘이 되었다. 이는 서구적인 종말론과는 다른 영겁(永劫)의 회귀라는 동양의 역(易)의 논리에 기초한 시간관을 바탕으로 하고 있다. 후천개벽을 글자 그대로 이해하지면 우주직 시간을 선천(先天)과 후천(後天)으로 나누고 현재 이전의 시대를 선천의 시대로, 이후의 시대를 후천의 시대로 구분하여 우주 및 인간사에 전면적으로 대변혁이 이루어진다고 보는 것이다. 이러한 사유방식은 《주역周易》에도 이미 나타나고 있다. 특히 개벽이라는 말은 세상이 새로이 형성되는 것을 의미하거나, 하늘과 땅이 조화롭게 맞붙어 기존의 일체 삼라만상을 같아없애고 세상이 새 출빌을 아는 것을 의미한다. 브리태니커

[56] 참(讖)은 신비학적인 예언을 말하고, 위(緯)는 유교 경학의 종교적 해석을 말한다. 통치자에 대한 하늘의 경고라는 의미이다. 이런 논리를 참위론(讖緯論)이라고 한다. 천재지변은 임금 탓이라는 논리다. 이런 사상은 고대부터 존재했을 것으로 보이는데, 중국의 경우 기원전 진나라 때부터 존재했다고 한다. 문화일보

상 종교도 약속이나 하듯이 개벽이 일어나기 전에 환난이 일어난다고 말하고 있다.

그러나 성경은 우주만물을 창조하신 창조주 하나님의 말씀이다. 창세로부터 마지막 종말에 이르기까지 그 역사의 세계가 빠짐없이 기록되어 있다. 하나님의 말씀은 완전무오한 말씀이고 일점일획이라도 땅에 떨어지지 않는 말씀이다. 창조주 하나님이신 예수께서 창세 후 전무후무한 환난이 일어날 것이라고 말씀하고 있다. 그 환난이 눈앞에 다가오고 있다.

하나님이 북한의 손을 들어주시는 이유가 남한의 죄 때문이라고 앞서 기술했다. 남한의 죄가 더 크기 때문에 남쪽을 심판하셔야 한다.

하나님이 이스라엘 백성들에게 "내가 너희의 편을 들어주는 것은 너희가 의로워서가 아니라 가나안 족속이 너희보다 더 무서운 죄를 짓고 있기 때문에 내가 너희들을 들어서 그들을 심판한 것이다"(신 9:4-5)라고 말씀하셨다.

똑같은 이치이다. 남한의 죄가 더 무겁고 북한의 죄가 더 가볍기 때문에 끓는 가마가 무거운 쪽으로 기울어지는 것이다. 지금 거의 다 기울어지고 있다는 것을 알아야 한다. 북에서 가마가 기울어지는 것을 이미 71년 전에 발발한 6.25 한국전쟁이었다고 생각하면 안 된다.

전쟁이 터지면 꼼짝달싹 움직이지 못한다. 움직이지 못하는 전쟁이기 때문에 "지붕 위로 올라간 자는 집 안으로 들어가지 말고 유대에 있는 자는 산으로 도망하라"(마 24:15-18, 막

13:14-16)고 하며 그 순간을 피하라고 하신 것이다. 수도권에 있는 사람들은 집 안에 있으면 다 죽는다. 그러니까 도망갈 때는 집 안에 있지 말고 시내를 벗어나 산으로 도망가라는 것이다.

집안에 있으면 어떻게 되는가? 우리 주변을 살펴보면 주유소가 동네마다 있고 가스관이 거미줄처럼 설치되어 있다. 그것이 터지면 밸브를 잠가도 아무 소용이 없다.

"유대에 있는 자는 산으로 도망할지어다"(마 24:16, 막 13:14)라고 말씀하고 있다. 감람산은 감람나무가 있는 곳이다. 이 땅의 주와 주 앞에 선 두 감람나무가 있는 곳이 제 밭이라고 했다. 그때가 되면 감람나무가 있는 제 밭으로 도망가라는 것이다.

우리가 지금 그런 시대에 살고 있는 것이다. 대부분 기독교인들의 개념은 어떠한가? "이북 사람들은 하나님을 알지도 못하는 사람들이라 교회생활도 못하지만 남한은 그래도 하나님을 믿고 주일을 지키는 사람들이다"라고 자만하고 있다.

남한을 바리새인의 기도라고 비유한다면 북한은 세리의 기도라고 말할 수 있다. 세리는 하나님도 모르고 아무것도 모르니까 멀리 서서 가슴을 치면서 "하나님, 저는 죄인입니다. 저를 불쌍히 여겨주십시오"라고 기도했다. 그것이 이북 사람들의 기도라고 말한다면 남한 사람의 기도는 무엇인가? "나는 이 세리와 같지 않음을 감사합니다. 나는 일주일에 두 번씩 금식을 하고 십일조와 감사 예물을 드리고 주님의 날에 성전에 가서 예배를 드립니다"(눅 18:10-13)라고 기도한 바리새인과 같다고 말씀할 수 있다는 것이다.

예수님은 누구의 손을 들어주셨는가? 자기의 의를 자랑하는 바리새인이 아니라 가슴을 치고 하늘을 우러러보면서 "죄인이오니 불쌍히 여겨주소서"(눅 18:14)라고 기도한 세리의 손을 들어주셨다.

끓는 가마는 곧 남으로 기울어질 것이다. 그러나 이북의 끓는 가마의 물이 남한으로 넘쳤다고 해서 북한이 아무런 죄가 없다는 뜻은 아니다.

유다를 멸망시킨 느부갓네살은 두 번 다시 영원히 소생할 수 없도록 멸망을 당했다. 반면, 그들에게 삼킴을 받은 유다는 하나님이 다시 그들을 점점 소성시켜주시고 기운을 회복시켜주셔서 본래 유다를 통해서 주시고자 하셨던 하나님의 거룩한 축복을 받는 나라로 회복시켜주셨다.

마찬가지다. 북한의 끓는 가마가 남한으로 쏟아지면 남한은 폐허가 되겠지만 그렇다고 북한이 의기양양하게 자기들의 정권을 이루지는 못한다. 그들도 함께 자멸한다. 일단은 끓는 물로 인하여 통일을 이룬 것처럼 보이지만 그것으로 끝나는 것이 아니라 다시 하나님의 주권에 의하여 새로운 통일이 이루어지기 때문에 그 다음에 그들도 모두 자멸하게 된다는 것이다.

그렇게 되면 대한민국은 누구의 것이 되는가? 끝까지 남는 자, 이긴 자의 것이 되는 것이다.

제 6장
―
영적 이스라엘에서 펼쳐진
구속사의 신비

I
열매 맺는 백성, 영적 이스라엘의 노정

1. 영적 이스라엘은 어떤 나라인가?

하나님께서 이스라엘에 맡긴 포도원이 열매 맺는 백성에게 넘어 갔다(마 21:33-41, 막 12:1-9, 눅 20:9-16). 본방 이스라엘이 포도원을 빼앗겼다는 말은, 선민 이스라엘 백성들에게 주셨던 하나님의 주권을 빼앗아서 열매 맺는 백성에게 주었다는 것이다. 그것은 본방 이스라엘에서 이루지 못한 남은 구속사를 열매 맺는 백성들을 통하여 완성하신다는 것을 의미한다.

예수님이 신약 마당에 7이레의 주인공으로 이 땅에 오셨다. 구약 마당에 62이레가 이루어지고 예수님이 7이레를 이루심으로써 69이레가 이루어졌다. 예수께서 십자가상에서 "다 이루었다"고 하신 것은 69이레까지의 역사를 다 이루셨다는 말씀이다.

이제 한 이레가 남았다. 하나님께서 남은 한 이레의 역사를 포도원을 넘겨받은 열매 맺는 백성을 통하여 이루셔야 한다.

열매 맺는 백성은 어느 나라가 될 것인가? 이사야 선지가 세계 민족 중에 감람나무를 흔듦 같고 포도를 거둔 후에 남은 것을 주움과 같은 역사를 하는 나라가 있다고 말씀하고 있다(사 24:13). 그들이 바로 예수님이 말씀하신 열매 맺는 백성, 이면적인 유대인으로서 이스라엘이 가지고 있던 포도원을 넘겨받은 자들이다(마 21:43).

이면적인 유대인을 통해서 영적인 하늘나라의 역사를 이루기 때문에 그 민족을 가리켜서 영적 이스라엘이라고 하는 것이다. 영적 이스라엘을 통하여 하나님이 두 감람나무 역사와 포도를 거둔 후에 남은 것을 주움과 같은 포도나무 역사를 하신다.

그렇기 때문에 하나님께서 선민 이스라엘을 택하시고 역사하셨던 동일한 과정을 포도원을 넘겨받는 영적 이스라엘에게도 똑같이 적용시켜야 한다.

영적 이스라엘은 어느 한 순간에 뚝딱 이루어진 것이 아니다. 하나님께서 남은 한 이레의 역사를 완성하시기 위하여 얼마나 많은 시간과 공력을 기울이셨는지 하나님의 뜻이 머무르는 영적 이스라엘의 역사의 발자취를 따라가 보자.

2. 영적 이스라엘에서 역사하신 마지막 한 이레의 역사

다니엘 9장에 보면 하나님이 구속사의 세계를 70이레로 기한을 정하셨다. 한 이레는 7년이므로 70이레는 490년이 된다 (단 9:24).

이 490년은 카이로스 시간으로서 하나님이 구속사를 친히 주관하시고 섭리하시고 역사하시는 시간을 말한다. 카이로스 시간은 하나님의 고유적인 시간으로서 그 어떤 것도 틈타 개입할 수 없는 시간이며 빼앗아갈 수 없는 오직 절대주권적인 하나님의 시간을 말한다. 그렇기 때문에 그 시간은 처음부터 끝까지 하나님의 고유적인 권능으로 이루어지는 시간이라고 말할 수 있다.

하나님이 구속사를 펼치시는데 있어서 처음부터 끝까지 유구한 세월을 인간의 삶의 현장에 직접 뛰어들어 역사하실 수는 없다. 그러므로 하나님께서 구속사의 기간을 70이레로 정하시고 때마다 예언과 선지자들을 통해서 또는 사도들을 통해서 또는 특별한 나실인을 통해서 하나님이 인간들과 맺은 언약의 세계, 구속사의 세계를 점진적으로 이루어나가신다.

그러다가 때가 차매 하나님이 꼭 인간의 삶의 현장에 개입하셔야만 하는 때가 있다. 그렇게 개입하실 수 있도록 이미 예언된 말씀도 있다. 예수님은 창세기 3:15에 예언된 말씀대로 여인의 후손으로 이 땅에 오셔서 창세기 3:21 말씀을 이루셔야 한다. 그것은 예수님이 직접 오시지 않고는 이룰 수 없는 역사이기 때문이다.

에덴동산에서 아담과 하와가 하나님이 주신 원시계명에 불순종하여 생명나무가 아닌 선악을 알게 하는 나무의 열매를 따먹고 타락했다. 에덴동산에 생명나무와 선악을 알게 하는 나무 열매를 두고 그들로 하여금 선택하게 하셨을 때에는 아무런 대책 없이 그렇게 하신 것이 아니다. 그들이 생명나무 열매를 따먹었을 때와 선악을 알게 하는 나무 열매를 따먹었을 때 어떻게 할 것인지에 대하여 각각 방편을 미리 정해놓으시고 그들에게 원시계명을 주신 것이다.

그들이 불순종하여 선악을 알게 하는 나무 열매를 따먹자 예수께서는 창조주로서 그들의 선택에 대한 책임을 지셔야 했다. 그것은 영원한 생명을 가지신 생명나무께서 이 땅에 피 흘리는 포도나무로 오시는 것이었다. 그러므로 창세기 3:15에 예언된 말씀대로 이 땅에 여인의 후손으로 오셔서 아담과 하와에게 양을 잡아 가죽옷을 입히신 내용대로(창 3:21) 인류를 구원하시기 위한 구속사의 사역을 펼치셔야 했다.

그러나 죄가 무언지도 모르는 죄악된 이 땅에 예수님이 처음부터 등장하실 수는 없었다. 그러므로 예수께서 이 땅에 오시기 전에 보내신 아비와 조상들이 있었다.

여기에서의 아비와 조상들은 순수한 보편적인 개념의 아비와 조상들을 말하는 것이 아니다. 이 아비와 조상들은 하나님이 그들 각자와 맺은 언약의 증거를 가진 자들을 말한다. 예를 들면 하나님이 다윗에게 꺼지지 않는 등불의 언약을 주시고(삼하 7:8-16, 대하 21:7), 예레미야와 새 언약을 세우시고(렘 31:31-33), 이사야에게 새 일을 행하신다는 언약을 주시고(사 43:18-19) 에스겔과는 화평의 언약을 세우셨다(겔 37:15-28).

하나님께서 이들에게 언약을 주셨기 때문에 그들이 하나님과의 언약을 이루기 위하여 끝까지 책임준종하는 내용과 그 승리의 결과가 바로 '나를 통하여 이루어지는 경륜의 세계'인 것이다.

하나님이 구속사에 등장하는 아비와 조상들과 언약을 맺으셨다. 아브라함, 이삭, 야곱도 예외가 아니다. 그들과 언약을 맺으신 것을 결단코 땅에 떨어뜨리지 않고 열매 맺게 하심으로써 그들 각자를 통해서 이루시는 구속사의 성취가 있는 것이다.

그러므로 그들에게 하나님의 이름을 대신 짊어지게 하시고 구속사의 세계를 때에 맞게 이루어가게 하셨다. 그러한 역사의 현장을 가리켜서 '오늘날의 역사'라고 성경은 말씀하고 있다(히 4:7).

그렇기 때문에 예수께서는 그러한 '오늘날의 역사'를 주관하는 사람들을 가리켜서 "하나님이 보내신 자를 믿는 것이 하늘의 일이다"(요 6:28-29)라고 말씀하셨다. 보내신 자를 믿는 것이 하늘의 일이라는 말은, "내가 갈 수 없는 입장이기 때문에 다른 사람을 보내서 내가 가서 해야 할 일을 대신 이루게 한다"라는 의미가 들어있는 것이다.

언약의 주인이신 예수께서 구속사의 현장에 뛰어들어서 자신이 직접 하셔야 할 일도 있지만, 직접 개입하실 수 없는 때에는 자신이 해야 할 일을 대신 보내신 자들을 통해서 때에 맞는 언약의 말씀으로 구속사의 세계를 이 땅에서 이어가게 하셨다.

구속사가 이루어지는 현장에 그렇게 하나님으로부터 보내심을 입은 아비와 조상들이 있었다(신 32:7). 그들이 보내신 자의 뜻을 짊어지고 맡기신 사역을 주도하고 인도하는 역사의 현장을 가리켜서 '오늘날의 역사'라고 말씀하는 것이다.

그렇기 때문에 그렇게 보내심을 입은 자들은 사사로이 자기의 삶을 살 수 없다. 그들은 오직 보내신 자의 뜻대로 맡기신 사역을 짊어진 삶을 살 수밖에 없는 것이다. 그들은 하나님께서 친히 기름 부으신 자들로서(요일 2:20, 2:27) 하나님이 그들과 언약을 맺으시고 그들에게 때를 맡기시고 때를 주관하게 하셨다.

다윗이 성령에 감동되어서 증거하기를, "오늘날의 말씀을 듣거든 너희는 이스라엘 백성들이 광야에서 우상숭배하고 하나님을 원망하고 시험하고 간음한 네 가지의 죄로 패역한 것처럼 너희 마음을 강퍅케 말라"고 했다.

> 히 4:7 오랜 후에 다윗의 글에 다시 어느 날을 정하여 오늘날이라고 미리 이같이 일렀으되 오늘날 너희가 그의 음성을 듣거든 너희 마음을 강퍅케 말라 하였나니

광야길은 시험하고 연단하는 길이다. 그러한 광야길을 걸을 때에는 분명히 정해진 장소가 있고 그 장소를 통해서 걸어야 할 시작과 끝이 있고 광야길을 통해서 내리는 만나가 있다. 광야길에서 내리는 만나가 바로 '오늘날의 말씀'인 것이다.

또 광야길에는 그들을 인도하는 때의 주인이 있게 마련이다. 출애굽기 19장에 보면 이스라엘 백성들이 출애굽 할 때 1

월 15일에 라암셋에서 출발해서 3월 1일, 45일 만에 시내산 앞에 장막을 쳤다. 그런데 그것을 가리켜서 하나님이 "내가 너희를 독수리의 등에 태워서 인도했다"라고 말씀하셨다.

> 출 19:4 나의 애굽 사람에게 어떻게 행하였음과 내가 어떻게 독수리 날개로 너희를 업어 내게로 인도하였음을 너희가 보았느니라

이스라엘 백성들을 인도한 사람은 분명히 모세이다. 그러나 영적 차원, 하늘 차원에서는 독수리가 그들을 인도했다고 말씀하고 있다. 또한 아브라함에게 횃불 언약을 통하여 그들을 인도한 목적이 무엇이며 그들을 인도해서 들어갈 땅이 어디인지 분명히 말씀해주셨다.

> 출 19:5-6 세계가 다 내게 속하였나니 너희가 내 말을 잘 듣고 내 언약을 지키면 너희는 열국 중에서 내 소유가 되겠고 너희가 내게 대하여 제사장 나라가 되며 거룩한 백성이 되리라 너는 이 말을 이스라엘 자손에게 고할지니라

> 겔 20:6 그 날에 내가 그들에게 맹세하기를 애굽 땅에서 인도하여 내어서 그들을 위하여 찾아 두었던 땅 곧 젖과 꿀이 흐르는 땅이요 모든 땅 중의 아름다운 곳에 이르게 하리라 하고

재림의 마당도 마찬가지다, 때의 주인에게 맡기신 '오늘날의 말씀'이 살아 역사하고 있어서 하나님의 주권적인 역사 속에서 그들과 동일한 역사의 과정을 걷게 하신다는 것이다.

구속사의 세계를 살펴보면 아담으로부터 아브라함까지가

1,948년 걸렸고 아브라함으로부터 예수님 때까지 대략 2,000년이 걸렸고 예수님 이후 2,021년이 흘러가고 있다.

아브라함부터 다윗까지 대략 1,000년으로 중간에 천년의 주인공들도 등장한다. 구속사가 시작된 이래 6,000년이 흘러가는 가운데 시대마다 그 시대를 상징하는 때의 주인공들이 성경 곳곳에 이정표가 되는 말뚝처럼 등장하고 있다.

구약의 마당은 70이레 중 62이레를 차지하고 있고 신약의 마당은 7이레로써 예수님이 주인공이시다. 그렇게 예수님 때까지 69이레의 역사가 이루어졌다(단 9:24-26). 이제 재림의 마당의 한 이레의 역사가 남아있다. 70이레 전체와 비교했을 때 재림의 마당의 한 이레의 역사는 극히 짧은 역사라고 생각할 수 있다.

그렇다면 남은 한 이레의 역사는 언제 어떻게 이루어질 것인가? 아브라함부터 예수님까지 대략 2,000년이 흘렀다. 그 역사의 내용을 살펴보면 당연히 오랜 세월이 걸렸을 것이라는 사실을 인정하게 된다.

이스라엘 백성들을 진 자에서 이긴 자로 회복시키는 과정이 횃불 언약의 성취의 과정이라고 말할 수 있다. 횃불 언약을 통해서 애굽을 속량물로 세우시고 구스와 스바를 이스라엘 대신 주었다. 이스라엘 백성들로 하여금 한 호리도 남기지 않고 진 자로서 이긴 자에게 빚을 갚는데 430년 걸렸다. 그리고 아브라함이 하나님과 맺은 횃불 언약은 야곱이 산 세겜 땅에 요셉의 해골을 묻음으로써 692년 만에 이루어졌다. 그러므로 이러한 언약의 성취가 이루어지기까지가 긴 역사의 과정이었다는 것을 쉽게 이해할 수 있다.

구약의 마당으로부터 출발한 구속사가 신약의 마당에 말씀이 육신이 되어 오신 예수께서 십자가의 사역을 마치시고 "다 이루었다"(요 19:30)라고 말씀하시기까지 구속사의 99%는 완성되었다.

문제는 한 이레가 남아있는데 한 이레는 숫자적인 개념으로 보면 70이레 중에 1/70로 70이레 중 가장 짧은 기간이다. 금년이 주후 2,021년으로 아브라함부터 예수님 때까지의 연대와 비슷한 시간이 흘렀다.

그런데 주후 2,021년이 지나가고 있는 현시점에서도 한 이레의 역사가 어디에서 어떻게 이루어지는지 도무지 알 수가 없다는 것이다.

그러나 이사야 기자가 그 부분에 대하여 "세계 민족 중에 이러한 일이 있으리니"라고 분명히 언급하고 있다.

> 사 24:13 세계 민족 중에 이러한 일이 있으리니 곧 감람나무를 흔듦 같고 포도를 거둔 후에 그 남은 것을 주움 같을 것이니라

이사야 선지가 세계 민족 중에 분명히 한 나라, 한 민족을 통해서 한 이레의 역사의 중심인 감람나무 역사를 한다는 사실을 이미 예언해 놓았다.

이스라엘 백성들이 노아가 만든 포도원을 소유하고 있었다. 그것은 노아가 방주에서 내려와 만든 포도원으로서 생명

나무가 포도나무로 올 수 있는 포도원을 말한다.

생명나무가 포도나무로 오신다는 말은, 창세기 3:15 말씀과 창세기 3:21에 기록된 구속사를 이루기 위해서다. 창세기 3:21의 내용은 에덴동산에서 아담과 하와가 하나님이 주신 원시계명을 지키지 못하고 불순종함으로 하나님이 타락한 그들에게 양을 잡아서 가죽옷을 입히고 에덴동산 밖으로 추방한 내용이다.

아담과 하와가 선악을 알게 하는 나무 열매를 따먹고 눈이 밝아 몸이 벗은 줄 알고 무화과나무 잎을 엮어 몸을 가렸다(창 3:7). 그들이 왜 몸을 가렸는가? 그들이 죄를 지음으로 빛의 옷이 사라지고 빛의 영광이 떠나버림으로써 육체가 드러났기 때문이다. 육체가 드러나자 본능적으로 이성을 느끼게 됨으로 부끄러워했다는 것이다. 그런 그들에게 하나님이 양을 잡아서 가죽옷을 지어 입히고 에덴동산 밖으로 쫓아내셨다.

그러므로 예수께서 여인의 후손으로 이 땅에 오셔서 창조주로서 그들의 선택에 대한 책임을 지시고 아담과 하와에게 양을 잡아서 가죽옷을 입히신 내용대로 그들을 구원하기 위한 구속사를 펼치셔야 한다. 그것이 영원한 생명 자체이신 생명나무가 죄인을 위하여 죽는 포도나무로 이 땅에 오셔야만 했던 내용인 것이다.

그러나 자기 땅, 자기 백성에게 오신 창조주 예수님을 이스라엘 백성들이 십자가에 달아서 처형하고 말았다. 그 사건으로 말미암아 이스라엘 백성들이 하나님께서 맡기신 포도원을 열매 맺는 백성들에게 빼앗기고 말았다(마 21:43).

포도원을 빼앗겼다는 말은, 하나님이 인류를 구원하고자

하신 구속사의 청사진, 설계도를 빼앗겼다는 것이다. 그것은 본방 이스라엘 백성들을 통해서는 더 이상 구속사의 세계를 펼치시지 않는다는 것을 의미한다.

그런데도 이러한 말씀의 세계를 모르기 때문에 오늘날 목회자들이 아직도 표면적인 이스라엘의 감람산에 주님이 재림하신다고 믿고 있는 것이다.

3. 지정학적으로 보았을 때 영적 이스라엘은 어디인가?

마지막 때 열매 맺는 백성, 영적 이스라엘은 과연 어느 나라가 되는가?

하나님이 역사하시는 장소는 아무 곳에서나 역사하시는 것이 아니다. 성막의 역사를 살펴보아도 하나님의 말씀이 임재하시는 곳은 동쪽, 해가 뜨는 곳이다. 해가 뜨는 곳을 바라보았을 때 우편을 남쪽이라 하고 좌편을 북쪽이라고 한다. 이것이 하나님의 말씀에 의하여 이스라엘 백성들이 선택하고 있는 동서남북의 방향이다.

그렇기 때문에 진을 칠 때에도 겉 사진에서 해가 뜨는 동쪽은 이스라엘 열두 지파 중에 제 1진인 유다 지파가 차지하고 있고 속 사진의 동쪽은 모세와 아론이 차지하고 있다.

바울이 복음을 전하는 과정에서 처음에는 아시아로 가려고 했다. 그런데 하나님이 허락하시지 않았다(행 16:6-7). 여기에서의 아시아는 서남아시아를 말한다. 그래서 할 수 없이 유럽 쪽으로 발길을 돌렸다.

　마지막 때 가서야 하나님이 허락하심으로 아시아에 복음이 전해지게 되었다. 구속사에 개입하신 하나님의 의지에 따라서 복음도 전해지는 향방, 순서가 이미 정해져 있다는 것이다. 그렇기 때문에 마지막 때에는 서남아시아가 아닌 동남아시아의 동쪽에 하나님의 복음이 활발하게 역사되게 되어있는 것이다.

　우리나라는 지리상으로 보았을 때 동쪽의 첫 자리라고 말할 수 있다. 본방 이스라엘을 택하실 때는 하나님이 지구의 중심에 있는 나라를 택하셨다. 이스라엘은 유럽, 아프리카, 아시아, 모든 대륙이 서로 연결되어있는 지구의 꼭지점과 같은 지구의 중심지라고 말할 수 있다.

　그런 의미에서 살펴보면 지구의 중심은 이스라엘, 이스라엘의 중심은 예루살렘, 예루살렘의 중심은 예루살렘 성전, 예루살렘 성전의 중심은 지성소, 지성소의 중심은 하나님의 임재의 상징인 법궤라고 말할 수 있다는 것이다.

　그러나 포도원이 본방 이스라엘에서 영적 이스라엘로 넘어갔기 때문에 마지막 때는 하나님이 지구의 중심이 아닌 동쪽에 위치한 동방의 한 나라를 택해 역사하신다는 것이다.

　여기에서의 동쪽은 해가 떠오르는 곳을 말한다. 성경은 해가 떠오르는 곳을 가리켜서 하나님의 면전, 브니엘[57](창

---

57) 브니엘(Peniel) '하나님의 얼굴'이란 뜻. 야곱이 천사와 씨름하여 하나님의 큰 은혜를 체험한 장소. 하나님과 대면하고서도 죽지 않았다 하여 야곱이 붙인 지명이다. 라이프 성경사전

32:30)이라고 말씀하고 있다.

　지리적으로도 표면적으로도 대한민국은 동쪽 중에 동쪽이 된다. 대한민국은 지리상으로 동쪽이면서 대한민국의 북쪽으로는 아시아에서 자칭 '용(龍)'이라고 하는 중국이 있다. 중국은 붉은 사상을 가지고 있다. 그래서인지 중국 사람들이 붉은 색을 좋아한다. 그리고 북한에 연접해서 한편으로 러시아가 있다. 러시아를 성경에서는 '곡'이라고 말씀하고 있다.
　이렇게 대한민국의 북쪽에는 아시아의 최강국인 중국이 위치하고 있고 유럽에 속한 러시아, 곡도 우리나라 북쪽의 한 면을 차지하고 있다.

　하나님은 자기 백성의 죄를 징치하실 때 꼭 북방에 있는 나라를 통해서 심판하시는 것을 볼 수 있다. 성경에 보면 마지막 유브라데 강을 마르게 해서 동방의 세 왕을 불러들이는 역사의 내용이 기록되어 있다.

> 계 16:12 또 여섯째가 그 대접을 큰 강 유브라데에 쏟으매 강물이 말라서 동방에서 오는 왕들의 길이 예비되더라

　그 말씀의 의미처럼 영적 이스라엘 땅에는 두만강과 압록강이라는 두 강이 북방에 있는 중국과 러시아와 경계를 이루어 흐르고 있다. 지리적인 입장에서 아시아 대륙을 살펴보아도 대한민국이 바다를 중심으로 성경에서 지적하고 있는 최상의 특징과 모든 조건을 합리적으로 구비하고 있는 동쪽 나라라는 것을 알 수 있다.

표면적 이스라엘이 지구의 중심에 자리 잡고 있다면, 영적 이스라엘은 지구의 중심이 아닌, 해가 떠오르는 동쪽의 첫 지역에 위치해 있다.

그런 의미에서 대한민국은 포도원을 넘겨받을 이면적인 유대인, 영적인 이스라엘이 될 수 있는 완벽한 조건을 갖춘 나라라고 말할 수 있다는 것이다.

4. 표면적 유대인과 동일한 역사의 과정을 겪는 영적 이스라엘

구속사의 세계는 사람이 선택한 법칙에 의해서가 아니라 하나님이 정해놓으신 율례와 규례와 법도대로 이루어지는 것이다. 그것은 구속사의 세계를 걸어가야 할 대상들 누구에게나 동일하게 적용되는 원칙이라고 할 수 있다.

그 말의 의미는, 우리나라가 이면적인 유대인이라면 표면적인 유대인이 걸었던 구속사의 전철(前轍)을 하나님이 세우신 율례와 규례와 법도대로 우리도 동일하게 걸어야 한다는 것이다. 다시 말해서 이스라엘 백성들이 함의 장자인 애굽으로부터 400년 동안 그들의 죄를 속량받은 것처럼 우리나라도 표면적인 이스라엘과 동일한 역사의 과정을 밟아야 한다는 것이다.

앞서 기술했듯이 우리나라도 을사보호조약[58]을 시점으로

---

58) 을사보호조약 (乙巳保護條約) 대한 제국기, 1905년에 일본이 한국의 외교권을 빼앗기 위하여 강제적으로 맺은 조약. 다음 어학사전

해방되기까지 40년의 일제강점기 동안 나라를 잃은 설움을 겪었고 민족상잔의 아픔인 6.25, 한국 전쟁을 치렀다.

  이 모든 것이 영적 이스라엘로서의 죄를 속량받는 과정이라고 말할 수 있다. 이러한 일련의 과정들이 우리가 열매 맺는 백성, 영적 유대인, 이면적인 유대인이 되기 위해서 우리나라가 짊어져야 할 이 나라, 이 민족의 운명이자 숙명이라고 말할 수 있는 것이다.

  구속사의 입장에서 살펴본다면, 본방 이스라엘에서는 아브라함으로부터 예수님 때까지 구속사를 이루어나가는데 대략 2,000년의 역사가 흘렀다.

  마찬가지다. 표면적인 이스라엘이 가지고 있던 포도원이 영적 이스라엘에게로 넘어왔다. 영적 이스라엘을 통하여 두 감람나무 역사와 포도를 거둔 후에 남은 것을 주움과 같은 역사를 하는 과정도 동일한 역사로 이루어진다는 것이다.

  한 이레의 역사는 수치상으로는 70이레와 비교해 보면 짧은 기간이다. 짧은 한 이레의 역사이기 때문에 예수님 이후 곧바로 그 역사가 진행될 수도 있었다.

  그러나 여기에서 알아야 할 것은, 표면적인 이스라엘도 아브라함과 아브라함의 후손들을 통하여 때에 맞는 거룩한 존재들, 아비와 조상들을 중심인물로 세우시고 구속사의 목적을 이루시기까지, 매 시대마다 때의 주인과 언약을 맺으시고 그 언약의 말씀을 이루시는 과정에서 많은 세월이 소요되었다.

  그와 마찬가지로 우리 대한민국을 이면적인 유대인, 영적 이스라엘 백성으로 선택하는 과정에서도 그와 버금가는 세월이 걸렸다는 것이다.

하나님은 본방 이스라엘 백성들을 택해서 구속사의 세계를 펼쳐나가신 것처럼 마지막 때에도 영적인 이스라엘 백성들을 통해서 구속사의 세계를 동일한 말씀과 동일한 율례와 규례와 법도에 의해서 그 내용의 세계를 주관하시고 섭리하시고 역사하고 계신다는 사실을 깨달아야 한다.

그러한 역사의 과정을 통하여 하나님이 마지막 영적 이스라엘 백성들로 하여금 한 이레의 역사를 끝마치게 하신다는 것이다.

그렇기 때문에 2,000년 동안 표면적인 이스라엘을 통하여 구속사의 청사진을 이루신 것과 같은 맥락에서 마지막 영적 이스라엘에서도 마지막 한 이레의 주인공들을 통하여 구속사의 세계를 완성하신다는 점을 깊이 생각해야 한다.

5. 영적 이스라엘, 대한민국 땅에 오시는 재림주

하나님이 본방 유대 민족, 히브리 민족을 통해서 구속사의 세계를 이루시기 위한 긴 여정, 과정이 있었다. 마찬가지다. 마지막 때 이면적인 유대인, 영적 이스라엘 나라를 건국하는데 있어서도 동일한 역사의 과정이 절대적으로 필요했다는 것이다.

그러한 인고(忍苦)의 세월과 과정을 거쳐 대한민국이 하나님이 선택하신 열매 맺는 백성이 될 수 있었던 것이다.

그 과정에서 대한민국이 일제 강점기의 고통을 겪은 것은 우리 조상들이 우상을 섬긴 죗값을 치른 것이다. 그렇다면 6.25 한국전쟁은 무엇인가? 바로 선지자들을 죽인 죗값이며 핏값이라고 말할 수 있다. 천주교사(天主敎史)를 살펴보면 조선시대에 믿음으로 순교한 많은 선교사들이 있었다. 예수께서 "아벨의 피로부터 사가랴의 피까지 이 세대가 담당하리라"고 말씀하신 것처럼 대한민국도 동족상잔의 아픔인 6.25, 한국전쟁을 통해서 선지자들의 핏값을 지불하게 하신 것이다.

그들이 흘린 피, 그 터 위에 우리나라가 100년사가 넘는 찬란한 기독교의 상아탑을 세울 수 있었다. 세계에서 가장 강대국이라는 10개국 중에서도 우리나라가 세계적으로 가장 많은 선교사를 파송하는 나라이고 인구비례 교회 수(數)도 세계에서 1위이다. 기독교 국가가 아닌데도 불구하고 전 세계에서 새벽제단을 쌓는 나라는 우리나라밖에 없다. 대한민국이 전 세계적으로 가장 열정적이고 뜨거운 신앙의 열기를 보여주고 있다.

표면적으로도 우리나라는 열매 맺는 백성으로서의 모습을 갖추고 있다고 말할 수 있다. 그 이유는 무엇인가? 영적으로 말하면 우리나라가 열매 맺는 백성이 되어 본방 히브리 민족이 가지고 있던 포도원을 가져 왔고 그럼으로써 이면적인 유대인으로서 갖추어야 할 모든 조건을 다 가지게 되었기 때문이다.

그 포도원이 우리 대한민국 땅에 있기 때문에 포도원의 주인이신 재림주께서 이 땅에 오시게 되어있는 것이다. 그가 이 땅에 오셔서 이사야 선지가 예언한 대로 포도를 거둔 후에 남은 것을 주움과 같은 역사를 하고 감람나무 역사를 하게 되어 있는 것이다.

영적 이스라엘이 구도의 과정에서 걸어야 할 모든 과정을 마치고 열매 맺는 백성이 되는 순간, 예수님이 때가 차매 세상 끝에 오신 것처럼 재림주도 세상 끝에 영적 이스라엘 백성들에게 오시는 것이다.

왜 세상 끝이라고 말할 수 있는가? 재림의 마당의 역사는 구속사의 세계를 이루는 70이레 중에서 한 이레의 역사이기 때문에 구속사의 입장으로도 세상 끝이 되는 것이다.

한 이레의 역사의 끝은 어떻게 이루어지는가? 요한계시록 내용을 살펴보면 일반계시와 중간계시가 동일한 역사로 진행된다. 중간계시는 삽입된 계시라고 말하고 있다. 그렇다면 '일반계시보다는 중간계시의 몫, 비중이 더 크지 않을까?' 그렇게 생각할 수 있지만 그렇지 않다.

포도를 거둔 후에 남은 것을 주움과 같은 역사를 하는 포도나무 역사는 처음부터 존재해 있던 계시의 세계이다. 그래서 포도나무 역사의 세계를 영원한 복음이라고 말하는 것이다.

요한계시록에는 다시복음(계 10:11)과 영원한 복음(계 14:6)이 기록되어 있다. 영원한 복음은 예수님을 통해서 이루시는 복음의 세계를 말하고 다시복음, 즉 중간계시는 때에 맞게 등장하는 때의 주인의 역사의 세계를 말한다.

그렇다면 일반계시를 진행하는 때의 주인과 중간계시를 진행하는 때의 주인이 따로 있다고 오해할 여지가 있다. 그러나 이사야 24:13에서 말씀하는 것처럼 '감람나무를 흔듬 같고 포도를 거둔 후에 남은 것을 주움과 같은' 감람나무와 포도나무, 두 가지의 사역을 한 사람이 병행해서 하는 것이다.

　포도나무 사역은 본방 이스라엘에서 예수님이 하셨다. 예수께서 본방 이스라엘 백성들을 통하여 포도나무 역사를 하셨지만 포도나무 사역의 과정에서 그들이 예수님을 십자가에 못 박아 죽였다. 그렇기 때문에 포도나무 역사를 통해서 구속사의 세계를 완성하고자 하시는 세계가 완전히 이루어지지 않았다.
　그렇다고 넘겨받은 포도원에서 포도나무 사역을 처음부터 다시 하는 것이 아니다. 완전히 이루어지지 않은 남은 부분이 있다. 그 남은 부분의 역사를 가리켜서 이사야 선지가 '포도를 거둔 후에 남은 것을 주움과 같은 역사'라고 말씀하고 있는 것이다. 그러므로 포도나무 역사를 주관하시는 분이 두 감람나무의 역사까지 병행해서 조화롭게 역사하신다는 것이다.

　그 두 가지 사역을 이루시기 위하여 재림의 마당의 주인이신 해를 입은 여인이 이 땅에서 두 번의 구도의 길을 걸으셨다.
　모세가 시내산에 두 번 올라간 것은 깨어진 계명을 다시 받기 위해서 40일 금식을 두 번 한 것이지만 마지막 때 해를 입은 여인이 두 가지 다른 양상의 구도의 길을 걸은 것은 사역이 다르기 때문이었다. 그것은 모세가 한 가지 사역을 위해서 시내산을 여덟 번 오르내린 것과는 다른 것이다.

성경에는 종말론적인 입장에서 구약의 끝이 어떻게 이루어지는지, 신약 마당의 끝이 어떻게 이루어지는지 또 재림의 마당의 끝이 어떻게 이루어질 것인지 그 끝에 관한 말씀이 예언되어 있다. 그것을 일반계시라고 한다. 그런데 그 일반계시의 내용만을 가지고는 하나님이 자기의 택한 백성들을 구원해 내실 수 없다. 그렇기 때문에 예수님이 "그 날과 그 때를 감해주지 않으면 택한 자라도 견딜 수 없다"(마 24:21-22)라고 말씀하신 것이다.

그러므로 하나님이 마지막 때 자기가 택한 백성을 구원하시기 위해서는 죄악으로 점점 어두워지고 있는 어둠의 권세 속에서 싸워 이길 수 있는 하나님의 말씀, 무기를 주셔야 한다. 때에 맞는 빛의 옷을 입게 해 주시고, 때에 맞는 말씀의 권세와 능력을 입게 해 주시고, 때에 맞는 영의 양식을 먹게 해 주신다.

그런 역사를 해 주셔야만 그들이 장차 오는 창세 후 전무후무한 환란 속에서 싸워 이길 수 있는 대상이 되기 때문에 하나님이 그런 역사를 하시지 않으면 안 된다는 것이다. 그런 역사의 세계가 일반계시 속에서 막연하게 함께 진행되는 것이 아니라 일반계시의 역사의 내용 안에서 하나님이 중간 계시를 통해서 그런 놀라운 다시복음의 역사를 행하신다는 것이다.

요한계시록 14:6에 기록된 영원한 복음은 처음부터 존재했던 복음으로 일반계시를 말한다. 그러나 다시복음(계 10:11)은 삽입된 계시로서 일반계시 속에 하나님이 자기 백성들을 구원하시기 위하여 특별하게 은밀하게 끼워놓은 삽입해 놓은 계시이다. 그것을 가리켜서 중간계시라고 하는 것이다.

그렇다고 해서 중간계시와 일반계시가 끝까지 같이 간다는 뜻이 아니다. 일반계시 속에 중간계시의 시작과 끝이 있기 때문에 요한계시록 10:7에 "일곱째 천사가 소리 내는 날 그 나팔을 불게 될 때에 하나님의 비밀이 그 종 선지자들에게 전하신 복음과 같이 이루리라"고 말씀한 것이다.

다시복음, 삽입된 중간계시의 복음이 다 이루어진다는 것은 무엇을 말하는 것인가? 일곱째 천사장이 나팔을 붊으로써 하나님의 비밀이 그 종, 선지자들에게 전하신 복음과 같이 이루어진 순간에 이 땅에는 어떤 세계가 이루어지는가? 이 땅에 산 자의 세계가 이루어지는 것이다.

그러한 산 자의 세계를 이루시기 위하여 재림의 마당에서 구속사의 끝을 이루시는 때의 주인이 일반계시와 중간계시를 동시적으로 병행하여 두 가지 사역을 다 이루시는 것이다.

그러나 두 가지 계시가 때의 주인을 통해서 진행되는 역사라고 해서 한 사람을 통해서 두 가지의 역사가 동시적으로 이루어지는 것은 아니다. 그렇게 역사하기 위해서 포도나무와 감람나무, 두 도맥을 가지고 이 땅의 주로서 살아 역사하신 해를 입은 여인께서 때의 주인으로 등장한 두 감람나무에게 두 감람나무 역사의 부분을 맡기신 것이다. 맡기셨다는 의미는, 아브라함에게 복을 맡기심으로써 예수님도 복을 주실 때에는 아브라함의 이름으로 복을 주신다는 의미와 같은 맥락의 말씀이 된다.

6. 독수리가 주관하는 첫째 화, 둘째 화, 셋째 화의 역사

요한계시록 8장에 독수리가 공중을 날아가면서 "화, 화, 화가 있으리로다"라고 세 번의 화(禍)를 외치고 있다.

> 계 8:13 내가 또 보고 들으니 공중에 날아가는 독수리가 큰 소리로 이르되 땅에 거하는 자들에게 화(禍), 화, 화가 있으리로다 이 외에도 세 천사의 불 나팔 소리를 인함이로다 하더라

이 세 번의 화는 세 천사장이 불어야 할 나팔소리가 있다는 것이다. 바로 다섯째 천사, 여섯째 천사, 일곱째 천사가 부는 나팔소리를 말한다.

일곱째 인 중에서 첫째 인, 둘째 인, 셋째 인, 넷째 인까지는 흰 말, 붉은 말, 검은 말, 청황색 말, 이렇게 네 말이 등장해서 역사하고(계 6:1-8) 다섯째 인을 뗄 때에 제단 아래에 있는 순교자들이 "우리 피를 신원하여 주지 아니하시기를 어느 때까지 하시려나이까"(계 6:9-11)라고 하나님께 신원하는 내용이 들어있다.

독수리가 땅에 거하는 자들에게 '화, 화, 화가 있으리로다'라고 외친 내용은 무엇인가? 일반계시로 보면 다섯째 인, 여섯째 인, 일곱째 인의 역사가 계속 진행되고 있지만 다섯째 인부터 일곱째 인까지는 중간계시 속에서 첫째 화, 둘째 화, 셋째 화가 복합적으로 같이 이루어지고 있다는 것을 독수리가 외치고 있는 것이다.

다섯째 천사가 나팔을 불매 첫째 화가 시작되고(계 9:1-12) 여섯째 천사가 나팔을 불매 둘째 화가 시작되고(계 9:13, 계 11:14) 일곱째 천사가 나팔을 불매 셋째 화가 시작된다(계 11:15). 일반계시가 진행되는 과정 안에 중간계시가 끼어든 것이다.

'화, 화, 화' 속에는 첫째 화, 둘째 화, 셋째 화가 이루어질 내용을 제시하고 있다.

첫째 화는 이 땅의 주께서 해를 입는 역사의 과정에서 진행되는 십자가의 아픔의 내용이라고 말할 수 있다. 이 땅의 주를 통해서 전개되는 하늘의 역사가 바로 중간계시이고 특별계시의 내용이다. 해를 입은 여인이 어떻게 이 땅의 주가 되시는지 그 역사의 내용이 바로 특별계시의 서막이 되는 것이다. 다시 말해서 해를 입은 여인이 이 땅의 주로 등장하는 역사로 말미암아 중간계시, 특별계시가 진행되고 이루어지는 것이다.

하늘에 두 이적이 있는데 하나는 해를 입은 여인의 등장이고 또 다른 이적은 붉은 용의 등장이다. 그것이 재림 마당에서 이루어질 큰 이적이다(계 12:1-5).

해를 입은 여인의 사명과 붉은 용의 등장의 의미를 분명하게 삽입하고 제시한 말씀을 가리켜 중간계시, 특별계시라고 한다. 해를 입은 여인이 해를 입고 이루어야 할 사명과 상대적으로 붉은 용이 왜 등장해야 하는지 그 목적이 기록되어 있다.

해를 입은 여인과 붉은 용의 등장은 이 세상 사람들 누구나 알 수 있는 역사가 아니기 때문에 영적인 역사라고 한다(계 11:8). 그렇기 때문에 하늘의 큰 이적이라고 말씀한 것이다.

둘째 화는, 해를 입으신 분이 이 땅의 주로서 이루셔야 할 사명, 그 역사의 세계가 둘째 화 속에서 펼쳐지는 것이다. 해를 입은 여인이 등장하지 않고는 그를 통해서 이루어질 역사의 세계는 펼쳐질 수 없다. 주인공이 등장해야만 그 주인공을 통해서 역사되는 세계를 펼칠 수 있는 것이다.

그렇다면 해를 입은 여인이 해야 할 일은 무엇인가? 신랑의 갈비뼈로 신부를 만드는 것이다. 아담의 갈비뼈로 하와를 만들었던 동일한 말씀의 권세와 능력을 가지고 신부를 탄생시키는 역사가 둘째 화 속에서 진행되며 이루어지는 것이다.

아브라함이 재림의 마당을 위해서 산비둘기와 집비둘기 새끼를 제물로 드렸다. 재림의 마당에서 이 땅의 주이신 해를 입은 여인이 두 감람나무 역사를 통하여 영적인 제물을 실질적인 제물의 역사의 세계로 펼치시는 과정에서 이루어지는 모든 환난과 어려움을 둘째 화라고 말한다.

두 감람나무에게 지팡이 같은 갈대자를 주며 하나님의 성전과 제단과 그 안에서 경배하는 자를 척량하라고 말씀하셨다(계 11:1-2). 영적인 갈대자를 가지고 두 감람나무가 성전 안을 척량하는 것이다. 성전 안을 척량하는 것은 의인 가운데 악인을 골라내는 역사이다(마 13:47-49). 두 감람나무는 의인 가운데 악인을 골라내는 갈대자, 검(劍)을 가지고 있다(계 11:1-2). 이러한 두 감람나무의 역사가 둘째 화 안에서 이루어지는 역사인 것이다.

열왕기상 19:15-17에 "아람 왕 하사엘의 칼을 피하는 자는 이스라엘 왕 예후가 죽이고 예후의 칼을 피하는 자는 사밧의 아들 엘리사가 죽이리라"고 말씀하고 있다. 여기에서 심판의 마지막 관문이 되는 사람이 엘리사이다. 엘리사의 칼이 악인을 심판하는 마지막 세 번째 심판의 과정이 되는 것이다. 영적으로 말하면 하사엘의 칼이 첫 번째 화가 되고 예후의 칼이 두 번째 화가 된다. 예후의 칼에 이세벨이 죽었다. 그 예후에게 기름을 부은 사람이 엘리사이기 때문에 결국 엘리사가 예후를 통하여 이세벨을 죽인 것이다.

지금은 어느 때인가? 두 감람나무의 사역 중에서 산비둘기의 사역이 마쳐지고 지금 집비둘기 새끼의 사역이 마쳐지기 직전이다. 산비둘기의 사역은 장안산의 사역이었다. 그러나 집비둘기 새끼의 사역은 '집', 즉 성전 사역을 의미한다. 산비둘기와 집비둘기 새끼의 사역이 다 마쳐져야 두 감람나무의 역사가 마쳐지는 것이다.

둘째 화를 통하여 두 제물인 산비둘기와 집비둘기 새끼가 하나님께 제물로 바쳐짐으로써 재림의 마당에서 이루어져야 할 두 감람나무의 역사가 마쳐지는 것이다. 그 역사가 마쳐지면 둘째 화가 끝나는 것이다.

필자가 '장안산 상,중,하' 서책을 통하여 소개한 도사 목사께서 1978년도에 필자에게 말씀을 주시고 증거를 하라고 하셔서 십 여개월 동안 그분이 주신 말씀을 증거한 적이 있었다. 그때 필자는 은혜께서 그렇게 하라고 시키셔서 증거를 한 것이다.

그때 필자가 증거한 것이 세 가지였다. 그 당시 원유가 1배럴 당 12~14달러 정도였는데 "원유가 1배럴 당 100달러가 되면 세상 끝이다" 그것이 첫 번째 증거였고 두 번째는 "서울, 인천, 대전, 대구, 광주, 부산 등 우리나라 남한 열 개 도시에 원자탄이 떨어진다"라고 증거했다. 세 번째는 "그런 시대가 올 징조로서 현대가 분리 된다"라는 내용으로 세 가지를 증거했었다.

그 당시에 많은 사람들이 그 증거를 받았다. 1배럴 당 12~14달러 할 때인데 원유가 1배럴 당 100달러라고 말하니까 듣고도 믿을 수 없는 이야기였다. 그 당시에는 우리나라에 원자탄, 핵이란 말이 메스미디어를 통해서 소개된 적이 없는 시대였다. 그런데 느닷없이 우리나라의 열 개 도시에 핵폭탄이 떨어진다고 하니까 믿을 사람이 아무도 없었다. 또 그 당시에는 현대가 승승장구하고 있었던 때였다.

필자는 알든 모르든 간에 은혜가 시키셔서 1978년도부터 그렇게 증거한 것이다. 그때는 믿지 못할 일, 믿어지지 않는 일이었지만 최근에 와서 그 말씀들이 다 맞아떨어지고 있다. 원유도 100불이 넘은 적이 있고 지금 이북에서는 이미 핵탄두를 만들어내고 있고 핵탄두를 소형 탄두로 생산할 수 있는 실력도 가지고 있다. 핵가방은 사람이 가지고 다닐 수 있다.

필자가 그 당시에 "우리나라 열 군데에 핵폭탄이 떨어진다"고 증거한 말씀을 들었던 사람들이 오늘에 와서 그것을 기억한다면 아마 지금은 '그때 그 말씀이 미친 소리가 아니었구나!'라고 생각할 것이다.

이 땅의 주 앞에 섰는 두 감람나무의 역사가 마쳐지면 둘째 화가 끝나고 셋째 화가 시작된다.

셋째 화에는 누가 등장하는가? 요한계시록 16:12에 "여섯째가 그 대접을 큰 강 유브라데에 쏟으매 강물이 말라서 동방에서 오는 왕들의 길이 예비되더라"는 말씀처럼 동방에서 오는 세 왕이 등장한다. 요한계시록 13:17-18에 그들을 세 짐승이라고 말씀하고 있다. 셋째 화에는 육백 육십 육이 등장한다. 그것을 위해서 이 땅에는 분명히 일곱째 천사장이 불 나팔도 준비되어 있다는 것이다.

요한계시록 20:4-6에 이 땅에 산 자의 영광의 세계인 천년왕국이 이루어지는데 그것을 중간계시의 입장에서 보면 빛의 역사가 이루어진 것이라고 말할 수 있다.

빛의 역사가 끝나면 무저갱에 갇혀있던 붉은 용을 내어 놓는다(계 20:1-3, 20:7), 붉은 용을 등장시킨다는 것은, 구속사가 모두 끝났을 때 이 세상을 그들에게 내어 던진다는 것을 의미한다.

중간계시에도 끝이 있고 또 일반계시에도 끝이 있다. 분명히 일곱 인, 일곱 나팔, 일곱 대접의 역사에 중간계시에 등장할 사람들은 이 땅에 처음부터 모두 다 등장을 했다. 그렇기 때문에 "인자가 아버지의 영광으로 올 때 거룩한 천사들과 함께 오리라"고 말씀하신 것이다. 여기에서 말씀하고 있는 거룩한 천사들은 곧 일곱 인, 일곱 나팔, 일곱 대접을 쏟을 사람들을 말한다.

그리고 첫째 부활에 참여하는 사람들을 통해서 이 땅에서 진짜 산 자의 영광의 세계인 천년왕국이 이루어지는 것이다(계 20:4-6).

지구촌에 70억 인구가 살고 있다고 하나 그들은 말씀의 차원에서 본다면 다 죽은 자들이다. 그런 죽는 자들의 세상 속에서 죽지 않고 두 번째 사망의 해를 입지 않는 산 자가 등장한다는 것이다. 산 자는 밥 먹고 똥 싸는 인간이 아니다. 세상적으로 표현한다면 시공간을 초월하는 슈퍼맨 같은 사람이다. 우리들이 영화에서 본 슈퍼맨은 산 자와 비교할 때 그림자 밖에 안 되는 존재이지만 그렇게 시공간을 초월하는 사람들이 산 자인 것이다. 그런 산 자들이 이 땅에서 일곱 교회를 통해서 죄악된 이 세상에 살고 있는 죽는 자들을 통치하며 다스리는 세계가 펼쳐지는 것이다.

그렇게 산 자들이 통치하는 천년왕국이 끝나면 요한복음 3:13에 "인자 외에는 온 자도 없고 간 자도 없다"라고 말씀하신 곳, 만유 바깥에 있는 아버지의 집으로 그리스도의 인도를 따라서 생령의 대이동을 하는 것이다(요 14:2-3).

그곳으로 이동하기 전에 천년 동안 무저갱에 갇혀있던 붉은 용을 잠깐 내어 놓는다(계 20:1-3). 그때는 요한계시록 11:2에 "성전 밖 마당은 척량하지 말고 마흔 두 달 동안 이방인에게 짓밟히게 하라"는 말씀의 의미처럼 붉은 용에게 "네가 하고 싶은 대로 해보라!"고 이 세상을 던져주고 가는 것이다.

그때 이 땅에 세계 3차 대전이 일어나는 것이다(계 20:7-10). 하나님은 구속사의 목적을 이루시기 위하여 이렇게 처음부터 끝까지 모든 인류의 삶의 현장을 전쟁으로 일관시켜 놓았다는 것이다.

그렇기 때문에 구속사를 이루는 구속사의 세계 자체가 전쟁으로 시작해서 전쟁으로 모든 것이 마쳐지게 되어 있고 그 전쟁을 통해서 하나님이 구속사의 세계를 완성하시게 되어 있다.

중간계시를 전하는 사람이 누구인가? 요한계시록 10:1-3에 등장하는 힘센 천사는 평범한 존재가 아니다. 땅과 바다를 밟고 있고 머리에는 무지개가 있고 얼굴은 해 같은데 그가 일곱 우레를 발한다. 그 분이 주시는 계시가 중간계시인 것이다. 이러한 중간계시의 역사가 일반계시가 진행되는 역사 속에 아무도 알지 못하게 개입되는 것이다.

중간계시가 끝나는 순간, 이 땅에는 요한계시록 10:7 말씀처럼 하나님의 비밀이 그 종 선지자를 통해서 예언한 모든 말씀과 같이 이루어지게 되어있다. 그 모든 역사가 이루어질 때 이 땅에는 산 자의 세계인 천년왕국이 이루어지는 것이다.
그런데 오늘날 하나님을 믿는 백성들이 이러한 종말론적 비밀을 알고 믿는 사람이 한 명도 없다.

지금은 중간계시를 시작하려고 하는 때가 아니다. 이미 시작되었고 이제 머지않아 끝이 난다. 일반적으로 요한계시록 10장-14장을 중간계시라고 말씀하고 있다. 그렇다고 그 안에 있는 내용만을 가지고 중간계시라고 하는 것은 아니다. 중간계시 안에서 이루어진 역사가 요한계시록 16장에도 있고 요한계시록 7장, 8장, 9장에도 있다.
다시복음, 작은 책, 중간계시의 말씀을 받지 않고는 교황이든 목사, 신부, 그 누구든 절대 산 자의 부활인 첫째 부활, 의인의 부활에 들어가지 못한다.

① 전 삼년 반 속에서 펼쳐진 한 때 두 때 반 때의 역사

첫째 화, 둘째 화, 셋째 화의 비밀을 모르는 사람은 마지막 때의 비밀과 암호를 모르는 사람이다. 설사 일반계시를 안다고 해도 일반계시 속에 들어있는 중간계시의 세계를 전혀 모르는 사람이라고 말할 수 있다.

첫째 화가 끝나면 둘째 화가 지체하지 않고 시작된다(계 11:14). 둘째 화 속에는 무엇이 들어있는가? 둘째 화의 내용이 요한계시록 10장과 11장에 들어있다. 요한계시록 11장은 둘째 화의 중심이 되는 내용으로 이 땅의 주와 주 앞에 선 두 감람나무와 두 촛대의 역사의 세계가 들어있다.

둘째 화 속에서 두 감람나무에게 부여된 한 때, 두 때, 반 때의 역사가 진행된다. 한 때, 두 때, 반 때에는 때마다 고유적인 주인이 있어서 그들을 통해서 한 때, 두 때, 반 때의 역사를 하게 하신다는 것이다. 그러므로 재림의 마당의 주인이신 해를 입은 여인이 산비둘기에게 한 때 두 때 반 때의 역사를 하도록 내어주었고, 그 역사를 부여받은 산비둘기가 한 때, 두 때의 역사만을 담당하고 집비둘기 새끼로 하여금 남은 반 때를 역사하도록 내어주었다.

반 때의 주인공과 반 때의 말씀을 모르는 사람은 첫째 화, 둘째 화, 셋째 화의 비밀을 알 수 없다.

이 땅의 주로서 역사하신 해를 입은 여인이 빛이 있는 전 삼년 반을 통해서 포도나무 사역과 두 감람나무 사역, 두 도맥을 가지고 한 때 두 때 반 때의 역사를 주관하시다가 하나님의 공의로써 나머지 후 삼년 반을 어두움의 권세에게 넘겨주기 위하여 큰 독수리의 두 날개를 받아 광야 자기 곳으로 날아가서 한 때 두 때 반 때를 양육받고 있다.

후 삼년 반은 광명한 자들이 어두움의 권세에게 때를 넘겨주고 떠난 때이기 때문에 빛이 없는 때이다.

그렇다면 이런 의문점이 생길 수 있다. '빛의 주인이신 해를 입은 여인이 어두움의 권세에게 후 삼년 반의 한 때와 두 때와 반 때를 넘겨주고 광야에 가서 한 때 두 때 반 때를 양육 받고 계신다. 그런데 그가 떠나고 어두움의 권세가 역사하는 때에 어떻게 반 때의 말씀인 작은 책, 다시복음의 말씀이 존재할 수 있으며 어두움의 때에 어떻게 빛의 말씀이 살아 역사할 수 있다는 말인가? 해를 입은 여인이 하나님의 공의로써 후 삼년 반을 어두움의 권세에게 넘겨주고 가신 마당에 어떻게 유독 반 때의 말씀만은 어두움의 때에 역사할 수 있다는 것일까?'라고 생각할 수 있다.

그러나 여기에서 한 가지 주목해야 할 것이 있다. 반 때의 말씀은 누구에게 주시는 말씀인가? 바로 이긴 자들에게 주시는 말씀이다(계 2:17).

독수리가 공중을 날아가면서 세 번의 화(禍)를 외칠 때 그 화는 하늘과 그 가운데 거하는 자들이 아니리 땅과 바다에 서하는 자들이 입는 화이다(계 12:12). 첫째 화, 둘째 화, 셋째 화를 입는 대상들은 대부분 땅과 바다에 거하는 자들이다.

하나님이 애굽을 열 가지 재앙으로 치실 때 첫째, 둘째, 셋째 재앙까지는 이스라엘 백성들도 함께 받았다. 자기 백성을 애굽인들과 함께 재앙을 받게 하신 이유는, 이스라엘 백성들을 처음부터 재앙에서 분리해놓으면 그들이 기고만장해지고 교만해진다. 그러므로 첫 번째 물이 피가 되게 하고 두 번째 하수에서 개구리가 올라오게 하고 세 번째 티끌을 쳐서 이가 되게 한 것은 이스라엘 백성들도 애굽인들과 똑같이 재앙을 받게 했다(출 8:1-18).

그러다가 네 번째 파리 재앙 때 이스라엘을 구별하셨다(출 8:22). 분리하니까 이스라엘 백성들이 또 교만해졌다. 그래서 여섯 번째 독종의 재앙 때 함께 재앙을 받게 하셨고(출 9:8-11) 일곱 번째 우박은 다시 구별하심으로써 재앙을 받지 않게 하셨다(출 9:26). 우박 재앙 때는 애굽 바로의 신하 중에도 '아, 이것은 하나님이 내리시는 재앙이다!'라고 두려워한 자들이 있었다. 그런 자들은 자기의 종들과 생축을 집으로 피신시켜서 재앙을 면할 수 있었다(출 9:20).

땅과 바다에 거하는 자들에게 첫째 화, 둘째 화, 셋째 화가 집중적으로 쏟아지지만 애굽에서의 열 가지 재앙 때처럼 경우에 따라서는 하늘과 그 가운데 거하는 자들에게도 화가 미칠 수도 있다는 것이다.

그러나 그렇게 받는 화는 그들을 심판하기 위해서 주시는 화가 아니라 그 심판의 과정을 통해서 하나님의 입장에서 이루셔야 할 별다른 목적이 있기 때문에 그들에게도 그러한 화를 똑같이 겪게 하신다는 것이다.

한 때, 두 때, 반 때의 역사가 끝난다는 말은, 첫째 화, 둘째 화, 셋째 화가 끝난다는 것을 의미한다. 그러나 그 세 번의 화가 끝난다는 것은 중간계시에서의 역사의 세계가 끝나는 것을 말하는 것이지, 일반계시에서의 세계가 끝난다는 것은 아니다.

중간계시의 세계가 끝난다는 말은 무슨 의미인가? 예수께서 지금 하늘 우편보좌에 앉아계신다. 우편보좌는 예수님이 앉으셔야 할 본래의 자리가 아니다. 가운데 보좌가 본래 예수님의 자리이다.

그렇다면 예수께서는 언제 가운데 자리로 가실 수 있는가? 예수님이 본래의 영광의 자리로 가시려면 먼저 이 땅에서 원수를 무릎을 꿇게 한 자로부터 그 영광을 받으셔야 한다. 누가 그 원수를 무릎 꿇게 하는가? 만국을 다스릴 수 있는 철장의 권세를 가진 아이가 원수를 무릎 꿇게 하는 존재이다. 그러한 철장의 권세를 가진 아이를 낳은 사람은 누구인가? 해를 입고 이 땅의 주로 역사하신 말씀의 주이시다.

해를 입은 여인과 철장의 권세를 가진 아이는 이 땅의 주와 주 앞에 선 두 감람나무와 두 촛대이다. 그들은 신랑과 신부의 관계로써 원수를 발등상 아래에 무릎 꿇게 하는 사람들이다. 그들이 이 땅에서 원수를 완전히 무릎 꿇게 하고 오른쪽 보좌에 계신 예수님께 영광을 돌리면 영광을 받으신 예수께서 본래의 자리인 가운데 보좌로 가시는 것이다.

이러한 모든 역사가 바로 첫째 화, 둘째 화, 셋째 화를 통해서 완전히 이루어지는 것이다.

둘째 화가 끝나면 셋째 화가 속히 이른다. 또 셋째 화가 끝나면 요한계시록 21:2 말씀처럼 거룩한 성 새 예루살렘이 하늘에서 이 땅으로 강림하게 되어있다.

다니엘 12:7에 기록된 말씀처럼 1260일 동안 성도의 권세가 다 깨어지면 성별된 성도들만이 남게 된다. 하나님이 옛 뱀, 마귀, 사단으로 하여금 성별된 성도와 싸울 수 있는 마지막 한 달의 기회를 준다. 그것이 1260일에서 1290일에 이르기까지 30일 동안 벌어지는 일이다. 그 한 달 동안 다니엘과 다니엘의 세 친구와 같은 성별된 성도들과 666의 존재인 세 짐승과의 싸움이 이 땅에서 이루어지게 되어있다. 그래서 1290일까지 그 모든 싸움의 종지부를 찍게 된다(단 12:10-11).

그리고 "45일을 기다려 1335일에 이르는 자 복이 있다"(단 12:12)라고 말씀하고 있다. 그 45일은 땅이 마르는 시간으로써 셋째 화가 끝나고 모든 것을 종결짓는 마지막 과정이 된다.

45일을 기다려 1335일에 이른 자들은 누구인가? 그들은 하늘에서 새 예루살렘 성이 이 땅에 강림하는 영광을 보는 사람들이다. 그렇기 때문에 그런 자들은 복이 있다고 말씀한 것이다.

② 산비둘기 제물은 어떻게 바쳐졌는가?

둘째 화의 중심은 두 감람나무 역사이다. 감람나무가 죽었다가 삼일 반 후에 살아나는 역사가 둘째 화의 끝을 이루는 구속사의 절정이라고 말할 수 있다.

두 감람나무 역사가 끝난다는 말은, 재림의 마당을 위해서 바쳐진 산비둘기와 집비둘기 새끼, 즉 두 감람나무라는 두 제물이 바쳐진다는 것을 의미한다. 그런데 아직은 두 감람나무의 역사가 끝나지 않았다. 그것은 두 번째 제물이 아직 바쳐지지 않았기 때문이다. 산비둘기 제물은 이미 바쳐졌지만 집비둘기 새끼까지 제물로 바쳐져야한다. 그래야 재림의 마당을 위한 제사가 다 끝나는 것이다.

두 감람나무 중에서 첫 번째 제물이 되는 산비둘기는 어떻게 제물로 바쳐졌는가? 무저갱에서 올라온 짐승이 자기에게 소속된 인간들에게 역사하여 미움과 증오라는 무기로 그를 죽게 만들었다.

> 요일 3:15 그 형제를 미워하는 자마다 살인하는 자니 살인하는 자마다 영생이 그 속에 거하지 아니하는 것을 너희가 아는 바라

"미움은 살인이다"라는 말씀의 의미대로 산비둘기는 미움과 증오에 의하여 영적인 죽음을 당했다. 그러나 남은 집비둘기 새끼는 실제로 육적인 죽음을 당하는 존재이다. 재림의 마당을 위해서 아브라함에 의해서 이미 예비된 산비둘기와 집비둘기 새끼, 두 제물이 바쳐져야 두 감람나무의 역사가 완전히 끝나는 것이다.

"마지막 인자의 역사는 노아 때와 같다"(눅 17:26)라고 말씀하신 것은, 예수님이 세상 끝에 오셔서 십자가의 사역을 통하여 세상 끝을 이루신 것처럼 재림의 마당에 마지막 끝을 이루러 오신 분도 노아의 사적을 통하여 구속사의 끝을 완성하시기 때문이다.

그렇기 때문에 도적같이 오신 재림주는 노아의 입장으로 오신 분이라고 말씀할 수 있다. 그분이 이 땅에서 노아 때와 동일한 말씀의 역사로써 비둘기의 사역을 마치시고 또 포도나무의 사역도 마치심으로써 재림 마당의 모든 역사의 종지부를

찍는다(사 17:6, 24:13).

그는 누구인가? 마지막 때 자기밖에 모르는 자기 이름을 가지고 도적같이 오신 재림주 멜기세덱으로 그가 바로 노아와 같은 사람이라고 말할 수 있다.

해를 입고 이 땅의 주로서 역사하신 해를 입은 여인이 노아의 입장으로 오셨다면 마지막 때 그분이 노아의 입장으로써 지으신 방주가 있을 것이다. 그가 지은 방주를 영적으로 하면 요한계시록 11:8-9에 기록되어 있는 '큰 성'이라고 말씀할 수 있다.

> 계 11:8-9 저희 시체가 큰 성 길에 있으리니 그 성은 영적으로 하면 소돔이라고도 하고 애굽이라고도 하니 곧 저희 주께서 십자가에 못박히신 곳이니라 백성들과 족속과 방언과 나라 중에서 사람들이 그 시체를 사흘 반 동안을 목도하며 무덤에 장사하지 못하게 하리로다

그곳은 그분이 지은 고유적인 영역으로 노아의 입장에서 지은 방주라고 말할 수 있고 또 그분이 지은 거룩한 성이라고도 말할 수 있다. 그렇기 때문에 자기가 지은 성 안, 자기가 만든 방주 안에서만큼은 그분이 방주에 태운 사람들을 통하여 자기의 사역을 완성할 수 있고 마감할 수 있는 것이다.

위 성구에 "두 감람나무의 시체를 큰 성 길에 버려둠으로 사흘 반 동안 무덤에 장사하지 못하게 하였다"라고 말씀하고 있다. 큰 성 길에 두 감람나무의 시체가 삼일 반 동안 놓여있다는 것이다.

대한민국은 민주공화국이다. 사람의 시체를 묻지 못하게 하고 큰 성길 위에 둔다면 형사처벌을 받게 된다. 결코 있을 수 없는 일이다.

방주를 만든 사람이 있다면 그가 만든 방주에 탄 사람들은 어떤 입장에 처해있는가? 그들은 방주를 만드신 해를 입은 여인의 고유적인 영역 안에 있는 사람들로서 그분의 권세와 능력 안에 사로잡혀 있는 사람들이다. 방주의 일층에 있는 짐승들, 이층에 있는 짐승들, 삼층에 있는 노아의 가족들은 다 방주를 만든 장본인인 노아의 절대적인 명령에 순종하게 되어있다.

마찬가지다. 마지막 때에도 노아와 같은 분이 만든 방주가 있다면 그 방주에 태워진 대상들에게는 그분의 말씀이 절대적일 수밖에 없다. 그러한 그분이 구속사의 마지막 성취를 이루시기 위해서는 필요한 사람을 죽여야 한다. 그 이유는 무엇인가? 로마서 1:4 말씀처럼 해를 입은 여인이 큰 성 길에 시체로 누워있는 자를 부활시키기 위해서는 그를 죽였다가 살려야 한다. 그를 산 자로 만들어야 하늘보좌로 올릴 수 있기 때문이다 (계 12:5).

그를 죽이는 대상들은 누구인가? 바로 방주에 태운 사람들이 그를 죽이는 것이다. 그를 죽이되 형법상으로 법을 위반해서는 안 된다.

"미움은 살인이다"(요일 3:15)라고 말씀하셨다. 방주의 주인이 어떤 사람을 지명해서 "저 인간은 참 못된 인간이야! 사람의 탈을 쓰고 있지만 짐승만도 못한 인간이야!"라고 처음에는 조심스럽게 분위기를 잡아간다. 그러다가 공개적으로 그를 비난하기 시작한다. 그러면 방주 안에 함께하고 있는 사람들은 그 사람을 자동적으로 미워하고 증오하기 시작한다. 거기에 더욱더 기름을 뿌리면 그에 대한 미움은 날로 날로 확대되어 간다.

그런데도 정작 그런 지경에 놓여있는 장본인은 끽 소리도 하지 못한다. 그 이유는 무엇인가? 해를 입은 여인이 자기를 통해서 어떤 목적을 이루시기 위하여 그렇게 한다는 사실을 이미 알고 있기 때문이다. 그에게는 그것이 바로 십자가의 아픔과 같은 순간이라고 말할 수 있다. 방주 안에 함께하고 있는 모든 사람들이 "나는 벌레요 사람이 아니라 사람의 훼방거리요 백성의 조롱거리니이다"(시 22:6)라는 말씀처럼 그를 벌레 취급을 한다.

해를 입은 여인이 모든 사람으로 하여금 그를 짐승의 배설물만도 못한 자로 취급할 수 있도록, 누구나 그에게 돌을 던질 수 있도록 그런 상황으로 몰아가는 것이다.

그러므로 그를 미워하고 증오하는 수위가 점점 올라간다. "여자의 한(恨)은 오뉴월에도 서리가 내리게 한다"는 세상 말이 있다. 방주에 타고 있는 사람들은 그런 인간이 방주에 함께 타고 있다는 사실만으로도 소름끼쳐 한다. 그렇기 때문에 자다가도 벌떡 일어날 수밖에 없을 만큼 미움과 증오가 폭발하기 시작한다. 열 명, 백 명, 천 명도 아니고 몇 만 명이라고 생각해 보라!

그들의 미움이 그를 무서운 죽음의 골짜기로 밀어 넣기 시작한다. 그렇기 때문에 미움은 살인이라고 말씀하고 있는 것이다. 당사자가 받는 스트레스는 예수님이 십자가상에서 받는 처절한 고통과 같은 아픔이라고 말할 수 있다. 그의 입에서 '육천 년 보다도 더 아픈 고통으로 이루어진 삼 년 육 개월'이라는 신음이 흘러나온다. 결국 그는 잠이 들고 만다.

일반적으로 잠이 들면 미움의 표적이 사라진 것이기 때문에 그를 향한 공격도 끝나게 마련이다. 그러나 그가 잠이 들었음에도 불구하고 더 공개적으로 "천하에 극악무도한, 버리지만도 못한 인간!"이라고 비난하기 때문에 방주에 있는 사람들은 이제 그의 이름만 들어도 소름이 끼치고 그 이름이 떠오를 때마다 분노가 폭발한다. 그는 이미 죽어서 땅에 묻혀 있지만 방주에 탔던 사람들의 뇌리 속에는 그에 대한 증오가 결코 지워지지 않는다. 지워지지 않는 그 상태를 가리켜서 "그의 시체가 큰 성 길에 삼일 반 동안 있으리니"(계 11:8-9)라고 말씀하고 있는 것이다.

그러한 역사를 하신 분이 바로 해를 입고 이 땅의 주로서 역사하신 분이시다. 그분이 마지막 재림의 마당에서 노아처럼 방주를 지어서 그러한 역사를 하신 것이다. 그것이 노아 때에 노아의 이름으로 펼쳐진 재림 마당의 중심이 되는 사건인 것이다.

그런 그에게 무슨 일이 일어나는가? 큰 성 길에 시체로 누워있는 그에게 삼일 반 후에 하나님께로부터 생기가 들어가 두 발로 일어서고 하늘로부터 "이리로 올라오라"는 큰 음성을 듣고 그가 영육 간에 부활하여 구름을 타고 하늘로 올라간다(계 11:8-12). 그것을 가리켜 "철장의 권세를 가진 아이를 낳아 하나님 앞과 그 보좌 앞으로 올려가더라"(계 12:5)고 말씀하고 있다.

그때 그를 비난했던 모든 사람들이 그가 승천하는 모습을 다 보게 된다. 제 밭에 뿌려진 두 종류의 사람들이 있다. 좋은 씨와 좋은 씨알들, 그리고 마귀가 밤중에 뿌린 가라지들이 그가 승천하는 장면을 다 보게 된다. 그때에 큰 지진이 일어나서 성 십분의 일이 무너지고 지진에 죽은 자가 칠천이라고 말씀하고 있다(계 11:12-13).

그러면 방주에 함께 타고 있던 사람들, 그를 미워하고 증오함으로써 그를 죽게 만들었던 사람들이 뭐라고 하겠는가? "어떻게 된 일이야! 말도 안 돼! 그러면 우리는 어떻게 되지? 우리는 우리가 믿고 있던 그분에게 잘못 쓰임을 받은 것이네?"라고 난리가 날 것은 분명하다(잠 16:4). 그래서 큰 성이 깨어지는 것이다.

II
종말론적 예언의 성취

노스트라다무스가 예언한 '1999년 7의 달'의 의미는 무엇인가?

고린도전서 14:10에 "세상 소리에 뜻 없는 소리는 없다"라고 말씀하고 있다.

세기(世紀)적인 대 예언가 노스트라다무스[59]가 지구의 종말을 '1999년 7의 달'이라고 예언한 바 있다. '노스트라다무스'라는 이름은 가브리엘 천사장이라는 의미가 있다.

지금까지 노스트라다무스의 예언이 거의 100% 적중했기

---

59) 노스트라다무스(라틴어: Nostradamus, 1503년 12월 14일–1566년 7월 2일)는 프랑스의 천문학자, 의사, 예언가이다. 노스트라다무스는 라틴어 이름이고 '성모(聖母)의 대변자'라는 뜻이며 본명은 미셸 드 노스트르담(프랑스어: Michel de Nostredame)이다. 1555년에 처음 출판된, 운을 맞춘 4행시를 백 편 단위(Centuries)로 모은 《예언집》(Les Propheties)으로 유명하다. 위키백과

르네상스 시대 최고의 예언가. 유태인 집안에서 태어난 그는 의사로서 페스트를 치료하며 유명해졌다. 1547년경부터 예언을 시작,《세기들》이라는 책을 빌간아기노 했는데 당시는 점성술이 크게 유행했던 때였다. 프랑스 남부의 살롱드 프로방스는 노스트라다무스가 머물던 곳으로 미래를 비추는 거울이라고도 불린다. 그의 몇몇 예언은 정말 들어맞는 것처럼 보였다. 그에 따라 명성도 커져갔고, 앙리 2세의 왕비에게 초대받아 별점을 쳐주기도 했다. 다음백과

때문에 많은 사람들이 그의 예언대로 '1999년 7의 달'에 과연 지구의 종말이 올 것인지 조심스럽게 그 날을 바라보고 있었다. 그러나 결국 1999년 7월에 지구의 종말은 오지 않았다.

그런데 주목해야 할 것은, 노스트라다무스가 '1999년 7월'이라고 하지 않고 '1999년 7의 달'이라고 예언을 했다는 점이다. 그는 왜 그러한 표현을 써서 예언하였을까?

여기에서 '7의 달'을 1년 열두 달 중에서 일곱 번째 달이라고 생각할 수 있다. 그러나 표면적인 일곱 번째 달이라면 '7월'이라고 해야 한다. 굳이 '7의 달'이라고 표현할 필요가 없다.

노스트라다무스가 예언한 종말이 '7월 달'을 의미하는 것이 아니라면 '7의 달'은 과연 어떤 의미를 함축하고 있는 것일까?

7은 영적 완전수이다. 그렇다면 여기에서 '달'의 의미가 무엇인지 먼저 살펴보아야 한다.

하나님이 넷째 날 큰 광명과 작은 광명, 두 광명을 만드시고 큰 광명으로 하여금 낮을 주관하게 하시고 작은 광명으로 하여금 밤을 주관하게 하셨다(창 1:16). 큰 광명이 해라면 작은 광명은 달이라고 말할 수 있다.

고린도전서 15장에 "육체에도 해와 같은 영광이 있고 달과 같은 영광이 있고 별과 같은 영광이 있고 별과 별들의 다른 영광이 있다"라고 말씀하고 있다.

> 고전 15:39-41 육체는 다 같은 육체가 아니니 하나는 사람의 육체요 하나는 짐승의 육체요 하나는 새의 육체요 하나는 물고기의 육체라 하늘에 속한 형체도 있고 땅에 속한 형체도 있으나 하늘

에 속한 자의 영광이 따로 있고 땅에 속한 자의 영광이 따로 있으니 해의 영광도 다르며 달의 영광도 다르며 별의 영광도 다른데 별과 별의 영광이 다르도다

위 성구에서 '달의 영광도 다르다'고 말씀하고 있다. 그렇다면 영적 완전수 7의 의미를 가진 '7의 달'은, 달로서는 가장 큰 영광을 가지고 있는 '달'을 의미한다고 말할 수 있다.

야곱이 자기 자신을 상징적으로 해에 비유를 했고 아내인 라헬을 달에 비유해서 말했다.

> 창 37:9-10 요셉이 다시 꿈을 꾸고 그 형들에게 고하여 가로되 내가 또 꿈을 꾼즉 해와 달과 열한 별이 내게 절하더이다 하니라 그가 그 꿈으로 부형에게 고하매 아비가 그를 꾸짖고 그에게 이르되 너의 꾼 꿈이 무엇이냐 나와 네 모와 네 형제들이 참으로 가서 땅에 엎드려 네게 절하겠느냐

요한계시록 12:1에 해를 입은 여인이 달을 밟고 있다는 말씀이 기록되어 있다. 난해한 표현이기는 하지만 그런 입장에서 차원에 따라서는 무궁무진한 내용의 세계를 담고 있다고 말할 수 있다.

달을 밟고 있다는 말은, '정복했다. 이겼다, 복종시켰다'는 표면적인 의미도 있지만 여기에서 '밟았다'는 말은 다른 의미로 전환해서 해석할 수 있다.

예를 들어 아브라함, 이삭, 야곱의 3대를 통하여 요셉이라는 산 자의 열매를 맺을 수 있었던 것처럼 '해를 입은 여인의 발 아래 있는 달'은, 해를 입은 여인이 달을 근거로 우뚝 서있

는 모습이라고 말할 수 있다는 것이다.

　노스트라다무스가 지구의 종말을 '1999년 7의 달'이라고 예언했지만 1999년 7월에 지구의 종말이 이루어지지 않았기 때문에 그의 예언을 신뢰하고 있던 많은 사람들이 헛웃음을 지었다.
　그러나 노스트라다무스의 예언은 틀린 것이 아니라 맞았던 것이다. 그렇다면 "그의 예언대로 그때 지구의 종말이 왔어야 하지 않느냐?"라고 반문할 수 있다. 그러나 하나님의 말씀을 통해서 본다면 그의 예언은 정확하게 맞았다는 것을 알 수 있다.

　앞서 언급했듯이 '해를 입은 여인이 달을 밟았다'는 의미는 양면적으로 생각할 수 있다. 달을 밟았다는 말은, 해를 입은 여인이 죄악된 세상을 밟아서 심판하고 이겼다는 의미도 되지만 그가 백마와 탄 자, 진실과 충신, 자기밖에 모르는 자기 이름을 가진 자로서 죄악된 이 세상에서 영적인 전쟁을 하기 위해서 달을 밟았다고 말씀할 수 있다는 것이다(계 19:11-13).

　요한계시록 12:17에 "붉은 용이 하늘의 전쟁에서 폐하여 이 땅에 쫓겨 와서 바다 모래위에 섰다"라고 말씀하고 있다. 붉은 용이 왜 바다 모래를 밟고 섰는가? 바다 모래는 육신의 자녀의 계열로서 어두움의 권세에게 소속된 자들이다. 그렇기 때문에 그들은 붉은 용을 믿고 따르고 지원해주는 존재들이다. 붉은 용이 이 땅에서 역사하기 위해서는 당연히 그들을 밟고 서야 한다.

마찬가지다. 해를 입은 여인도 그런 입장에서 달을 밟고 서 있다는 것을 말씀하고 있는 것이다.

앞서 살펴보았듯이 노스트라다무스가 '1999년 7의 달'이라고 예언한 것은 영적 완전수로서의 '7의 달'을 말하는 것이다. 그러므로 그가 예언한 '7의 달'은, 가장 거룩한 영광을 입는 '달'의 존재를 말하고 있는 것이다.

횃불 언약의 주인공인 요셉은 재림의 마당의 제 밭에 뿌려진 좋은 씨로서 그는 장차 신부의 영광을 입을 자이다. 그의 신랑은 누구인가? 바로 만국을 다스릴 수 있는 철장의 권세를 가진 아이를 낳는 해를 입은 여인이다.

재림의 마당에서 펼쳐지는 이 땅의 주와 주 앞에 선 두 감람나무와 두 촛대의 역사는 신랑에 의해서 신부가 탄생되는 역사의 세계이다. 그렇기 때문에 마치 에덴동산에서 여호와 하나님이 아담을 깊이 잠들게 하고 아담의 갈비뼈로 여자를 만들었듯이 해를 입은 여인도 자기의 신부를 만드는 동일한 역사를 펼치셔야 한다.

예수님이 십자가상에서 '다 이루었다'고 말씀하셨다. 예수님은 이 땅에서 이루셔야 할 사역을 다 마치시고 지금 하늘우편 보좌에 계신다. 마지막 재림의 마당의 주인공들이 이 땅에서 이루어야 할 남은 사역을 다 마치고 원수를 그들의 발등상 앞에 무릎 꿇게 하고 그 영광을 예수님께 올리게 된다. 예수님은 그들이 올리는 영광을 받으시기 위하여 우편보좌에서 기다리고 계시는 것이다.

재림의 마당에서 이루어야 할 한 이레의 역사가 바로 횃불 언약의 성취이다. 횃불 언약은 신부의 영광을 이루는 역사이다. 에덴동산에서의 아담은 어린 생령이었기 때문에 자기의 신부를 만들 수 있는 능력을 가지지 못한 존재였다. 그러므로 여호와 하나님이 아담을 깊이 잠들게 하고 그의 갈비뼈로 아담의 신부인 하와를 만들어주었다.

그러나 마지막 재림의 마당에서 신랑 되시는 해를 입은 여인은 해를 입었기 때문에 스스로 자기의 신부를 만들 수 있다. 이미 아브라함, 이삭, 야곱의 3대를 통해서 요셉을 영적 장자로 완성해 놓은 상태이다. 그렇기 때문에 해를 입은 여인이 그 터 위에서 산 자의 첫 열매인 철장의 권세를 가진 아이를 낳아 하늘보좌로 올림으로써 횃불 언약의 성취를 이루신다.

그것이 재림의 마당에서 이루어져야 할 유일하게 남아있는 역사의 내용이다. 그것은 예수께서 이루시는 역사가 아니다. 재림의 마당의 주인공인 이 땅의 주와 주 앞에 선 두 감람나무와 두 촛대의 역사로써 신랑 되시는 해를 입은 여인이 자기의 신부를 만드는 역사인 것이다.

그렇기 때문에 하늘의 장자인 요셉을 해와 달과 별들로부터 영광을 받는 산 자로 탄생시키기 위해서는 해를 입은 여인이 그를 죽였다가 다시 살리는 과정이 있어야 한다.

왜 그를 죽여야만 하는가? 그를 죽여야만 큰 성 길에 시체로 누워있는 그에게 하나님께로부터 생기가 들어가고 하늘로부터 "이리로 올라오라"는 음성을 듣고 하늘보좌로 올라가는 구속사의 성취가 이루어지는 것이다. 그가 부활함으로써 예수님 이후 최초로 산 자의 첫 열매가 탄생되어 이 땅에서 하늘보좌로 올라가는 주인공이 되는 것이다.

  삼일 반 후에 그에게 생기를 주는 분은 누구인가? 그가 바로 이 땅의 주(主)로 살아 역사하시는 해를 입은 여인, 말씀의 주(主)이신 신랑이다.
  해를 입은 여인이 아이를 해산하기 위하여 애써 부르짖으며 구로(劬勞)하는 모습이 요한계시록 12:2에 기록되어 있다. 그가 철장의 권세를 가진 아이를 낳기 위해 산고(産苦)를 겪는 도태(道胎)를 가졌기 때문에 그를 가리켜서 해를 입은 여인이라고 말씀하고 있다(계 12:1).

  해를 입은 여인이 이 땅에서 횃불 언약을 이루는 마지막 단계, 그 과정에서 가장 힘들고 어려웠던 점이 무엇이었는가? 법치국가인 대한민국 땅, 종교의 자유를 마음껏 누릴 수 있는 대한민국에서 두 감람나무를 죽게 하는 일이 가장 힘들고 어려운 역사였다는 것이다.
  해를 입은 여인이 두 감람나무의 역사를 하기 위하여 '마지막 인자의 역사는 노아 때'라는 말씀의 의미처럼 노아의 입장에서 방주를 짓고 그가 지은 방주에서 두 감람나무를 죽게 만든다. 그 방주는 일단 들어가면 하나님이 문을 닫으시기 때문에 방주 안에서 바깥으로 나갈 수 없고 바깥에서 안으로 들어올 수도 없다. 그런 방주 안에서 절대적으로 자기를 믿고 따르는 사람들을 통해서 두 감람나무 역사를 해야 한다.
  해를 입은 여인이 자신이 쌓은 성 안, 자신의 방주 안에서 두 감람나무 역사를 하셨기 때문에 방주 바깥에서는 감람나무 역사의 세계를 전혀 알 수가 없다. 그것은 영적인 세계이기 때문에 그렇게 역사하신 그 분을 가리켜 도적같이 오신 분이라고 말씀하고 있고 도적같이 오신 분이 도적 같은 역사를 하시기 때문에 "하나님이 하시는 일의 시종을 인생들로 측량할 수 없게 하셨도다"(전 3:11)라고 말씀하신 것이다.

두 감람나무의 시체가 큰 성 길에 삼일 반 동안 누워있다는 것은 무엇을 의미하는가?(계 11:8-9)
두 감람나무가 무저갱에서 올라온 짐승에게 죽임을 당한다(계 11:7). 그러한 역사를 이루시기 위하여 방주 안에 있는 부정한 짐승으로 하여금 두 감람나무를 죽이게 한다. 방주 안에서 그 역사에 동참했던 사람들은 지금도 그를 미워하고 증오함은 물론 그의 이름만 들어도 소름끼쳐 한다. 두 감람나무가 죽었는데도 불구하고 아직도 그들로부터 미움과 증오의 대상으로 저주받고 있는 상태를 가리켜서 "그의 시체가 장사되지 못하고 삼일 반 동안 큰 성 길에 시체로 누워있다"라고 말씀하고 있는 것이다.
바로 그러한 역사를 이루시기 위하여 행한 일이 해를 입은 여인이 이 땅에서 가장 힘들게 하신 역사의 장이라고 말할 수 있다는 것이다.

방주 안에서 이루어진 비둘기 역사, 즉 두 감람나무 역사는 영적인 역사이기 때문에 하늘과 그 가운데 거하는 자들만이 그 역사의 세계를 알 수 있다. 땅과 바다에 거하는 자들은 알 수 없는 역사이다. 그러므로 일반 계시 속에 있는 사람들은 절대 영적인 역사의 세계인 중간계시의 세계를 알 수 없는 것이다.

해를 입은 여인은 해를 입었기 때문에 두 감람나무 역사를 진두지휘하는 컨트롤 타워[60](Control Tower)와 같은 분이시다. 그러나 그분 자신이 "내가 감람나무 역사를 하는 사람이다"라고 절대로 나타내시지 않는다. 그분은 포도나무 역사 속에서 감람나무 역사를 병행하여 조화롭게 진행하시기 때문에 (사 24:13) 포도나무 역사 속에 있는 사람들이 그 차이를 전혀 느끼지 못한다는 것이다.

포도나무 역사는 방주 안에서 하는 역사가 아니라 방주 밖에서도 할 수 있는 역사이다. 이 땅의 주로 살아 역사하신 해를 입은 여인이 흠이 없는 포도나무 역사를 하셨다.

그는 해를 입었기 때문에 완전무결한 말씀으로 포도나무 역사를 펼치셨다. 완전무결한 말씀의 역사를 펼치신 것이 바로 "구속사 시리즈" 말씀이다. 해를 입은 여인이 "구속사 시리즈" 말씀을 통하여 지금까지 성경에서 사람들이 미처 알지 못하고 있었던 인봉되었던 말씀, 성경 속에 감추어져 있던 말씀, 감추어져 있던 모든 구속사의 세계를 완전무오하게 한 호리도 남기지 않고 이 땅에 다 드러내셨다.

그렇기 때문에 "구속사 시리즈"는 마지막 재림의 마당에서 구속사의 세계가 하나님의 경륜을 통해서 어떻게 이루어질 것인지에 대해 밝히 드러낸 완전한 구속사의 청사진이라고 말씀할 수 있다. 구속사의 청사진을 가진 자만이 예수께서 "나는 율법을 폐하러 온 것이 아니라 완전하게 이루러 왔다"고 말씀

---

60) 컨트롤 타워 (control tower) 일의 전체 과정에서 중심적인 역할을 하는 사람이나 조직. 다음 국어사전

하신 것처럼(마 5:17) 구속사의 끝을 완전하게 이룰 수 있는 것이다.

앞서 기술했듯이 오직 하늘과 그 가운데 거하는 자들만이 해를 입은 여인이 진두지휘하시는 가운데 진행되는 감람나무 역사와 포도를 거둔 후에 남은 것을 주움과 같은 포도나무 역사의 세계를 분별할 수 있고 구별할 수 있는 것이다.

그러나 일반계시 속에 있는 사람들은 해를 입은 여인께서 두 도맥을 병행하여 조화롭게 진행하는 중간계시의 세계를 도무지 알 수 없다. 그런 그들을 가리켜서 히브리 기자는 선악을 분별하지 못하는 초보의 신앙이라고 말씀하고 있다(히 5:12-14). 그러므로 일반계시 속에서 아무리 뛰어난 실력과 능력을 가진 자라 할지라도 초보의 신앙에 속한 사람들은 영적인 역사의 세계를 도무지 알 수 없기 때문에 영적인 미숙아(未熟兒)라고 말할 수 있다는 것이다.

"구속사 시리즈" 말씀의 출처는 어디인가? 바로 요한계시록 5:1에 기록된 하나님의 오른손에 있던 책이다. 해를 입고 이 땅의 주로 역사하신 말씀의 주께서 책으로 완전하게 받으신 말씀이다. 그렇기 때문에 성경 속에 감추어져 있던 모든 구속사의 청사진을 완전무결하게 드러내실 수 있었던 것이다.

그러므로 해를 입은 여인만이 요한계시록 12:1에 기록된 말씀처럼 달을 밟을 수 있는 분이시고 '7의 달'의 의미처럼 달의 영광을 완전하게 이루실 수 있다. 그런 분이시기 때문에 그가 노스트라다무스가 예언한 대로 '1999년 7의 달'의 역사를 방주 안에서 마치실 수 있었던 것이다.

그렇게 '1999년 7의 달'의 역사가 이루어지고 삼일 반이 지나서 시체로 누워있던 두 감람나무에게 하나님께로부터 생기가 들어간다. 그가 부활하여 두 발로 일어서고 하늘로부터 이리로 올라오라는 음성을 듣고 하늘보좌로 올라간다. 그가 하늘 전쟁을 일으켜 궁창의 세계를 통일하고 붉은 용과 그의 사자들을 이 땅으로 내어 쫓고 그의 신성조직과 함께 이 땅에 강림한다(살전 4:16-17, 계 21:2, 21:9-10)

해를 입은 여인이 방주 안에서 두 감람나무 역사를 하셨다는 것은 노아가 방주 안에서 행한 비둘기 역사의 궁극적인 성취가 이루어진 것이라고 말할 수 있다.

두 감람나무 역사는 방주 안에서 이루어진 영적인 역사이기 때문에 두 감람나무에 맺힌 열매들만이 알 수 있다. 그에 반해서 포도나무 역사는 영적인 역사가 아니라 이 땅에서 실제로 이루어진 역사이다.

이사야 17장에 감람나무 본 가지에 3개, 무성한 먼 가지에 5개, 모두 8개의 열매가 맺힌다고 말씀하고 있다(사 17:6). 본래 감람나무는 18년~20년생이 되면 보통 7,000~8,000의 열매가 열린다.

그런데 하나님이 그 열매들 중에서 8개만 남기고 다 흔들어서 떨어뜨리신다는 것이다. 표면적으로는 많은 열매 중에서 필요한 열매만을 유지하기 위해서 필요하지 않은 열매들을 적과(摘果)하여 전부 솎아낸다는 의미도 있기는 하지만, 그 열매는 이미 하나님이 정해놓으신 8개라는 숫자가 있기 때문에 정해진 수 외에는 절대 그 나무에서 열매를 맺히지 못하게 하신다는 것이다(사 17:6).

방주 3층에 탄 노아의 가족이 8명이었다. 하나님이 아브라함과 맺은 횃불 언약은 요셉의 해골이 젖과 꿀이 흐르는 가나안 땅에 들어가 세겜 땅에 묻힘으로써 692년 만에 일차적으로 이루어졌다.

그러나 횃불 언약이 완전히 성취되려면 노스트라다무스가 예언한 '7의 달'의 의미처럼 영적 완전수인 7의 배수가 되는 700년에 그 영광이 완전히 이루어지게 되어있는 것이다. 692년은 7의 배수가 아니다. 8수가 더해져야 700년이 된다.

노아의 가족도 8명으로서 그 8수는 하나님께서 두 감람나무의 본 가지의 3개와 무성한 먼 가지에 5개의 열매를 맺히게 한 8개의 열매라고 말할 수 있다. 그렇기 때문에 두 감람나무에 아무리 수백, 수천 개의 열매가 맺힌다 할지라도 하나님께서는 정하신 8개의 열매만 남기고 다 흔들어서 떨어뜨리신다는 것이다.

앞서 해를 입은 여인이 이 땅에서 횃불 언약을 이루시기 위한 마지막 단계, 그 과정에서 가장 힘들고 어려웠던 점이 자신이 지은 방주 안에서 두 감람나무를 죽이셔야만 했던 역사라고 기술했다. 그가 자신이 지은 방주 안에서 "미움과 증오는 살인이다"(요일 3:15)라는 방편을 이용해서 두 감람나무를 죽게 만들었다.

해를 입고 이 땅의 주로서 살아 역사하신 신랑께서 시편 2:7에 "내가 영을 전하노라 내가 오늘날 아들을 낳았도다"라는 말씀처럼 산고(産苦) 속에서 철장의 권세를 가진 아이를 낳는 역사를 펼치시는 것이 두 감람나무 역사의 중심인 것이다.

노스트라다무스가 예언한 '1999년 7의 달'은 한 마디로 횃불 언약의 성취를 이루기 위한 과정에서 필연적으로 거쳐야 할 두 감람나무의 죽음을 의미한 것이다. 두 감람나무가 무저갱에서 올라온 짐승에게 죽은 것을 가리켜서 영적으로 말하면 '1999년 7의 달'에 죽었다고 말할 수 있다는 것이다.

세상 사람들이 '7의 달'이라는 의미를 잘 이해하지 못했기 때문에 노스트라다무스의 예언은 맞지 않았다고 한 것이다.

그러나 영적으로 말하면 '1999년 7의 달'은 해를 입은 여인이 이루고자 하신 목적, 즉 두 감람나무를 죽게 만드시는 목적을 기필코 이루신 의미가 부여된 종말이었다는 것을 말씀하고 있는 것이다.

그렇기 때문에 노스트라다무스가 '7월 달'이라고 말하지 않고 '1999년 7의 달'이라고 예언을 한 것이다. 그런 입장에서 볼 때 노스트라다무스의 예언은 적중했다고 말할 수 있다.

영적으로 '7의 달'은 일곱 인, 일곱 나팔, 일곱 대접의 역사가 이루어진 것을 말한다. 그러나 아직 '7의 달'의 끝이 이루어진 것은 아니다. '1999년 7의 달'에 두 감람나무의 첫 제물인 산비둘기가 제물로 바쳐짐으로써 두 감람나무의 역사가 영적으로는 끝났지만 그 역사는 아직 영육 간에 완전하게 이루어지지 않았다.

그 이유는 무엇인가? 재림의 마당에서 바쳐져야 할 두 감람나무의 두 번째 제물인 집비둘기 새끼가 아직 남아있다. 두 번째 제물이 바쳐져야 '7의 달'을 최종적으로 이루게 되는 것이기 때문이다.

일부 예언가들은 '7의 달'이 무슨 의미인지 깊이 고뇌하기도 했을 것이다. '7의 달'의 영적인 의미를 알지 못했기 때문에 그의 예언이 맞지 않았다고 생각했을 것이다. 그러나 결과적으로 노스트라다무스의 예언은 틀린 것이 아니라 아주 정확하게 적중했다고 말할 수 있다.

Ⅲ
영적 이스라엘에 지어질 에스겔 성전

1. 에스겔 성전은 어떤 성전인가?

　에스겔이 사로잡힌 지 25년 째 되던 해에 하나님이 이상 중에 에스겔을 데리고 어느 높은 산위에 내려놓으셨다. 거기에서 성읍 형상 같은 것을 보여주고 "너는 본 것을 이스라엘 족속에게 다 고할지어다"(겔 40:1-4)라고 말씀하셨다.
　그리고 만일 이스라엘 백성들이 자기가 행한 모든 일을 부끄러워하고 온전히 회개하고 뉘우칠 때 "내가 네게 보여준 성전의 제도와 식양을 보여주라"고 말씀하셨다.

> 겔 43:10-11 인자야 너는 이 전을 이스라엘 족속에게 보여서 그들로 자기의 죄악을 부끄러워하고 그 형상을 측량하게 하라 만일 그들이 자기의 행한 모든 일을 부끄러워하거든 너는 이 전의 제도와 식양과 그 출입하는 곳과 그 모든 형상을 보이며 또 그 모든 규례와 그 모든 법도와 그 모든 율례를 알게 하고 그 목전에 그것을 써서 그들로 그 모든 법도와 그 모든 규례를 지켜 행하게 하라

이 성전을 지금 누가 보여주고 있는가? 위 성구는 네 생물과 에스겔과의 대화이다.

예수께서 변화산에서 모세와 엘리야를 부르시고 별세 후에 될 일을 상의하셨다(마 17:1-3, 막 9:2-4, 눅 9:28-31). 그렇기 때문에 예수님의 죽음의 비밀은 그 두 사람 외에는 알 수 없다.

마찬가지다. 에스겔 성전을 어디에 지을 것인지 그 장소를 아는 사람은 네 생물의 지시를 받고 대화를 나누고 있는 에스겔 밖에 없는 것이다.

네 생물이 에스겔로 하여금 성전의 식양을 보여주라고 말씀하고 있는 이스라엘 족속은 누구를 말하는가? 여기에서 완전히 회개하고 뉘우치게 해서 이 성전을 보여주라고 말씀하고 있는 대상들은 표면적인 이스라엘이 아니라 영적 이스라엘 백성들이다.

에스겔 성전은 표면적인 이스라엘 백성들과는 무관한 성전이다. 에스겔 성전은 본방 이스라엘 백성들에 의해서 지어지는 성전이 아니다.

본방 이스라엘에서는 아브라함이 이삭을 번제로 바친 모리아의 한 산, 바로 여호와 이레 위에 솔로몬 성전, 헤롯 성전, 스룹바벨 성전, 이렇게 세 성전이 그곳에 세워졌다.

성전이 지어진 그 땅은 사람이 선택한 장소가 아니라 이미 하나님이 만세 전에 찾아 두셨던 땅, 예비하시고 준비하셨던 거룩한 땅이라고 말씀하고 있다(겔 20:6).

에스겔 성전은 실제로 이 땅에서 지어진 적이 없는 성전이다. 에스겔 성전은 이 땅에 지어질 마지막 성전을 말하는 것이다.

에스겔 43:12에 분명히 "전의 법은 이러하니라"고 에스겔 성전을 소개하고 있다. 그러나 성전이 지어질 장소가 어느 곳이라는 것은 나와 있지 않다. 에스겔 성전의 식양, 설계도는 이미 성경에 다 기록되어 있는데 에스겔 성전을 지을 곳이 어디인지 모른다는 것이다.

그 성전에 참여하는 사람들은 누구인가? 말씀도 인자를 통해서 역사하는 것처럼 성령도 인자를 통해서 역사한다. 그렇기 때문에 그 비밀을 허락 받고 그 비밀을 아는 자만이 그 성전 역사에 참여할 수 있는 것이다.

죄와 상관이 없는 산 자들만이 에스겔 성전에 들어갈 수 있다. 죄인은 절대 그 성전에 들어가지도 못하고 들어갈 수도 없고 그 성전 역사에 참여할 수도 없고 동참할 수도 없다.

에스겔 성전은 하늘의 영광을 모두 담고 이 땅에서 세워질 마지막 성전이다. 그렇기 때문에 에스겔 성전이 지어진다는 것은 이 땅에 그 나라와 의가 이루어진다는 것을 의미한다. 에스겔 성전은 신랑과 신부가 함께 하고 있는 산 자들이 거하는 성전이다. 그렇기 때문에 그 성전에는 절대 죽는 자들은 참여할 수도 없고 들어갈 수도 없고 오직 어린 양이 생명책에 기록된 산 자들만이 들어갈 수 있다.

하늘에서 내려오는 거룩한 성 예루살렘, 그리스도의 신성 조직의 영광의 세계를 바라볼 수 있는 사람들은 누구인가?

계 21:26-27 사람들이 만국의 영광과 존귀를 가지고 그리로 들어오겠고 무엇이든지 속된 것이나 가증한 일 또는 거짓말 하는 자는 결코 그리로 들어오지 못하되 오직 어린 양의 생명책에 기록된 자들 뿐이라

새 예루살렘 성전에 들어갈 수 있는 사람은, 만국의 존귀와 영광, 보배를 짊어지고 들어가는 사람으로서 오직 생명록에 기록된 자들만이 들어갈 수 있다고 말씀하고 있다.

그때에는 산 자의 세계가 이 땅에 이미 이루어졌기 때문에 산 자들이 에스겔 성전을 짓는 것이다. 그 성전의 길은 다 정금으로 되어있다. 그 성전 안의 모든 보석들은 열두 보석으로 이루어져있다. 그런 세계가 실제로 이 땅에서 이루어지는 것이다. 그 성전에 들어갈 수 있는 사람들이 얼마나 큰 영광을 가진 사람들이라는 것이 위 성구에 잘 나타나 있다. 어느 한 나라의 영광을 가진 대통령, 왕도 대단한 것인데 '만국의 영광과 존귀를 가지고'라는 말은, 만왕의 왕이라는 의미이다. 만왕의 왕과 같은 영광을 가진 자들이 그 성전에 들어갈 수 있는 것이다.

2. 에스겔, 그는 누구인가?

에스겔 2장에 보면 하나님이 에스겔에게 두루마리 책을 먹게 하신다.

겔 2:8-9 인자야 내가 네게 이르는 말을 듣고 그 패역한 족속 같이 패역하지

말고 네 입을 벌리고 내가 네게 주는 것을 먹으라 하시기로 내가 보니 한 손이 나를 향하여 펴지고 그 손에 두루마리 책이 있더라

에스겔에게 두루마리 책을 먹게 하고 천상의 세계, 네 생물의 세계에 대하여 보여주었다. 에스겔에게 두루마리 책을 먹게 한 것은, 표면적으로는 이스라엘 백성들이 겪어야 할 미래 지향적인 역사를 행동으로 보여주고 있지만 궁극적으로는 에스겔 성전의 설계도를 가르쳐주기 위해서다. 그 후 에스겔을 벙어리가 되게 해서 그가 먹고 보고 들은 말씀을 7년 동안 말하지 못하게 하셨다.

에스겔 선지는 어떤 사람인가? 에스겔은 네 생물을 대신하여 역사한 사람으로서 성령의 사람이라고 말할 수 있다. 하늘의 천사들도 모르고 아들도 모르고 아버지만이 아시는 신령한 것을 성령만이 알 수 있다고 했다(고전 2:10).
그렇기 때문에 에스겔 선지가 네 생물의 도움을 받아서 이사야 선지, 예레미야 선지가 증거하지 못하고 알지 못한 영역의 세계, 또 종말론적인 마지막 하늘의 비밀을 외치고 있다는 것을 알아야 한다.

네 생물이 하늘문을 열고 이 땅에 와서 에스겔을 불러서 두루마리 책을 먹게 하고 그에게 17가지의 행동예언을 하게 한다.[61] 그렇기 때문에 에스겔은 말로만 하나님의 말씀을 전하는 선지자가 아니었다. 특히 에스겔의 특징은 하나님이 에스겔 선

---

61) <구속사 시리즈> 11권 상, "여호와 삼마 에스겔 성전" 82-172쪽, 박윤식 저, 도서출판 휘선

지에게 17가지 행동예언을 하게 함으로써 마지막 때의 환난의 상황을 가장 정확한 메시지로 예언한 선지자였다는 것이다. 그것이 한 치의 어긋남이 없이 에스겔 당대에 다 이루어졌다.

남조 유다의 마지막 네 왕이 여호아하스, 여호야김, 여호야긴, 시드기야 왕이다. 여호야긴이 잡혀갈 때 에스겔 선지도 잡혀갔다. 잡혀간 지 5년째 되던 해, 4월 5일에 그가 하나님으로부터 그발 강가로 부름을 받는다(겔 1:1-2). 그발 강가에서 네 생물을 만나 대면하는 것을 시작으로 해서 에스겔이 네 생물이 인도하는 대로, 이끄는 대로, 명하는 대로 하나님의 사람으로서 선지자로서의 사역을 감당하게 된다(겔 1:3-28).

네 생물이 에스겔 선지의 머리털 한 모숨을 잡고 천지 사이로 끌어 올려 데리고 다니면서 하나님의 이상 가운데 이스라엘의 방백들의 죄, 70장로의 죄, 여자들의 죄 등, 죄를 짓는 현장을 직접 보여주었다(겔 8:3-17).

그것을 보게 한 후에 예루살렘을 살육할 수 있는 타작기계를 가진 여섯 명을 불러낸다(겔 9:1-2). 그 중에 가는 베옷을 입고 먹그릇을 찬 서기관을 불러 "너는 예루살렘 성읍을 돌며 그 가운데 하나님의 뜻을 위해서 탄식하며 우는 자의 이마에 표하고 그 표가 없는 사람은 살육 기계를 가진 다섯 사람에게 어린아이로부터 노인에 이르기까지 불쌍히 여기지 말고 모두 죽이라(겔 9:3-6)"고 말씀하고 있다.

에스겔 선지가 증거하는 내용은 이사야 선지, 예레미야 선지가 증거한 내용과는 별도의 특징, 색깔을 가지고 있다.

에스겔 선지가 두로의 멸망과 애굽의 멸망을 정확하게 증거해 주었다. 특히 바벨론을 통해서 하나님께서 두로를 어떻게 멸망시켰는지 자세히 지적하고 있다. 또 에스겔 29장에는 에덴동산에 있는 모든 나무들이 시기하고 질투했던 백향목, 하늘구름에 닿았던 백향목으로 상징한 애굽을 하나님이 어떻게 멸망시켰는지 기록되어 있고 또 하나님이 두로를 멸망시킨 느부갓네살의 공적을 인정해 주어서 그 보수로써 애굽을 준 내용들이 들어있다.

에스겔이 외친 말씀은 포로로 잡혀가 있는 상태에서 종말의 중심에 서서 외친 말씀이다. 앞으로 일어날 환난에 대해서 말씀을 하는 것이 아니라 창세후 전무후무한 환란 속에 들어가서 환난의 한 가운데에서 말씀을 외친 것이다.

본방 이스라엘의 마지막 네 왕들이 얼마나 비참한 최후를 맞이하였는가? 그렇게 최후를 맞이하는 종말론적인 환란을 이미 이사야 선지, 예레미야 선지, 다니엘 선지, 에스겔 선지가 다 예언해 놓았다.

종말론적인 입장에서 4대 선지의 입장은 어떠한가? 다니엘의 세 친구가 평소보다 7배나 뜨거운 용광로 불속에 빠졌을 때 하나님의 아들 같은 존재가 그들과 함께해 **줌**으로 네 사람이 용광로 불속에 걸어 다니는 것을 보고 "야, 우리가 던진 사람은 세 사람인데 저기에 왜 네 사람이 걸어 다니지? 그 중의 한 사람은 신의 아들과 같다"(단 3:25)라고 느부갓네살이 신하들에게 증거해 주었다.

마찬가지다. 마지막 환난의 때에 환난의 중심에서의 에스겔의 모습은 신의 아들과 같은 성령의 사람의 모습이었고 마지막 환난 때 다니엘의 모습은 그 환난 속에서 임시성소가 되어주시는 하나님과 같은 모습이었다는 것을 알아야 된다.

이사야 선지는 환난 속에 들어가지 않은 사람이다. 그러나 환난 전에 이사야 선지도 바벨론의 멸망과 애굽의 멸망을 예언해 놓았다.

그러나 예레미야 선지와 에스겔 선지는 환난의 시작부터 끝까지 그 중심에 서있었던 사람으로서 예언한 모든 말씀이 그들의 생존 시에 그 말씀대로 종말론적인 역사가 마쳐지고 이루어졌다는 것이다.

3. 에스겔이 보여준 17가지의 행동 예언

하나님께서 에스겔 선지를 이스라엘의 파수꾼으로 세우셨다. 에스겔이 바벨론에 2차 포로로 잡혀가서 선지자로서 이스라엘의 신령한 파수꾼의 사명을 한 기간은 22년이었다.

에스겔이 바벨론에 포로로 잡혀간 지 5년째 되는 4월 5일에 하늘 문이 열리고 그 문을 통하여 하늘의 특별한 계시를 바라보게 된다. 하나님이 에스겔에게 첫째 하늘의 영광의 세계를 보여주었고 두 번째는 네 생물의 세계를 보여주었고 세 번째는 에스겔의 사명적 입장을 말씀하셨고 네 번째는 에스겔로 하여금 이스라엘 백성들에게 회개와 심판을 촉구하는 말씀을 하게 하셨다.

에스겔서를 성령의 장이라고 하는 것은 마지막 재림의 마당에서 성령께서 인자로서의 영광을 입는 역사의 과정이 에스겔을 통해서 잘 나타나있기 때문이다.

무형의 존재인 성령이 역사하는 것이 아니라 에스겔이 성령을 대신한 인자로서 역사했다는 그 자체가 마지막 재림의 마당에서 성령이 인자로서 신부가 되시는 영광의 역사의 세계를 그림자적으로 잘 나타내고 있는 것이다.

마지막 재림의 마당의 역사는 영적인 하늘의 역사이기 때문에 에스겔 선지가 행동으로 예언을 한 것들은 비유와 상징적인 예언이 된다. 비유와 상징으로 역사해야만 하는 이유는, 오직 천국의 비밀은 허락받은 자들에게만 그 비밀과 실존의 영광의 세계를 가르쳐주기 위해서다.

우리나라에 과거에 신앙촌 박태선을 비롯하여 자기가 두 감람나무라고 증거한 사람들이 많이 있었다. 그러나 알아야 할 것은, 두 감람나무가 되는 사람들은 하나님이 에스겔을 통하여 행동예언을 하게 한 17가지의 증거를 가지고 있어야 한다. 그러한 증거를 가지지 않은 사람들은 전부 가짜라는 사실을 꼭 인지해야 한다는 것이다.

에스겔 선지에게 우연히 17가지의 행동예언을 하게 하신 것이 아니다. 17수는 순교자의 수이다. 에스겔이 본방 이스라엘을 통하여 행동예언을 하고는 있지만 영적으로 말하면 마지막 때 성령이 인자로 역사하는, 성령이 신부가 되시는 두 감람나무 역사의 세계를 증거한 말씀이라는 사실을 알아야 한다는 것이다.

에스겔에게 17가지 행동예언을 하게 한 그 내용의 세계를 살펴보자![62]

1. 벙어리가 되게 하였다(겔 3:26-27, 33:21-22)
2. 박석 위에 예루살렘을 그려라(겔 4:1-3).
3. 390일 동안 좌편으로 누워라(겔 4:4-5).
4. 40일 동안 우편으로 누워라(겔 4:6-8).
5. 부정한 떡을 먹어라(겔 4:9-17).
6. 머리털과 수염을 깎아라(겔 5:1-4).
7. 손뼉을 치고 발을 굴러라(겔 6:11-14).
8. 쇠사슬을 만들어라(겔 7:23-27).
9. 성벽을 뚫고 행구를 옮겨라(겔 12:1-16).
10. 떨면서 식물을 먹고 놀라고 근심하면서 물을 마셔라(겔 12:17-20).
11. 슬피 탄식하라(겔 21:1-7).
12. 네 넓적다리를 쳐라(겔 21:8-13).
13. 칼을 세 번 휘둘러라(겔 21:14-17).
14. 길을 그려라(겔 21:18-27).
15. 한 가마를 걸어라(겔 24:1-14).
16. 슬퍼하지 말아라(겔 24:15-24).
17. 두 막대기가 하나 되게 하라(겔 37:15-23)

---

[62] 17가지 행동예언은 휘선 박윤식 목사님의 <구속사 시리즈> 11권 상, "여호와 삼마 에스겔 성전", 82-167쪽에 근거하여 서술한 것임을 밝혀둡니다.

하나님이 첫 번째 행동예언으로 그를 벙어리로 만드셨다. 에스겔이 2차 포로로 바벨론에 잡혀간 지 5년째 4월 5일 날, 하늘 문이 열리고 열려진 하늘 문을 통해서 이 땅에 등장하는 네 생물의 영광과 그 세계를 바라보게 된다. 에스겔이 그것을 보게 됨으로 말미암아 "천기를 누설하면 죽는다"는 세상 소리가 있듯이 첫째, 하나님이 에스겔을 7년 6개월 동안 벙어리로 만드셨다.

그렇다고 일상생활에서조차 말을 못하는 벙어리로 만드신 것은 아니다. 하나님이 보여주신 환상의 세계, 영적인 세계의 비밀에 대해서 절대 말하지 못하게 하셨다는 것이다. 여기에서의 벙어리는 그런 의미의 벙어리를 말하는 것이다.

하나님이 에스겔을 벙어리로 만드신 것은, 죄를 간섭하지 못하게 하시기 위해서이다. 죄를 간섭하는 것은 회개시키기 위해서다. 그렇기 때문에 에스겔에게 죄를 간섭하지 못하게 하신 것은 이스라엘 백성들에게 회개할 수 있는 기회를 주지 말라는 것이다.

에스겔이 벙어리가 된 날은 그가 사로 잡혀온 지 5년째 되는 해 4월 5일이었고 입이 풀린 날은 그로부터 7년이 지난 12년째 되는 해 10월 5일이었다.

> 겔 33:21-22 우리가 사로잡힌지 십이년 시월 오일에 예루살렘에서부터 도망하여 온 자가 내게 나아와 말하기를 그 성이 함락되었다 하였는데 그 도망한 자가 내게 나아오기 전날 저녁에 여호와의 손이 내게 임하여 내 입을 여시더니 다음 아침 그 사람이 내게 나아올 임시에 내 입이 열리기로 내가 다시는 잠잠하지 아니하였노라

두 번째 행동예언이 '박석 위에 예루살렘을 그려라'이다.

겔 4:1-3 너 인자야 박석을 가져다가 네 앞에 놓고 한 성읍 곧 예루살렘을 그 위에 그리고 그 성읍을 에워싸되 운제를 세우고 토둔을 쌓고 진을 치고 공성퇴를 둘러 세우고 또 전철을 가져다가 너와 성읍 사이에 두어 철성을 삼고 성을 향하여 에워싸는 것처럼 에워싸라 이것이 이스라엘 족속에게 징조가 되리라

표면적으로는 바벨론 느부갓네살이 느부사라단을 보내서 성 안에 바벨론의 부대가 어떻게 포진해서 예루살렘을 어떻게 공격할 것인지 이스라엘이 어떤 상황에서 어떻게 멸망을 당할 것인지 에스겔 선지에게 그것을 자세히 그리라는 말씀이다.

에스겔이 그린 대로 느부갓네살이 와서 토둔을 쌓고 공성퇴를 둘러 세워서 이스라엘 사람들을 굶어죽게 만들었다. 시드기야도 성 안에 떡 한 조각 없이 양식이 떨어지자 굶어죽게 되었다. 왕이 특별호위부대를 만들어서 성에 구멍을 뚫고 아라비아로 도망가다가 결국은 붙잡혀 와서 그의 눈을 인두로 지져 눈이 멀게 한 다음 쇠사슬에 묶어 바벨론에 끌고 갔다.

이 말씀이 재림의 마당에서 이루어질 성령의 말씀이라면 재림의 마당에서는 어떻게 이루어질 것인가? 예수께서 "너희는 예루살렘이 포위되기 전에 산으로 도망할지어다"라고 말씀하셨다. 로마의 디도가 왔을 때 예루살렘 성을 벗어난 사람들은 살 수 있었다. 그러나 예루살렘 성 안에 있는 사람들은 한 사람도 살아나지 못했다.

마찬가지다. 둘째 화가 끝나면 셋째 화가 이어서 쏟아진다.

영적인 이스라엘도 성(城)의 의미를 가진 수도권이 있다. 서울시를 중심으로 경기도에 인천, 부천, 안양, 수원, 의정부 등 31개의 위성도시가 수도권 지역에 있다. 그곳은 우리나라에서 가장 인구가 밀집되어있는 지역이다.

우리나라 수도권은 지금 어떤 상태에 있는가? 북한이 가지고 있는 자주포와 재래포, 미사일 탄두의 사격권 내에 들어있다. 그 사정거리가 오산까지이다. 주한 미군이 평택으로 주한 미군사령부를 옮긴 것은 우선 일차적으로 북한이 최전방에 설치한 재래포와 자주포의 사정거리에서 벗어나기 위해서였다.

전쟁이 터지면 핵은 고사하고 북한이 최전방에 설치해놓은 재래포에 의해서 서울과 수도권이 사정거리 5분 이내의 포격거리에 다 들어있기 때문에 쑥대밭이 된다는 것은 당연한 일이다. 이북이 보유하고 있는 포 중에서 동시다발적으로 수십 발씩 쏠 수 있는 방사포가 있다. 그것이 3.8선 근방에 전진배치된 것이 몇 백문이나 된다. 그것은 화학탄도 실을 수 있다. 그러니까 전쟁이 터지면 서울에 수천 발, 수만 발의 포탄이 터짐과 동시에 수도권 하늘을 뒤덮게 된다. 그런 상황에서 피난 갈 틈이 어디 있겠는가?

그것을 필자가 어떻게 아는가? 하나님이 에스겔 선지에게 "박석 위에 예루살렘을 그려라!"고 명하신 것처럼 필자에게도 "이 상황을 그려라!"는 같은 의미의 말씀을 하셨다는 것을 알아야 한다. 그렇기 때문에 하나님께서 말씀하신 것을 필자가 그림 그리듯이 지금 말하고 있는 것이다. 하나님이 보여주셔서 아는 것이다. 하나님이 보여주셨다는 말은, 필자에게 영적으로 그리게 했다는 것이다. 그리고 그린 대로 된다는 것을 사람들에게 확인시켜주라는 것이다.

그들이 가지고 있는 것 중에 미사일이 있다. 사정거리가 600km로서 제주도까지 떨어진다. 서울과 부산의 거리가 400km이다. 그런데 북한이 가지고 있는 일반적인 로켓포가 보통 500km 이상이다. 그것도 실지 사용할 수 있는 거리를 말하는 것이다. 또 북한도 핵을 가지고 있다. 믿을만한 외신에 의하면 북한이 적어도 소형 핵폭탄을 20~30개는 능히 가지고 있다는 것이다. 이미 공식화된 이야기이다.

세 번째는 "390일 동안 좌편으로 누워라"이고 네 번째는 "40일 동안 우편으로 누워라"이다.

> 겔 4:4-6 너는 또 좌편으로 누워 이스라엘 족속의 죄악을 당하되 네 눕는 날 수대로 그 죄악을 담당할지니라 내가 그들의 범죄한 햇수대로 네게 날수를 정하였나니 곧 삼백구십 일이니라 너는 이렇게 이스라엘 족속의 죄악을 담당하고 그 수가 차거든 너는 우편으로 누워 유다 족속의 죄악을 담당하라 내가 네게 사십 일로 정하였나니 일 일이 일 년이니라

모세가 여호와의 명을 좇아 열두 지파에서 선발한 열두 정탐꾼을 보내서 가나안 땅을 탐지하게 했다. 그들이 40일 동안 그 땅을 탐지하고 돌아와 여호수아와 갈렙을 제외한 자들이 탐지한 땅을 악평하고 모세와 아론을 원망하며 애굽으로 돌아가자고 하였다(민 14:1-4). 이에 여호와께서 대노하여 그들이

정탐한 40일을 하루를 1년으로 환산하여 40년 동안을 광야에서 유리하게 하였다(민 14:33-34).

위 성구에서도 마찬가지다. "1일이 1년이니라"고 말씀하고 있다. 그러므로 390일은 390년을 말한다. 북조 이스라엘을 위해서는 390일을 좌편으로 누우라고 했고 남조 유다를 위해서는 40일을 우편으로 누우라고 하였다. 1일을 1년으로 환산하면 전체적으로는 430년이 되는 것이다.

이스라엘의 역사를 통하여 이 과정을 살펴보면, 솔로몬의 죄로 말미암아 통일왕국이 남조와 북조로 나누어진다. 그렇게 분열되고 바벨론에서 70년 동안 포로 생활을 할 때 고레스 왕이 이스라엘 백성들에게 본국으로 돌아가서 성전을 지어도 좋다고 평화를 선언해주었다.

그 과정이 북조 이스라엘에게는 390년, 남조 유다는 40년이었다. 그래서 에스겔에게 "북조를 위해서 390일을 좌로 눕고 남조를 위해서 40일을 우로 누우라"고 하신 것이다.

다섯 번째는 "부정한 떡을 먹어라"이다.

> 겔 4:9-17 너는 밀과 보리와 콩과 팥과 조와 귀리를 가져다가 한 그릇에 담고 떡을 만들어 네 모로 눕는 날수 곧 삼백구십 일에 먹되 너는 식물을 달아서 하루 이십 세겔 중(重)씩 때를 따라 먹고 물도 힌 육분 일씩 되어서 때를 따라 마시라 너는 그것을 보리떡처럼 만들어 먹되 그들의 목전에서 인분(人糞) 불을 피워 구울지니라-(중략)-여호와께서 내게 이르시되 쇠똥으로 인분을 대신하기를 허하노니-(중략)-백성이 경겁 중에 떡을 달아 먹고 민답 중에 물을

되어 마시다가 떡과 물이 결핍하여 피차에 민답하여 하며 그 죄악 중에서 쇠패하리라

하나님이 에스겔에게 예언하게 하신 대로 실지로 이러한 역사가 이스라엘에서 일어났다. 이스라엘 역사를 파헤쳐보면 무서운 기근이 있었다. 에스겔 14:21에 하나님이 이스라엘 백성들을 심판하실 때 '칼과 짐승과 기근과 온역'이라는 네 가지 심판의 도구로 심판하셨다. 거기에도 기근이 들어있다. 인을 떼는 역사에도 첫째 인을 뗄 때 흰 말, 둘째 인을 뗄 때는 붉은 말, 셋째 인을 뗄 때는 검은 말, 넷째 인을 뗄 때는 청황색 말이 나온다. 여기에서 검은 말은 기근을 의미한다.

하나님이 이스라엘 백성들에게 같은 밭에 두 종자의 씨를 뿌리지 못하게 하시고 서로 다른 실로 옷을 만들지 못하게 하셨다(레 19:19). 절대 혼용을 못하게 하셨다. 그런 이유로 이스라엘 백성들은 부자들은 대부분 밀을 먹고 가난한 사람들은 보리를 먹었다. 가난하여 먹을 것이 없어도 절대 곡식을 섞어 먹지 못했다. 그것이 율법으로 정해져 있었기 때문이다.

그런데 위 성구에 '밀과 보리와 콩과 팥과 조와 귀리' 여섯 가지를 한 그릇에 담아 떡을 만들라고 했다. 그것은 말 그대로 잡곡밥이다. 지금은 잡곡밥을 건강에 좋은 건강식이라고 하지만 이스라엘 백성들에게 여섯 가지 잡곡을 먹으라는 것은 저주의 음식을 먹으라는 것으로 있을 수 없는 일이다. 그런데도 여섯 가지를 혼합해서 먹으라는 것은, 그만큼 먹을 것이 없었다는 것을 의미한다.

또 식물을 달아서 하루 20세겔 씩 먹고 물도 힌[63] 육분의 일씩 되어서 마시라고 했다. 하나님이 에스겔에게 사람의 마른 똥을 피워서 그것을 구워먹으라고 하셨다. 에스겔이 탄식하자 짐승의 똥으로 대체하게 하셨다.

이스라엘 백성들이 기근이 오자 자식을 잡아먹었다. 아비가 아들을 먹고 아들이 아비를 먹는 일도 있었다.

혹자는 "이것이 이스라엘 과거의 역사 속에 있었던 일인데 우리와 무슨 상관이 있느냐?"라고 말할 수 있다. 그러나 우리가 처해야 할 셋째 화 속에도 이렇게 자식을 잡아먹을 수밖에 없는 상황이 전개된다는 것을 말씀하고 있는 것이다. 이렇게 최악의 상황에서 인육을 먹지 않고는 죽을 수밖에 없는 처절한 환경이 셋째 화 속에 들어있다. 그런 무서운 환난이 우리 앞에 오고 있다는 것이다. '암만 그래도 부모가 자식을 잡아먹는 일이 설마 있겠느냐?' 속으로는 그렇게 생각할 것이다.

그러나 디도가 토성을 쌓고 한 사람도 빠져나가지 못하게 포위하자 예루살렘 성안에 있던 100-110만 명 중에서 40만 명이 얼굴이 퉁퉁 부어서 기아로 굶어죽었다. 그래서 자식을 다 잡아먹게 되었던 것이다. 그것도 그냥 두면 썩으니까 오래 저장해서 먹으려고 싫어 먹었다.

디도가 이스라엘 백성들을 오랫동안 성안에 가두어 둔 것이 아니다. 토성을 쌓고 백만 명이 다 죽는 기간이 4개월 15일 걸렸다. 4개월 15일이라는 짧은 시간에 그런 끔찍한 일이 일

---

63) 힌[hin]: 액체의 부피를 재는 단위의 하나. 대략 용량은 3.6ℓ이며, 밧의 6분의 1에 해당한다(출 30:24, 민 15:7, 겔 4:11). 네이버 지식백과, 라이프 성경사전

어났던 것이다.

우리나라에도 셋째 화 속에서 전개되는 창세 후 전무후무한 환난, 전쟁이 있다. 그 전쟁은 노아의 방주 일지에 기록된 대로 정확히 1년 10일 걸린다. 우리나라도 그 기간 중에 그런 끔찍한 일을 겪는다는 것을 알아야 한다.

그렇다면 그러한 상황 속에서 어떤 사람만이 살아날 수 있는가? 열왕기상 17:12에 엘리야와 사렙다 과부의 말씀이 기록되어 있다. 기근이 들어 양식이 떨어지자 사렙다 과부가 통의 가루 한 움큼과 병의 기름 조금을 가지고 아들과 함께 마지막으로 음식을 해먹고 죽으려 했다.

엘리야가 사렙다 과부에게 자기를 위하여 음식을 만들어 가져오고 그 후에 아들을 위하여 음식을 만들라고 요구하였다. 그렇게 하면 "그 통의 가루가 다하지 아니하고 그 병의 기름은 없어지지 아니하리라"(왕상 17:13-14)고 하였다. 사렙다 과부가 그 말대로 하자, 통의 가루가 다하지 아니하고 병의 기름이 없어지지 않았다.

그들이 먹은 음식이 무엇인가? 바로 하늘의 양식인 감추인 만나였다. 그렇게 감추인 만나를 먹은 사람만이 마지막 때 자식을 잡아먹는 비참함에 빠지지 않고 살아남을 수 있다는 것이다.

감추인 만나는 땅의 양식이 아니다. 이긴 자만이 감추었던 만나를 먹을 수 있다. 하나님이 주시는 하늘의 양식을 먹은 자만이 셋째 화 속에서 이길 수 있다는 것이다.

여섯 번째 명령이 "머리털과 수염을 깎아라"이다.

제 6장. 영적 이스라엘에서 펼쳐진 구속사의 신비

겔 5:1-4 인자야 너는 날카로운 칼을 취하여 삭도를 삼아 네 머리털과 수염을 깎아서 저울에 달아 나누었다가 그 성읍을 에워싸는 날이 차거든 너는 터럭 삼분지 일은 성읍 안에서 불사르고 삼분지 일은 가지고 성읍 사방에서 칼로 치고 또 삼분지 일은 바람에 흩으라 내가 그 뒤를 따라 칼을 빼리라 너는 터럭 중에서 조금을 가져 네 옷자락에 싸고 또 그 가운데서 얼마를 가져 불에 던져 사르라 그 속에서 불이 이스라엘 온 족속에게로 나오리라

'신체발부 수지부모(身體髮膚 受之父母)'라는 세상 말이 있다. 부모님이 주신 것은 다 귀하게 여겨서 함부로 잘라내지 말라는 것이다.

그런데 위 성구에서 머리털과 수염을 깎으라는 말은, 하나님의 영원한 저주와 심판을 받을 수밖에 없는 이스라엘 백성들을 말하는 것이다. 그래서 삼분의 일은 성읍 안에서 죽고, 삼분의 일은 성읍 사방에서 칼로 치고 삼분의 일을 바람에 흩으면 하나님께서 그냥 두지 않고 그 뒤를 쫓아가서 칼로 치시겠다는 것이다.

여기에서 흩어버린다는 말은, 이스라엘 백성들을 세계열방 중에 흩어버린다는 것이다. 그래서 이스라엘 백성들이 주후 2,000년이 다 되도록 세계 각국에 흩어져 살고 있다가 1948년에 겨우 나라를 되찾고 재건하게 된다. 미국에는 아직도 유대인이 500만 명이 살고 있다.

그리고 터럭 중에 조금을 옷자락에 싸고 그 가운데 얼마를 불에 던져 사른다는 말은, 남겨둔 자 중에서도 하나님이 마지막에 다시 한 번 구별하여 칼로 치신다는 것이다.

그 칼은 심판하는 칼로서 치기만 해도 모든 물체가 잘라질 만큼 마광(磨光)되었다고 말씀하고 있다.

> 겔 21:10-11 그 칼이 날카로움은 살륙을 위함이요 마광됨은 번개같이 되기 위함이니 우리가 즐거워하겠느냐 내 아들의 홀이 모든 나무를 업신여기는도다 그 칼이 손에 잡아 쓸민하도록 마광되되 살륙하는 자의 손에 붙이기 위하여 날카롭고도 마광되었도다 하셨다 하라

이 말씀은 이스라엘에서 과거에 이루어진 말씀이지만 마지막 때 영적 이스라엘에서도 이와 똑같이 심판을 받는다는 것이다.

왜 영적 이스라엘이 심판을 받아야 하는가? 영적 이스라엘 사람들이 광명한 자들을 죽이고 대적했기 때문이다. 해를 입고 이 땅의 주로 역사하신 말씀의 주를 대적했고 또 그가 낳고자 하는 철장의 권세를 가진 아이를 이 세상이 대적했고 반 때의 말씀을 하는 작은 책, 다시복음의 말씀을 대한민국 목사들, 성도들이 이단이라고 말씀을 외면하고 짓밟아 버리는 죄를 짓고 말았다. 그 죄로 말미암아 영적 이스라엘도 그렇게 심판을 받게 되어있는 것이다.

일곱 번째 "손뼉을 치고 발을 굴러라"이다.

> 겔 6:11-14 주 여호와께서 가라사대 너는 손뼉을 치고 발을 구르며 말할지어다 오호라 이스라엘 족속이 모든 가증한 악을 행하므로 필경 칼과 기근과 온역에 망하되 먼 데 있는 자는 온역에 죽고 가까운

데 있는 자는 칼에 엎드러지고 남아 있어 에워싸인 자는 기근에 죽으리라-(중략)-내가 내 손을 그들의 위에 펴서 그 거하는 온 땅 곧 광야에서부터 디블라까지 처량하고 황무하게 하리니 그들이 나를 여호와인 줄 알리라

손뼉을 치고 발을 구른다는 의미는 무엇인가? 사람들은 즐거울 때 손뼉을 치고 환호를 지르며 발을 구른다. 그러나 여기에서는 하나님이 원하시는 자의 손에 큰 힘을 실어주어서 이스라엘 백성을 심판하게 하신다는 것이다. 손뼉을 치고 발을 구르게 한다는 것은 하나님이 주신 권세와 능력으로 더욱 빠르고 민첩하게 소멸시킨다는 의미이다.

바벨론 느부갓네살이 두로를 칠 때 수년 동안 전쟁이 너무 치열했다. 결국 바벨론이 두로를 멸망시키기는 했지만 얻은 것이 없었다. 그래서 하나님께서 할 수 없이 두로를 제거시킨 대가로 애굽을 주셨다. 그렇게 하나님께서 칼을 쥔 애굽 왕의 손을 약하게 하고 바벨론 느부갓네살의 손을 강하게 해주었다는 것이다.

"끓는 물이 북에서 남으로 기울어졌나이다"라는 우리나라의 입장을 생각해보라! 북한은 세계 최대 강국들이 부시할 수 없는 작은 거인과 같은 나라가 되었다. 미국도 북한을 함부로 대하지 못한다. 그 이유는 무엇인가? 그것은 그들이 핵을 보유하고 있고 지금도 계속적으로 대륙 간 핵탄두를 개발하고 있기 때문이다. 그 핵탄두의 위력이 미국 영토까지 떨어질 수 있는 범주 안에 들어가기 때문에 미국이 그들을 함부로 못하는 것이다.

왜 북한이 이토록 강성한 군사체계를 갖춘, 막강한 군사능력을 가진 나라가 될 수 있었는가? 하나님이 북한에 힘을 실어주셨기 때문이다. 끓는 가마의 면이 북에서 남으로 기우는 그 역사를 누가 하시는가? 북한에 그러한 힘을 실어주시는 분은 하나님이시다. 그 전쟁은 바로 하나님의 주권에 의해서 이루어지는 역사이기 때문이다.

여덟 번째 "쇠사슬을 만들어라"이다.

> 겔 7:23-27 너는 쇠사슬을 만들라 이는 피 흘리는 죄가 그 땅에 가득하고 강포가 그 성읍에 찼음이라-(중략)-환난에 환난이 더하고 소문에 소문이 더할 때에 그들이 선지자에게 묵시를 구하나 헛될 것이며 제사장에게는 율법이 없어질 것이요 장로에게는 모략이 없어질 것이며 왕은 애통하고 방백은 놀람을 옷 입듯하며 거민의 손은 떨리리라 내가 그 행위대로 그들에게 갚고 그 죄악대로 그들을 국문한즉 그들이 나를 여호와인 줄 알리라

하나님께서 이스라엘 백성들에게 나무 멍에를 메게 하셨다. 그런데 거짓선지자가 이스라엘 백성들이 바벨론에 잡혀갔다가 2년 후에 돌아온다고 거짓말을 하였다(렘 28:1-11). 그러자 하나님께서 나무 멍에 대신 쇠멍에를 메게 하셨다. 나무로 받을 심판을 쇠로 받게 하셨다는 것이다.

시드기야가 쇠사슬로 묶여서 바벨론에 끌려갔다. 므낫세 왕이 잡혀갈 때에도 쇠사슬에 묶여서 잡혀갔다(대하 33:11). 여기에서 쇠사슬을 만들라는 말은 그런 의미의 말씀이다.

우리나라 가요 중에 '미아리 고개'가 있다. 거기에 '철사 줄로 두 손 꽁꽁 묶인 채로'라는 가사가 나온다. 우리나라 6.25, 한국전쟁 때에도 북한이 남한에 있는 각계의 유능한 인사들을 잡아갈 때에 철사 줄로 꽁꽁 묶어서 끌고 갔다. 그런 의미의 쇠사슬을 만들라는 것이다. 우리 앞의 현실에도 그렇게 쇠사슬로 묶여갈 때가 있다는 것을 말하고 있는 것이다.

아홉 번째, "성벽을 뚫고 행구를 옮겨라"이다.

겔 12:1-16 여호와의 말씀이 또 내게 임하여 가라사대-(중략)-인자야 너는 행구(行具)를 준비하고 낮에 그들의 목전에서 이사하라 네가 네 처소를 다른 곳으로 옮기는 것을 그들이 보면 비록 패역한 족속이라도 혹 생각이 있으리라 너는 낮에 그 목전에서 네 행구를 밖으로 내기를 이사하는 행구같이 하고 저물 때에 너는 그 목전에서 밖으로 나가기를 포로되어 가는 자 같이 하라 너는 그 목전에서 성벽을 뚫고 그리로 좇아 옮기되 캄캄할 때에 그 목전에서 어깨에 메고 나가며 얼굴을 가리우고 땅을 보지 말지어다 이는 내가 너를 세워 이스라엘 족속에게 징조가 되게 함이니라-(중략)-나는 너희 징조라 내가 행한 대로 그들이 당하여 사로잡혀 옮겨 갈시라 무리가 성벽을 뚫고 행구를 그리로 가시고 나가고 그 중에 왕은 어두울 때에 어깨에 행구를 메고 나가며 눈으로 땅을 보지 아니하려고 자기 얼굴을 가리우리라 하라 내가 또 내 그물을 그이 위에 치고 내 올무에 걸리게 하여 그를 끌고 갈대아 땅 바벨론에 이르리니 그가 거기서 죽으려니와 그 땅을 보지 못하리라-(중략)-그러나 내가 그 중 몇 사람을 남겨 칼과 기근과 온역을 벗어나게 하여 그들로 이르는 이방인 중에

자기의 모든 가증한 일을 자백하게 하리니 그들이 나를 여호와 인 줄 알리라

　에스겔 선지가 하나님의 명을 받고 행동예언으로써 행구를 준비하여 낮에 이사하는 것을 보여주고 저물 때에 자기 집 앞에 있는 성벽에 구멍을 뚫고 캄캄할 때에 행구를 어깨에 메고 나가는 것을 사람들에게 보여주었다. 그것은 왕과 이스라엘 온 족속에 대한 예조로써 "내가 행한 대로 그들이 당하여 사로잡혀 옮겨 갈지라"는 사실을 징조로 보여준 것이다.

　그 행동예언의 말씀이 시드기야 왕에게 응했다. 성안에 식물이 뚝 떨어지자 빵 하나 만들 재료가 없었다. 그러자 시드기야 왕이 특별 전위부대를 만들어서 몰래 성벽을 안에서 뚫어 구멍을 내고 아라비아로 도망가다가 바벨론 군대에 의해서 붙잡혀왔다. 시드기야 왕이 보는 앞에서 그의 자식들이 죽는 것을 보게 하고 인두로 그의 눈을 지져서 눈이 멀게 했다. 그리고 쇠사슬로 묶어 바벨론으로 끌고 가서 죽는 날까지 옥에 가두었다.

> 렘 52:6-11 그 사월 구일에 성중에 기근이 심하여 그 땅 백성의 식물이 진하였더라 갈대아 인이 그 성읍을 에워쌌더니 성벽을 깨뜨리매 모든 군사가 밤중에 두 성벽 사이 왕의 동산 곁문 길로 도망하여 아라바 길로 가더니 갈대아 인의 군대가 시드기야 왕을 쫓아가서 여리고 평지에서 미치매 왕의 모든 군대가 그를 떠나 흩어진지라 그들이 왕을 잡아 가지고 하맛 땅 립나에 있는 바벨론 왕에게로 끌고 가매 그를 심문하니라 바벨론 왕이 시드기야의 아들들을 그의 목전에서 죽이고 또 립나에서 유다의 모든 방백을 죽

이며 시드기야의 두 눈을 빼고 사슬로 결박하여 바벨론으로 끌어다가 그 죽는 날까지 옥에 두었더라

위 성구의 내용을 에스겔 선지가 행동예언으로 보여준 것이다. 그렇기 때문에 에스겔 선지가 보여준 것은 허상이 아니라 실상을 행동으로 보여준 것이다. 에스겔 선지가 보여준 것은 이스라엘 백성들을 통해서 실존적으로 이루어질 것을 예언한 것이다. 그것은 성령께서 친히 역사하시는 실제적인 한 단면을 실존적으로 보여준 것이다.

열 번째, "떨며 식물을 먹고 놀라고 근심하면서 물을 마셔라"이다.

> 겔 12:17-20 여호와의 말씀이 또 내게 임하여 가라사대 인자야 너는 떨면서 네 식물을 먹고 놀라고 근심하면서 네 물을 마시며 이 땅 백성에게 말하되 주 여호와께서 예루살렘 거민과 이스라엘 땅에 대하여 이르시기를 그들이 근심하면서 그 식물을 먹으며 놀라면서 그 물을 마실 것은 이 땅 모든 거민의 강포를 인하여 땅에 가득한 것이 황무하게 됨이라 사람의 거하는 성읍들이 황폐하며 땅이 황무하리니 너희가 나를 여호와인 줄 알리라 하셨디하라

떨면서 식물을 먹고 놀라고 근심하면서 물을 마시라는 것은, 위경에 처한 극심한 상황을 말하는 것이다. 그것은 아주 절대적인 위경에 처해있을 때 나타날 수 있는 일이다. 이스라엘 백성들이 시체를 삶아 몰래 감추어 숨겨놓고 먹으면서

도 떨면서 먹었다는 것이다. 혹시 내가 이 식물을 먹는 순간에 "누가 갑자기 쳐들어와서 나를 죽이고 내가 먹는 이 식물을 빼앗아가지 않을까? 나를 죽이고 삶아먹지 않을까?"라고 하면서 성 안에 갇혀있던 사람들이 한 시도 편안한 시간을 갖지 못하고 항상 무엇을 먹을 때마다 들켜서 빼앗길까봐 놀라고 근심하며 떨면서 먹었다는 것이다.

이러한 상황은 앞으로 우리나라에서도 후 삼년 반의 셋째 화 속에 다 들어있는 일이라는 것이다.

열한 번째, "슬피 탄식하라"이다.

> 겔 21:1-7 여호와의 말씀이 또 내게 임하여 가라사대 인자야 너는 얼굴을 예루살렘으로 향하며 성소를 향하여 소리내어 이스라엘 땅을 쳐서 예언하라-(중략)-너는 탄식하되 허리가 끊어지는듯이 그들의 목전에서 슬피 탄식하라 그들이 네게 묻기를 네가 어찌하여 탄식하느냐 하거든 대답하기를 소문을 인함이라 재앙이 오나니 각 마음이 녹으며 모든 손이 약하여지며 각 영이 쇠하며 모든 무릎이 물과 같이 약하리라 보라 재앙이 오나니 정녕 이루리라 나 주 여호와의 말이니라 하라

하나님이 에스겔 선지에게 이스라엘 백성들이 죄로 인하여 받아야 할 재앙과 심판을 바라보게 하시고 "탄식하되 허리가 끊어지는 듯이 그들의 목전에서 슬피 탄식하라"고 하셨다. 이는 그들이 받아야 할 환난이 너무도 처절하고 고통스럽다는 것을 말씀하고 있는 것이다.

열두 번째, '네 넓적다리를 쳐라'이다.

겔 21:8-13 여호와의 말씀이 또 내게 임하여 가라사대 인자야 너는 예언하여 이르기를 여호와의 말씀에 칼이여 칼이여 날카롭고도 마광되었도다 그 칼이 날카로움은 살륙을 위함이요 마광됨은 번개같이 되기 위함이니 우리가 즐거워하겠느냐-(중략)-이것이 내 백성에게 임하며 이스라엘 모든 방백에게 임함이로다 그들과 내 백성이 함께 칼에 붙인 바 되었으니 너는 네 넓적다리를 칠지어다 이것이 시험이라 만일 업신여기는 홀이 없어지면 어찌할꼬 나 주 여호와의 말이니라

넓적다리는 고관절이 있는 부분이다. 그렇기 때문에 넓적다리를 치면 걷지도 못하고 일어서지도 못하고 꼼짝 못하게 된다. 이 말은, 장차 받을 환난 속에서 환난을 당한 사람들이 도피하거나 도망가지 못한다는 것을 의미한다. 꼼짝하지 못하고 하나님의 절대권 속에서 심판을 받아야 하는 괴로움과 아픔과 고통을 상징적으로 말씀한 것이다.

열세 번째, "칼을 세 번 휘둘러라"이다.

겔 21:14-17 그러므로 인자야 너는 예언하며 손뼉을 쳐서 칼로 세 번 거듭 씌우게 하라 이 칼은 중상케 하는 칼이라 밀실에 들어가서 대인을 중상케 하는 칼이로다 내가 그들로 낙담하여 많이 엎드러지게 하려고 그 모든 성문을 향하여 번쩍번쩍하는 칼을 베풀었도다 오호라 그 칼이 번개같고 살륙을 위하여 날카로왔도다 칼아 모이라 우향하라 항오를 차리라 좌향하라 향한대로 가라 나도

내 손뼉을 치며 내 분을 다 하리로다 나 여호와의 말이니라

"칼을 세 번 거듭 씌우게 하라"는 말은, 이스라엘 백성들이 바벨론에 3차 포로로 잡혀간다는 것을 상징적으로 말씀한 것이다. 그것처럼 마지막 때에도 첫째 화, 둘째 화, 셋째 화를 통해서 하나님이 철저하게 불과 칼로써 씌움을 입게 하신다는 것을 말씀하는 것이다.

열네 번째, "길을 그려라"이다.

겔 21:18-27 여호와의 말씀이 내게 임하여 가라사대 인자야 너는 바벨론 왕의 칼이 올 두 길을 한 땅에서 나오도록 그리되 곧 성으로 들어가는 길 머리에다가 길이 나뉘는 지시표를 하여 칼이 암몬 족속의 랍바에 이르는 길과 유다 견고한 성 예루살렘에 이르는 길을 그리라-(중략)-성문을 향하여 공성퇴를 베풀고 토성을 쌓고 운제를 세우게 되었나니 전에 그들에게 맹약한 자들은 그것을 헛점으로 여길 것이나 바벨론 왕은 그 죄악을 기억하고 그 무리를 잡으리라-(중략)-엎드러뜨리고 엎드러뜨리려니와 이것도 다시 있지 못하리라 마땅히 얻을 자가 이르면 그에게 주리라

"바벨론 왕의 칼이 올 두 길을 한 땅에서 나오도록 그리라"는 말은, 이스라엘의 죄악이 기억한 바 되고 행위의 죄가 나타남으로 하나님께서 그들을 엎드러뜨리고 엎드러뜨리고 엎드러뜨리신다는 것이다. "하나님께서는 남 유다의 죄악을 징치하시기 위하여 바벨론 왕의 마음과 그가 행한 점괘까지도 주

관하시어 남 유다의 제사장권과 왕권까지 **빼앗아 버리셨다**"[64]

이러한 바벨론의 침공도 이스라엘의 죄악을 징치하시는 하나님의 주권 속에서 이루어진 것이기 때문에 에스겔 선지로 하여금 그 길을 그리라고 말씀하신 것이다.

열다섯 번째, "한 가마를 걸어라"이다.

겔 24:1-14 제구년 시월 십일에 여호와의 말씀이 내게 임하여 가라사대 인자야 너는 날짜 곧 오늘날을 기록하라 바벨론 왕이 오늘날 예루살렘에 핍근하였느니라 너는 이 패역한 족속에게 비유를 베풀어 이르기를 주 여호와의 말씀에 한 가마를 걸라 건 후에 물을 붓고 양 떼에서 고른 것을 가지고 각을 뜨고 그 넓적다리와 어깨고기의 모든 좋은 덩이를 그 가운데 모아 넣으며 고른 뼈를 가득히 담고 그 뼈를 위하여 가마 밑에 나무를 쌓아 넣고 잘 삶되 가마 속의 뼈가 무르도록 삶을지어다-(중략)-화 있을진저 피를 흘린 성읍이여 내가 또 나무 무더기를 크게 하리라 나무를 많이 쌓고 불을 피워 그 고기를 삶아 녹이고 국물을 졸이고 그 뼈를 태우고 가마가 빈 후에는 숯불 위에 놓아 뜨겁게 하며 그 가마의 놋을 달궈서 그 속에 더러운 것을 녹게 하며 녹이 소멸하게 하라-(중략)-내가 돌이키지도 아니하며 아끼지도 아니하며 뉘우시지도 아니하고 행하리니 그들이 네 모든 행위대로 너를 심문하리라 나 주 여호와의 말이니라 하셨다 하라

가마를 걸어서 가마에 불을 지피고 양을 잡아서 각을 뜨게

---

64) <구속사 시리즈> 제 11권 상, "여호와 삼마 에스겔 성전" 145쪽, 박윤식 저, 도서출판 휘선

했다. 표면적으로 말한다면 이스라엘 백성들로 하여금 하나가 되지 못하게 하고 각자 분열되게 했다는 것을 의미한다.

각을 떠서 불을 지피고 고기를 넣고 뼈가 물이 되도록 끓게 하는 것은 녹을 제거하기 위해서다. 녹은, 이스라엘 백성들이 흘리게 한 피, 우상을 섬긴 죄, 교만을 말하는 것이다. 그것을 다 제거하기 위해서는 가마에 끊임없이 불을 지펴야 한다. 그러므로 녹을 제거한다는 말은, 자기 자신을 버리는 것을 의미하는 말씀이다.

예수님도 "나를 따르려면 네 자신을 부인하고 각자의 십자가를 지고 나를 따르라"(마 16:24, 막 8:34, 눅 9:23)고 말씀하셨다. 아브라함에게 완전한 길을 걷게 하신 최종적인 의미 속에도 아브라함이 가진 것을 모두 부인하게 하기 위해서였다.

오직 자기 것을 버리고 비운 자만이 자기의 빈 부대에 새 술을 담을 수 있다. 버리지 않으면 새 술을 담을 수 없다. 자기 것을 1%만 가지고 있어도 그것은 빈 부대가 될 수 없다.

열여섯 번째, "슬퍼하지 말아라"이다.

겔 24:15-24 여호와의 말씀이 또 내게 임하여 가라사대 인자야 내가 네 눈에 기뻐하는 것을 한번 쳐서 빼앗으리니 너는 슬퍼하거나 울거나 눈물을 흘리거나 하지 말며 죽은 자들을 위하여 슬퍼하지 말고 종용히 탄식하며 수건으로 머리를 동이고 발에 신을 신고 입술을 가리우지 말고 사람의 부의하는 식물을 먹지 말라 하신지라-(중략)-너희가 에스겔의 행한 바와 같이 행하여 입술을 가리우지 아니하며 사람의 식물을 먹지 아니하며 수건으로 머리를 동인 채 발에 신을 신은 채로 두고 슬퍼하지도 아니하며 울지도 아니하되 죄악 중에 쇠패하여 피차 바라보고 탄식하리라 이와 같이 에스겔이 너희에게 표징이 되리니 그가 행한대로 너희가 다 행할지라 이 일이 이루면 너희가 나를 주 여호와인 줄 알리라 하라 하셨느니라

하나님이 에스겔 선지에게 "네가 가장 기뻐하는 소중한 아내를 내가 죽게 하리니 절대 울거나 슬퍼하지 말라"고 하셨다. 아내가 죽어도 절대 슬퍼하거나 눈물을 흘리지 말고 옆집에서 가지고 온 부의(賻儀) 음식을 절대 입에 대지 말라고 하셨다.
하나님이 에스겔 선지를 통하여 행하게 하신 것은 이스라엘이 장차 받아야 할 심판에 대한 표징을 보여주신 것이다.

열일곱 번째, "두 막대기가 하나가 되게 하라"이다.

겔 37:15-23 여호와의 말씀이 또 내게 임하여 가라사대 인자야 너는 막대기 하나를 취하여 그 위에 유다와 그 짝 이스라엘 자손이라 쓰고 또 다른 막대기 하나를 취하여 그 위에 에브라임의 막대기 곧 요셉과 그 짝 이스라엘 온 족속이라 쓰고 그 막대기들을 시로 연합하여 하나가 되게 하라 네 손에서 둘이 하나가 되리라-(중략)-내가 이스라엘 자손을 그 간바 열국에서 취하며 그 사면에서 모아서 그 고토로 돌아가게 하고 그 땅 이스라엘 모든 산에서 그들로 한 나라를 이루어서 한 임금이 모두 다스리게 하리니 그들이 다시는 두 민족이 되지 아니하며 두 나라로 나누이지 아니할지라-(중략)-그들은 내 백성이 되고 나는 그들의 하나님이 되리라

위 성구에서 "두 막대기가 하나가 되게 하라"는 말은, 마지막 때 유다와 요셉이라는 두 막대기를 하나로 연결시키라는 것이다.

이 말씀의 의미대로 하나님께서 마지막 때 셋째 화를 통해서 대한민국을 완전하게 통일시키신다. 그것은 하나님의 주권에 의하여 이루어지는 통일이다. 예수께서 말씀하신 창세 후 전무후무한 환난이 셋째 화 속에 들어있다. 그 환난을 겪은 후에 우리나라는 하나님의 주권 속에서 통일이 이루어지게 된다.

이와 같이 에스겔의 17가지 행동예언을 통해서 마지막 때의 상황을 예언적인 계시로 분명하고 확실하게 보여주고 있는 것이다. 에스겔에게 행동예언으로 보여주신 17가지의 행동예언의 계시는 물론 그 시대의 당사자인 이스라엘 백성들에게 보여주신 계시이기도 했지만 본방 이스라엘에게만 적용되는 말씀이 아니다. 에스겔은 네 생물이 인자인 에스겔을 통하여 역사한 성령의 장이기 때문에 에스겔을 통해서 보여준 17가지의 행동예언은 영적 이스라엘에게도 적용되는 마지막 미래적인 예언의 성취, 계시라고 말씀할 수 있다는 것이다.

에스겔 선지의 사명 중 하나는 이스라엘 백성들에게 심판과 멸망에 대한 말씀을 예언하는 것이었다. 회개시킬 사람들에게 자기의 죄를 회개할 수 있는 기회를 주시기 위하여 하나님이 에스겔 선지자에게 파수꾼의 사명을 주셨다.

이사야를 성자의 장, 예레미야를 성부의 장, 에스겔을 성령의 장이라고 말한다. 에스겔서를 성령의 장이라고 말씀하는 이유는 무엇인가? 에스겔에게 준 사명이 마지막 재림의 마당에서 두 감람나무의 사명과 동일한 부분이 많이 있기 때문이다.

에스겔 선지의 특징 중의 하나는 다른 선지자에 비해서 모든 예언을 행동으로 보여주었다는 것이다. 마찬가지다. 재림의 마당에서의 두 감람나무 또한 말씀으로만 증거하는 것이 아니라 모든 것을 친히 행동으로 보여준다는 점에서 일치한다고 할 수 있다.

두 감람나무도 분명히 하늘 문을 닫고 여는 권세를 가지고 있고(계 11:6) 하나님이 친히 그에게 갈대자를 주셔서 성전 안을 척량하게 하신다(계 11:1). 그런 점에서 에스겔 선지의 모습은 재림의 마당에서의 두 감람나무의 사역과 동일한 모습이라고 말할 수 있다.

하나님이 에스겔 선지에게 하나님의 영광을 보여주시고 네 생물의 영광과 그 세계를 보여주시고 궁창의 세계를 보여주셨다. 그러한 순서적인 내용의 세계를 통하여 에스겔에게 표면적인 이스라엘에 대하여 예언을 하게 하신 것도 있지만 영적인 이스라엘에 대하여도 미래지향적인 예언을 하게 하셨나는 것이다.

그렇기 때문에 에스겔서에는 마지막 때 영적 이스라엘에서 벌어질 전쟁과 심판에 대한 예언의 말씀도 들어있다. 그것이 바로 셋째 화 속에서 대한민국이 겪어야 할 전쟁의 내용이다.

그렇지만 이스라엘 백성들이 겪었던 것처럼 그렇게 긴 세월이 걸리지 않는다. 하나님이 에스겔에게 390일 동안은 좌로 누어서 여섯 가지 곡식으로 떡을 만들어서 하루에 20세겔 씩 먹으라고 했다. 그리고 유다를 위해서는 40일 동안 오른쪽으로 누우라고 하였다. 그것도 자유롭게 모로 눕는 것이 아니라 묶여진 상태에서 누우라는 것이다.

이것은 장차 이루어질 환난의 세계가 얼마나 힘들고 어렵다는 것을 말하는 것이다.

에스겔이 행동예언으로 보여주고 있는 환난의 내용, 그 세계를 파헤쳐 보면 우리 앞에 얼마나 아픈 세월이 기다리고 있는지 알 수 있다.

에스겔이 행동예언으로 보여주었듯이 좌로 390일 눕고 우로 40일 누운 것을 합하면 430일이다. 1일을 1년으로 환산하면 430년이 된다. 이스라엘 백성들이 애굽에서 430년 동안 구속을 받았다. 애굽을 속량물로 구스와 스바를 대속물로 주어서 진 자로서 이긴 자에게 종속되어서 뼈아픈 고통과 아픔, 환난을 받았다(사 43:3).

그렇다면 영적 이스라엘에서는 어떤 상황이 벌어지는가? 고린도전서 7:29에 때를 단축시키셨다는 말씀의 의미처럼 노아의 일지의 시작과 끝 속에 그 모든 내용이 함축되어 있다는 것을 알아야 한다.

노아의 일지에 보면 2월 17일에 물심판이 시작되고 그 다음 해 2월 27일에 땅이 말랐다. 땅이 말랐다는 말은 심판이 끝났다는 말이다. 그 1년 10일 안에 상상을 초월하는 환난이 들어있다. 그 상황을 가리켜 예수께서 창세 이후 전무후무한 환난이라고 말씀하신 것이다. 그러므로 예수께서 "창세 이후 생명록에 기록되지 못한 자는 아무도 살아남을 자가 없다"고 말씀하셨다(계 13:8).

에스겔에게 보여준 17가지 행동예언은 마지막 재림의 마당에서 한 때 두 때 반 때의 역사 속에, 빛의 역사 속에 들어있는 두 감람나무와 두 촛대의 사역이라고 말할 수 있다.

그렇기 때문에 마지막 재림의 마당에서 에스겔을 통해서 보여준 이 행동예언의 계시, 역사를 이룰 수 있는 주인공은 누구인가? 바로 두 감람나무와 두 촛대가 되는 사람이다. 이 증거를 가지지 못한 사람들은 다 거짓말쟁이들, 사기꾼들이다.

필자가 이 말씀을 정확하게 증거할 수 있는 이유는 무엇인가? 그 때가 눈앞에 가까이 다가오고 있기 때문이다. 이런 말씀을 할 수 있는 영적인 에스겔은 누구를 말하는가?

앞서 에스겔과 두 감람나무의 공통점에 대하여 기술했다. 바로 이 땅의 주 앞에 선 두 감람나무, 산비둘기와 집비둘기 새끼 중에서 집비둘기 새끼는 표면적으로도 에스겔이 가지고 있는 특징을 많이 가지고 있다는 것이다. 그렇기 때문에 어느 의미에서는 합력하여 선을 이루시는 말씀의 역사의 특징을 외형적으로도 나타내고 있다는 것이다.

이렇게 하나님이 주신 증거를 가진 사람에게만 네 생물을 통해서 행동예언의 모든 말씀을 이루게 하신다. 네 생물 속의 인격체 중에서 마지막 재림의 마당에 등장하여 네 생물로서의 영광을 입을 수 있는 인자가 독수리라는 것을 이해한다면 이 땅의 주와 주 앞에 선 두 감람나무와 두 촛대의 관계는 독수리, 즉 네 생물과 에스겔의 관계와 같은 것이라고 말씀할 수 있다는 것이다.

4. 하늘에서 내려오는 새 예루살렘 성

요한계시록 21장에 하늘에서 거룩한 성, 새 예루살렘이 내려오는데 그 모습을 가리켜서 "그 예비한 것이 신부가 남편을 위하여 단장한 것 같더라"고 말씀하고 있고 또 "내가 신부 곧 어린 양의 아내를 네게 보이리라"고 말씀하고 있다.

> 계 21:2 또 내가 보매 거룩한 성 새 예루살렘이 하나님께로부터 하늘에서 내려오니 그 예비한 것이 신부가 남편을 위하여 단장한 것 같더라

> 계 21:9 일곱 대접을 가지고 마지막 일곱 재앙을 담은 일곱 천사 중 하나가 나아와서 내게 말하여 가로되 이리 오라 내가 신부 곧 어린 양의 아내를 네게 보이리라 하고

새 예루살렘 성이 하늘에서 내려온다는 말은, 낙원에 있는 거룩한 한 성에 있는 아브라함을 비롯한 모든 의인들이 신부를 모시고 새 예루살렘 성과 함께 이 땅에 강림한다는 것을 말씀하는 것이다.

신부가 혼자 오시는 것이 아니다. 새 예루살렘 성에도 열두 기초석이 있고 그 위에 어린 양의 십이 사도의 열두 이름, 즉 신성조직이 있다(계 21:14). 새 예루살렘 성과 함께 신성조직

에 들어갈 모든 사람들이 함께 내려오는 것이다.

그렇다고 거룩한 한 성에 있는 자들만이 새 예루살렘 성에 함께 하는 것은 아니다. 거룩한 성에서 함께 데리고 오는 자들도 있지만 아울러 이 땅에서 부활과 변화를 통해서 새 예루살렘 성의 신성조직의 일원으로서 함께 할 수 있는 자들도 이 땅에 있다는 것을 말하는 것이다.

새 예루살렘 성의 신성조직에 속해 있는 산 자들 속에는 두 가지 유형의 사람들이 소속되어 있다. 하늘에서 내려오는 사람들이 있고 이 땅에 있는 사람들이 변화의 과정을 통하여 공중으로 끌어올림을 받아서 하늘에서 내려오는 새 예루살렘 성의 영광에 동참하는 사람들이 있다.

하늘에서 내려오는 사람들은 어떤 사람들인가? 이미 부활의 과정을 겪은 사람들이라고 말할 수 있다. 그리고 그들의 공중 재림을 영접하는 사람들은 이 땅에서 변화를 받은 사람들이라고 말할 수 있다.

부활과 변화 중에서 어떤 영광이 더 큰가? 부활의 영광이 더 크다. 하늘에서 새 예루살렘 성의 신성조직으로 함께 내려오는 사람들은 이 땅에서 첫째 부활로 올라간 사람들을 말한다. 그들이 새 예루살렘 성의 신성조직으로 함께 내려온다는 말은, 하늘에서 새 예루살렘 성이 내려오기 전에 첫째 부활이 다 이루어졌다는 것을 암시하는 말씀이다. 첫째 부활이 다 이루어져야 첫째 부활로 올라간 사람들이 다시 이 땅에 내려올 수 있는 것이다.

첫째 부활로 부활받은 사람들은 누구인가? 다섯째 인을 뗄 때 제단 아래에 있던 순교자들의 부활을 말하는 것이다. 마지막에는 하늘에서 이루어진 것같이 이 땅에서도 그 영광의 세계가 이루어져야 한다.

새 예루살렘 성이 강림할 때 제단 아래에 있는 순교자들이 (계 6:9-11) 첫째 부활을 하고 데살로니가전서 4장 말씀처럼 부활한 그들이 신부의 영광 속으로 끌어올림을 받은 후, 이 땅에 살아있는 남은 자들이 순간적으로 변화를 받아서 공중에서 어린양의 신부를 영접하는 것이다.

> 살전 4:16-17 주께서 호령과 천사장의 소리와 하나님의 나팔로 친히 하늘로 좇아 강림하시리니 그리스도 안에서 죽은 자들이 먼저 일어나고 그 후에 우리 살아 남은 자도 저희와 함께 구름 속으로 끌어올려 공중에서 주를 영접하게 하시리니 그리하여 우리가 항상 주와 함께 있으리라

위 성구에서 "우리 살아남은 자도 저희와 함께 구름 속으로 끌어올려 공중에서 주를 영접하게 하시리니"라고 말씀하고 있다.

여기에서 '살아남은 자'는 영적인 이스라엘 백성 전체를 말하는 것이 아니다. 살아남은 자들이라고 모두 신성조직에 참여할 수 있는 것은 아니다. 이 땅에 있는 자들을 철저하게 깨닫고 뉘우치게 하고 반성하고 회개하게 만듦으로써 그들로 하여금 거룩한 신성조직의 일원으로 참여케 하고자 에스겔을 통하여 역사하게 하시는 것이다. 그러한 자들만이 새 예루살렘 성의 신성 조직으로서 함께 할 수 있는 것이다.

거룩한 성 새 예루살렘이 이 땅에 내려오면 어디에 거해야 하는가? 그 영광을 영접하기 위하여 만들어질 성전이 바로 에스겔 성전인 것이다.

에스겔 성전은 신랑과 신부가 함께 거하시는 산 자의 성전이다. 그때는 도적같이 역사하시는 하나님, 인간의 눈치를 살피시는 하나님이 아니라 본래 하나님의 영광 자체를 가지고 성전에 거하시는 것이다.

그렇기 때문에 에스겔 47:1-12에 "성전 보좌 밑에서 생명수가 흘러내리면서 바다 물이 소성함을 입고 강물이 이르는 곳마다 번성하는 모든 생물이 살고 강 좌우에는 각종 먹을 실과나무가 자라서 그 잎이 시들지 아니하며 실과가 그치지 아니하고 달마다 새 실과를 맺어 그 실과는 먹을 만하고 그 잎사귀는 약 재료가 되리라"고 말씀하고 있다.

그 성전의 보좌 밑으로 흘러내리는 생수로 말미암아 영원한 생명수인 생명강이 이 땅에서 이루어지는 것이다. 성전의 문지방에서 인간의 영혼을 소성시키는 생명수, 시내와 강과 바다의 죽은 물을 소성시키는 생명수가 흘러나옴으로써 하나님의 거룩한 영광이 나타나는 성전이라는 것을 말씀하고 있다.

그 성전이 이 땅에서 꼭 이루어져야 하기 때문에 에스겔 성전의 설계도가 에스겔서에 분명하게 기록되어 있는 것이다. 새 예루살렘 성전은 거룩한 하나님의 자녀들만이 들어갈 수 있다. 그들은 이긴 자로서 감추었던 만나를 먹은 사람들이다 (계 2:17).

사도 바울이 셋째 하늘나라에 갔다 왔음에도 불구하고 일곱 번 탄식을 했다.

> 롬 7:24-25 오호라 나는 곤고한 사람이로다 이 사망의 몸에서 누가 나를 건져내랴 우리 주 예수 그리스도로 말미암아 하나님께 감사하리로다 그런즉 내 자신이 마음으로는 하나님의 법을 육신으로는 죄의 법을 섬기노라

사도 바울이 자기가 증거한 말씀대로 살기 위하여 자기 몸을 쳐서 하나님의 뜻에 맞는 사람으로 자기 자신을 복종시키기 위하여 몸부림쳤다는 사실을 바라볼 줄 알아야 한다(고전 9:27). 자기가 증거한 말씀에 자기가 심판받지 않기 위해서 자기를 스스로 쳐서 복종시키는 것이 자기 스스로를 정결케 하며 희게 하는 비답이 되고 그것이 첫째 부활, 의인의 부활로 구원받는 기준이 된다(단 12:10).

그렇기 때문에 마지막 때 에스겔 선지와 같은 사람이 에스겔 성전의 비밀과 암호를 알아야 될 사람들을 철저하게 회개시켜야 한다. 그들을 철저하게 회개시켜서 그들이 온전함을 입고 노아처럼 당대의 의인이요 완전한 자가 되었을 때 하나님이 그들에게 새 예루살렘 성전의 비밀과 암호를 가르쳐주라고 에스겔에게 말씀하신 것이다(겔 43:10-11).

에스겔 성전이 이 땅에서 지어질 성전이 아니라면 하나님이 굳이 에스겔서에 그 설계도를 정확하게 기록하실 필요가 없다. 짓지도 않을 성전이라면 설계도를 완벽하게 그릴 필요

가 없다. 이 땅에 꼭 지을 성전이기 때문에 그 성전의 설계도를 완전무오하고 정확하게 만드셨다는 사실을 깊이 인식해야 한다.

그렇기 때문에 에스겔 성전은 이상적인 환상과 계시를 통해서 보여주신 성전이 아니라 성경에 기록되어있는, 가장 정확하고 분명한 설계도로서 이 땅에서 이루어질 성전이라는 것을 말씀하고 있다.

새 예루살렘 성이 하늘에서 내려온다는 말은, 그 성전은 절대 죄인이 범접하거나 침범할 수 없는 완전무오한 거룩한 성전임을 나타낸다. 그렇기 때문에 어느 곳에 새 예루살렘성이 강림한다고 그 영역이 선포되면 그 순간부터 죄인은 그 거룩한 영역에 침범할 수 없다.

그렇다면 그러한 성전은 누가 짓는가? 그 성전은 죽는 사람들이 짓는 성전이 아니다. 죽을 사람들이 짓는다면 죄인들이 짓는 것이 된다. 이 땅에 뿌리를 내리고 사는 인생치고 죄짓지 않은 자 없다(시 143:2, 전 7:20). 그 성전은 바로 산 자들이 짓는 것이다.

5. 새 예루살렘 성은 어디에 지어질 것인가?

하늘에서 내려오는 성전은 언제 어떻게 어디에 지어질 것인가? 요한계시록 21장에 하늘에서 새 예루살렘 성이 강림하여 내려오고 있다.

하늘에서 내려오는 새 예루살렘 성의 주인이신 신부와 그의 신성조직이 되는 산 자들이 이 땅에 내려온다면 그들이 거할 장소가 필요하다.

그곳에 그리스도를 중심으로 천년왕국이 세워짐으로써 그리스도께서 태어나서 죽고, 태어나서 죽고 하는 이 세상을 천년 동안 주관하시고 섭리하시고 통치하시고 다스리는 세계가 펼쳐진다(계 20:4-6).

그리스도로 하여금 이 세상을 통치하며 다스리는 그 세계의 모습이 요한계시록 2장과 3장에 기록되어 있는 성령이 일곱 교회를 통치하며 다스리는 모습이라고 말씀할 수 있다.

일곱 교회의 불은 어떻게 밝히는가? 두 감람나무가 공급해 주는 기름으로 말미암아 촛대에 불이 밝혀진다(슥 4:2-14, 계 1:20). 그러한 두 감람나무가 가지고 있는 고유적인 권세와 능력으로 신부이신 그리스도께서 산 자의 세계인 천년왕국을 이루며 이 땅을 통치하며 다스린다는 것이다.

산 자들이 거할 곳이 바로 에스겔 선지가 말씀하고 있는 에스겔 성전이다. 그 성전의 식양과 규모가 기록된 것이 바로 에스겔 성전의 설계도인 것이다.

하늘에서 내려오는 새 예루살렘 성의 규모는 어떻게 되는가? 요한계시록 21장에 그 성은 네모 반듯하여 장(長)과 광(廣)과 고(高), 즉 가로 세로 높이가 같은 일만이천 스다디온이라고 기록되어 있다.

> 계 21:16 그 성은 네모가 반듯하여 장광이 같은지라 그 갈대로 그 성을 척량하니 일만이천 스다디온이요 장과 광과 고가 같더라

1스다디온은 대략 185m이다. 12,000스다디온을 km로 환산하면 가로 세로 높이가 2,220km이다. 대한민국 땅을 두 개를 합해도 짓지 못할 면적이다.

우리나라 최남단인 마라도에서 최북단인 함경북도 온성군까지의 길이가 1,200km밖에 안 된다. 또 우리나라는 동서의 폭이 좁기 때문에 가로 세로의 길이가 2,220km 규모의 성전을 짓기에는 가당치 않다.

앞서 본방 이스라엘은 세계의 중심지에 위치한 나라이고 영적 이스라엘인 우리나라는 동방에 있는 나라로서 동쪽에 해가 떠오르는 곳에 위치해 있다고 기술했다.

동쪽은 하나님의 말씀이 임재하시는 곳이다. 그러한 동쪽에 산 자의 세계를 이루시려고 하는데 어느 모로 보나 우리나라의 땅덩어리로는 하늘에서 내려오는 새 예루살렘 성전을 온전하게 지을 수 없다. 우리나라 전체 국토의 면적으로는 산 자의 세계의 국토로 쓰기에는 너무 좁다는 것이다.

그러나 이를 위하여 하나님께서 만세 전에 기획하신 것이 있다. 먼저 표면적 이스라엘의 역사를 살펴보자.

하나님이 창세기 15:7에 아브라함에게 주시겠다고 약속하신 토지, 땅이 있었다. 그 약속의 땅을 다윗 시대에도 완전하게 이루지 못했는데 솔로몬 왕 때에 애굽 하수로부터 지중해까지, 즉 유브라데강 근처에서 블레셋 온 땅, 그리고 애굽 경계까지 딱 한 번 하나님이 약속하신 땅 전체를 회복한 적이 있었다.

> 왕상 4:21 솔로몬이 하수에서부터 블레셋 사람의 땅에 이르기까지와 애굽 지경에 미치기까지의 모든 나라를 다스리므로 그 나라들이 공을 바쳐 솔로몬의 사는 동안에 섬겼더라

그런데 솔로몬의 죄로 말미암아 르호보암 왕 때 북조 이스라엘과 남조 유다로 찢어지게 된다. 북조는 왕조가 아홉 번이나 바뀌면서 결국 살만에셀[65]에 의하여 19대 만에 멸망당한다.

> 왕하 18:9-10 히스기야 왕 사년 곧 이스라엘 왕 엘라의 아들 호세아 칠년에 앗수르 왕 살만에셀이 사마리아로 올라와서 에워쌌더라 삼년 후에 그 성이 함락되니 곧 히스기야의 육년이요 이스라엘 왕 호세아의 구년이라 사마리아가 함락되매

남조 유다는 하나님이 다윗에게 꺼지지 않는 등불을 주시

---

65) 살만에셀 5세(Shalmaneser, B.C. 727-722년)-디글랏 빌레셀 3세의 아들로 북이스라엘을 침략하여 호세아 왕으로부터 공물을 받았다(왕하 17:3). 하지만 디글랏 빌레셀이 죽자 호세아는 애굽 왕인 소와 동맹을 맺고 조공을 거부하자 살만에셀 5세가 다시 침략하여 3년 간 사마리아를 포위 공격하였다. 그러나 살만에셀 5세는 사마리아 함락 직전 사망하고 형제인 사르곤 2세가 사마리아를 함락시키고, 북왕국의 백성들을 포로로 잡아갔다(왕하 18:9). 라이프 성경사전

겠다고 약속하셨기 때문에(왕상 11:36, 15:4, 왕하 8:19) 한 번도 왕조가 바뀌지 않고 단일 유다 왕조로서 20대 시드기야 왕[66]을 끝으로 멸망했다.

표면적인 이스라엘을 위해서 하나님이 그렇게 약속해주신 땅이 있었다면 영적 이스라엘인 우리나라도 하나님께서 그렇게 축복해주신 땅이 있을 것이다.

우리나라도 고대사를 살펴보면, 하나님의 권능으로써 우리나라 역사상 우리 한민족이 지금의 영토를 벗어나서 중국대륙에 한반도보다 더 큰 땅덩어리를 영토로써 점유한 적이 있었다.

그때가 언제였는가? 고조선 때에도 그랬고 그 뒤를 이은 고구려 때에도 그랬고 또 고구려에 이어서 발해 때에 중국대륙에 큰 영토를 점유하고 있었던 때가 있었다.

우리나라 역사상 최초의 국가가 '고조선'이다. 기원전 2333년에 고조선을 세운 한민족의 시조가 단군왕검(檀君王儉)이다. 고조선을 건국한 단군왕검에 대한 이야기가 '삼국유사(三國遺事)'[67]에 실려 있다. 고조선의 건국신화에 따르면 하늘의 임금인 환인에게 환웅이라는 아들이 있었는데, 그가 바람과 구름, 비를 다스리는 신하를 거느리고 인간 세상에 내려와 세

---

66) 시드기야(Zedekiah/Tzidkiyahu) 고대 이스라엘 유다 왕국의 마지막 왕, 시드기야는 조카이자 선왕인 여호야긴(여호야김의 아들)이 바벨론에 포로로 끌려간 후 느부갓네살 왕에 의해 21세의 나이에 유다 왕으로 세워셨나. 본래 이름은 '맛다니야'인데, 바벨론식 이름인 '시드기야'로 개명했다(겔 17:11-14). 라이프 성경사전.
67) 삼국유사(三國遺事) 고려후기 승려 일연이 고조선에서부터 후삼국까지의 유사(遺事)를 모아 편찬한 역사서, 한국민족문화대백과사전

상을 다스렸다고 되어있다.[68]

고조선의 위치에 대해서는 여러 설(說)이 있지만, 현재의 중국 랴오닝 성 일대에 위치해 있었다는 견해가 있다. 고조선의 전기 단계에는 현재의 랴오닝 성[69] 일대에 고조선의 중심이 위치하고 있었으나 연나라 장수 진개의 침공 이후 서쪽 영토 2,000리를 빼앗기고 그 중심지가 평양 일대로 이동했다는 설이다.

중국측 사서에 의하면 고조선은 BC 4세기 후반에 스스로 왕을 칭할 정도였고 연(燕)과 전투를 벌여 서쪽 땅 2,000리를 상실했다는 내용을 보았을 때 고조선이 이미 그때 당시 중국 대륙에 최소한 2,000리 이상의 영토를 보유하고 있었다는 것을 알 수 있다.[70] 랴오닝 성의 성도(城道)는 '선양(禪讓)'으로 한국 한자음으로는 '심양(瀋陽)'이라고 읽는다. 심양은 고대에는 고조선, 고구려의 땅이었다. 발해시대에는 심주(瀋州)로 불리었다고 한다.

---

68) 단군왕검: 한민족의 시조이자 고조선을 세운 임금. 네이버 지식백과
69) 랴오닝 성: 랴오닝 성의 성도는 선양으로 한국 한자음은 심양이다. 심양은 심주(瀋州)·성경(盛京)·봉천(奉天)으로도 불리었다. 심양은 고대에는 고조선·고구려의 땅이었다. 발해시대에는 심주(瀋州)로 불리었으며 명대에는 요동도사(遼東都司) 소속 25위(衛) 중 심양위(瀋陽衛)가 설치되기도 하였다. 명 후기 후금(後金)의 점령으로 후금의 임시 수도가 되면서 고궁 등 궁전을 건축하였고 수도로서의 면모를 갖추기도 하였다. 현재는 중국의 10대 도시 중의 하나이다. 위키백과
70) 고조선: 일반적으로 BC 2333년에 단군왕검이 세웠다는 신화상의 단군조선과 BC 108년 중국 한나라에 의해 멸망된 위만조선을 함께 포함해 말한다. 다음백과

고구려는 해모수[71]가 건국한 북부여[72]를 계승한 나라이다. 광개토왕은 고구려의 제19대 왕으로 대외적인 정복정책으로 재위기간 동안 고구려의 영토를 크게 확장시켰다. 고구려는 14대 미천왕 때 국력이 부강해지자 313년에 낙랑군과 대방군을 정복하고, 그 여세를 몰아 요동으로 진출하여 몽골 고원에서 내려오는 유목민족들과 각축을 벌였다. 소수림왕 때 체제를 정비하여 국력을 가다듬은 고구려는 광개토왕과 장수왕 때에 후연을 공격하여 요동을 병합하고 북만주를 차지하여 동북아시아에 커다란 세력권을 형성하였다.[73]

고구려가 나당연합군에 의해 멸망하자 고구려의 유장(遺將) 대중상과 그의 아들 대조영이 고구려를 계승하여 고구려 유민을 규합하여 서력기원 668년에 나라를 세우고 '고구려를 회복하여 부흥한다'라는 뜻으로 국호를 '후고구려"라고 하였다.

대진국(大震國)이라는 국호(國號)는 대중상이 죽은 후, 그의 아들 대조영이 고구려의 옛 영토 상당 부분을 회복한 뒤 서

---

71) 해모수(解慕漱) 초기국가시대 고구려 건국신화에 등장하는 시조부. 신화인물. 한국민족문화 대백과사전
72) 부여(扶餘,夫餘, 기원전 3세기~494년)는 고리국의 동명왕이 건국한 예맥계 부여족(夫餘族) 국가이며, 영토는 지금의 창춘시 이통강 유역을 중심으로 쑹양과 남쪽으로는 랴오닝성, 북쪽으로는 아무르강에 이르렀을 것으로 여겨진다. 494년, 고구려의 공격으로 부여는 멸망하였다. 단군조선이 기원전 194년에 멸망한 후 여러 부여족 계열이 나라가 세워졌다. 동명왕(東明王)이 세운 부여(夫餘), 해모수(解慕漱)가 세운 북부여(北夫餘)와 해부루(解夫婁)가 세운 동부여(東夫餘), 그리고 고주몽(高朱蒙)이 세운 고구려(高句麗)와 그 영향을 받은 백제(百濟)가 부여족 계열의 나라이다. 위키백과
73) 고구려의 전성기, 다음백과

력기원 699년에 선포한 나라 이름이다. 국호 대진(大震)은 '동방 광명의 큰 나라, 동방의 나라'라는 의미를 가지고 있다.

중국 '신당서'에는 "서력기원 713년 당나라 현종이 낭장(郎將) 최흔을 보내 '대조영을 좌효위대장군 발해군왕 홀한주도독에 책봉했다"는 기록이 있는데 거기에 '발해'(渤海)[74]라는 이름이 처음 등장한다. 중국의 '신당서'는 황제의 나라 대진국을 제후국[75]으로 격하시키고 '광명의 나라'를 뜻하는 '대진국'을 '발해'라고 기록하고 있다.

중화(中華)[76]사상 관점에서 쓰인 중국의 '신당서'에는 대진국을 '발해'라고 하여 일개 제후국으로 만들었지만, 대진국이 나당연합군을 물리치고 전성기를 구가하자 당나라가 대진국(발해)을 '해동성국(海東盛國)'이라고 기록했다.

'해동성국(海東盛國)은 '바다 동쪽의 번성한 나라'라는 뜻이다. 발해를 해동성국이라 부르게 된 것은 10대 대인수인 선왕

---

74) 발해-고구려를 계승한 발해국은 고구려의 후예인 대조영(大祚榮)이 698년에 고구려의 남은 무리를 모아 만주 동모산(東牟山, 오늘의 중국 길림성 돈화현)에 도읍을 정하고, 처음에 '진국(震國)'이라 이름하여 나라를 세웠다가 713년에 발해(渤海)라고 고쳤다. 발해국은 만주와 한반도 북부에 거쳐 고구려의 옛 영토를 회복하고 안정된 정치와 수준 높은 문화를 누리면서 926년 거란(契丹, 요나라)에 망할 때까지 220여 년간 해동성국(海東盛國)으로 존재했다. '발해-고구려의 계승' 네이버 지식백과
75) 제후국(諸侯國) 제후가 다스리는 나라, 다음 어학사건, (제후(諸侯)는 옛날에 일정한 영토를 다스리던 통치자의 칭호 중 하나이다. 고대 중국에서 왕에게 일정한 영토(領土)를 받고, 왕에게 의무를 지는 봉건적인 제도에서 유래하였다. 유럽의 경우에도 왕에게 영토를 받는 봉건적인 제도에서 시작되었다. 위키백과
76) 중국인 특유의 자문화 중심주의 사상. 골자는 중화 문명, 중국이 세계의 중심이며, 그 문화적 역량이 어떠한 다른 문명보다도 우수하다고 믿으며, 다른 문명을 오랑캐로 낮잡아보는 사상이다. 나라 이름부터가 '중심 국가'라는 의미의 '中國'이다.

때이다. 선왕은 발해의 영토를 크게 확장시켰는데, 이때 발해의 영토는 남쪽으로는 신라와 접하고 서쪽으로는 소고구려를 합병하여 요동 지역을 차지함으로써 고구려와 부여 등의 옛 영토를 대부분 회복하였다. 또한 북쪽의 흑수말갈 등 발해에 대항하던 말갈의 부족들도 복속시켰다.

선왕은 발해 중흥의 대업을 이룬 중흥군주(中興君主)로서 이때 발해는 당으로부터 '동쪽의 융성한 나라'라는 뜻의 '해동성국'이라는 칭호로 불리어졌고 행정구역을 5경 15부 62주로 개편하고 학술을 진흥시키는 등 발해의 전성기를 이루었다.[77]

대중상과 대조영이 건국한 '해동성국, 대진국(발해)'에 관한 내용은 중국의 문헌에만 나오는 것이 아니다. 일본의 정사(正史) '속일본기'는 대진 무황제(3대 황제)가 일본에 보낸 국서에 '고구려 땅을 차지하고 부여 전통을 계승한 나라로써 발해는 옛 고구려국이다'라고 기록하고 있다.[78]

우리 조상들이 과거에 중국 요동지역을 영토로 가지고 있었다는 기록이 이렇게 엄연히 존재하고 있다. 살펴보았듯이 우리의 옛 조상인 고조선과 고구려, 발해 때에 중국대륙에 영토를 점유하여 고구려는 우리나라 한반도 면적의 2배의 큰 영토를 가졌었고 발해는 한반도 면적의 3배를 영토로 가지고 있었다.

약소민족으로서 항상 외세로부터 침략을 받고 있던 대한민국이 우리나라보다 더 큰 대륙의 땅덩어리를 점유했다는 것

---

77) 해동성국海東盛國), 다음백과
78) 고구려의 역사의 맥, STB 상생방송

이 우연일까?

　아브라함, 이삭, 야곱의 3대가 막벨라 굴에 묻힘으로써 이스라엘 백성들이 젖과 꿀이 흐르는 가나안 땅을 자기 땅이라고 주장할 수 있는 권리와 명분을 얻을 수 있었다. 하나님이 아브라함, 이삭, 야곱을 통해서 사전적으로 선민 이스라엘 백성들을 위하여 언약의 땅을 예비해놓으셨다면 영적 이스라엘을 위해서도 그러한 축복의 땅을 예비해주셔야 한다.
　우리나라가 옛적 고조선, 고구려, 발해라는 세 나라가 중국 대륙에서 한반도보다 더 큰 땅덩어리를 영토로 가진 적이 있었다는 것이 과연 어떤 의미가 있는 것일까?
　하나님께서는 이미 만세 전에 하나님의 주권적인 권능으로써 새 예루살렘 성이 강림하였을 때 신천신지, 천년왕국을 세울 수 있는 산 자의 세계의 영토, 경계를 이미 예비하시고 준비해 놓으셨다는 것이다. 지금의 우리나라 국토의 면적으로는 하늘에서 내려오는 새 예루살렘 성을 지을 수 없다. 그렇기 때문에 우리 한 민족이 한 때 중국 대륙에 그러한 땅덩어리를 영토로 점유하고 있었다는 그 자체가 하나님께서 예비하신 기획이라고 말할 수 있다는 것이다.

　하나님이 모세를 시내산에 부르셔서 장막의 설계를 다 보여주시고 장막을 지으라고 명령하셨다. 장막의 설계는 사람의 생각이 1%도 개입되지 않고 하나님이 명령하신 대로, 하나님이 보여주신 대로, 하나님이 말씀하신 대로 하나님에 의해서 100% 지어졌다는 것을 알아야 한다. 또 장막 안, 뜰에 설치되어있는 내용물과 성소에 설치되어있는 내용물, 지성소에 설치되어있는 모든 존귀하고 거룩한 성물들 또한 사람이 만든 것이 아니라 하나님이 지시하시고 하나님의 명에 의해서 하나님이 가르쳐주신 대로, 보여주신 대로 하나님의 뜻대로 만들어진 것이다.

마찬가지다. 하늘에서 새 예루살렘 성이 내려오는데 가로 세로 높이가 12,000 스다디온[79]으로 장과 광과 고가 같다고 말씀하고 있다.

> 계 21:16 그 성은 네모가 반듯하여 장광이 같은지라 그 갈대로 그 성을 척량하니 일만이천 스다디온이요 장과 광과 고가 같더라

앞서 살펴보았듯이 새 예루살렘 성이 하늘에서 내려오는데 현재의 대한민국 땅으로는 전체 땅덩어리 두 개를 합해도 새 예루살렘 성을 지을 수 있는 땅 넓이가 되지 않는다.

그렇다고 하늘에서 내려오는 새 예루살렘 성을 아무 곳에나 세울 수 없다. 그 성을 어디에 세울 것인가? 바로 하나님이 만세 전에 예비하신 땅, 우리나라가 옛적에 고조선과 고구려와 발해 시대에 점유하고 있던 중국 대륙의 그 땅 위에 세워지게 되어있는 것이다.

새 예루살렘 성이 강림하면 산 자의 세계가 이 땅 지구촌에 세워지는 것이다. 그 산 자의 세계가 바로 요한계시록 20:4-6

---

[79] 스다디온(Stadion, furlong) 로마 시대 거리의 길이를 측정하던 단위. 1스다디온은 고대 그리스의 달리기 경주 구간으로서, 개역한글판에서는 '리'로 번역했다. 오늘날 운동 경기장을 뜻하는 '스타디움'(stadium)은 여기에서 파생되었다(계 14:20; 21:16). '성경의 도량형과 월력' 라이프성경사전

에서 말씀하고 있는 천년왕국이다.

　본방 이스라엘을 위해서 젖과 꿀이 흐르는 가나안 땅을 하나님이 예비하시고 준비하시고 감추어두셨던 것처럼 마지막 산 자의 세계가 이루어질, 산 자의 영광의 세계가 나타날 새 예루살렘 성이 좌정할 거룩한 성지(城地)도 바로 동방의 한 나라인 대한민국이 옛적에 고조선과 고구려와 발해라는 세 나라가 점유했던 그 땅 위에 세워진다는 것이다.

　바로 우리나라 과거의 역사 속에 세 나라를 통하여 예비하신 땅이 하늘에서 내려오는 새 예루살렘 성이 안치될, 에스겔 성전을 지을 축복의 땅이었던 것이다.

Ⅳ 공중 재림의 영광

1. 이 땅에서 이루어지는 초막절의 영광

스가랴 14장에 열국의 모든 왕들, 대표자들이 초막절에 와서 하나님의 영광 앞에 영광을 돌리는 모습이 기록되어 있다.

슥 14:16-21 예루살렘을 치러 왔던 열국 중에 남은 자가 해마다 올라와서 그 왕 만군의 여호와께 숭배하며 초막절을 지킬 것이라 천하 만국 중에 그 왕 만군의 여호와께 숭배하러 예루살렘에 올라 오지 아니하는 자에게는 비를 내리지 아니하실 것인즉 만일 애굽 족속이 올라 오지 아니할 때에는 창일함이 있지 아니하리니 여호와께서 초막절을 지키러 올라오지 아니하는 열국 사람을 치시는 재앙을 그에게 내리실 것이라 애굽 사람이나 열국 사람이나 초막절을 지키러 올라오지 아니하는 자의 받을 벌이 이러하니라 그 날에는 말 방울에까지 여호와께 성결이라 기록된 것이라 여호와의 전에 모든 솥이 제단 앞 주발과 다름이 없을 것이니 예루살렘과 유다의 모든 솥이 만군의 여호와의 성물이 될 것인즉 제사 드리는 자가 와서 이 솥을 취하여 그 가운데 고기

를 삶으리라 그 날에는 만군의 여호와의 전에 가나안 사람이 다시 있지 아니하리라

　위 성구는 마지막 재림의 마당에서 초막절의 영광이 나타나는 나라를 말씀하고 있다. "예루살렘을 치러 왔던 열국 중에 남은 자가 해마다 올라와서 만군의 여호와께 숭배하며 초막절을 지킬 것이라"는 말씀을 보면 이 사건이 언제 일어난다는 것을 짐작할 수 있다.
　열국의 모든 왕들, 대표자들이 와서 하나님의 영광 앞에 경배드릴 수밖에 없는 초막절은 마지막 산 자의 영광이 이루어진 때이다. 산 자인 신랑과 신부가 탄생함으로 어린 양의 혼인 잔치가 이루어지는 때를 말한다.
　그 영광 앞에 모든 열국의 왕들은 물론 모든 종교와 종파를 초월해서 모든 만민이 그 영광 앞에 와서 무릎을 꿇고 경배를 드려야 한다. 그 나라는 표면적인 이스라엘이 아니라 영적인 이스라엘을 말하는 것이다.

　이스라엘 3대 절기 중에 유월절, 맥추절에는 절대 이방인이 참여하지 못한다. 그러나 마지막 때 초막절에는 열국의 대표자들, 왕, 대통령, 수상, 총리, 그들이 와서 다 경배를 드리게 되어있다.
　왜 그들이 초막절에 와서 경배를 드려야 하는가? 그것은 이 땅에서 산 자의 세계인 천년왕국이 세워졌다는 것을 의미한다.

　그렇다면 천년왕국이 세워지기 전에 도대체 무슨 일이 있

었기에 전 세계 각국의 왕들이 와서 경배를 드린다는 말인가?

　스가랴 14장에 "예루살렘을 친 모든 백성에게 여호와께서 내리실 재앙이 이러하니 곧 섰을 때에 그 살이 썩으며 그 눈이 구멍 속에서 썩으며 그 혀가 입속에서 썩을 것이요"라는 말씀이 기록되어 있다.

> 슥 14:12-15 예루살렘을 친 모든 백성에게 여호와께서 내리실 재앙이 이러하니 곧 섰을 때에 그 살이 썩으며 그 눈이 구멍 속에서 썩으며 그 혀가 입속에서 썩을 것이요 그 날에 여호와께서 그들로 크게 요란케 하시리니 피차 손으로 붙잡으며 피차 손을 들어 칠 것이며 유다도 예루살렘에서 싸우리니 이 때에 사면에 있는 열국의 보화 곧 금 은과 의복이 심히 많이 모여질 것이요또 말과 노새와 약대와 나귀와 그 진에 있는 모든 육축에게 미칠 재앙도 그 재앙과 같으리라

　이 때 예루살렘을 친 백성은 누구이며 여기에서의 예루살렘은 어떤 예루살렘을 말하는 것인지 그 부분을 살펴볼 필요가 있다.

　에스겔 38장에 하나님이 마곡 땅에 있는 로스와 메섹과 두발 왕 곡의 온 군대를 끌어내어 '평안히 거하고 있는 중'인 이스라엘 땅을 침범하는 내용이 기록되어 있다.

> 겔 38:1-9 여호와의 말씀이 내게 임하여 가라사대 인자야 너는 마곡 땅에 있는 곡 곧 로스와 메섹과 두발 왕에게로 얼굴을 향하고 그를 쳐서

예언하여 이르기를 주 여호와의 말씀에 로스와 메섹과 두발 왕 곡 아 내가 너를 대적하여 너를 돌이켜 갈고리로 네 아가리를 꿰고 너와 말과 기병 곧 네 온 군대를 끌어내되 완전한 갑옷을 입고 큰 방패와 작은 방패를 가지며 칼을 잡은 큰 무리와 그들과 함께 한 바 방패와 투구를 갖춘 바사와 구스와 붓과 고멜과 그 모든 떼와 극한 북방의 도갈마 족속과 그 모든 떼 곧 많은 백성의 무리를 너와 함께 끌어 내리라 너는 스스로 예비하되 너와 네게 모인 무리들이 다 스스로 예비하고 너는 그들의 대장이 될지어다 여러 날 후 곧 말년에 네가 명령을 받고 그 땅 곧 오래 황무하였던 이스라엘 산에 이르리니 그 땅 백성은 칼을 벗어나서 열국에서부터 모여 들어오며 이방에서부터 나와서 다 평안히 거하는 중이라 네가 올라오되 너와 네 모든 떼와 너와 함께한 많은 백성이 광풍같이 이르고 구름같이 땅을 덮으리라

위 성구에서 '로스'는 누구를 말하는가? 옛날에 우리나라 사람들이 소련 사람들을 가리켜서 '로스케'[80]라고 불렀다.

이 전쟁은 분명히 북방민족인 그들을 통해서 하나님이 역사하시는 전쟁이다. 여기에서 "여러 날 후, 곧 말년에, 그 땅 백성은 칼을 벗어나서 다 평안히 거하는 중이라"고 말씀하고 있다.

그 나라는 "끓는 물이 북에서 남으로 기울어졌나이다"라는 전쟁의 화를 입은 후의 대한민국을 말하는 것이다. 하나님

---

80) 로스케: 러시아인 스스로 자신들을 지칭하는 말인 '루스키(Русский: 이 말에는 본디 비하의 의미는 없다)'를 러일 전쟁 당시 일본 군인들이 일본어식으로 음역하여 '로스케(露助)'라 부르며 러시아 군인들을 조롱하여 일컫던 말이 러시아인 전체를 비하하는 의미로 확대되었고, 이 말이 일제 강점기 당시 한반도에도 전파되어 러시아인 비하 표현으로 널리 쓰이게 되었다. 위키백과

이 곡을 지명해 불러서 로스 메섹, 곡으로 하여금 평안히 거하는 나라, 오래 황무하였던 나라, 영적 이스라엘을 침공하게 하신다. 바로 소련, 즉 러시아를 비롯한 연합국을 불러 하나님의 주권적인 섭리로 마지막 전쟁을 일으킨다는 것이다.

전쟁이 발발하는 날 인구의 삼분의 일이 죽고, 전쟁 중 인구의 삼분의 일이 죽고, 남은 삼분의 일 중에서 십분의 일만 살아남은 소수의 사람들로서는 연합군을 상대할 기력조차 없다.

그러나 그 전쟁이 일어날 때 하나님이 자기의 영광을 나타내시기 위하여 하나님의 주권적인 역사로 침공한 자들의 살을 썩게 하고 눈을 썩게 하고 혀를 썩게 하는 재앙을 내리신다(슥 14:12). 그러므로 그들이 한 명도 살지 못하고 모조리 죽임을 당한다.

에스겔 39장에 그들의 시체를 치우는데 칠 개월이 걸린다고 말씀하고 있다. 일곱 달이 지난 후에도 순행하는 자를 택해서 살펴보게 하고 지면에 남아있는 시체, 사람의 뼈를 발견하면 하몬곡 골짜기에 장사하여 그 땅을 정결하게 한다는 내용이 기록되어 있다.

> 겔 39:11-16 그 날에 내가 곡을 위하여 이스라엘 땅 곧 바다 동편 사람의 통행하는 골짜기를 매장지로 주리니 통행하던 것이 막힐 것이라 사람이 거기서 곡과 그 모든 무리를 장사하고 그 이름을 하몬곡의 골짜기라 일컬으리라 이스라엘 족속이 일곱 달 동안에 그들을 장사하여 그 땅을 정결케 할 것이라-(중략)-일곱 달 후에 그들이 살펴 보되 순행하는 자가 그 땅으로 통행하다가 사

람의 뼈를 보면 그 곁에 표를 세워 장사하는 자로 와서 하몬곡 골짜기에 장사하게 할 것이요 성의 이름도 하모나라 하리라 그들이 이와 같이 그 땅을 정결케 하리라

또 그들이 가지고 온 병기, 화력으로 칠 년 동안 불 피우는 데 사용한다고 말씀하고 있다(겔 39:8-9). 여기에서의 이스라엘은 어떤 나라를 말하는가? 물론 표면적인 이스라엘로 기록되어 있지만 내용을 살펴보면 분명히 그 전쟁을 일으킨 자들은 다 죽고 남아있는 백성이 초막절에 찾아와서 하나님께 경배를 드린다고 했다(슥 14:16).

마지막 초막절의 영광이 이루어지는 나라는 표면적인 이스라엘이 아니라 영적 이스라엘이다. 초막절에 어린 양의 혼인 잔치가 이루어진다. 그것이 마지막 재림의 마당에서 이루어지는 초막절의 영광인 것이다.

2. 공중 재림의 영광은 어떻게 나타나는가?

요한계시록 21장에 "어린 양의 아내, 신부를 너에게 보여주리라"고 말씀하고 있다.

계 21:9-10 일곱 대접을 가지고 마지막 일곱 재앙을 담은 일곱 천사 중 하나가 나아와서 내게 말하여 가로되 이리 오라 내가 신부 곧 어린 양의 아내를 네게 보이리라 하고 성령으로 나를 데리고 크고 높

은 산으로 올라가 하나님께로부터 하늘에서 내려오는 거룩한 성 예루살렘을 보이니

거룩한 성 새 예루살렘이 하나님께로부터 하늘에서 내려오는 장면을 말씀하고 있다. 그때 공중 재림의 영광이 나타난다.

살전 4:16-17 주께서 호령과 천사장의 소리와 하나님의 나팔로 친히 하늘로 좇아 강림하시리니 그리스도 안에서 죽은 자들이 먼저 일어나고 그 후에 우리 살아 남은 자도 저희와 함께 구름 속으로 끌어올려 공중에서 주를 영접하게 하시리니 그리하여 우리가 항상 주와 함께 있으리라

그러한 그리스도의 강림의 영광을 가리켜서 예수께서 "동에서부터 서에 이르기까지 그 빛이 번쩍이리라"고 말씀하셨다 (마 24:27).

그렇다면 이러한 공중 재림의 영광이 정말 번개가 동편에서 서편까지 번쩍임같이 전우주적으로 드러나며 이루어지는 하늘의 영광이 되는 것일까? 데살로니가전서 4장에 산 자의 첫 열매인 그리스도께서 강림하는 모습과 요한계시록 21장에 신부인 새 예루살렘 성이 내려오는 모습은 말씀 자체로만 보면 전 세계에 공개적으로 나타나는 영광이라고 말할 수 있다.

그러나 공중 재림의 영광이 정말 전 우주적으로 전 세계적으로 일반 성도들이 다 보는 가운데 이루어지는 것인지 그 점을 살펴보아야 한다.

에스겔 38장, 39장에 기록되어 있는 곡에 대한 말씀과 스

가랴 14:12 말씀을 살펴보면 전 세계가 그때까지도 이 땅에 산 자의 첫 열매가 되시는 그리스도께서 강림하셨다는 사실을 모르고 있다는 공통점을 찾아낼 수 있다. 그것은 전 세계 사람들에게 공개적으로 나타나는 하늘의 영광이 아니라 하늘과 그 가운데 거하는 자들만이 볼 수 있는 하늘의 영광의 세계라고 말할 수 있다.

그렇기 때문에 두 감람나무의 역사는 분명히 처음부터 끝까지 도적 같이 진행되는 하늘의 역사, 영적인 역사라고 말할 수 있다는 것이다. 만약에 새 예루살렘 성의 강림이 전 세계적으로 나타나는 역사라면 성경에 두 감람나무의 역사를 기록할 때 "처음에는 영적인 역사로 시작되었다가 마지막 때 그가 강림할 때는 표면적인 역사의 영광으로 나타날 것이다"라고 분명히 구별해서 기록하였을 것이다.

전 세계가 캄캄하게 모르고 있다가 곡의 사건을 통해서 영적 이스라엘에 산 자의 세계가 이루어졌다는 것을 알게 된다는 것이다.

만약 전 세계 사람들이 공중 재림의 영광을 목격하고 목도하는 증인이 된다면, 그 영광이 드러남으로 말미암아 이 땅에는 결과적인 심판만 남아있게 된다. 전 세계 사람들이 다 본다면 더 이상 구속사의 역대와 연대를 이끌어갈 필요가 없다.

그 이유는 무엇인가? 보는 것이 곧 심판이기 때문이다. 믿는 자들에게 하나님의 영광을 보여주는 것은 하나님의 거룩한 영광의 빛이 되겠지만 믿지 못하는 자들이 하나님의 영광을 본다는 것은 곧 불 심판이 되기 때문이다.

두 감람나무가 무저갱에서 올라오는 짐승에게 죽임을 당해서 큰 성 길에 그 시체를 삼일 반 동안 장사하지 못하게 한다(계 11:7-9). 삼일 반 후에 하나님께로부터 생기가 들어가서 두 발로 일어설 때 구경하는 자들이 크게 두려워한다(계 11:11). 하늘로부터 이리로 올라오라는 음성을 듣고 그가 철장의 권세를 가진 아이가 되어 하늘보좌로 올라갈 때에도 원수들과 마귀들과 하나님의 씨알들, 즉 신령한 자들만이 볼 수 있는 것처럼(계 11:12-13) 그가 내려올 때도 허락된 자들만이 볼 수 있는 영광의 세계라고 말할 수 있다는 것이다.

생각해보라! 전 세계가 그가 강림하는 모습을 본다면 안 믿을 사람이 누가 있겠는가? 다 믿는다. 아무리 악한 악인이라 할지라도 하늘에서 천군천사가 내려오는 모습과 또 땅에 있던 사람들이 공중으로 끌어올림을 받는 장면을 보게 된다면 겁이 나고 두려워서 감히 그 앞에서 죄를 지을 인간이 어디 있겠는가?

그렇기 때문에 공중 재림의 영광은 공개된 역사의 영광이 아니라 허락된 자들만이 볼 수 있는 비공개된 역사라고 말할 수 있다. 분명히 그가 올라갈 때에도 그를 찌른 원수들과 제 밭에 있는 알곡들은 그 광경을 본다고 말씀하고 있다.

> 계 11:12 하늘로부터 큰 음성이 있어 이리로 올라오라 함을 저희가 듣고 구름을 타고 하늘로 올라가니 저희 원수들도 구경하더라

마찬가지다. 새 예루살렘 성이 내려올 때에도 일반계시에 속한 사람들, 즉 땅과 바다에 거하는 자들은 볼 수 없다. 그리스도께서 이 땅에 강림하시는 공중 재림의 영광은 오직 하늘

과 그 가운데 거하는 자들만이 볼 수 있는 역사인 것이다.

공중 재림의 영광이 이루어질 때 공중으로 끌어올림을 받는 존재들이 있다. 그들은 변화의 대상들을 말하는 것이다. 변화보다 부활의 영광이 더 크다(살전 4:15). 그렇기 때문에 공중 재림의 영광이 나타날 때에는 이미 순교자들이 부활해서 먼저 하늘로 올라간 상태를 말하는 것이다. 그리고 부활을 받지 않고 남아있는 자 중에서 변화 받은 자들만이 공중으로 끌어올림을 받는다(살전 4:16-17).

새 예루살렘이 하늘에서 강림한다는 것은, 누가 내려온다는 것인가? 요한계시록 12:5에 철장의 권세를 가진 아이인 그리스도께서 하늘보좌로 올라가서 하나님께 영광을 받고 그가 하늘전쟁을 일으켜 승리함으로써 궁창의 세계를 본래대로 회복하고 붉은 용과 그의 사자들을 이 땅에 내어 쫓은 다음에 내려오는 것이다.

그렇게 내려오는 모습을 가리켜 어린 양의 신부, 아내 즉 새 예루살렘 성이 하늘에서 내려온다고 말씀하는 것이다.

> 계 21:9 일곱 대접을 가지고 마지막 일곱 재앙을 담은 일곱 천사 중 하나가 나아와서 내게 말하여 가로되 이리 오라 내가 신부 곧 어린 양의 아내를 네게 보이리라 하고

> 계 22:17 성령과 신부가 말씀하시기를 오라 하시는도다 듣는 자도 오라 할 것이요 목마른 자도 올 것이요 또 원하는 자는 값없이 생명수를 받으라 하시더라

3. 새 예루살렘 성이 강림할 때 대한민국은 어떤 상황인가?

새 예루살렘 성이 이 땅에 강림할 때, 그때의 대한민국은 어떤 상황일까? 그리스도께서 강림하실 때는 이 땅에 창세후 전무후무한 환난인 셋째 화가 끝난 때이다.

새 예루살렘 성이 강림하실 때를 위하여 하나님께서는 어떤 역사를 펼치셨을까? 하나님이 재림의 마당의 마지막 선지자로 하여금 그때를 예비하시고 준비하게 하셨다.

하나님이 예비하신 마지막 선지자는 과연 누구인가? 바로 이 땅의 주 앞에선 두 감람나무와 두 촛대이다. 두 감람나무는 산비둘기와 집비둘기 새끼를 말한다. 아브라함이 재림의 마당을 위해서 바친 제물이 산비둘기와 집비둘기 새끼이다(창 15:9). 두 제물 중에서 산비둘기는 한 때와 두 때의 역사를 마치고 이미 제물로 바쳐져 큰 성길에 시체로 삼일 반 동안 누워 있다(계 11:8-9). 이제 나머지 집비둘기 새끼가 제물로써 제사될 날을 기다리고 있다.

그는 누구인가? 그가 바로 반 때의 주인공으로서 광명한 사들이 떠나고 어두워 갈 때에 마지막 남은 빛 안에서 역사하는 마지막 선지자이다(슥 14:6-7). 하나님이 그에게 하늘 문을 닫고 여는 권세를 주시고 그에게 갈대자를 주어 성전 안을 척량하게 하신다(계 11:1-2).

천국을 비유한 일곱 가지 비유의 말씀 중에 일곱 번째가 "천국은 그물로 많은 고기를 잡은 것과 같다. 좋은 고기는 바

구니에 담고 나쁜 고기는 내어 버린다"(마 13:47-48)라는 말씀이다.

하나님이 반 때의 사역을 짊어진 집비둘기 새끼에게 하늘이 인류에게 마지막 사랑으로 주시는 작은 책, 다시복음의 말씀을 선포하게 하심으로써 성전 안을 척량하는 역사를 감행하게 하신다. 그러므로 자칭 의인이라고 하는 하나님의 종들로 하여금 그들이 믿든지 아니 믿든지 이 땅에 하나님의 사람이 선지자로 있어서 그들을 심판했다는 사실을 핑계치 못하게 하신다는 것이다(겔 2:5, 33:33).

그러한 반 때의 역사가 마쳐지면 둘째 화의 중심이 되는 두 감람나무의 역사는 모두 끝나는 것이다. 두 감람나무의 역사가 끝나면 셋째 화가 속히 이루어지게 된다. 그 셋째 화 속에 바로 예수께서 말씀하신 창세 후 전무후무한 환난, 즉 "끓는 가마의 면이 북에서 남으로 기울어졌나이다"(렘 1:13)라고 말씀한 전쟁이 들어있다.

그것은 북한이 남한을 남침하는 전쟁이다. 북한이 전쟁을 시작하는 단추를 누르는 순간, 우리나라 인구의 삼분의 일이 죽고 그 다음에 삼분의 일이 전쟁 중에 죽고 나머지 삼분의 일 중에서 십분의 일만 살아남는 셋째 화의 역사가 이어지는 것이다. 그때에 믿는 성도들의 권세가 다 깨어지고 성별된 성도만이 살아남게 된다.

그러한 전쟁을 통해서 우리나라가 통일이 된다. 그러나 하나님이 개입하시기 때문에 북한이 남한에 대하여 적화야욕을 이루지 못한다. 하나님의 주권에 의해서 우리나라가 최초로 통일이 된다.

하나님이 에스겔 선지에게 17가지의 행동예언을 하게 하셨는데 그중에 17번째가 유다와 요셉이라는 두 막대기를 하나로 연결시키라는 것이었다.

> 겔 37:19 너는 곧 이르기를 주 여호와의 말씀에 내가 에브라임의 손에 있는 바 요셉과 그 짝 이스라엘 지파들의 막대기를 취하여 유다의 막대기에 붙여서 한 막대기가 되게 한즉 내 손에서 하나가 되리라 하셨다 하고

그 의미처럼 하나님이 마지막 때 셋째 화를 통해서 우리나라를 완전하게 통일시키신다. 물론 셋째 화 속에는 예수님이 말씀하신 창세 후 전무후무한 환난이 필연적으로 들어있지만 그 환난을 겪은 후에 하나님의 주권으로 우리나라는 통일이 된다.

통일된 우리나라의 인구는 성경에 예언된 말씀대로 다 죽고 약 173만 명 정도만 살아남는다. 비록 얼마 남지 않은 적은 수이기는 하지만 남은 백성들이 있다. 전쟁의 폭풍이 지나가자 한숨을 돌린 그들이 다시 국가 재건사업을 히게 된다.

바로 그러한 때에 하나님께서 만세 전에 예비하신 로스, 메섹, 곡으로 하여금 남한 땅을 침략하게 한다.

그때 그들이 침략하는 땅의 사람들의 상황을 가리켜서 에스겔 38장에 '이스라엘이 평안히 거하는 날에'라고 말씀하고 있다.

겔 38:8 여러 날 후 곧 말년에 네가 명령을 받고 그 땅 곧 오래 황무하였던 이스라엘 산에 이르리니 그 땅 백성은 칼을 벗어나서 열국에서부터 모여 들어오며 이방에서부터 나와서 다 평안히 거하는 중이라

겔 38:11 말하기를 내가 평원의 고을들로 올라가리라 성벽도 없고 문이나 빗장이 없어도 염려없이 다 평안히 거하는 백성에게 나아가서

겔 38:14 인자야 너는 또 예언하여 곡에게 이르기를 주 여호와의 말씀에 내 백성 이스라엘이 평안히 거하는 날에 네가 어찌 그것을 알지 못하겠느냐

여기에서 '평안히 거하는 백성'은 표면적인 이스라엘을 말하는 것이 아니라 영적 이스라엘인 대한민국을 말한다. 그들이 통일된 국가에서 '다 평안히 거하는 중'일 때 로스, 메섹, 곡, 세 나라가 연합하여 침략한다. 그때의 대한민국은 전쟁으로 인하여 남아있는 사람 수도 적을 뿐만 아니라 대항할 아무런 힘이 없다.

창세 후 전무후무한 셋째 화의 역사가 모두 끝나고 성별된 성도만 살아남은 때에 하늘에서 새 예루살렘 성이 이 땅에 강림하신다. 그리고 드디어 산 자의 첫 열매이신 그리스도께서 하나님의 마지막 영광을 나타내시기 위하여 철장의 권세를 가지고 세 나라를 치시는 역사를 하신다.

4. 로스, 메섹, 곡을 통하여 전 세계에 드러내시는 하나님의 영광

영적 이스라엘에 산 자의 첫 열매인 그리스도께서 강림하여 계신다. 그런데 앞서 기술했듯이 하늘에서 강림한 새 예루살렘 성의 영광은 전 세계가 다 알 수 있는 역사가 아니라 하늘과 그 가운데 거하는 사람들만이 알 수 있는 역사이다. 아직까지 이 지구촌에 살고 있는 사람들은 산 자의 첫 열매인 그리스도께서 이 땅에 강림해서 대한민국에 거하신다는 사실을 알지 못하고 있다.

하나님께서 에스겔 성전을 지으시기 전에, 초막절의 영광을 전 세계적으로 공포하시기 전에 역사하셔야 할 내용의 세계가 남아있다. 그것이 무엇인가? 산 자의 첫 열매이신 그리스도께서 그리스도의 영광을 스스로 나타내시기 위하여 본방 이스라엘이 출애굽 할 때에 열 가지 기사이적을 행하셨던 것과 같은 역사를 영적인 이스라엘에서도 행하신다는 것이다.

그것이 바로 하나님의 영광을 전 세계에 드러내시기 위하여 로스와 메섹과 곡을 불러서 일으키시는 마지막 전쟁이다. 그렇기 때문에 로스와 메섹, 곡이 침공하는 나라는 표면적인 이스라엘이 아니라 영적인 이스라엘이 분명하다.

예레미야서에 "끓는 물이 북에서 남으로 기울어졌나이다"라는 말씀이 기록되어 있기 때문에 믿는 하나님의 백성들은 이때에 남한을 침공하는 나라를 북한으로 생각한다. 그러므로 하나님이 마지막 때 로스, 메섹, 곡을 불러 대한민국을 침략하게 함으로 말미암아 이루시는 하나님의 영광의 세계, 그 섭리의 세계를 알지 못한다.

    6.25 때 북한을 지원해준 나라가 누구인가? 북한이 6.25, 한국전쟁을 일으킬 때 북한에게 비행기, 탱크 등, 모든 화기들을 지원해준 나라가 소련이다. 중국에서는 그때 지원해주지 않았다. 한국군과 유엔군이 압록강과 두만강 유역까지 진격했을 때 중공군이 인해전술로 쳐들어와 1.4 후퇴[81]를 할 수밖에 없었다. 중국은 그때 인적자원으로 북한을 도와주었지만 내용의 세계를 파헤쳐보면 6.25 남침을 전적으로 지원해준 나라는 소련이다.

    마지막 때에는 그들이 직접 영적 이스라엘을 쳐들어온다는 것이다. 그런데 그들이 침략해오는 것은 하나님께서 자신의 영광을 나타내시기 위하여 친히 주관하시는 역사인 것이다. 그래서 곡을 중심으로 북방 연합군이 쳐들어오면 하나님의 주권적인 역사로 그들의 살이 썩고 눈알이 썩고 혀가 썩는 역사를 펼치신다.

---

81) 1.4 후퇴 (January-Fourth Retreat, 一四後退): 1951년 중공군의 공세에 따라 정부가 수도 서울에서 철수한 사건, 한국전쟁 당시 압록강과 두만강 유역까지 북진했던 유엔군이 중국군의 공세에 부닥쳐 1950년 11월 말부터 1951년 1월 사이에 서울 이남 지역까지 철수한 사건으로 수많은 피난민이 발생했다. 1950년 10월 25일 중국이 한국전쟁(6·25 전쟁)에 본격적으로 개입하면서 한국군과 유엔군이 38선 이남 지역까지 퇴각한 사건을 가리킨다. '1.4 후퇴'라는 명칭은 북한군이 서울을 다시 점령한 1951년 1월 4일의 날짜에서 비롯되었다. 당시 중국은 북한을 지원하기 위해 1950년 10월 19일, 26만 명의 병력을 1차로 압록강 너머로 파병했으며, 10월 25일에는 펑더화이[彭德懷]를 총사령관으로 중국인민지원군(中國人民志願軍)을 창설해 북한군과 연합사령부를 구성했다. 당시 퇴각하는 한국군과 유엔군을 따라서 흥남에서 배를 타고 내려온 피난민만 해도 10만여 명에 이른 것으로 알려져 있다. 네이버 지식백과, '1.4 후퇴' [January-Fourth Retreat, 一四後退], 두산 백과

슥 14:12 예루살렘을 친 모든 백성에게 여호와께서 내리실 재앙이 이러하니
곧 섰을 때에 그 살이 썩으며 그 눈이 구멍 속에서 썩으며 그 혀가
입속에서 썩을 것이요

그렇기 때문에 전 세계 사람들이 "아, 진짜 대한민국에 하나님이 계셔서 하나님이 섭리하신 역사이구나! 그 곳에 하나님의 영광이 임재하고 계시구나!"라는 것을 깨닫고 그들이 초막절에 찾아와서 영광을 돌리는 것이다. 이런 역사가 분명히 일어나게 되어있다.

그때가 언제일까? 우리는 지금 북한이 핵을 보유함으로 말미암아 핵 전쟁에 대한 공포와 두려움을 느끼고는 있지만 그래도 아직 한국은 평안한 나라이다. 물론 한참 북한이 날뛸 때에는 모든 외국에서는 곧 한국에서 전쟁이 터질 것이라고 예상을 하고 예의 주시했지만 태풍의 눈이 고요한 것처럼 정작 우리나라 사람들은 전쟁에 대한 공포나 두려움을 모른 채 생활하고 있다.

겔 38:8 여러 날 후 곧 말년에 네가 명령을 받고 그 땅 곧 오래 황무하였던 이스라엘 산에 이르리니 그 땅 백성은 칼을 벗어나서 열국에서부터 모여 들어오며 이방에서부터 나와서 다 평안히 거하는 중이라

여기에서 오래된 나라는 누구를 말하는가? 우리나라는 '백의민족'이라는 수식어에서 볼 수 있듯이 다른 민족과 섞이지 않고 오랫동안 고유한 혈통과 정서를 지키고 살아온 민족이다. 그렇게 지속적으로 민족의 고유성을 잃어버리지 않고 지

켜온 우리나라를 가리켜서 '오래된 나라'라고 말할 수 있다.

분명히 하나님은 이 사건을 통해서 이 땅에서 마지막 하나님의 영광을 나타내신다. 그러므로 온 세상이 경악하게 되어 있다. 여기에서 마지막 영광이라는 말은 무슨 뜻인가? 과거에 애굽에서 하나님이 열 가지 기사이적의 권능으로 애굽 신민들을 무릎 꿇게 함으로써 이스라엘 백성들을 출애굽시키셨다.

그러나 그 후 오랜 세월이 지났다. 본방 이스라엘 민족들은 그것이 하나님이 행하신 기사이적이라는 것을 잘 알고 있지만 영적인 이스라엘인 한국 사람들은 잘 모른다. '옛날 얘기인데 설마 그런 일이 실제로 있었을까?' 현실적으로 겪어보지 않은 제3자의 입장에서는 애굽에서 열 가지 기사이적으로 출애굽시키셨던 하나님의 권능을 믿지 않는다. 믿는다 해도 '그것은 옛날에 있었던 일이야!' 그런 정도로 생각한다. 그만큼 많은 세월이 흘러 기억 속에 묻혀 버렸다.

그렇기 때문에 하나님이 마지막으로 전 세계의 모든 사람들에게 하나님의 권능을 나타내시기 위하여 로스, 메섹, 곡이라는 북방 연합군을 통해서 영적 이스라엘을 침공하게 하시는 것이다.

겔 38:18-19 나 주 여호와가 말하노라 그날에 곡이 이스라엘 땅을 치러 오면 내 노가 내 얼굴에 나타나리라 내가 투기와 맹렬한 노로 말하였거니와 그 날에 큰 지진이 이스라엘 땅에 일어나서

그들이 영적 이스라엘을 침공할 때, 첫째 무서운 지진이 일

어난다. 그리고 북방 연합군들의 몇 사람만이 살이 썩고 눈이 그 구멍에서 썩고 혀를 썩게 하시는 것이 아니다. 북방 연합군이 수십만 명, 수백만 명이 쳐들어온다. 그들 중에서 일부만 죽는다는 것이 아니라 하나님의 권능으로 살과 눈과 혀가 썩어 비참하게 모두 죽는다는 것이다. 그래서 시체를 치우는 데만 일곱 달이 걸린다고 했다.

히스기야 왕 때도 거룩한 힘센 천사가 하룻밤에 185,000명을 죽였다. 수천 명의 천사가 와서 역사한 것이 아니다. 능력 있는 힘센 천사 하나가 행한 것이다.

그러니까 전 세계가 경악할 수밖에 없는 것이다. 믿는 사람이든지 안 믿는 사람이든지 어떤 인종이든지 그 사건을 통해서, "아, 진짜 이것은 하나님이 친히 주관하시고 역사하시는 역사의 세계이구나! 하나님이 진짜 참 하나님이시구나! 정말 하나님이 역사하시는 전쟁이구나!"라고 다 믿을 수밖에 없도록 마지막에 하나님이 자신의 영광을 스스로 나타내신다는 것이다.

5. 마지막 전쟁을 주관하시는 분은 누구인가?

사람의 생각을 열매 맺게 하시는 분이 하나님이라고 말씀하고 있다. 통일이 되어 평안히 거하고 있는 대한민국 땅에 하나님이 북방에 있는 로스와 메섹, 곡, 세 나라를 격동시켜 침략하게 만드신다.

> 겔 38:14-17 인자야 너는 또 예언하여 곡에게 이르기를 주 여호와의 말씀에 내 백성 이스라엘이 평안히 거하는 날에 네가 어찌 그것을 알지 못하겠느냐 네가 네 고토 극한 북방에서 많은 백성 곧 다 말을 탄 큰 떼와 능한 군대와 함께 오되 구름이 땅에 덮임같이 내 백성 이스라엘을 치러 오리라 곡아 끝날에 내가 너를 이끌어다가 내 땅을 치게 하리니 이는 내가 너로 말미암아 이방 사람의 목전에서 내 거룩함을 나타내어 그들로 다 나를 알게 하려 함이니라 나 주 여호와가 말하노라 내가 옛적에 내 종 이스라엘 선지자들을 빙자하여 말한 사람이 네가 아니냐 그들이 그때에 여러 해 동안 예언하기를 내가 너를 이끌어다가 그들을 치게 하리라 하였느니라 하셨다 하라

그러나 창세 후 전무후무한 환난을 겪은 대한민국에는 살아 남아있는 자들이 거의 없다. 그들의 수로써는 물밀 듯이 쳐들어오는 세 나라 연합군의 대군을 상대할 능력이 없다.

그런데 대한민국에 살아남은 몇 안 되는 그들은 손 하나 까딱하지 않는다. 하나님이 곡을 격동시켜 영적 이스라엘을 침략하게 하고 그들이 침략한 순간, 그들을 무참하게 철저하게 모두 죽이셔서 살아남는 사람이 없다는 것이다.

그 사건을 계기로 이 땅에 산 자의 세계가 이루어졌다는 것을 전 세계적으로 공포하는 순간이 되는 것이다. 그러므로 마지막에 영적 이스라엘에 전능하신 하나님이 인자로서 인간의 삶의 현장 속에 실존적으로 계신다는 사실을 전 세계가 다 알게 되는 것이다(겔 38:18-23, 39:21-22).

하나님이 곡을 택하신 것은 하늘의 영광을 드러내시기 위

해서다. 또한 그 역사를 주도하시고 섭리하시는 하나님의 영광을 직접 나타내시기 위하여 하나님이 마지막으로 곡을 예비하시고 준비해 놓으신 것이다.

쳐들어오는 나라는 로스와 메섹과 곡, 세 나라가 중심이다. 곡은 러시아가 분명하다. 나머지는 누구인가? 지금은 소련과 분리되어 있지만 아직도 소련을 의지하는 소련의 연합국들이 있다. 그리고 또 호시탐탐 우리나라를 노리고 있는 중국이 있다. 그들이 이 전쟁에 가담하게 되어 있다.

그렇다면 쳐들어오는 수십만, 수백만의 군대가 죽을 수밖에 없는 능력을 행하는 사람은 과연 누구일까?
그가 바로 새 예루살렘 성의 주인인 만국을 다스릴 수 있는 철장의 권세를 가진 신부이신 그리스도이시다. 그가 하늘 전쟁을 통하여 붉은 용과 그의 사자들을 이 땅에 내어 쫓고 이 땅에 강림하여 붉은 용과 그의 사자들을 무저갱에 일천년 동안 가두어놓는다.

물론 이런 역사는 영적인 하늘의 역사이기 때문에 땅과 바다에 거하는 자들은 알 수 없다. 그렇기 때문에 하늘에서 새 예루살렘 성으로 강림한 그기 철장의 권세를 가진 산 자의 권세와 능력이 무엇인가를 이 지구상에 있는 모든 인간들에게 보여주는 역사를 하시는 것이다.
그래서 온 세상이 깜짝 놀란다. "아, 진짜 성경 말씀이 헛된 말씀이 아니구나! 진짜 일점일획도 땅에 떨어지지 않고 이 땅에서 이루어지는 하늘의 역사이구나!"라고 누구나 다 인정할 수밖에 없다는 것이다.

그렇기 때문에 그 일이 일어난 후에 남은 사람들이 기겁을 하고 초막절의 영광을 위해서 모두 경배 드리러 오는 것이다(슥 14:16-18). 초막절의 영광이 나타난다는 말은, 이 땅에 신랑과 신부가 계시다는 것을 의미한다. 해를 입은 여인이 신랑이고 신랑이 낳는 철장의 권세를 가진 아이가 신부이다.

그렇다고 해를 입은 여인, 말씀의 주께서 직접 그들을 상대로 하여 싸우시는 것은 아니다. 철장의 권세를 가진 그리스도께서 싸우시는 것이다.

이 땅에 아무도 없는데 쳐들어오는 적군의 살과 혀와 눈동자를 썩게 할 수는 없다. 누군가 썩게 만드는 대상이 있기 때문에 그 수백만 명이 그렇게 한꺼번에 죽는 것이다. 침략해온 그들은 총 한 번 쏘아보지 못하고 대포 한 번 쏘아보지 못한다. 비행기가 수백 대 뜨면 뭐하는가? 눈알이 썩어서 한치 앞도 볼 수 없기 때문에 비행기를 조종할 수 없다. 핵을 아무리 많이 보유하고 있으면 뭐하는가? 그리스도의 말씀 한 마디면 모든 것이 다 무용지물이 된다.

그렇기 때문에 그들은 자기들이 가지고 온 화력과 화기를 한 번도 사용하지 못하고 비참하게 죽는다.

곡이 우리나라를 침범할 때에는 대한민국 땅은 아무런 피해를 입지 않는다. 군사력으로 말한다면 로스, 메섹, 곡의 화력은 대한민국과 비교조차 할 수 없을 만큼 훨씬 월등하다. 그런 그들이 침공해도 침범당하는 영적 이스라엘에는 아무런 피해가 없다. 그래서 대한민국 사람들이 그들이 가지고 온 화력으로 칠 년 동안 불을 피우는데 이용한다는 것이다(겔 39:9).

그런 상황이 벌어지기 때문에 요한계시록 12:3-4에서 해를 입은 여인이 철장의 권세를 가진 아이를 낳으면 붉은 용이 삼키려고 발버둥 치는 것이다. 그러나 마침내 해를 입은 여인이 철장의 권세를 가진 아이를 낳아 하늘보좌로 올리심으로써 어두움의 권세의 세상은 그렇게 끝이 나게 되어있다.

V
셋째 화 속에 들어있는 전무후무한 육적인 환난

앞서 기술한 이러한 모든 일이 벌어지기 전에 먼저 끓는 물이 북에서 남으로 기울어진다. 북한이 남한으로 쳐들어와서 그 전쟁으로 인하여 남한은 막대한 피해를 입는다.

이사야 6장에 "십분의 일이 남아 있을지라도"라는 말씀이 기록되어 있다. 전쟁하는 날 삼분의 일이 죽고 전쟁 중에 삼분의 일이 죽고 나머지 삼분의 일 중에서 십분의 일만 살아남는다.

> 사 6:13 그 중에 십분의 일이 오히려 남아 있을지라도 이것도 삼키운 바 될 것이나 밤나무, 상수리나무가 베임을 당하여도 그 그루터기는 남아 있는 것같이 거룩한 씨가 이 땅의 그루터기니라

그러나 십분의 일이 남아 있을지라도 그들 십분의 일의 생명이 완전하게 보장되는 것이 아니다. 십분의 일 중에서도 거룩한 그루터기, 거룩한 씨에 속한 사람들만 살아남는다는 것이다.

슥 13:8-9 여호와가 말하노라 이 온 땅에서 삼분지 이는 멸절하고 삼분지 일은 거기 남으리니 내가 그 삼분지 일을 불 가운데 던져 은같이 연단하며 금같이 시험할 것이라 그들이 내 이름을 부르리니 내가 들을 것이며 나는 말하기를 이는 내 백성이라 할 것이요 그들은 말하기를 여호와는 내 하나님이시라 하리라

끓는 가마가 북에서 남으로 쏟아지는 전쟁은 쳐들어오는 수백만의 군대가 모두 죽는 로스, 메섹, 곡에 의한 전쟁을 말하는 것이 아니다. 셋째 화 속에 들어있는 전쟁으로 북한이 남한에 쳐들어오는 전쟁을 말한다.

1. 삼분의 일, 삼분의 일, 삼분의 일로 심판을 하시는 근거는 어디에 있는가?

하나님께서는 심판을 하실 때 왜 삼분의 일, 삼분의 일, 삼분의 일씩 세 단위로 구분해서 심판을 하시는가?
그 원인의 세계를 살펴보면, 사람의 구성도 몸과 혼과 영으로 이루어져있다. 흙, 사람, 생령이라는 창조본연의 본질적 입장을 다른 표현으로는 몸과 혼과 영으로 이루어졌다고 말할 수 있다.
그렇기 때문에 세 가지의 본질과 근본을 가지고 있는 아담이 불순종함으로 말미암아 영을 빼앗기고 아벨이 혼을 빼앗기고, 그 후손이 남아있는 육신까지 빼앗김으로 말미암아 완전 타락이 이루어짐으로써 하나님이 부득이 인생 지으심을 후회

하사 물로 세상을 심판하시고 말았다.

그러므로 영적인 죄에 대한 심판이 있고 혼으로 지은 죄, 즉 제사로 인하여 지은 죄에 대한 심판이 있다. 혼을 빼앗겼다는 말은, 예배드릴 수 있는 권리인 제사권을 빼앗겼다는 것이다. 그리고 마지막에 육신으로 지은 죄에 대한 심판이 있다. 그렇기 때문에 영으로 지은 죄를 원죄, 혼으로 지은 죄를 유전죄, 육신으로 지은 죄를 자범죄라고 말한다.

하나님은 심판에 있어서 이 세 가지를 대상으로 심판하시기 때문에 심판의 과정, 순서가 삼분의 일, 삼분의 일, 삼분의 일로 이루어지는 것이다.

> 겔 5:1-4 인자야 너는 날카로운 칼을 취하여 삭도를 삼아 네 머리털과 수염을 깎아서 저울에 달아 나누었다가 그 성읍을 에워싸는 날이 차거든 너는 터럭 삼분지 일은 성읍 안에서 불사르고 삼분지 일은 가지고 성읍 사방에서 칼로 치고 또 삼분지 일은 바람에 흩으라 내가 그 뒤를 따라 칼을 빼리라 너는 터럭 중에서 조금을 가져 네 옷자락에 싸고 또 그 가운데서 얼마를 가져 불에 던져 사르라 그 속에서 불이 이스라엘 온 족속에게로 나오리라

'신체발부 수지부모(身體髮膚 受之父母)'[82]라는 말이 있듯이 몸에 붙어있는 털과 수염은 이스라엘 백성들을 말하는 것이

---

82) 신체발부 수지부모(身體髮膚 受之父母)신체와 머리카락과 피부는 모두 부모에게서 물려받은 것이다. 부모에게서 물려받은 몸을 소중히 여기는 것이 효도의 시작이라는 말이다. 고사성어대사전

다. 그리고 수염과 털을 깎는 예리한 칼은 이스라엘 백성들을 심판하는 칼을 말한다.

'터럭 삼분의 일은 성읍 안에서 불사르고'라는 의미는 무엇인가? 이스라엘 백성들이 베스피안 황제의 아들 디도에게 쫓기고 쫓겨서 예루살렘 성 안에 들어와 백십만 명이 갇혀 있었다. 이스라엘 백성들이 "예루살렘 성 안에 들어가면 설마 하나님이 외면하시지 않고 우리를 살려주시겠지"라고 생각해서 예루살렘 성 안에 들어왔다가 갇힌 것이다.

로마 황제의 아들 디도가 토성을 쌓고 예루살렘 성전을 완전히 포위했다. 그러자 예루살렘 성안으로 물 한 방울, 음식물 하나 들어가지 못했다. 그래서 4개월 15일 만에 이스라엘 백성들이 다 죽었다. 그 중에 사십만 명이 굶어죽었고, 살기 위해서 자식들과 연약한 자들을 잡아먹었다.

성경에 자식을 잡아먹는 내용이 레위기 26:29, 신명기 28:53-57, 에스겔 5:10, 열왕기하 6:28-29, 예레미야 애가 2:20, 4:10에 기록되어 있다. 이렇게 분명히 자식을 잡아먹을 수밖에 없는 절박한 순간, 때가 있다는 것을 알아야 한다.

이것을 과거의 역사로만 보아서는 안 된다. 우리 때에도 이런 일이 일어난다는 것이다. 그 당시에 에스겔 선지가 예언하고, 예레미야 선지가 예언했지만 "세상에 자식을 잡아먹는 부모가 어디 있느냐?"며 비웃고 조롱했다.

요세푸스 전쟁사, 또 마카비서[83]에 보면 이런 내용이 있다.

---

83) 마카비서(Books of Maccabees) 히브리 성서에는 없지만 70인 역 그리스어

로마 병정들이 성안에 자유롭게 들락거릴 수가 있었다. 들락거리면서 외형적으로 자기 마음에 드는 여자가 있으면 남편 앞에서 로마 병정들이 윤간을 했다. 거기에서 남편이 조금이라도 반항을 하면 그 자리에서 쳐 죽였다. 그리고 어린 아이들은 재미 삼아서 두 다리를 화강석에 메어쳐서 죽였다는 것이다. 그렇게 해서 정확하게 4개월 15일이라는 짧은 기간에 예루살렘 성안에 있는 백십만 명이 다 죽었다.

위 성구에 삼분의 일이라는 말이 세 번 나온다. 터럭 삼분지 일을 성읍 안에서 불살랐다는 말은, 성안에서 삼분의 일의 백성들이 죽는다는 것이다.

두 번째는 '삼분지 일을 성읍에서 칼로 치고 또 삼분지 일은 바람에 흩으라'고 했다. '바람에 흩으라'는 말은, 예루살렘 성안에 들어가지 않은 자들이 있었다. 그들을 바람에 흩어서 종적도 없이 사라지게 한다는 것이다. 즉 그들이 멀리 이방으로 내쫓겨 도망 다니게 한다는 것이다.

또 터럭 중에서 조금을 옷자락에 싼다는 것은 남는 자를 보존해 준다는 것이다. 그런데 '그 가운데서 얼마를 가져 불에 던져 사르라 그 속에서 불이 이스라엘 온 족속에게로 나오리라'는 말은, 보존해 주는 자 중에서 또 다시 성별한다는 것이다.

이것은 실제로 이스라엘 백성들에게 있었던 역사의 세계이다. 또 표면적인 이스라엘이 겪었던 과정을 통해서 예수께서 말씀하신 영적 이스라엘의 창세 후 전무후무한 환난의 세계를 설명하고 있는 것이다.

성서인 셉투아긴타 몇몇 사본(寫本)에 실려 있는 4권의 책. 다음백과사전

마찬가지다. 우리나라에 전쟁이 일어나는 날 삼분의 일이 죽고, 삼분의 일은 전쟁 중에 죽고, 나머지 삼분의 일 중에서 방사능 오염, 공기 오염 등으로 죽고 그중에 십분의 일이 남아 있을지라도 그들을 다 온전히 보존해 주시지 않는다. 십분의 일 중에서도 또 죽인다는 것이다.

> 사 6:13 그 중에 십분의 일이 오히려 남아 있을지라도 이것도 삼키운 바 될 것이나 밤나무, 상수리나무가 베임을 당하여도 그 그루터기는 남아 있는 것같이 거룩한 씨가 이 땅의 그루터기니라

표면적인 이스라엘에서 남은 십분의 일도 그렇게 심판하신 것처럼, 영적 이스라엘에서도 살아남은 십분의 일 중에서 칼로 타작할 자가 있다는 것이다.

요한계시록 8장에도 삼분의 일에 대한 심판의 역사가 기록되어 있다.

> 계 8:7-12 첫째 천사가 나팔을 부니 피 섞인 우박과 불이 나서 땅에 쏟아지매 땅의 삼분의 일이 타서 사위고 수목의 삼분의 일도 타서 사위고 각종 푸른 풀도 타서 사위더라 둘째 천사가 나팔을 부니 불붙는 큰 산과 같은 것이 바다에 던지우매 바다의 삼분의 일이 피가 되고 바다 가운데 생명 가진 피조물들의 삼분의 일이 죽고 배들의 삼분의 일이 깨어지더라 세째 천사가 나팔을 부니 횃불같이 타는 큰 별이 하늘에서 떨어져 강들의 삼분의 일과 여러 물샘에 떨어지니 이 별 이름은 쑥이라 물들의 삼분의 일이 쑥이 되매 그 물들이 쓰게 됨을 인하여 많은 사람이 죽더라 네째 천사가 나팔을 부니 해 삼분의 일과 달 삼분의 일과 별들의 삼분의 일이 침을 받아 그

삼분의 일이 어두워지니 낮 삼분의 일은 비췸이 없고 밤도 그러하더라

먼저 땅에 대한 심판이 있는데 땅의 삼분의 일이 타서 사위고 수목의 삼분의 일도 타서 사위고 각종 푸른 풀도 타서 사윈다. 그 다음에 바다에 대한 심판이 있다. 바다도 생명 가진 피조물들의 삼분의 일이 죽고 배들의 삼분의 일이 깨어진다. 세 번째는 강들에 대한 심판이 있다. 강들의 삼분의 일과 물들의 삼분의 일이 쑥이 되매 많은 사람들이 죽게 된다.

그 다음에 무슨 일이 있는가? 해 삼분의 일과 달 삼분의 일과 별들의 삼분의 일이 침을 받아 그 삼분의 일이 어두워져서 낮 삼분의 일은 비췸이 없고 밤도 그렇게 된다.

이렇게 삼분의 일, 삼분의 일, 삼분의 일씩 심판을 하고 그것으로 끝나는 것이 아니다. 거기에서 남은 자 중에서 다시 한 번 선별하신다는 것이다. 그렇게 구별한 자만이 최종적으로 남는 자가 되는 것이다.

이사야 6:13에 "상수리나무가 베임을 당하여도 그 그루터기는 남아 있다"라고 선별의 결과에 대한 내용이 기록되어 있다. 노아 때 노아의 가족만 구원받은 것 같이 '그루터기'라는 말은, 두 감람나무의 역사 속에서 열매 맺는 소수의 사람들을 의미한다. 그들이 최종적으로 의(義)의 나무에서 열매 맺는 이기는 자, 승리자, 남는 자라고 말할 수 있다.

그 수는 어린 아이라도 셀 수 있는 희소한 수이다. 마지막 때 남는 자의 수가 그렇게 적다는 것이다.

이것이 우리 눈앞에 닥쳐오고 있는 환난에서 우리가 겪어야 할 일이다. 우리나라의 대표적인 예언서인 정감록(鄭鑑錄)과 격암유록(格菴遺錄)에도 표현은 다르지만 개벽 후에 살아남는 자의 수가 아주 적은 수라고 되어있다. 그렇게 다 죽게 되어있다.

이것이 바로 셋째 화 속에서 이루어질 일이다. 두 감람나무의 역사가 중심이 되는 둘째 화가 끝나면 지체하지 아니하고 속히 셋째 화가 곧바로 이어진다(계 11:14). 심판은 이렇게 모든 것이 철저하게 예비되고 준비되어있는 것이다.

2. 우리나라의 통일

북한이 남침해서 밀고 내려와 남한을 거의 삼키는 것 같지만 하나님이 개입하시기 때문에 북한이 적화야욕을 이루지는 못한다. 하나님의 주권에 의해서 우리나라가 최초로 통일이 된다.

앞서 기술한 것처럼 전쟁이 끝나고 통일된 국기에 남은 백성들이 국가 재건사업을 하게 된다. 바로 그때에 하나님이 만세 전에 예비한 로스, 메섹, 곡으로 하여금 '평안히 거하는 중'인 남한 땅을 침략하게 한다(겔 38:8).

로스, 메섹, 곡이 침범하는 것은 셋째 화를 벗어난 이후에 나타나는 마지막 사건이다. 그러니까 천년왕국이 이루어지기 직전에 천년왕국의 영광을 나타내기 위해서 하나님이 예비하시고 준비하신 하나님의 주권적인 권능을 나타내는 마지막 전쟁인 것이다. 그렇기 때문에 그때 북방 연합군이 침범한다 해도 영적인 이스라엘 사람들은 절대 아무런 피해를 입지 않는다.

생각해보라! 쳐들어온 자들의 시체를 치우는 데만 7개월이 걸린다고 했다. 그렇다면 얼마나 많은 사람들이 죽었는지 짐작할 수 있다. 그런다고 누가 총을 쏘아서 죽이는가? 아무도 그들을 죽이지 않는다. 하나님의 권능으로 그들의 살이 썩고 눈동자가 썩고 혀가 썩음으로 "나 좀 살려주시오"라는 한 마디 소리도 못하고 죽는다. 혀가 썩는데 무슨 말을 할 수 있는가?
이 사건이 바로 산 자의 첫 열매가 되는 그리스도의 영광을 이 세상에 처음으로 나타내는 사건이 되는 것이다. 그렇기 때문에 총 한 번 쏘지 않고 수십, 수백만 명이 동시에 한꺼번에 죽는다. 성경 말씀이다.

히스기야 왕 때, 산헤립이 이스라엘을 침공했다. 성전의 금을 달라고 해서 그들의 요구대로 성전에 있는 금을 다 떼어서 주었다. 그런데 물러간다는 약속을 지키지 않고 또 예루살렘을 공격했다. 그래서 하나님이 개입하셔서 거룩한 천사를 보내 하룻밤에 185,000명을 다 죽이셨다.

하물며 마지막 때 영적 이스라엘에는 철장의 권세를 가진 산 자이신 그리스도께서 이 땅에 강림해 계신다. 그분의 말씀 한 마디에 살아남을 종자가 어디 있겠는가? 어마어마한 군사력을 가지고 파죽지세로 급습하는데도 불구하고 백이면 백 모두가 그들의 살이 썩고 눈 안에서 동공이 썩고 혀가 썩는다는 것이다. 예를 들어 백만 명 중에서 몇 만 명이 그렇게 되는 것이 아니라 한 명도 제외되지 않는다. 전체가 그렇게 됨으로써 살아남는 자가 하나도 없다는 것이다.

이것은 마치 애굽에서의 열 가지 재앙을 하나로 묶어서 시간을 단축하여 동시적으로 역사하는 역사의 장면이라고 말할 수 있다. 하나님이 애굽을 열 가지 재앙으로 쳐서 이스라엘 백성들을 출애굽 시키신 것처럼 마지막 때 로스, 메섹, 곡을 통해서 하나님이 산 자의 세계의 영광, 영적 이스라엘의 영광을 온 세상에 나타내신다는 것이다.

애굽에서 열 가지 기사이적을 통해서 이스라엘이 하나님이 세우신 나라이며 그들이 하나님의 백성이라는 사실을 전 세계에 드러내셨다. 그것처럼 마지막 때에도 로스, 메섹, 곡의 사건을 통해서 영적 이스라엘에 강림해 계신 그리스도의 영광을 나타내신다는 것이다.

그렇기 때문에 그들이 침략했을 때 영적 이스라엘 백성들의 손끝 하나 건드리지 못한다. 그들은 절대 1%의 피해도 입지 않는다.

이스라엘 백성들을 나가지 못하도록 꼭 붙들고 있던 애굽이 결국 열 번째 재앙에 그들의 장자가 죽고 짐승의 첫 새끼가 죽었다. 애굽 백성들이 그제야 "아이고, 제발 빨리 나가달라!"고 사정사정했다.

마찬가지다. 침공한 자들이 비참하게 다 죽어버리자 그들 나라에 있던 남은 자들이 살려달라고 애원할 수밖에 없는 것이다. 그렇기 때문에 그들이 초막절에 경배 드리기 위해서 찾아오는 것이다.

이 사건을 통해서 대한민국이 영적 이스라엘이라는 사실이 온 세상에 드러나고 산 자의 세계가 이루어졌다는 것을 보여 주시기 위해서 하나님이 마지막 때 곡을 예비하시고 준비하셨다는 것이다.

그럼으로써 무엇이 나타나는가? "아, 대한민국이 진짜 영적 이스라엘이었구나! 그 나라에서 감람나무 역사를 하시고 감람나무를 흔드셨던 분이 하나님이셨구나!"라는 것을 다 알게 된다는 것이다.

> 사 17:6-7 그러나 오히려 주울 것이 남으리니 감람나무를 흔들 때에 가장 높은 가지 꼭대기에 실과 이삼 개가 남음 같겠고 무성한 나무의 가장 먼 가지에 사오 개가 남음 같으리라 이스라엘의 하나님 여호와의 말씀이니라 그 날에 사람이 자기를 지으신 자를 쳐다보겠으며 그 눈이 이스라엘의 거룩하신 자를 바라보겠고

그러면 누가 가장 배가 아프겠는가? 본방 이스라엘인 표면적 유대인들이 제일 배가 아프다. 자기들이 하나님의 선민(選民)인 줄 알고 있었는데 그때 가서야 "아, 저들이 우리에게서 포도원을 넘겨받은 영적 이스라엘이었구나! 저들이 열매 맺은 백성이었구나!"라는 사실을 알게 되고 자기들이 포도원을 빼앗긴 민족이라는 것을 그제야 알게 되는 것이다(마 21:43).

하나님은 왜 이러한 역사를 감행하시는 것일까? 새 예루살

렘 성으로 강림하시는 그리스도께서 이 땅에 내려와 그가 가진 철장의 권세의 능력을 통해서 로스, 메섹, 곡을 물리치고 승리하신 후, 하나님께서 만세 전에 예비하시고 준비하신 새 땅에 신천신지, 산 자의 세계인 천년왕국을 세우시게 하기 위해서다.

제 7장

이 땅의 전쟁은
이 나라 이 민족의 운명이다

I
하늘의 권능이 흔들리다

마지막 종말론적 세상이 얼마나 참혹하고 비참한지 예수께서 말씀하셨다(마 24:3-41, 막 13:4-25, 눅 21:7-26).

지금 우리의 삶의 현장에서 벌어지고 있는 현실적인 모습들을 보면 예수님이 말씀하신 종말론적 재난의 징조가 너무나 분명하고 선명하게 드러나고 있다.

오늘날 지구촌에서 전쟁의 화약고로 가장 화제가 되고 있는 나라가 우리 대한민국이다. 외국에서는 대한민국의 시국을 불안한 눈으로 바라보고 있는데 정작 우리나라 사람들은 눈 하나 깜짝이지 않는다. 태풍의 눈 한가운데가 고요하듯 정작 대한민국 사람들은 그것을 감지하지 못하고 느끼지 못하고 있다.

이런 상황에서도 이 땅에 살고 있는 목사, 신부들이 전쟁이 일어난다는 가능성에 대하여 경고의 나팔을 부는 사람이 단 한 사람도 없다는 것이다.

지금 대한민국의 시국은 어떠한가? 국가 위정자들은 이러한 위기 상황에서도 구구절절이 국민들이 좋아하는 달콤한 말만을 차고 넘치게 하고 있다. 그러나 막상 그 내막을 들여다보면 전쟁에 대한 아무런 대책이 없다는 것이다. 전쟁에 대비하여 예산을 책정하는 것이 아니라 복지정책에 예산을 더 많이 쏟아 붓고 있다.

나라가 있어야 국민들이 존재하며 살아갈 수 있는 것이다. 일제 강점기 때 나라 잃은 설움을 경험한 백성들임에도 불구하고 우리나라 같이 과거를 쉽게 잊어버리는 백성은 없는 듯하다. "과거를 잊은 민족에게 미래는 없다"라는 말을 깊이 생각해 보아야 한다.

예레미야 5장에 그러한 상황에 대하여 "이 땅에 기괴하고 놀라운 일이 있도다"라고 말씀하고 있다.

> 렘 5:30-31 이 땅에 기괴하고 놀라운 일이 있도다 선지자들은 거짓을 예언하며 제사장들은 자기 권력으로 다스리며 내 백성은 그것을 좋게 여기니 그 결국에는 너희가 어찌 하려느냐

선지자들은 거짓을 말하고 제사장들은 권력으로 다스리는데 백성들은 쌍수를 들어 그들을 환영하고 칭찬해주고 인정해 준다는 것이다. 위정자들은 표를 얻기 위한 방법으로 복지정책을 앞세우고 거기에 온 신경을 집중하고 있다. 그러한 위정자들을 국민들은 좋아한다는 것이다. 그렇다면 "그 결국에는 너희가 어찌 하려느냐?"라고 예레미야 선지가 신랄하게 묻고 있다. 오늘 우리의 현실이 그런 입장이라는 것을 인식해야 한다.

이스라엘 남조 16대, 요시아 왕이 죽고 그 뒤를 이은 여호아하스, 여호야김, 여호야긴, 시드기야 네 왕이 어떻게 몰락했는지 살펴볼 필요가 있다.

요시아 왕 이후 4대에 걸친 왕들은 하나님이 지켜주시기 때문에 전쟁은 일어나지 않는다는 입장을 고수하고 있었다. 그러므로 "아브라함 한 사람도 지켜주셨는데 하나님은 이 많은 사람들을 절대 버리지 않으신다. 걱정하지 말라!"고 큰 소리로 부르짖었던 시대였다.

> 겔 33:24 인자야 이 이스라엘 황무한 땅에 거한 자들이 말하여 이르기를 아브라함은 오직 한 사람이라도 이 땅을 기업으로 얻었나니 우리가 중다한즉 더욱 이 땅으로 우리에게 기업으로 주신 것이 되느니라 하는도다

영적으로 말하면 오늘날 우리의 상황이 그러한 시대와 흡사하다는 것을 인식할 줄 알아야 한다.

사람으로 인하여 일어나는 재난 중 그 정점에 해당되는 것은 전쟁이다. 우리나라는 반만년 역사 속에서 남의 나라를 결코 침공하거나 침략해본 적이 없는 순수하고 순결한 민족이라는 말들을 많이 한다. 그것이 장점일수도 있지만 결코 우리 민족의 가장 자랑스러운 점이라고는 말할 수 없다.

이스라엘도 다윗과 솔로몬 시대에는 바벨론까지 영토를 확장하기도 했다. 젖과 꿀이 흐르는 가나안 땅을 완전히 점령해서 그 지역을 속국으로 통치하며 다스리던 때가 있기도 했지만 이스라엘도 역사의 대부분을 외부로부터 침공을 받고 지배

를 받음으로써 어려움을 많이 겪은 민족이다.

　우리나라도 고구려의 광개토 대왕 때는 북쪽으로는 요동 쑹화 강, 동북쪽으로는 시베리아까지 점령해서 다스리기도 했지만 그 외에는 거의 외세에 의해서 항상 짓밟히고 있었다. 그런 점에서 우리나라의 입장과 이스라엘은 비슷한 운명을 가진 민족이라는 점에서 대한민국이 영적 이스라엘이라는 의미가 깊이 있게 느껴지기도 한다.

　우리나라가 위치하고 있는 지리적인 형태를 보면 북쪽으로는 가장 거대한 국토를 가지고 있는 러시아와 중국이 있다. 또 우리나라 아래에는 예부터 호시탐탐 대륙에 대한 야욕을 품고 있는 일본이 포진하고 있어서 지정학(地政學)적으로도 어려움에 처해있다고 말할 수 있다. 게다가 그런 우리나라가 남북이 두 동강으로 분단되어 있다는 것이다.

　대한민국이 단군 이래 가장 흥왕한 나라로 부상은 했지만 이러한 지리적 조건 때문에 우리나라는 옛적부터 큰 나라에 머리를 숙이고 살아갈 수밖에 없는 소국(小國)의 설움을 짊어진 백성들이었다.

　그렇기 때문에 역사적인 내용의 세계를 살펴보면 대국의 강압에 의하여 나라 전체가 뿌리까지 흔들리는 풍전등화(風前燈火)와 같은 상황을 겪기도 했다. 그러면서도 살아남기 위하여 투혼을 발휘하며 버텨낸 선조들의 모습을 바라보게 된다.

　그러나 그 이면의 세계를 살펴보면 하나님께서 포도원을 넘겨받은 영적 이스라엘을 통하여 구속사를 완성하시고자 이

나라, 이 민족을 때로는 사랑해주시고 때로는 채찍질하시며 간섭해주셨다는 사실을 간과해서는 안 된다.

그렇다고 하나님께서 자기 마음대로 하시는 것이 아니다. 사람들에게 이 땅을 주셨기 때문에 하나님이 자기의 권능을 이 땅에 나타내기 위해서는 사람을 통해서 역사하셔야 한다.

그런 이유로 하나님은 절대 사람을 외면하시지 않는다. 이 땅을 사람들에게 맡기신 이상, 이 지구촌을 주관하시고 섭리하시는 역사를 하나님을 기준으로 해서 다스리시는 것이 아니라 이 땅의 주인으로 세우신 사람들에게 주신 율례와 규례를 기준 삼아서 이 땅을 지키고 다스리고 유지하신다는 사실을 알아야 한다.

그렇게 하시는 이유는 무엇인가? 하나님이 인류에게 주신 하나님의 주권을 스스로 지키지 않는다면 그분은 하늘의 발등상이 되는 지구촌을 지키고 다스리고 심판하실 수 없다는 대의가 적용된다. 하나님이라고 해서 이 세상을 마음대로 주무르는 것은 절대 아니라는 것이다.

하나님이 전쟁을 주관하시지만 이 땅의 주인은 사람이다. 그렇기 때문에 하나님이 이 땅의 역사에 개입하시려면 사람을 통해서만 개입하실 수 있다. 하나님만 그러신 것이 아니다. 마귀도 마찬가지다. 빛도 어두움도 이 땅에 개입하기 위해서는 인자를 통해서 역사해야 한다.

그렇기 때문에 우리 인류에게 항상 빛과 어두움이 신령한 존재들이 개입하고 있는 것이다. 개개인의 사람에게도 두 가지의 인격, 즉 겉사람과 속사람, 성령의 소욕과 육신의 소욕이라는 두 가지의 내성의 꼴이 있어서 내적으로도 항상 부딪치는 싸움을 하고 있다.

그렇게 구성된 각 사람들이 한 민족, 한 나라의 백성으로 뭉쳐진다면 당연히 각자의 마음속에서 일어나고 있는 그들의 역사의 능력이 집단을 통해서, 조직을 통해서 개개인의 마음속에 있는 원(願)이 전체적인 모습으로 표출되어 나타나게 되어있다.

사람의 본질적인 근원, 내용의 세계도 그렇게 지음을 받았기 때문에 인생들은 항상 번민과 근심 속에 빠져 살 수밖에 없다.

그러다 보면 어떤 입장이 되는가? 그러한 결과적인 내용들이 사회적으로 확대되어 나라와 나라 간에, 민족과 민족 간에 시기와 질투, 미움과 증오로 표출되어 전쟁을 일으키는 요인이 되는 것이다.

전쟁을 예언할 때 예언적인 입장에서 말한다면 거짓말을 할 수밖에 없다. 예언적인 예언을 한다면 하나님이 그 전쟁을 통해서 이루고자 하시는 구속사의 세계를 알지 못하기 때문이다.

세례 요한이 실족한 것 역시 구속사적 입장에서 메시야를 보지 못하고 예언적인 입장에서 메시야를 보았기 때문이다. 비록 천국에서 가장 작은 자로 구원은 받았지만 세례 요한이 실족한 원인을 구체적으로 말한다면 그렇게 말할 수 있다는 것이다.

구속사적 의미의 예언이란 어떤 예언을 말하는가? 그것은 그냥 얻은 것이 아니라 하나님이 기뻐하시는 어떤 대가를 지불하고 얻은 하나님의 경륜의 세계의 비밀이라고 말할 수 있다. 그것은 마지막 때 하나님이 인간을 어떻게 구원하시는지 구속사의 청사진을 말씀하고 있는 것이다. 그렇기 때문에 구속사의 세계를 알지 못하면 마지막 때 절대 구원받을 수 없다는 것을 깨달아야 한다.

하나님이 이스라엘 본방을 통하여 포도나무 역사를 마치셨다. 그러나 이방을 통해서도 "믿음의 결국은 영혼구원이다"라고 하신 생명의 부활, 영혼 구원의 역사를 하셔야 한다(벧전 1:9).
그렇기 때문에 포도를 거둔 후에 남은 것을 주움과 같은 역사를 하시는 것이다(사 24:13) 이방에 포도나무 역사를 적용하시지 않는다면 공의로우신 하나님이라고 할 수 없다. 이방에도 포도나무 역사를 적용해서 본방을 통해서 포도나무를 이루시고 남은 나머지 수를 채우시는 역사를 하신다.

또 하나는 감람나무 역사를 하신다. 재림의 마당에서 중심이 되는 역사는 감람나무 역사이다. 그런데 구속사의 세계를 모르는 사람들이 영적으로 펼쳐지는 감람나무 역사의 세계를 알지 못한다. 그렇기 때문에 그 세계를 아는 사람들을 핍박하는 것이 마지막 때 전쟁의 기준이 된다. 그러므로 성경에도 약속의 자녀들이 육신의 자녀들에게 마지막까지 핍박을 받는다고 말씀하고 있다(갈 4:29).

핍박을 받는다는 말은, 그들에게 강권적인 통치, 통제를 당한다고 말할 수 있다. 그것이 전쟁인 것이다. 세상 말에도 '악화가 양화를 구축한다'는 경제논리가 있듯이 빛의 자녀들이 빛의 세계의 영광이 이루어지기까지는 어두움의 권세에게 핍박과 환난을 당할 수밖에 없다. 그것이 마지막 영적 이스라엘에서 이루어지는 한 이레 속에서도 동일하게 진행되고 있는 역사의 세계인 것이다.

하나님의 구속사를 통달한 유일한 사람이 사도바울이다. 바울이 다섯 가지 하나님의 경륜의 세계를 처음으로 말했다. 하나님이 구속사의 어떤 목적을 이루실 때에는 '때에 찬 경륜(엡 1:9), 은혜의 경륜(엡 3:2), 비밀의 경륜(엡 3:9), 믿음으로 이루어지는 경륜(딤전 1:4), 나를 통해서 이루시는 경륜(골 1:25)' 이렇게 다섯 가지의 기준과 원칙, 공식에 의해서 이루신다는 것이다. 성경에서 하나님이 어떻게 인류를 구속하시고 구원하시는지 신약의 마당, 재림의 마당을 다섯 가지 경륜으로 어떻게 역사해 가시는지 구속사의 세계를 밝히 말씀하고 있다.

그렇기 때문에 하나님의 그러한 경륜의 세계를 이해하고 깨닫고 믿는 사람만이 구속사의 세계를 밝히 아는 사람이라고 말할 수 있다.

세례 요한이 그것을 몰랐기 때문에 이사야 선지가 예언한 "나는 광야의 소리다"(사 40:3, 마 3:3)라는 예언의 결과적인 성취의 입장에서만 자기 자신을 알았지, 구속사의 세계 속에 있는 자기 자신을 몰랐던 것이다.

세례 요한은 특별한 나실인이라고 말할 수 있다. 나실인은 이 땅에서 하나님의 뜻을 위해 제물로 바쳐져야 하는 사람이다. 그런데 세례 요한이 그것을 깨닫지 못했기 때문에 예수님이 이 땅에서 다윗이 이룬 보좌의 기초 위에서 만왕의 왕, 만주의 주로 이 땅을 통치하고 다스리실 분으로만 알았던 것이다.

예수님의 제자들도 예수님이 십자가에 달리시기까지 그렇게 알고 있었다. 그래서 서로 "누가 더 크냐?"고 싸운 것이다(마 18:1, 막 9:34, 눅 9:46). 예수님이 왕권의 보좌에 앉으신다면 그러한 왕권의 능력을 가지신 예수님 안에서 자기들이 세상을 통치하고 다스리는 줄만 알았다. 그들이 그렇게 생각한 배경의 의미 속에는 그들은 예언의 성취를 통한 예언적인 가치관을 가지고 있었기 때문에 모든 것을 자기 의지, 자기 본의로 생각했기 때문이다.

이것은 과거의 이야기가 아니다. 오늘날도 마찬가지다. 하나님의 종들이 하나님을 믿는 백성들을 구속사적 관점에서 양육하는 것이 아니라 예언적 성취의 과정에서 양들을 양육하기 때문에 양들이 진정한 하나님의 뜻과 비밀을 알지 못한다. 그냥 잘 믿으면 행복하게 살다가 죽어서 천국에 간다는 기복신앙(祈福信仰)만을 가르친다.

그렇기 때문에 표면적으로 드러난 신앙의 세계만 알지, 마지막 재림의 마당에 도저갑이 오신 이 땅의 주가 영적으로 이루시는 하늘나라의 인봉된 말씀의 세계를 도저히 알 수 없는 것이다.

구속사의 세계를 보면 사람으로 오신 예수님도 하나님의 모든 영광을 버리고 자기 영혼을 속건제물로 바치셨다(사 53:10). 구속사의 영광을 위해서 하나님도 자기 자신을 제물로 바치고 있는데 피조물인 인간들이 구속사의 세계는 알지 못하고 예언의 세계만 알기 때문에 "성경에 그렇게 예언되어 있다"라고 전부 그런 쪽으로만 생각한다는 것이다.

  그렇기 때문에 예언적 성취에서 본 입장과 구속사의 성취에서 본 하나님의 세계는 하늘과 땅 차이로 달라질 수밖에 없다.

  요한계시록도 일반계시와 중간계시로 나누어져 있다. 다 일반계시가 아니다. 해를 입은 여인이 역사하는 내용은 중간계시에 속한다. 그 외에는 다 일반계시로써 온 세계적으로 임하는 환난에 대한 예언적인 계시이다. 다시 말해서 이 땅의 주와 두 감람나무가 등장한 역사의 세계가 바로 중간계시가 되는 것이다. 그들이 역사한 세계의 말씀을 엮어놓은 책이 요한계시록 10:9-10에 사도 요한이 먹은 작은 책이다. 작은 책은 일반계시의 말씀이 아니라 중간계시의 말씀, 특별계시에 대한 말씀이다.

  지금은 예언적 입장에서 전쟁의 나팔을 불어서도 안 되고 소리를 들어서도 안 된다. 구속사적인 입장에서만, 구속사의 말씀을 통해서만 경고의 나팔을 불어야 하고 그렇게 부는 나팔소리를 들어야 한다.

  구속사의 비밀과 암호를 가진 자들만이 하나님의 군대로서 하늘의 전쟁에 쓰임을 받을 수 있고 이 땅의 전쟁에서도 쓰임을 받을 수 있는 것이다.

1. 하늘의 권능은 왜 흔들리는가?

마 24:29-30, 막 13:24-25, 눅 21:25-26에 "해가 어두워지며 달이 빛을 내지 아니하며 별들이 하늘에서 떨어지며 하늘의 권능들이 흔들리리라"는 말씀이 기록되어 있다.

해가 어두워지며 달이 빛을 내지 아니하며 별들이 하늘에서 떨어지며 하늘의 권능들이 흔들린다는 말을 문자적으로 해석하면 지구의 종말이라고 생각할 수밖에 없다. 그런데 그런 상황이 전개되고 있음에도 불구하고 구속사의 영광이 나타나는 과정은 계속적으로 진행된다는 사실을 인지하게 된다.

그렇다면 여기에서 해가 어두워지고 달이 빛을 내지 않고 별들이 떨어지며 하늘의 권능이 흔들리는 상황을 우리는 어떻게 받아들여야 하는가?

호세아 4:6에 "내 백성이 나를 아는 지식이 없으므로 망하는도다"라고 말씀하고 있다. 성경 말씀의 이면의 뜻, 영적인 세계를 올바로 바라보지 못한다면 우리는 '눈 뜬 장님, 소경, 벙어리, 귀머거리'와 같은 존재라고 말할 수 있다(사 42:18-20, 56:10).

하늘의 권능은 이미 흔들리기 시작했다. 그러나 믿는 하나님의 백성들이 성경 말씀을 올바로 이해하지 못하고 깨닫지 못하기 때문에 하늘의 권능이 흔들리는 것을 보지 못하는 안타까운 입장에 놓여있다.

물리적인 해와 달과 별이 떨어지면 그 순간 태양계도 사라지게 된다. 구속사의 목적이 이루어지기 전에 그런 일이 벌어진다면 하나님의 뜻이 그 결과적인 영광에 이르지 못하고 다 수포로 돌아갔다는 의미가 된다.

육체도 '사람의 육체, 짐승의 육체, 새의 육체, 물고기의 육체', 네 가지로 구분되어 있듯이 하늘의 영광도 해와 같은 영광, 달과 같은 영광, 별과 같은 영광, 별과 별들의 다른 영광으로 구분되어 있다.

> 고전 15:39-41 육체는 다 같은 육체가 아니니 하나는 사람의 육체요 하나는 짐승의 육체요 하나는 새의 육체요 하나는 물고기의 육체라 하늘에 속한 형체도 있고 땅에 속한 형체도 있으나 하늘에 속한 자의 영광이 따로 있고 땅에 속한 자의 영광이 따로 있으니 해의 영광도 다르고 달의 영광도 다르며 별의 영광도 다른데 별과 별의 영광이 다르도다

위 성구에서 말씀하고 있는 해가 물리적인 태양을 말하는 것이 아니라면 과연 구속사의 입장에서 이 해는 어떤 대상을 말하고 있는 것인가? 해가 어두워지고 달이 빛을 내지 못하고 별들이 떨어진다고 했는데 성경에 별들이 떨어지는 모습이 어디 있는가?

> 계 12:4 그 꼬리가 하늘 별 삼분의 일을 끌어다가 땅에 던지더라 용이 해산하려는 여자 앞에서 그가 해산하면 그 아이를 삼키고자 하더니

붉은 용이 꼬리를 한번 휘두름으로 하늘의 별 삼분의 일이 땅에 떨어진다고 말씀하고 있다. 앞으로 떨어질 것이라는 뜻

이 아니라 이미 떨어졌다면 지금 하늘의 권능이 흔들리고 있는 것이다.

빛의 때에는 해와 달과 별들이 빛나게 되어있다. 다니엘 12:3에 "지혜로운 자는 궁창의 빛과 같이 빛날 것이요"라는 말씀이 기록되어 있다. 전도서 3장의 의미처럼 빛이 있는 때가 있으면 빛이 없는 때가 있다.

예수께서도 "빛이 있는 동안에 빛을 믿으라 그리하면 빛의 아들이 되리라"고 말씀하셨다(요 12:35-36). 예수님은 하나님의 본체이시며 영광의 광채이시다(빌 2:6, 히 1:3). 그렇기 때문에 십자가에 달리셨을 때에도 아직 빛이 있었다. 그러나 십자가에서 운명하시는 순간 빛이 떠나신 것이다.

그런 의미에서 해와 달과 별들이 어두워지고 빛을 잃고 별들이 떨어진다고 말씀하는 것이다. 그러나 말씀을 깨닫지 못하는 입장에서 보면 태양계가 사라지는 순간으로 안다는 것이다.

그렇다면 오늘날 해와 달과 별들이 언제 어두워지고 빛을 내지 못하고 떨어지는지, 그 사실을 아는 사람이 있을까?

베드로후서 3장에 "주의 날이 도적같이 오리니"라고 말씀하고 있다.

> 벧후 3:10 그러나 주의 날이 도적같이 오리니 그 날에는 하늘이 큰 소리로 떠나가고 체질이 뜨거운 불에 풀어지고 땅과 그 중에 있는 모든 일이 드러나리로다

여기에서 "그날에는 하늘이 큰소리로 떠나가고"라는 말씀

이 얼마나 난해한 구절인가? 체질이 뜨거운 불에 풀어지고 땅과 그 중에 있는 모든 일이 드러나는 것은 천지개벽(天地開闢)과도 같은 내용이기 때문에 표면적으로는 지구의 종말을 말한다.

그러나 서두에 '주의 날이 도적같이 오리니'라는 말은, 재림주가 재림하실 때 이 땅에서 벌어지고 있는 상황을 지적한 말씀이다. 재림주가 도적같이 오시는 그 날에 하늘이 큰 소리로 떠나간다는 의미는, 하늘이 없어진다는 의미가 된다. 정말 하늘이 없어지는 것일까?

욥기 14:12에 "죽은 자는 새로운 하늘로 바뀌기까지는 살아나지 못한다"는 말씀이 있다.

그 날에 하늘이 큰소리로 떠나간다는 말은, 새 하늘 새 땅, 신천 신지, 하늘이 새롭게 되는 것을 말한다. 하늘이 왜 새롭게 되는가? 만국을 다스리는 철장의 권세를 가진 아이가 하늘 보좌로 올라가서 붉은 용과 그의 사자들과 싸워 이김으로써 그들을 이 땅에 쫓아낸다. 두 번 다시 붉은 용이 하늘로 올라가지 못하기 때문에 하늘 궁창의 세계가 다시 창조 본연의 세계로 회복이 된다는 의미를 말씀하고 있는 것이다(계 12:7-9).

왜 하늘에서 큰 소리가 나는가? 하늘에 전쟁이 있기 때문이다. 여기에서 "체질이 뜨거운 불에 풀어지고"라는 말은, 지금까지 유사 이래로 인간의 삶의 현장 속에 진행되어오던 인간의 체질이 바뀐다는 것이다.

고린도전서 3:12-15에 우리 각자의 공력을 불로 시험받는다고 말씀하고 있다. 공력을 시험하는 과정에서 불에 탈 것은 타기 때문에 오직 타지 않는 것만 남게 된다. 그렇기 때문에 물질의 세계로 이루어진 이 땅에서도 참된 것만 남고 불에 타서 없어질 것은 모두 타버림으로 말미암아 거짓된 것은 다 사라지고 만다는 것이다.

화염검이 영과 혼과 골수까지 다 쪼갬으로 말미암아 그 앞에서는 모든 것이 다 드러나는 것처럼 마지막 때 재림의 마당에서도 불시험에 모두 드러나게 된다(히 4:12-13).

마태복음 24:30에 "그 때에 인자의 징조가 하늘에서 보이겠고"라고 말씀하고 있다. 세례 요한이 요단강에서 세례를 베풀 때 "나는 물로 너희들에게 세례를 주지만 내 뒤에 오시는 분은 성령으로 너희에게 세례를 주시리라. 나는 그의 신들메 풀기에도 감당치 못할 사람이다"(막 1:7, 눅 3:16, 요 1:27)라고 장차 오실 예수님을 증거했다.

마찬가지다. 인자의 징조가 하늘에서 보일 때, 누군가 구름을 타고 오시는 그분을 세례 요한처럼 소개한다는 것이다.

> 마 24:30-31 그 때에 인자의 징조가 하늘에서 보이겠고 그 때에 땅의 모든 족속들이 통곡하며 그들이 인자가 구름을 타고 능력과 큰 영광으로 오는 것을 보리라 저가 큰 나팔 소리와 함께 천사들을 보내리니 저희가 그 택하신 자들을 하늘 이 끝에서 저 끝까지 사방에서 모으리라

그런데 그의 소개를 듣고 왜 모든 족속이 통곡을 하는가? 그가 증거하는 말씀이 누구라도 부인하거나 대적할 수 없는, 진실된 참 증거이기 때문이다.

구름을 타고 오시는 분을 증거하는 사람은 죽은 자가 아니라 산 자의 첫 열매인 그리스도이시다. 산 자가 증거하기 때문에 그의 말씀을 부정할 수 없다. 그렇기 때문에 모든 민족들이 통곡한다는 것이다.

위 성구에서 큰 나팔을 부는 사람은 바로 일곱째 천사장을 말한다. 그가 하늘 이 끝에서 저 끝까지 사방에서 택하신 자들을 모으는 사람이다. 여기에서 택하신 자들은 히브리서 9:28에서 말씀하고 있는 '죄와 상관없이 자기를 바라는 자들'을 말한다.

이 땅에 남아있는 의인을 구원하는 것이 마지막 역사이다. 마태복음 13:47-48에 천국비유 중 일곱 번째 비유가 "천국은 그물로 많은 고기를 잡은 것과 같으니 좋은 고기는 그릇에 담고 나쁜 고기는 내어버리느니라"이다.
그런 일을 할 수 있는 사람은 누구인가? 마지막 때 인자가 아버지의 영광으로 오시는 재림주께서는 혼자 오시지 않고 거룩한 천사들을 함께 데리고 오신다(마 16:27, 막 8:38, 눅 9:26).

재림의 마당에 하늘의 영적 장자인 요셉이 이 땅에서 신부의 영광을 입기 위하여 이 땅의 주 앞에 선 두 감람나무와 두 촛대로 등장한다. 그들이 바로 재림주께서 이 땅에 오실 때 함께 데리고 온 거룩한 천사들이다. 두 감람나무와 두 촛대는 이 땅의 주로부터 갈대 지팡이를 받고 두 증인으로서의 권세를 받은 존재이다(계 11:1-4).
두 감람나무가 두 증인으로서 굵은 베옷을 입고 일천이백

육십 일을 성전 안을 척량하며 "땅이여, 땅이여, 땅이여", 땅을 치는 하늘의 역사를 한다(렘 22:29). 여기에서 땅을 친다는 말은, 하나님이 주신 권세를 가지고 죄악이 관영하여 패역한 이 땅을 심판한다는 의미이다. 이들이 땅을 치는 역사를 하기 때문에 요한계시록 8:13에 "땅에 거하는 자들에게는 화, 화, 화가 있으리로다"라고 말씀하고 있다.

마지막 때 의인 중에서 악인을 골라내기 위해서 두 감람나무가 갈대자로 성전 안을 척량하는 역사를 한다. 작은 책, 다시 복음을 전하는 의미 자체가 영적으로 말하면 갈대자로 성전 안을 척량하는 것이다.

그렇기 때문에 사람들이 듣든지 아니 듣든지 그들 가운데 한 선지자가 있었던 줄을 알게 하라고 말씀하고 있는 것이다(겔 2:5, 33:33).

두 감람나무가 땅을 치는 이유는 무엇인가? 마지막 나팔을 부는 자로서의 제 길을 가야 하기 때문이다.

반 때의 말씀을 증거하는 사람은 재림의 마당에 바쳐진 두 제물, 산비둘기와 집비둘기 새끼 중에 집비둘기 새끼이다. 그도 재림의 마당을 위한 제물로서 이 땅에 온 사람이다. 그렇기 때문에 반 때의 말씀을 나팔부는 집비둘기 새끼도 제물로서의 제 길을 가기 위해서는 십자가를 짊어질 장소가 필요하다. 집비둘기 새끼도 제물로서의 생애를 마치려면 자기의 영혼을 속건제물로 산 제사를 드림으로써 마침표를 찍어야 한다(레 27:28-29, 사 53:10).

2. 하늘의 권능이 흔들리는 징조의 시작

넷째 인을 뗄 때 넷째 나팔이 불리고 넷째 대접이 쏟아진다. 넷째 대접이 쏟아지면 해가 권세를 받아 불로 사람들을 태우고 "사람들이 이 재앙들을 행하는 권세를 가지신 하나님의 이름을 훼방하며 또 회개하여 영광을 주께 돌리지 않는다"고 말씀하고 있다.

> 계 16:8-9 네째가 그 대접을 해에 쏟으매 해가 권세를 받아 불로 사람들을 태우니 사람들이 크게 태움에 태워진지라 이 재앙들을 행하는 권세를 가지신 하나님의 이름을 훼방하며 또 회개하여 영광을 주께 돌리지 아니하더라

왜 해가 더욱더 기승을 부리는가? 네 번째 대접을 쏟을 때 불을 다스리는 천사들에게 해를 더 뜨겁게 불태우게 해서 역사하신다는 것이다. 다섯째 인을 뗄 때, 또 여섯째 인을 뗄 때 해가 더욱 뜨거워진다. 이제 갈수록 여름이 더 뜨거워질 것이다. 감히 말하지만 우리나라도 섭씨 50도까지 올라갈 것이고 그 이상 올라갈 수도 있다. 그만큼 해의 영향력이 강력해진다는 것이다. '설마 그럴까?'라고 생각하겠지만 아마 해의 강렬한 빛으로 인해서 기온이 섭씨 70도를 넘어가는 나라도 많아질 것이다. 여름에 온도가 도에 넘치게 올라가 점점 견딜 수 없을 만큼 뜨거워진다는 것은 성경 말씀이 응하여 이루어지고 있다는 것을 말씀하고 있다.

이미 성경은 우리의 현실 속에 나타나고 있는 기록적인 폭

염에 대하여 말씀하고 있다. 작년에 41도를 기록했으면 금년에는 분명히 2~3도는 더 높아진다. 온도가 50도까지 올라간다고 생각해보자. 그러면 사람들만 화상을 입는 것이 아니라 사과, 배, 자두, 복숭아 등 모든 과일들이 화상을 입어서 먹을 수 없게 될 것이다.

이렇게 폭염이 이어지는 여름이 있는가 하면 상대적으로 겨울은 그만큼 추워진다는 것을 생각해야 한다. 여름과 겨울은 길어지고 상대적으로 봄과 가을은 짧아진다. 만물들이 하나님이 주신 기회를 통하여 사람들을 향해 재앙으로 치기 때문에 이런 현상들이 날로날로 우리 삶의 현실, 삶의 현장에서 뚜렷이 나타나게 된다.

그러면 가뭄으로 인해서 무서운 기근이 닥치게 된다. 또 지구 온난화가 계속되면 남극과 북극에 있는 빙하들이 기상학자들의 예견보다 훨씬 빨리 녹아내려서 해수면이 해발 50~60m까지 올라간다. 그러면 지구촌의 모든 문명의 꽃을 이룬 해변 도시들을 중심으로 지구의 삼분의 일이 물속에 잠기게 된다.

그런 일이 일어나기 때문에 하나님이 주신 모든 자연적인 질서의 세계가 다 파괴되는 것을 보고 무지한 인간들도 '아, 정말 지구가 끝나는 것이구나. 종말이 오는구나!'라는 것을 스스로 깨닫게 된다는 것이다.

그렇게 해로 인하여 태워 죽임을 당하면서도 인생들은 회개하지 않는다. 그 말씀의 의미 속에는 하나님께서 회개하지 못하게 하신다는 것이다.

계 16:9-11 사람들이 크게 태움에 태워진지라 이 재앙들을 행하는 권세를 가지신 하나님의 이름을 훼방하며 또 회개하여 영광을 주께 돌리지 아니하더라 또 다섯째가 그 대접을 짐승의 보좌에 쏟으니 그 나라가 곧 어두워지며 사람들이 아파서 자기 혀를 깨물고 아픈 것과 종기로 인하여 하늘의 하나님을 훼방하고 저희 행위를 회개치 아니하더라

성경은 그것을 가리켜서 "하늘의 권능들이 흔들리리라"고 말씀하고 있다(마 24:29, 막 13:24-25). 이 흔들림의 진동이 클수록 이제 하나님을 믿는 백성이 아니더라도 지구촌에 사는 인간들이 마지막에는 '아! 진짜 세상에 지구의 종말이 오나보다!'하고 세상에 임할 일을 생각하고 놀라서 기절할 수밖에 없다는 것이다.

눅 21:25-26 일월 성신에는 징조가 있겠고 땅에서는 민족들이 바다와 파도의 우는 소리를 인하여 혼란한 중에 곤고하리라 사람들이 세상에 임할 일을 생각하고 무서워하므로 기절하리니 이는 하늘의 권능들이 흔들리겠음이라

사람들이 그런 현상을 체험하면서도 하나님을 두려워하지 않고 회개하지 않는다고 말씀하고 있다.

딤후 3:1-5 네가 이것을 알라 말세에 고통하는 때가 이르리니 사람들은 자기를 사랑하며 돈을 사랑하며 자긍하며 교만하며 훼방하며 부모를 거역하며 감사치 아니하며 거룩하지 아니하며 무정하며 원통함을 풀지 아니하며 참소하며 절제하지 못하며 사나우며 선한 것을 좋아 아니하며 배반하여 팔며 조급하며 자고하며 쾌락을 사

랑하기를 하나님 사랑하는 것보다 더하며 경건의 모양은 있으나 경건의 능력은 부인하는 자니 이같은 자들에게서 네가 돌아서라

위 성구는 그런 일들이 진행되며 나타나고 있는 오늘의 현실을 지적해주는 말씀이다. 그럴수록 사람들이 돈을 사랑하고 자긍하며 이기주의가 팽배한 시대가 되고, 사랑이 식어짐으로써 무정하고도 사나운 세상으로 바뀌어진다는 것이다.

문제는 우리에게 들이닥친 예상치 못한 이 놀라운 재앙이 결코 몇 년 만에 어쩌다 한 번 찾아오는 재앙이 아니라 앞으로도 계속 이어지게 되어있다는 것이다.

그 이유는 무엇인가? 이제는 정말 오래 참으신 하나님께서 진노의 칼을 뽑으실 때가 되었기 때문에 성경에서 하늘의 권능이 흔들린다고 말씀하신 그러한 재앙이 시작된 것이다.

요한계시록 6장에 네 생물 중에 하나가 "오라"고 할 때마다 흰 말, 붉은 말, 검은 말, 청황색 말이 등장한다. 세 번째 말이 검은 말이다. 검은 말이 등장할 때 이 땅에 무서운 기근이 온다. 해가 뜨거워지면 세상에 가뭄이 오고 그 가뭄으로 말미암아 많은 농작물이 훼손을 당한다. 그러면 이 땅, 지구촌에는 지금까지 없었던 최고의 기근이 오고 기근으로 말미암아 질병이 생긴다. 또 굶주림으로 인하여 사람들의 마음이 강퍅해지고 완악해지고 이기주의가 팽배해지면 미움과 증오와 시기와 질투로 사랑이 식어짐으로써 약육강식의 전쟁이 일어나게 되어있다.

그런 때에 666, 세 짐승이 등장해서 하늘에서 불이 내려오게 하고 우상에게 생기를 주어 말하게 하는 등의 기사이적, 능력을 행한다. 그렇기 때문에 많은 사람들이 그 짐승의 표를 받고 그에게 예배드리고 우상을 섬기고 경배를 드린다는 것이다(계 13:11-15).

평안하고 안전할 때 그들이 나타나는 것이 아니다. 먹고 살기 힘들 때에 놀라운 기사이적과 능력을 발하면서 그들이 등장하는 것이다. 그래서 그들에게 다 경배드릴 수밖에 없는 것이다. 그들이 굶주리고 있을 때 그들이 가지고 있는 생령으로서의 능력을 발휘하여 의식주 문제를 해결해주는 권세와 능력을 가지고 있기 때문이다.

예수께서 시험 받으실 때 마귀가 "돌덩이가 떡덩이가 되게 하라"(마 4:1-3)고 예수님을 유혹했다. 그렇게 유혹한 것은 그들도 돌로 떡을 만들 수 있는 능력이 있다는 것을 의미한다. 예수님만 기사이적을 행하실 수 있는 것이 아니다. 생령인 그들도 오병이어의 이적을 행할 수 있다.

생각해 보라! 굶주리고 먹을 것이 없을 때 예수님이 오병이어의 기사이적을 행하신 것처럼 그들도 그런 능력을 행한다면 먹을 것을 준다는데 그들 앞으로 안 나갈 수 있겠는가? 주지 않으면 훔쳐서라도 먹을 것이다. 그렇기 때문에 그런 상황에서 짐승에게 표를 받는다는 것이다.

다섯째 인이 떼어질 때 첫째 화가 이루어진다. 첫째 화가 쏟아질 때 무저갱의 열쇠를 받은 천사가 무저갱의 문을 열자 그 구멍에서 황충이 나온다. 그런 역사를 하시는 분이 누구인가? 하나님이 천사를 보내서 황충을 나오게 하심으로써 첫째 화를 입게 하는 것이다. 그러므로 이마에 하나님의 인을 받지 않은 사람들을 죽지 못하게 괴롭히는 것도 다 하나님이 행하시는 것이고 둘째 화, 셋째 화도 다 하나님이 역사하시는 것이다.

그때에 하나님을 찾아봤자 아무 의미가 없다. 물론 그런 절망적인 순간이 올수록 상대적으로 악이 또 무섭게 역사한다. 어차피 죽을 것이고 어차피 끝나는 세상인데 살아있는 동안 인간적으로 누릴 수 있는 모든 욕망을 마음껏 취하자는 심리가 발동하게 되어있다. 그러므로 더욱더 죄가 깊어지는 것이다. 회개하지 않는 무리가 더 많다는 것이다. 물론 회개하는 사람들도 있겠지만 대다수가 회개하지 않는다는 것이다. 그런 때가 지금 우리의 현실 속에서 이미 시작되고 있다는 것을 깨달아야 한다.

과거에도 중세 유럽 노스트라다무스 시대에 페스트로 인하여 유럽의 인구 삼분의 일이 죽었다. 그것 또한 하나님이 역사하신 것이었다. 중세 유럽에서 기독교를 국교로 한 나라들이 하나님의 물질의 축복을 받아서 얼마나 풍요한 삶을 살 수 있었는가? 그런데 배가 부르고 살기 좋은 세상이 오니까 서서히 하나님을 배신함으로 말미암아 하나님이 그때에도 유럽 인구의 삼분의 일을 죽이신 것이다.

동일한 말씀의 역사가 마지막 때에도 일어난다. 지금 전 세계를 강타하고 있는 코로나 온역의 사건은 하늘의 권능이 흔들리는 시작을 알리는 징조로써 지금 하늘의 권능이 흔들리고 있다는 것을 영적인 사람들에게 가르쳐주는 은혜의 전초전(前

哨戰)이라고 말할 수 있다.

하늘의 권능이 왜 흔들리는가? 두 감람나무의 역사를 이 땅에서 펼치셨던 해를 입은 여인, 이 땅의 주이신 아버지께서 큰 독수리의 두 날개를 받아 광야 자기 곳으로 날아가 한 때 두 때 반 때를 양육받고 있고(계 12:14) 또 이 땅의 주 앞에 선 두 감람나무를 이 시대의 사람들이 죽여서 큰 성길 위에 시체로 버려놓은 상태이다(계 11:7-9).

이 시대는 어떤 시대인가? 해를 입고 이 땅의 주로 역사하셨던 믿음의 주, 말씀의 주를 영접하지 못하고 그 빛을 이단으로 정죄하여 배척했고 초림 때 예수님을 죽인 것처럼 이 땅의 주 앞에 선 두 감람나무를 죽인 패역한 시대이다. 그러므로 광명한 자들이 떠나버린 시대이다.

지금은 일곱 인, 일곱 나팔, 일곱 대접의 역사로 인하여 하늘의 권능이 흔들리고 있는 마지막 재림의 때이다(마 24:29). 인이 떼어지면 나팔이 불리어지고 이어서 대접이 쏟아진다.

레위기 26장 말씀처럼 회개하지 않으면 심판의 수위가 칠 배로 높아지는 것은 네 말의 역사가 동시적으로 이루어지기 때문이다. 지금은 네 말이 모두 등장하여 종횡무진 지구촌을 누비고 있기 때문에 적그리스도가 출연하여 하나님을 믿는 백성들을 미혹시킬 뿐만 아니라 전쟁이 발발하고, 기근이 일어나고, 온역은 온역대로 발생하는 심판의 내용이 한꺼번에 나타나게 되어 있다.

지금 우리에게 내려지는 심판을 코로나 온역으로만 생각해서는 안 된다. 네 말이 동시적으로 무섭게 역사하고 있다는 사실을 깨달아야 한다. 이미 첫째 인, 둘째 인, 셋째 인, 넷째 인이 떼어짐으로써 네 말이 모두 출현해서 전 세계의 나라와 민족을 통해서 하나님의 진노의 심판이 계속해서 쏟아지고 있다는 것이다(계 6:1-8).

네 마리 말이 날뛰기 시작해서 전쟁과 기근과 온역으로 세상이 어려워지면 있는 사람들이 없는 사람들의 것까지 빼앗게 된다. 그것이 전쟁의 원인이 되어 화평이 깨어지는 것이다. 그런 세상이 우리에게 달려오고 있다.

하나님께서는 인류에게 왜 이렇게 무서운 진노의 채찍을 휘두르시는 것일까? 코로나 19는 하나님이 인류를 심판하실 때 사용하시는 네 번째 심판의 도구인 온역이다. 만약 회개하지 않으면 하나님의 심판은 네 단계에 걸쳐서 7배씩 늘어난다(레 26:18, 26:21, 26:24, 26:28). 그렇기 때문에 사스, 메르스, 코로나에 이어서 앞으로 올 네 번째 온역도 이미 예비되어 있다. 코로나 온역은 확진자가 한 자리 수 억(億)이지만 장차 올 온역은 두 자리 수 억이 된다. 중세 유럽에 창궐한 페스트가 유럽 인구의 3분의 1의 목숨을 앗아간 사실을 기억할 것이다. 네 번째 온역은 확진자 수가 지구촌 인구의 3분의 1이 될 것이다.

다섯째 인이 떼어지면 순교자의 수를 채우는 역사가 시작되고(계 6:9-11) 여섯째 인이 떼어져 나팔이 불리어지고 대접이 쏟아지면 네 천사가 역사함으로써 사람 삼분의 일이 죽임을 당한다(계 9:13-18). 점점 징계의 수위가 높아지고 있는 것이다. 여섯째 인까지가 둘째 화에 속한다. 지금은 여섯째 인이 떼어진 때이다(계 6:12-17). 둘째 화가 끝나면 지체하지 아니하고 셋째 화가 쏟아지게 되어있다. 마지막 셋째 화 속에는 666이 등장한다(계 13:18).

그렇기 때문에 지금은 교회가 희망과 위로의 메시지를 전할 때가 아니다. 심판과 회개의 메시지를 전할 때이다. 종교지도자들은 나라와 민족, 백성들의 정신세계를 인도해야 할 책임이 있는 사람들이다. 정신이 타락하면 당연히 몸도 타락하게 되어있다. "하나님은 자기의 비밀을 그 종 선지자들에게 밝히 보이시며 행하신다"(암 3:7)라고 했다. 정신적 지주가 되어야 할 종교지도자들이 하나님이 하시는 하늘의 일을 모른다면 정말 그들이 하나님의 진정한 종이라고 말할 수 있을까? 오죽하면 하나님께서 그들을 가리켜 "내 종은 소경이요 귀머거리요 짖지 못하는 벙어리 개라"(사 42:19, 56:10)고 질타하셨을까?

3. 마지막 빛의 호소

앞서 우리들이 살고 있는 이 시대는 광명한 자들이 떠난 시대라고 했다.

> 슥 14:6-7 그 날에는 빛이 없겠고 광명한 자들이 떠날 것이라 여호와의 아시는 한 날이 있으리니 낮도 아니요 밤도 아니라 어두워 갈 때에 빛이 있으리로다

해를 입고 이 땅의 주로서 역사하셨던 말씀의 아버지도 떠나셨고 그리고 그리스도께서도 분명히 떠나셨다. 이 땅의 주 앞에 선 두 감람나무와 두 촛대가 영적인 십자가의 사역을 통해서 마지막 빛의 역사를 마감하는 장엄한 마침표를 찍었다. 지금 두 감람나무는 큰 성길 위에 누워있는 가운데 자기의 때를 기다리고 있다. 물론 육신으로는 잠드셨으나 영적으로는 그도 살리심을 얻고 하나님이 원하시는 때에 부활할 수 있도록 양육 받고 있는 것이다.

이미 광명한 자들이 떠났기 때문에 이 땅에는 빛이 있을 수 없다. 그런데 예상 외로 광명한 자들이 떠났음에도 불구하고 위 성구에서 "어두워갈 때에 빛이 있으리로다"라는 말씀처럼 빛이 나타났다는 것이다. 그 빛의 정체가 무엇인가? 바로 반 때의 말씀, 즉 작은 책, 다시복음의 말씀이다.

마태복음 25:1-13에 열 처녀의 비유가 기록되어 있다. 열 처녀가 등을 들고 신랑을 기다리고 있다. 슬기로운 다섯 처녀

는 등만을 들고 있는 것이 아니라 여분의 그릇에 기름을 담아 가지고 있다. 기름을 예비하고 있다는 말은, 신랑이 언제 올지 분명하고 확실하지 않기 때문에 혹시 더디게 올 것을 예상하고 필요한 기름을 더 준비했다는 것이다. 필요한 기름을 더 준비한 처녀들이 준비하지 못한 미련한 처녀들에 비해서 더 슬기롭고 지혜로운 처녀들이라고 말할 수 있다.

신랑이 언제 오는가? 밤중에 온다는 것이다. 이것이 열 처녀의 비유 속에 들어있는 놀라운 은혜 위의 은혜가 된다. 신랑은 새벽에 오는 것이 아니다. 일반적인 기독교적 개념으로는 신랑이 광명한 새벽별로 온다고 말하고 있다.

시편 108:2에 "내가 새벽을 깨우리로다"라는 말씀처럼 새벽을 깨우는 자만이 아침의 주인공이 될 수 있다는 일반적인 개념을 가지고 있는 성도들은 신랑이 밤에 온다는 것은 생각하지도 못하는 일이다.

여기에서 밤은, 후 삼년 반의 마지막 시간을 의미하는 것이다. 열 처녀의 비유 중에 누군가 "신랑이 왔다!"라고 외치는 사람이 있기 때문에 열 처녀가 '아, 신랑이 오셨구나!'라고 그 사실을 알게 되는 것이다.

신랑이 왔다고 외치는 사람은 누구인가? 신랑이 왔다고 외치는 사람은 천국이 이루어질 제 밭에 주인의 명에 의해서 좋은 씨를 뿌린 사람과 같은 존재라고 말할 수 있다. 신랑이 왔다고 외치는 사람은 신랑이 오는 비밀을 알고 있는 사람이다.

그 비밀을 아는 사람은 누구일까? 영적으로 말한다면 오직 작은 책, 다시복음의 말씀, 반 때의 말씀을 증거하는 자만이 신랑이 오는 시간을 예고할 수 있는 것이다.

그 이유는 무엇인가? 한 때 두 때 반 때 중에서 반 때의 주인공이 가지고 있는 반 때는 해를 입은 여인이 광야에서 한 때 두 때 반 때를 양육 받고 있는 그분의 반 때와 함께 공유하고 있는 반 때이다. 그렇기 때문에 다시복음의 말씀을 전하는 자는 해를 입은 여인이 도적같이 등장하는 시간을 알 수 있는 것이다.

야고보 1장에 '빛들의 아버지'라는 말씀이 기록되어 있다.

> 약 1:17 각양 좋은 은사와 온전한 선물이 다 위로부터 빛들의 아버지께로서 내려오나니 그는 변함도 없으시고 회전하는 그림자도 없으시니라

해를 입은 여인이 위 성구에서 말씀하고 있는 빛들의 아버지이시다. 그렇기 때문에 그분은 질그릇 같은 우리들에게 빛을 비춰줄 수 있는 분이시다(고후 4:6-7). 해를 입은 여인은 예수님의 얼굴에 있는 하나님을 아는 영광의 빛을 이 땅에 있는 우리들에게 비추어주시기 위해서 오셨다.

그 빛이 티끌 같은 우리들에게 영원한 생명을 주심으로써 우리의 생명이 영원한 생명으로 바뀌어진다(요일 1:2, 요 11:25-26). 그 빛을 믿지 않는 자는 그런 생명을 받지 못한다.

마지막 반 때의 말씀은 하늘이 인류에게 주시는 마지막 빛의 말씀이다. 그 반 때의 말씀은 "그 날과 그 때를 감하여 주지 않으면 택한 자라도 견딜 자가 없다"(마 24:22, 막 13:20)라

고 말씀하신 그 날과 그 때를 감해주시는 빛이 되는 말씀이다. 요한계시록 12:4에 보면 택한 자 즉 하늘의 별이라도 삼분의 일이 떨어지게 되어있다. 그렇기 때문에 하나님의 입장에서는 남아있는 자들을 지켜주시기 위해서 마지막 빛을 비추어주시는 것이다.

그 빛의 정체는 무엇인가? 바로 말씀이다. 요한계시록 5:1-5에 "하나님의 오른손에 있던 책을 하늘 위에나 땅 위에나 땅 아래에 그 책을 펴거나 보거나 할 합당한 자가 없어서 사도 요한이 크게 울었더라"고 말씀하고 있다. 그러자 장로 중에 하나가 "유대지파의 사자 다윗의 뿌리 중에 이긴 자가 있으니 그가 책을 받아 일곱 인을 떼시리라"고 했다. 그 책을 받으신 분이 유다 지파의 혈맥을 따라 오신 예수님이시다.

그 책은 예수님이 이 땅에 오실 때 가지고 오신 책이 아니라 이 땅에서 사망의 권세를 깨시고 이기심으로 보좌에 올라가셔서 받으신 책이다. 마지막 재림의 마당에서 구속사의 완성을 이루기 위해서는 오른쪽 보좌에 계신 예수님이 받으신 책을 이 땅에 있는 누군가가 받아야한다. 예수님으로부터 그 책을 받으려면 그냥 받는 것이 아니다. 이 땅에서 누군가 그 책에 도전하여 이긴 자만이 그 책을 받을 수 있다. 그가 누구인가? 바로 해를 입은 여인이다.

그 책이 바로 한 때 두 때 반 때를 거쳐서 마지막 반 때에 작은 책의 말씀이 되었다(계 10:1-3). 어두워갈 때에 작은 책의 말씀의 역사가 시작된다. 낮도 아니요 밤도 아닌 어두워갈 때에 반 때의 말씀이 시작되어(슥 14:7) 반 때의 말씀이 마쳐지는 밤에 신랑이 도적같이 오시는 것이다(계 16:15). 도적같이 오신다는 말씀의 의미를 깊이 새겨보면 오시는 시간은 밤 시간이 분명하다. 낮에는 도적같이 오실 수 없다.

　신랑이 더디 옴으로 열 처녀가 모두 등불을 끄고 잠이 들었다. 그런데 누군가 "신랑이 왔다. 맞으러 나오라!"고 소리쳤다. 허겁지겁 등불을 밝히려는데 별도의 기름을 예비하지 못한 다섯 처녀들은 막상 불을 켤 기름이 없었다. 그래서 여분의 기름을 가지고 있는 슬기로운 처녀들에게 기름을 나누어달라고 요구했다. 기름이 부족해서 나누어 쓰면 둘 다 등불을 켤 수 없게 된다. 미련한 처녀들이 기름을 사러간 사이에 신랑이 왔기 때문에 예비하고 있었던 슬기로운 처녀들은 신랑과 함께 혼인잔치에 들어가고 문은 닫혀버리고 말았다(마 25:1-10).

　이 비유의 말씀을 통하여 저녁 시간이 지나서 어두워갈 때에, 밤이 시작되는 때부터 밤 때의 말씀이 시작되어서 깊은 밤까지 그 말씀이 역사한다는 사실을 알 수 있다.
　예수님이 무언가 간곡하게 말씀하실 때는 "진실로 진실로 내가 너희에게 말하노니"라고 말씀하셨다. 마찬가지다. 지금 이 말씀은 '진실로 진실로'의 의미를 가지고 외치는 빛의 마지막 호소라는 것을 알아야 한다.

　열 처녀의 비유를 보면 처녀들이 신랑을 영접하기 위해서 청사초롱을 들고 있다. 신부가 없는 곳에서 신랑을 기다리지 않는다. 신부가 있기 때문에 신랑을 기다리는 것이다. 청사초롱을 들고 있는 처녀들이 신랑을 영접할 때에는 이미 신부의 집에 신부가 와있다는 것을 의미한다.

스가랴 14:16-21에 초막절, 수장절에 대한 말씀이 기록되어 있다. 유월절과 맥추절에는 이스라엘 민족만이 절기의 참여자들이 된다. 그러나 초막절, 즉 수장절은 다르다. 세계 각국의 모든 왕들, 족장들, 대통령 또는 국가의 수반, 총리들이 수장절에 와서 무릎을 꿇고 땅에 입 맞추면서 어린 양의 혼인 잔치의 영광을 경배드리게 되어있다.

초막절, 수장절에만 그렇게 하는 이유는 무엇인가? 초막절 절기는 어린 양의 혼인 잔치가 이 땅에서 이루어진다는 의미가 들어있다. 유월절은 신랑이 탄생하는 절기이고 맥추절은 신부가 탄생되는 절기이고 초막절 또는 수장절은 탄생된 신랑과 신부에 의해서 어린 양의 혼인 잔치가 이루어지는 절기이다. 이 혼인 잔치는 마지막 재림의 마당에서 천년왕국의 역사의 중심에서 이루어지는 어린 양의 혼인 잔치를 말씀하는 것이다.

성령이 예수님을 마귀 앞으로 인도해서 광야에서 세 번 시험을 받게 했다. 세 번 시험을 받아 이기심으로써 예수님도 성령의 인침을 받으셨다.

요한계시록 14:1에 "그 이마에 어린 양의 이름과 아버지의 이름을 쓴 것이 있도다"라고 말씀하고 있다.

어린 양의 생명록에 기록되려면 아버지의 이름과 아들의 이름으로 표를 받아야 하고 또 성령의 인침을 받아야 한다. 세 가지의 표로 인침을 받지 못하면 첫째 부활, 의인의 부활에 들어가지 못하고 마지막 어린 양의 생명록에 기록되지 못한다. 설사 아버지와 아들의 이름으로 이마에 표를 받았다 해도 반 때의 말씀 안에서 성령의 인침을 받지 못하면 그것은 다 무효가 된다는 사실을 알아야 한다.

4. 창세후 전무후무한 환난에서 어떻게 살아날 수 있을까?

사렙다 과부가 가루 한 움큼과 병에 있는 조금의 기름으로 음식을 만들어 아들과 함께 마지막으로 먹고 죽으려고 하였다. 가루 한 움큼이면 수제비 하나를 뜰까 말까한 양이다. 그 한 덩어리의 떡을 엘리야가 달라고 요구하자 사렙다 과부가 엘리야의 말대로 하였더니 통의 가루가 다하지 아니하고 병의 기름이 없어지지 않았다(왕상 17:10-16).

사렙다 과부의 믿음이 하나님이 보내신 사람을 믿는 믿음의 기준이 되는 것이다. 그 기준에서 합격하지 못하면 의인이 아니다. 정말 하나님의 사람을 위해서 마지막 남은 떡을 줄 수 있을까? 그것이 바로 "하나님의 보내신 자를 믿는 것이 하나님의 일이니라"(요 6:29)라는 말씀처럼 내가 먹고 죽을 마지막 남은 한 덩어리의 떡을 주는 것이 보내신 자를 믿는 믿음의 기준이 되는 것이다.

땅의 사상을 가진 사람은 하늘의 사상을 받아들일 여지가 없다. 그런데 사르밧 과부가 엘리야를 믿고 엘리야에게 마지막 남은 밀가루와 기름으로 떡을 하나 만들어 주었다. 그랬더니 엘리야의 말처럼 통의 가루가 없어지지 아니하고 병의 기름이 마르지 않았다. 그렇게 엘리야와 사르밧 과부와 그 아들이 3년 동안이나 하늘의 양식을 먹고 살았다.

마찬가지다. 작은 책, 다시복음의 말씀이 바로 그러한 하늘 양식인 것이다. 감추었던 만나는 하나님의 오른손에 있던 책이다. 오른손에 있다는 말은, 하늘에 있는 모든 존재들이나 땅 위에 있는 존재들이나 땅 아래에 있는 존재들이 다 부러워할 수밖에 없는 말씀이라는 것이다. 그 만나를 먹으면 자연히 빛의 아들이 되는 것이다.

> 요 12:35-36 예수께서 가라사대 아직 잠시 동안 빛이 너희 중에 있으니 빛이 있을 동안에 다녀 어두움에 붙잡히지 않게 하라 어두움에 다니는 자는 그 가는 바를 알지 못하느니라 너희에게 아직 빛이 있을 동안에 빛을 믿으라 그리하면 빛의 아들이 되리라 예수께서 이 말씀을 하시고 저희를 떠나가서 숨으시니라

위 성구의 말씀처럼 빛이 있는 동안에 빛의 말씀을 믿어야 빛의 아들이 되는 것이다. 예수님이 십자가상에서 살아계시는 동안은 아직 마지막 남은 빛이 있었다. 운명하시면 빛이 떠나는 것이다. 빛이 떠나기 전에 예수께서 우편강도에게 "네가 오늘 나와 함께 낙원에 있으리라"고 말씀하신 것이다. 그 말씀을 통해서 우편강도가 빛의 아들이 된 것이다.

예수께서 "너희는 세상의 빛이라"고 말씀하고 있다(마 5:14). 빛의 아들들이라면 당연히 이 세상을 비출 수 있는 빛이 되는 것이다. 빛의 사람들이 이 세상 사람들, 어두움의 사람들에게 "내가 세상의 빛이다!"라고 자신을 그러한 빛으로 영광을 나타낼 수 있는 존재가 되었을 때 많은 사람들이 그를 통해서 빛이 무엇인지 알게 된다는 것이다(마 5:16).

빛이 있는 낮 동안에는 일할 수 있지만 어두움이 오면 일할 수 없다(요 9:4). 밤이기에 일할 수 없다는 것이다. 그러나 밤에 일을 안 하면 어두움에 파묻혀버리고 만다. 어두움에 침노를 받기 때문에 자신도 모르게 어두움이 그를 삼켜버리고 만다. 그렇기 때문에 하나님이 밤에 도적같이 오셔서 밤이나 어두움에 속하지 아니한 그들로 하여금 일을 하게 하시는 것이다. 재림주가 밤에 오셔야 하는 이유가 거기에 있는 것이다.

요한복음 5:35에 "세례 요한은 빛이 아니라 잠시 켜서 비취는 등불이라"고 말씀하고 있다. 반 때의 말씀이 왜 빛이 되는가? 반 때의 말씀도 인자를 통해서 역사하는데 왜 반 때의 말씀은 등불이라고 하지 않고 빛이라고 말씀하는가? 반 때의 말씀은 작은 책의 말씀이기 때문에 빛이 되고 아버지의 말씀이기 때문에 빛이 되는 것이다.

하나님의 오른손에 있던 책이 한 때 두 때 반 때를 거치는 과정에서 마지막 반 때의 말씀이 되었다. 그렇기 때문에 그 책을 가리켜서 작은 책이라고 말씀하는 것이다. 한 때 두 때 반 때의 말씀 전체를 통틀어서 신랑, 해의 말씀이라고 한다. 그렇기 때문에 거기에 속한 반 때의 말씀은 켜서 비취는 등불이 아니다.

켜서 비취는 등불이라는 말의 의미는, 세례 요한은 성령으로 잉태된 사람이다. 그는 자기의 사명, 자기의 등불을 짊어지고 온 사람이다. 그런 의미에서 세례 요한은 빛이 아니라 잠시 켜서 비취는 등불이라고 말씀하고 있는 것이다.

그러나 반 때의 말씀은 가지고 온 말씀이 아니다. 예수님 외에는 말씀을 스스로 가지고 온 자는 없다. 빛을 가지고 온 사람은 오직 예수님밖에 없는 것이다. 예수님 자신이 영원한 생명의 빛이시기 때문이다.

해를 입은 여인은 하늘에서 해를 입고 온 것이 아니라 이 땅에서 해를 입은 것이다.

열 처녀도 지금 다 등불을 들고 있다. 그러나 반 때의 말씀에 소속되어 있는 사람들은 켜서 비취는 등불이 아니라 빛의 아들, 빛의 자녀들이다. 세례 요한은 개인적으로 받은 등불이고 다윗에게는 영원히 꺼지지 않는 등불을 주신다고 약속했다 (왕상 11:36, 15:4, 왕하 8:19). 그렇기 때문에 마태복음 1:1 에 "아브라함과 다윗의 자손 예수 그리스도의 세계라"고 하신 말씀처럼 다윗은 예수 그리스도의 세계를 비추는 영원히 꺼지지 않는 등불이 될 수 있었다.

살펴본 바와 같이 신랑은 낮에 오는 것이 아니라 밤중에 오시는 것이다. 그분이 오실 때까지 반 때의 말씀이 역사하게 되어있다. 신랑이 왔다고 소리쳐주는 사람이 바로 반 때의 말씀이다. "신랑이 왔다!"라고 외친다는 것은, 반 때의 말씀이 도적같이 오시는 신랑을 영접하는 말씀이 된다는 것이다. 영적으로 말하면 세례 요한이 예수님을 증거하는 것처럼 재림의 마당에서는 반 때의 말씀이 한 때 두 때 반 때를 양육 받으신 재림주 멜기세덱의 거룩하신 등장을 증거해드리는 말씀이 되는 것이다.

그렇기 때문에 반 때의 말씀, 작은 책의 말씀을 받지 않으면 창세후 전무후무한 환난에서 살아남지 못한다. 반 때의 말씀, 작은 책의 말씀을 받아야만 병에 기름이 없어지지 않고 통에 가루가 다하지 않는 축복을 받을 수 있다. 그것이 이기는 자가 먹을 수 있는 감추인 만나인 것이다.

II
마지막 싸움터, 아마겟돈 전쟁

　예수님은 십자가상에서 땅을 진동시키는 우레의 말씀을 발하셨다. 마지막 재림의 때는 땅뿐만 아니라 하늘을 진동하는 우레를 발하게 된다(히 12:26-27). 땅뿐만 아니라 하늘까지 진동시킬 때 어떤 일이 일어나는가? 해를 입은 여인과 붉은 용이 하늘의 두 이적이 되어서 대치하며 싸우는 전쟁이 시작되는 것이다(계 12:1-4).

　하나님께서 그들이 싸우는 싸움터도 이미 정해놓으셨는데 하나님이 공도의 입장에서 정해놓으신 마지막 싸움터가 요한계시록 16:12-16에서 말씀하고 있는 아마겟돈이다.
　아마겟돈은 하나님이 예비하신 장소로써 마지막 때 빛과 어두움의 공식적인 싸움이 벌어지는 곳이다. 천국이 이루어질 제 밭은 하나님이 마지막 구속사의 끝을 이루시기 위하여 공평하게 공정하게 공의와 공도로써 이루어놓으신 마지막 싸움터라고 말할 수 있다. 하나님의 뜻은 빛과 어두움이 서로 정해진 율례와 규례와 법도를 공유하면서 정해진 장소에서 이루어진다.

천국이 이루어질 제 밭은 좋은 씨와 가라지가 다 뿌려진 곳이다. 제 밭에 뿌려진 이상은 빛과 어두움이 각자 자기의 목적을 이루어야 한다. 하나님께서 마지막 싸움터를 지정하신 이유는, 때를 단축시키기 위한 하나님의 역사라고 말할 수 있다 (고전 7:29).

아마겟돈은 빛을 대표하는 존재와 어두움을 대표하는 존재가 싸우는 곳으로 해를 입은 여인과 붉은 용이 하늘에 두 이적으로 등장해서 싸우는 전쟁이다.
붉은 용이 해를 입은 여인과 싸우는 나라라면 그 나라와 민족이 짊어지고 있는 운명도 이미 하나님이 정해놓으셨기 때문에 피할 수도 없고 벗어날 수도 없다.

그렇기 때문에 신령한 자라면 지금도 흘러가고 있는 세월의 분초(分秒)소리를 들어야 한다. 하늘의 시계 소리를 듣는 자라면 전 삼년 반이 지나고 후 삼년 반에 돌입하는 경계 안에서 두 감람나무의 역사가 마무리되고 후 삼년 반이 시작된다는 것을 알 수 있다.
두 감람나무의 역사는 영적인 역사로써 전 삼년 반은 영적인 시간이 적용되지만 후 삼년 반은 정확하게 세상적인 시간인 크로노스 시간이 적용된다. 그러므로 다니엘 12장에서 말씀하고 있는 1260일, 1290일, 1335일은 세상적인 시간, 세상적인 날짜가 된다.

단 12:11-12 매일 드리는 제사를 폐하며 멸망케 할 미운 물건을 세울 때부터 일천이백구십 일을 지낼 것이요 기다려서 일천삼백삼십오

일까지 이르는 그 사람은 복이 있으리라

　구속사적 차원에서 전 삼년 반이 끝나는 비밀, 암호를 풀 수 있는 사람이라면 후 삼년 반의 날짜를 하루하루 카운트다운 할 수 있다. 그때부터는 "45일을 기다려 1335일에 이르는 사람은 복이 있으리라"는 말씀처럼 기다리는 사람이 되어야 한다.
　1260일에서 1290일까지 30일은 짐승이 인을 치는 기간이다. 그때에 다니엘에서 말씀하고 있는 무서운 환난이 있다. 다니엘의 세 친구처럼 사자굴에 들어가는 사람도 있고 평소보다 칠 배나 뜨거운 풀무불에 들어가는 사람도 있다. 구속사가 완성되려면 이 땅에서 실제로 그러한 역사가 이루어져야 한다.

　요한계시록 19:11-21에 기록된 전쟁은 밥 먹고 똥 싸는 사람들이 싸우는 것이 아니다. 여기에서 백마는 비상하는 존재를 의미한다. 변화 받은 사람들, 백마와 탄자, 진실과 충신이라는 이름을 가진 분을 따라서 하늘을 비상하는 자들이 비상하는 자들을 상대로 하여 싸우는 것이다. 세상의 화기(火器)를 가지고 싸우는 것이 아니다.

1. 한 이레 속의 빛과 어두움의 싸움

　마지막 재림의 마당은 빛과 어두움의 역사가 가장 공정하게 진행되는 역사의 과정이라고 말할 수 있다. 구약의 마당과 신약의 마당을 통해서 인류 구속사역으로 정해진 70이레 중에 69이레가 이루어졌다. 재림의 마당에서 남은 한 이레를 가지고 전 삼년 반과 후 삼년 반으로 나누어 전반은 빛의 역사로써, 후반은 어두움의 역사로써 공정하게 매김을 하셨다.

그렇기 때문에 재림의 마당의 역사는 가장 공개적이며 가장 뚜렷한 명분을 가지고 역사되는 빛과 어두움의 전쟁의 역사라고 말할 수 있다.

그런 입장에서 요한계시록 12장에 아주 공의적인 측면에서 하늘의 두 이적이 있다고 선언을 한 것이다. 하늘의 두 이적 중 하나는 해를 입은 여인의 역사이고 또 다른 이적은 붉은 용의 역사라는 것을 분명하게 제시하고 있다.

> 계 12:14 그 여자가 큰 독수리의 두 날개를 받아 광야 자기 곳으로 날아가 거기서 그 뱀의 낯을 피하여 한 때와 두 때와 반 때를 양육 받으매

한 때 두 때 반 때라는 말은, 때마다 때를 주관하는 때의 주인이 있다는 말이다. 하나님이 주관하시는 마지막 결전의 장소에는 빛과 어두움의 진영에서 각각 세 사람씩 등장하게 되어 있는데 세 사람에게 준 긱자의 때가 있나. 그것을 가리켜서 한 때 두 때 반 때라고 한다. 그래서 한 때의 일을 하는 사람을 정하시고 두 때의 일을 하는 사람을 정하시고, 또 반 때의 일을 하는 사람들에게도 각자 자기의 때를 주었다는 것이다. 그뿐만 아니라 마지막 싸움터에서 싸워야 하는 상대적인 존재까지도 하나님이 정확하게 정해놓으셨다.

재림의 마당에 등장하는 중심적인 때의 주인은 붉은 용과 해를 입은 여인이다. 붉은 용이 바다의 짐승에게 권세를 주고 바다의 짐승은 땅에서 올라 온 새끼 수양에게 권세를 준다. 해를 입은 여인은 이 땅의 주로서 두 감람나무와 두 촛대에게 권세를 주고, 두 감람나무 중 산비둘기로부터 재림의 마당의 마지막 제물이 되는 집비둘기 새끼에게 마지막 반 때의 권세가 넘어간다.

빛의 진영에는 광명한 자 세 사람이 등장하고 어두움의 진영에는 666이 등장해서 한 때의 사람은 한 때의 사람끼리, 두 때의 사람은 두 때의 사람끼리, 반 때의 사람은 반 때의 사람끼리 싸우도록 순서와 서열까지도 정해놓으셨다.

한쪽 편에게만 우선적으로 유리한 입장을 주신다면 공의의 하나님이 아니다. 하나님은 참되시고 의로우시고 거룩하시고 선하신 분이시기 때문에 마지막 싸움도 공정하게 공평하게 한 이레를 전 삼년 반과 후 삼년 반으로 나누어서 전 삼년 반은 빛의 역사를 하게 하시고 후 삼년 반은 어두움의 역사를 하게 하신 것이다. 그러므로 전 삼년 반에는 빛의 세 사람이 등장하고, 후 삼년 반에는 어두움을 대표하는 666이 등장한 것이다.

빛의 세 사람은 이 땅의 주와 주 앞에 선 두 감람나무, 즉 해를 입은 여인과 두 감람나무와 두 촛대이고 어두움을 대표하는 666은 붉은 용과 바다의 짐승과 땅에서 올라온 새끼 수양이다.

그러므로 한 때 두 때 반 때 중에서 한 때에는 해를 입은 여인과 붉은 용의 싸움, 두 때에는 산비둘기와 바다의 짐승과의 싸움, 반 때에는 집비둘기 새끼와 땅에서 올라온 새끼 수양과의 싸움이 전개된다.

　해를 입은 여인도 한 때 두 때 반 때의 주인이시고 이 땅의 주 앞에 선 두 감람나무와 두 촛대, 산 자의 열매이신 그리스도도 한 때 두 때 반 때를 가지신 분이다.
　그런데 아버지이신 해를 입은 여인이 그리스도가 가지고 있는 반 때를 아무도 모르게 반 때의 주인공에게 주었다. 어두움의 권세가 역사하는 반 때 안에서 택한 자들을 보호할 수 있는 보호막이 되어주기 위해서다. 후 삼년 반의 반 때는 666이 역사하는 반 때를 말한다. 적그리스도가 광명한 천사로 무섭게 역사하기 때문에 택한 백성일지라도 그 날과 그 때를 감해 주지 않으면 아무도 살아날 수 없다.

　재림의 마당에 자기 밖에 모르는 자기 이름을 가지고 오신 분이 전 삼년 반의 역사를 마치고 광야로 가서 한 때 두 때 반 때를 양육 받으신다. 그것은 하나님의 공의의 입장에서 후 삼년 반의 한 때 두 때 반 때를 어두움의 주관자들에게 내어주어야 하기 때문에 후 삼년 반 동안을 광야에 가서 때가 차기를 기다리시는 것이다.

　한 이레의 절반을 중심으로 전 삼년 반과 후 삼년 반으로 나누고 전 삼년 반을 빛의 주관자들에게 주시고 후 삼년 반을 어두움의 주관자들에게 주셨다. 전 삼년 반도 한 때 두 때 반 때이고 후 삼년 반도 한 때 두 때 반 때이다. 그렇게 하신 것은 빛과 어두움의 진영이 똑같은 목적을 가지고 싸우게 하신 것이다.

해를 입은 여인은 철장의 권세를 가진 아이를 낳으려고 하고 붉은 용은 땅에서 올라오는 새끼 수양을 산 자로 만들려고 한다. 이미 서로가 싸울 수밖에 없는 내용의 세계를 가지고 공통적인 입장에서 누가 먼저 산 자를 낳느냐 못 낳느냐를 놓고 싸우는 것이다.

그렇기 때문에 해를 입은 여인만이 산 자를 탄생시키기 위하여 구로의 아픔을 겪는 것이 아니다. 붉은 용도 땅에서 올라오는 새끼 수양을 산 자로 만들기 위해서 후 삼년 반에 구로하고 있다고 말할 수 있다. 문제는 누가 먼저 산 자를 탄생시키느냐? 누가 먼저 부활과 변화의 도맥을 통하여 산 자를 만드느냐? 서로 동일한 목적을 가지고 싸우는 것이다. 그것이 재림의 마당에서 빛과 어두움이 공도로써 싸우는 싸움의 내용인 것이다.

붉은 용이 삼키려한다는 말의 의미는, 그가 노리고 있다가 해를 입은 여인이 철장의 권세를 가진 아이를 먼저 낳으면 그를 삼켜버리고 자기가 산 자를 낳으려고 대적하고 있다는 것이다.

지금은 반 때의 주인공이 역사하는 때이다. 그런데 남은 반 때의 시간도 이미 저물어가고 있다. 반 때의 말씀을 하는 자의 사명이 끝나면 세 사람이 공유하고 있는 반 때는 끝이 나는 것이다. 세 사람이 다 사라지고 나면 광명한 자들이 이 땅에서 다 떠남으로써 빛의 역사는 끝나는 것이다.

그러면 하나님이 요한계시록 11장에 "속히 이르는도다"라는 말씀처럼 미련없이 지체하지 않고 셋째 화를 이 땅에 쏟으신다.

계 11:14 둘째 화는 지나갔으나 보라 셋째 화가 속히 이르는도다

요한계시록 10장에서 말씀하고 있는 하나님의 종 선지자들은, 일반적인 개념의 종들이 아니라 이 땅의 주 앞에 선 두 감람나무와 두 촛대를 말하는 것이다.

계 10:7 일곱째 천사가 소리 내는 날 그 나팔을 불게 될 때에 하나님의 비밀이 그 종 선지자들에게 전하신 복음과 같이 이루리라

하나님은 이렇게 마지막 싸움터를 정하시고 그 싸움터에 소속된 사람들로 하여금 자기들이 싸워야 할 대상과 자기들이 이루어야 할 목적을 다 동일하게 공유하게 하셨다. 그리고 싸우는 사람의 수와 싸우는 사람들이 짊어지고 있는 때까지도 분명하고 확실하게 공의와 공도로써 공평하게 정해놓으셨다는 것이다.

두 감람나무는 재림의 마당에서 한 때 두 때 반 때를 역사하는 주인공이다. 예수님이 피와 물속에 태초의 말씀을 감추신 것처럼 두 감람나무도 때의 주인공으로서 가지고 있는 한 때 두 때 반 때 중에서 아무도 모르게 반 때를 집비둘기 새끼에게 양도한다. 두 감람나무가 남아있는 의인들을 위하여 반 때를 남겨서 반 때의 주인공에게 준 것이다. 그렇기 때문에 두 감람나무가 떠났음에도 불구하고 아직도 남은 반 때의 말씀이 살아 역사하고 있다는 사실을 아무도 모르고 있는 것이다.

산비둘기가 남은 반 때의 말씀을 집비둘기 새끼에게 준 이

유는 무엇인가? 그 말씀을 남겨주지 않았다면 택한 자라도 후 삼년 반에 견딜 자가 없기 때문에 각자 제멋대로 자기적 신앙 생활을 하다가 속절없이 가는 것이다.

    마지막 때 붉은 용, 바다의 짐승, 새끼 수양의 존재인 666 이 역사하면 이 땅에서 신앙의 정절과 순결을 지킬 수 있는 사람이 있을까? 절대 어림도 없다. 666이 무섭게 역사하는 그때에 반 때의 말씀으로 붙잡아주기 때문에 남는 자, 이기는 자가 될 수 있는 것이다.

    그 싸움에 등장하는 마지막 반 때의 주인공들은 '새끼'라는 공통점을 가지고 있다. 그들은 집비둘기 새끼와 땅에서 올라온 새끼 수양이다. 그렇기 때문에 그들은 싸움의 내용을 서로가 다 공유하고 있다. 서로가 서로를 잘 알고 있다는 것이다.

    새끼 수양의 '양'이라는 말은 성도를 의미한다. 신천지 이만희는 땅에서 올라온 새끼 수양이다. 그들을 가리켜서 신천지 교회라 하지 않고 '신천지 예수교회'라고 말한 것은 바로 요한계시록에 예언된 666 중에 하나인 새끼 수양을 잘 나타내고 있는 말이다.

    마지막 반 때 속에서 싸우는 핵심적인 싸움의 중심은 무엇인가? 그 점을 짚어볼 필요가 있다. 싸움의 소재가 없다면 싸울 리가 없다. 싸울 수 있는 어떤 싸움의 원인, 싸움의 요소가 있어야 싸움이 되는 것이다.

    반 때의 싸움의 내용은 "누가 작은 책을 먹은 자인가?"이다. 그것이 반 때의 싸움의 요지이다. 작은 책은 두 사람이 나누어 먹을 수 있는 책이 아니다. 오직 한 사람만이 먹게 되어 있다. 그런데 치열한 투쟁 속에서 진행되는 영적인 세계의 싸움이기 때문에 두 사람이 서로 자기가 먹었다고 주장하는 것이다.

신천지 이만희는 자기가 작은 책을 먹었기 때문에 열두 사도를 세우고 열두 지파를 세우고 14만 4천을 인친다고 주장하고 있다. 그런데 그들의 그러한 주장이 말세라는 현 시점에서 성도들에게 먹혀들어가고는 있다는 것이다.

요한계시록 12:4에 용이 꼬리를 한 번 휘두르자 하늘 별 삼분의 일이 떨어졌다는 말씀이 기록되어 있다. 땅에 떨어졌다는 말은 용의 계열에 소속되었다는 뜻이다. 말세에 그들의 거짓말이 통할 수 있는 이유는 무엇인가? 그들이 마지막이라는 때를 잘 이용하고 응용하고 있다는 점에서 어느 정도 이 세상에 먹혀 들어간 것이다.

예수께서도 세상 끝에 오셨기 때문에 세상 끝에 오신 분으로서 하늘의 역사를 하셨다.

마찬가지다. 지금이 세상 끝이라면 한 이레를 통하여 끝에 이루어지는 역사가 무엇인지 나타내야 하고 보여주어야 하고 가르쳐주어야 한다. 그것이 구속사의 비밀을 아는 사람, 때의 비밀을 아는 사람으로서 당연히 하나님의 종, 목자들이 해야 할 일이다.

성도들이 "세상 끝이 언제인가요?"를 목자들에게 물으면 "내가 살고 있는 오늘을 세상 끝이라 생각하고 사십시오"라고 말한다는 것이다. 얼마나 상투적인 말인가?

그런 때에 이만희가 "세상 끝에는 하늘나라의 역사가 이렇게 이루어집니다"라고 외쳐대고 있으니 오랜 동안 말씀에 식상해 있던 사람들이 그가 하는 말에 관심을 가지게 되어있다는 것이다. 그래서 신천지 이만희가 전하는 복음이 이 땅에서 먹히고 있는 것이다. 신천지가 억지로 성도들을 빼앗아가는 것이 아니다.

그러한 역사를 가리켜서 용의 꼬리에 하늘의 별 삼분의 일이 땅에 떨어진다고 말씀하는 것이다(계 12:4).

예수께서 "뱀같이 지혜롭고, 비둘기 같이 순결하라!"(마 10:16)고 말씀하셨다. 뱀과 싸우려면 뱀을 알아야 하고 최소한도 같은 수준, 같은 차원, 같은 능력을 가져야 한다. 그런데 오늘날 기독교의 믿음의 수준, 차원은 뱀과 싸우기는 고사하고 정말 어린 아이에 불과하다고 할 것이다.

해를 입은 여인이 큰 독수리의 두 날개를 받아 광야 자기 곳으로 날아가셨고 한 때 두 때의 주인공은 이미 큰 성 길 위에 시체로 누워계신다. 그러나 나머지 반 때를 짊어지고 있는 사람은 아직 자기의 사명을 짊어지고 사명의 길을 걷고 있다. 그 반 때가 언제 끝날 것인가는 아버지의 주권 속에 들어있다.

그러므로 그 날과 그 때는 하늘에 있는 천사들도 모르고 아들도 모르고 아버지밖에 모르기 때문에(막 13:32) 세상 사람들이 아무리 머리를 쥐어짜보아도 하나님이 역사하신 하늘 역사의 마지막 시간을 알 수가 없다.

그러나 두 감람나무에게 주신 한 때 두 때 반 때는 하나님이 주신 시간이다. 그렇기 때문에 한 때 두 때 반 때는 하나님의 주권적인 카이로스 시간이 적용된다. 거기에서 남은 반 때의 시간은 세상의 시간 속에서 마치 물위에 기름이 떠 있는 것과 같은 시간이다. 물과 기름은 아무리 흔들어도 하나가 되지 않는 것처럼 크로노스 시간 속에는 하나님의 주권적인 카이로스 시간이 적용되는 반 때의 시간이 들어있다는 것이다.

이 반 때에는 놀라운 비밀이 들어있다. 집비둘기 새끼가 역사하는 남은 반 때의 시간은 해를 입은 여인이 광야에서 한 때 두 때 반 때를 양육 받는 반 때와 두 감람나무가 큰 성길에 누워있는 사흘 반의 반 때와 동일한 반 때를 말하는 것이다. "주검이 있는 곳에 독수리들이 모일지니라"는 원리적인 말씀도 이 말씀 안에 동일하게 적용을 받고 있는 것이다.

마 24:28 주검이 있는 곳에는 독수리들이 모일지니라

눅 17:37 저희가 대답하여 가로되 주여 어디오니이까 가라사대 주검 있는 곳에는 독수리가 모이느니라 하시니라

그 반 때의 역사가 끝남과 동시에 광야에서 한 때 두 때 반 때를 양육 받고 있는 해를 입은 여인이 영육 간에 부활하신다. 그 시간이 요한계시록 16장에 세 번째 도적같이 오신다는 말씀 속에 감추어져 있는 비밀과 암호가 되는 것이다.

계 16:15 보라 내가 도적같이 오리니 누구든지 깨어 자기 옷을 지켜 벌거벗고 다니지 아니하며 자기의 부끄러움을 보이지 아니하는 자가 복이 있도다

그렇기 때문에 그때는 옷을 벗고 있으면 안 된다. 옷을 벗은 자는 그러한 영광을 영접할 수 없다.

해를 입은 여인이 한 때 두 때 반 때를 양육 받으심을 끝냄과 동시에 영육 간에 부활하심으로써 큰 성 길 위에 누워있는 두 감람나무에게 생기를 불어넣어 주시고 하늘로부터 "이리로 올라오라"는 음성을 듣고 철장의 권세를 가진 아이가 하늘로 올라가는 말씀의 성취를 이루시는 것이다.

그러면 이 땅에는 어떤 일이 일어나는가? 아버지의 이름과 어린 양의 증거를 받은 자들을 통해서 이 땅에서 새 하늘과 새 땅, 새 사람, 신천 신지, 천년왕국이 이루어진다.

요한계시록 1장-3장에 성령이 일곱 교회에게 주시는 말씀 중에 이기는 자에게 주는 축복이 기록되어 있다. 그 내용은 "이기는 자에게는 생명나무의 과실을 주어 먹게 하리라. 두 번째 사망의 해를 입지 않게 해주리라. 흰 돌과 감추인 만나를 주리라. 만국을 다스리는 철장의 권세를 주리라. 그 이름을 생명책에서 흐리지 아니하리라. 하나님의 성전의 두 기둥이 되게 해주리라. 흰 옷을 입게 해주고 나와 함께 동행하게 해주리라"이다.

이기는 자에게 주신다는 말은, 이겨야 할 때가 분명하고 확실하게 정해져 있다는 것이다. 그렇기 때문에 다니엘 12장에 1335일이라는 기간이 기록되어 있는 것이다.

2. 끓는 가마가 남으로 기울어지나이다

우리나라의 전쟁은 영적으로는 신들의 전쟁이지만 표면적으로는 말씀의 권세도 어두움의 권세도 인자를 통하여 역사하기 때문에 빛과 어두움이 함께 공존하면서 주도해나가는 신들을 대신한 인자 대(對) 인자의 싸움이다. 그렇기 때문에 인간의 의지로 바꾸거나 움직이거나 할 수 있는 전쟁이 아니다.

예레미야 1장에 여호와의 말씀이 임하여 "네가 무엇을 보느냐?"라고 예레미야에게 물었을 때 "끓는 물이 북에서 남으로 기울어진 것을 보나이다"라고 대답했다.

> 렘 1:13-14 여호와의 말씀이 다시 내게 임하니라 이르시되 네가 무엇을 보느냐 대답하되 끓는 가마를 보나이다 그 면이 북에서부터 기울어졌나이다 여호와께서 내게 이르시되 재앙이 북방에서 일어나 이 땅의 모든 거민에게 임하리라

하나님이 자기 백성을 심판하실 때는 북쪽에 예비해두었던 하나님의 진노의 칼로 자기 백성을 심판하신다. 앗수르, 바벨론, 이런 나라들은 본방 이스라엘의 북쪽에 있는 나라들이다.

혹자는 재앙이 북방에서 일어나 남한에 임한다고 하니까 "그것이 6.25가 아니었냐?"라고 말한다. 그러나 창세 후 전무후무한 환난은 분명히 겨울철이라고 말씀하고 있다.

> 마 24:20-22 너희의 도망하는 일이 겨울에나 안식일에 되지 않도록 기도하라 이는 그 때에 큰 환난이 있겠음이라 창세로부터 지금까지

> 이런 환난이 없었고 후에도 없으리라 그 날들을 감하지 아니할 것이면 모든 육체가 구원을 얻지 못할 것이나 그러나 택하신 자들을 위하여 그 날들을 감하시리라

위 성구에서 말씀하고 있는 환난은 겨울철이기 때문에 6.25는 아니다. 6.25 한국전쟁은 여름철에 일어난 전쟁이다. 6.25보다 더 큰 아픔의 전쟁이 겨울철에 또 한 번 더 있다는 것을 꼭 집어서 암시하고 있는 말씀이다.

그 때 필자가 1978년도에 말한 열 개의 지역에 핵탄두가 남한에 떨어지게 되어있다.

그런 상황이 되면, "창세 이후 전무후무한 환난이 일어나서 그 날들을 감해주지 않으면 살아남을 자가 없다"고 하신 말씀대로 믿는 하나님의 백성들이 어려움을 겪는 때가 된다. 성경을 가지고 다닐 수도 없고 읽을 수도 없고 예배를 드릴 수도 없는 그런 입장에 처해진다. 그런 상황이 벌어진 후, 하나님의 주권적인 은혜의 역사가 개입됨으로써 다시 한 번 진정한 통일이 이루어지는 것이다. 그러나 그전에 그들에게 비참한 짓밟힘을 당한다는 것이 성경 말씀이다. 이것이 둘째 화 속에 들어있다는 것이다.

필자가 1978년도에 증거했던 말씀들이 그 당시에는 미친 사람, 정신병자 같은 말이라고 도외시(度外視)되었지만 오늘날에 와서는 그 말씀이 정확하게 들어맞고 있지 않는가? 이북은 이미 핵탄두를 보유하고 있다. 그들은 절대 자기들이 만든 것을 무용지물로 만들지 않는다.

이북의 지배층도 갈수록 심리적으로 큰 압박을 받고 있다. 지금은 북한에 있는 동포들도 많은 정보를 공유할 수 있고 세계 각 나라의 정보를 공유하려는 의식이 점차적으로 깨어나고 있다. 그렇기 때문에 북한 지배층도 대대손손(代代孫孫) 자기 국민들을 통치하기 어렵다는 것을 알고 있다.

그런 입장에서 본다면 그들이 만들어 놓은 핵을 언젠가는 사용하지 않을 수 없는 때가 온다는 것이다. 어차피 자멸할 바에는 그것을 사용하고 끝내려고 하지 그냥 죽지는 않는다.

그렇기 때문에 도사 목사께서 아무 것도 모르는 필자에게 "너는 누가 비웃든 말든 이 말씀을 전하라!"고 하셔서 이 말씀을 증거한 적이 있었다. 그때는 완전히 미친 사람 취급을 당했었다.

요한계시록 9:12에 첫째 화가 끝나고 9:13에 "여섯째 천사가 나팔을 불매" 둘째 화가 시작된다. 둘째 화 안에 유브라데 강의 사건이 들어있다(계 9:14-15).

말씀의 세계는 영육 간에 이루어지는 세계이다. 표면적인 이스라엘 땅에 전쟁이 일어난다면 영적인 이스라엘인 우리나라에도 아울러 전쟁이 일어난다는 것은 너무나도 당연한 일이다.

우리가 그런 시대에 살고 있는 것이다. 그때에 "너 하나님 믿을래? 안 믿을래?"라고, 믿는 하나님의 백성들이 가지고 있는 믿음의 의, 신앙의 의를 시험 받게 된다. 살기를 바라는 자는 당연히 부인할 것이고 죽기를 바라는 자는 기꺼이 십자가를 지고 하나님의 말씀을 부인하지 않을 것이다. 그러나 죽음을 두려워하는 사람은 "예! 하라는 대로 할게요"라며 하나님을 부인할 수밖에 없다.

그런 시련이 분명히 우리에게 있다는 것을 알아야 한다. 그런 때가 있기 때문에 순교의 수가 남아 있는 것이고 그런 환란이 있기 때문에 신앙의 정절과 순결을 지키라고 말씀하고 있는 것이다.

그러므로 "성도들의 인내가 자기 영혼을 지킨다"(눅 21:19, 계 13:10)라고 말씀하고 있다. 이러한 때에 끝까지 참고 견디는 자, 끝까지 신앙의 정절과 순결을 지키는 사람만이 자기 영혼을 지킬 수 있는 것이다. 이것을 인정하지 않는 사람들은 큰 어려움을 겪게 된다. 아는 사람은 그 날과 그 때를 위해서 기도로써 미리미리 준비할 수 있는 것이다.

골고다 언덕을 향하여 십자가를 지고 가시는 예수님이 수없이 넘어지고 또 넘어지셨다. 이미 예수님은 십자가를 지시기 전에 로마 병정들에 의해서 너무 많이 맞으셨기 때문에 눈이 붓고 눈에 핏물이 들어가서 도무지 앞을 보실 수 없었.

예수님이 슬피 울면서 따라오는 여인들을 향하여 "나를 위하여 울지 말고 너희와 너희 자녀들을 위하여 울라!"고 말씀하셨다(눅 23:28). 그런데 그 여인들이 예수님이 하신 말씀을 깨닫지 못했기 때문에 예루살렘 성을 떠나지 않았다. 예수님이 하신 말씀의 의미를 깨달았다면 그들이 예루살렘 성을 떠나 감람산으로 피했을 것이다. 그들이 떠나지 않고 예루살렘 성 안에 있었기 때문에 그 안에 갇혀 한 명도 살지 못하고 죽었다.

마찬가지다. 지금 이 말씀을 '설마! 그렇게 될까?'라고 깨닫지 못하고 믿지 못한다면 그런 사람들도 예수님 때와 똑같은 입장에 처해진다는 것을 분명히 알아야 한다.

이사야 57:1에 화액 전에 광명한 자들을 취하여 데려가신다는 말씀이 기록되어 있다. 하나님이 그런 세상이 오기 전에 하늘의 일을 위해서 먼저 의인과 자비한 자들을 데려가신다. 하늘에서도 하늘의 역사를 하셔야 하기 때문이다.

"둘째 화가 지나가면 셋째 화가 속히 이른다"고 말씀하고 있다(계 11:14). 셋째 화는 성전 밖 마당을 척량하는 것이다. 척량은 심판을 말한다. 셋째 화는 이미 공개되어 있는 화이다. 성전 안은 두 감람나무, 두 촛대가 척량하지만 성전 밖 마당은 그들이 척량하는 것이 아니라 붉은 용과 바다의 짐승과 땅의 수양인 세 짐승에게 내어주는 것이다.

그러나 성부와 성자와 성령의 세 인으로 인침 받은 자들은 하나님의 주권적인 은혜가 그들을 모두 책임져 주시고 보호해 주시고 인도해주시고 모든 것을 함께 해 주신다. 그렇기 때문에 세 인을 받은 사람들은 절대 두려워할 필요가 없다.

세 인은 언제 받아야 하는가? 빛 안에서만 세 인을 받을 수 있는 것이다. 빛이 떠나고, 빛이 사라지면 인을 받을 수 없다. 빛이 있는 동안에 빛의 열매, 의의 열매, 선한 열매, 성령의 열매를 맺는 것이다. 빛이신 광명한 자가 떠났는데 빛이 없는 때에 잘 믿겠다고 설쳐대는 사람들은 어두움에 속한 사람들이다. 빛이 있을 때는 최선을 다하지 못하던 자가 빛이 떠난 다음에 무언가 해보겠다고 열심을 내는 인간들은 어두움에 소속된 자들이기 때문에 그런 것이다. 어두움의 자식들이니까 빛의 역사가 이루어지는 때에 빛의 일을 하지 못하는 것이다.

　출애굽 할 때에도 많은 섞인 무리가 있었다. 필자는 하나님이 주신 대로 말씀을 하고 있다. 필자가 전해드리는 말씀은 하나님의 공의의 말씀이며 빛과 어두움을 구별하는 말씀이다. 이 말씀을 통해서 빛과 어두움이 다 구별되어지는 것이다.
　필자가 잘나서 그런 것이 아니다. 필자도 필자가 증거하는 하나님의 말씀으로 척량을 받고 책망을 받고 징계와 징벌을 받고 심판을 받기도 한다.

　예레미야가 "끓는 가마가 그 면이 북에서 남으로 기울어졌나이다"라고 말한 사건이 요한계시록 9장의 유브라데 강을 통해서 그 역사가 일어날 것이 예고되어있다.
　예수님이 말씀하신 의미를 올바로 깨닫는다면 그 환란을 위해서 믿는 하나님의 백성들이 미리미리 지혜롭게 기도하고 또 올바르고 정결하고 깨끗한 믿음, 신앙으로 자녀들을 가르쳐야 한다.

　필자가 오래 전부터 은혜 안에서 계시 중에 몇 가지 사건을 본 것이 있다.

　장면 1
　몇 사람에게 휘발유를 부어놓고 "믿을래, 안 믿을래?"라고 물을 때 "나는 하나님을 믿습니다!"라고 하니까 그에게 라이터 불을 던져서 태워 죽이는 것을 보았다.

장면 2

철없는 아이가 있는 가정에 무서운 시험을 하는 것을 보았다. 아이에게 물 한 모금 주지 않고 며칠을 굶긴다. 아이들은 3일 간 물 한 모금 먹지 못하면 견디지 못한다. 아이에게 "야, 네 엄마 아빠가 하나님을 안 믿는다고 말하면 내가 고기하고 쌀밥을 너에게 줄 테니까 네 엄마 아빠에게 안 믿는다고 얘기하라고 해!"라고 한다. 그리고 감옥에 갇혀있던 부모를 불러오니까 아이가 엉엉 울면서 "엄마! 이 아저씨가 엄마 아빠가 하나님을 안 믿는다고 말하면 나에게 쌀밥과 고기를 준대! 엄마, 아빠! 안 믿는다고 말해!"라고 아이가 통곡하면서 몸부림치는 모습을 보았다.

필자가 본 것은 절대 허상이 아니다. 믿는 하나님의 백성 중에 있는 사람이다. 그래서 그들이 불에 타죽는 것도 보았다. 필자는 그 사람이 누구인지 안다. 그런데 다행히 필자가 본 그들은 하나님을 부인하지 않았다. 아주 장렬하게 "나는 절대 하나님을 부인할 수 없습니다. 살아계신 하나님을 나는 믿습니다"라고 말하니까 그에게 라이터 불을 탁 던진다. 휘발유를 뿌렸으니까 얼마나 잘 타는가! 그렇게 타죽는 것도 보았고 아이로 인해 그렇게 시험을 빈는 것도 보았다.

재림의 마당에서 성별된 성도들은 다 그러한 시련을 겪고 그러한 환난에 부딪히게 되어 있다. 절대 셋째 화가 그냥 끝나는 것이 아니다. 그들이 잘 믿다가 편안히 죽는 것이 아니다.

우리는 만물의 탄식 소리와 성령의 사람들의 탄식소리를 듣는 사람들이 되어야 한다(롬 8:19-27). 탄식할 수밖에 없는 세상에서 살고 있기 때문에 자신의 영혼을 위해서 기도하지 않으면 안 되고 깨어있지 않으면 안 된다. 깨어있는 사람만이 하나님의 주권적인 은혜의 역사하심과 도우심과 인도하심을 받을 수 있기 때문이다.

> 눅 21:34-36 너희는 스스로 조심하라 그렇지 않으면 방탕함과 술취함과 생활의 염려로 마음이 둔하여지고 뜻밖에 그 날이 덫과 같이 너희에게 임하리라 이 날은 온 지구상에 거하는 모든 사람에게 임하리라 이러므로 너희는 장차 올 이 모든 일을 능히 피하고 인자 앞에 서도록 항상 기도하며 깨어 있으라 하시니라

노아 때는 물심판 일주일 전에 방주에 태웠고(창 7:9-10), 롯 때는 일곱 시간 전에 천사가 롯의 가족을 성 밖으로 이끌고 나왔다(창 19:15-16).

요한계시록 9:15에 그러한 연, 월, 일, 시를 말씀하고 있다. 마지막 때에 시간을 다투는 그러한 순간이 당연히 있는 것이다. 여기에 분(分)은 기록되어 있지 않지만 그때에는 분초(分秒)를 다투게 되어 있다.

예수께서 "너희는 예루살렘 성이 포위를 당하기 전에 예루살렘 성을 떠나라"(눅 21:20-21)고 말씀하셨다. 그럼에도 불구하고 예루살렘 성이 포위당했을 때 한 명도 탈출하지 못하고 110만 명이 다 죽었다. 그러니까 포위를 당하기 전에 예루살렘 성을 떠났어야 하는 것이다. 성 바깥에 있던 사람들까지도 "성 안에 들어가 있으면 많은 사람들이 모여 있으니까 하나님께서 살려주시겠지!"라는 기대를 가지고 오히려 예루살렘

성으로 다 들어갔다. 예루살렘 성 밖으로 도망간 사람이 별로 없었다는 것이다.

지금 우리나라도 예루살렘 성처럼 포위를 당한 것이나 마찬가지다. 무슨 소리인가? 서울에 있던 8군 사령부가 왜 오산을 지나서 평택으로 이전했는지, 왜 전방에 있던 모든 미군 부대를 평택 이남으로 이전을 했는지 알아야 한다. 이북이 가지고 있는 재래식 포가 서울을 지나서 오산까지 그 사정거리 안에 들어 있다. 미군이 평택으로 기지를 옮긴 것은 이북이 가지고 있는 재래식 포의 사정거리를 벗어나기 위해서였다. 서울과 수도권은 이북의 재래식 포의 사정권 안에 다 들어있는 것이다.

물론 로켓을 이용한다면 부산까지 떨어지기도 하지만 재래식 포의 유효 사정거리는 오산까지이다. 최전방에 배치한 대공포, 145, 175 자주포 같은 것들은 평택까지 미치지 못한다.
대한민국 국군 정보부 기관에서 발표한 내용에 의하면 북한이 그런 포를 최전방에 배치한 것이 3만 대 이상이라고 한다. 그들이 3분 안에 발사할 수 있는 포탄의 수도 10배 정도 된다는 것이다. 30만 발을 쏘면 수도권을 다 사정거리로 덮을 수 있다.

재래식 포로 대한민국 수도권이 완전포위된 것을 가리켜 성경은 "너희가 예루살렘이 군대들에 의해서 둘러싸인 것을 보게 되거든 산으로 도망할지니라"(눅 21:20-21)라고 말씀하고 있다.

우리는 완전 포위되어 있는 것이다. 사람이 와서 수도권을 포위하고 에워싸는 것만을 생각하면 안 된다. 재래식포 30만 발이 수도권에 동시에 떨어지면 수도권은 불바다가 된다.

그렇다고 해서 그들이 미리 선전포고하면서 쏘는가? 그렇기 때문에 "지붕 위에 있는 자는 집 안으로 물건을 가지러 가지 말고 밭에 있는 자는 겉옷을 가지러 뒤돌아 가지 말라"고 말씀하신 것이다. 얼마나 절박한 순간을 표현하고 있는지 깨달아야 한다.

서울과 수도권에 우리나라 인구의 3분의 1일이 분포되어 있다. 그렇기 때문에 이북에서 포를 쏘면 3분 안에 서울과 수도권에 몇 십만 발의 폭탄이 떨어지는 것이다. 거미줄 같은 가스관과 주유소가 터지면 그 참상은 불을 보듯 뻔하다. 앞서 기술했듯이 전쟁 발발과 동시에 인구의 3분의 1이 죽는다고 했다. 그러므로 과거에 겪었던 6.25, 한국전쟁과 앞으로 벌어질 전쟁의 양상은 다를 수밖에 없다. 성경 말씀처럼 전쟁이 터지는 순간, 전쟁이 일어남과 동시에 우리나라 인구의 3분의 1이 죽게 되어있는 것이다.

북한으로부터 그러한 위협을 받고 있음에도 불구하고 전쟁의 위협을 느끼는 사람은 별로 없다. 우리나라는 지금 요한계시록 8:1에 "하늘이 반 시 동안쯤 고요하더니"라고 말씀하고 있는 반 시의 역사 속에 있다.

태풍의 눈에는 흔들림이 없다. 그 무서운 태풍 한 가운데에는 촛불도 흔들리지도 않는다. 마찬가지다. 우리나라는 지금 태풍의 눈과 같은 반 시 속에 들어있는 것이다.

왜 반 시를 주시는가? 앞으로 받아야 할 환란이 너무 크기 때문에 하나님이 그 환란을 견디고 이길 사람들을 만들어야 한다. 그렇기 때문에 그들에게 중간계시, 다시복음, 작은 책의 말씀을 주시는 것이다.

필자가 집필한 '종말론적 입장에서 본 구속사 시리즈 말씀'이 바로 하늘이 인류에게 마지막 사랑으로 주시는 "작은 책", "다시복음"의 말씀이다.

Ⅲ
나라의 병거요 마병이요 아버지가 될 수 있는 사람은 누구인가?

전쟁은 사람이 하는 것이지만 전쟁을 하는 사람의 마음은 하나님이 주관하시기 때문에 전쟁은 하나님의 손에 달려있다고 하는 구체적인 내용의 세계를 앞서 살펴보았다.

그렇기 때문에 하나님이 인정하시는 참 하나님의 사람이 한 사람만 있어도 하나님이 그 나라와 민족을 지켜주시고 보호해 주신다는 사실을 알게 된다. 하나님이 기뻐하시고 인정하시고 사랑하시는 의인이 있다면 그 한 사람의 기도로 인하여 그 나라와 민족이 하나님의 절대적인 보호를 받는다는 말씀이 성경 속에 살아 숨 쉬고 있다.

예레미야 5장에 하나님의 뜻을 위해서 근심하며 우는 사람, 상한 심령으로 기도하는 사람, 하나님이 기뻐하시는 한 사람의 의인이 예루살렘 성안에 있다면 하나님이 예루살렘 성의 죄를 사해주신다고 말씀하고 있다.

렘 5:1 너희는 예루살렘 거리로 빨리 왕래하며 그 넓은 거리에서 찾아보고 알라 너희가 만일 공의를 행하며 진리를 구하는 자를 한 사람이라도

찾으면 내가 이 성을 사하리라

예루살렘 성에는 이스라엘 율법에 의해서 열두 지파에서 율법으로 정해놓은 대제사장이 있다. 오늘날로 말하면 대제사장과 부제사장이 있고 그 제사장들 외에도 서기관, 바리새인, 유사 등 많은 사람들이 예루살렘 성 안에 있었다. 그런데 하나님이 그 안에 한 사람의 의인이 있다면 예루살렘 성의 죄를 사해주리라고 말씀하신 것이다.

무슨 뜻인가? 우리나라에 기독교 교회만도 전국적으로 3만 개가 넘는다. 큰 교회는 목사들이 몇십 명씩 되는 교회도 많다. 물론 그 외에 목사 안수를 받고 교회를 세우지 못한 사람들도 수만 명이 있다.

서울 수도권 안에는 목사들을 비롯하여 각 교단의 총회 지도자들, 신학자들이 많이 있다. 하나님이 "그곳에 한 명의 의인이 있다면 내가 서울과 수도권의 죄를 사해주시겠다"라고 말씀하신다면 과연 그 말씀을 믿을 사람이 있을까?

그러나 결과적으로 한 명의 의인이 없었기 때문에 하나님이 예루살렘 성을 바벨론에 던져버리셨다. 요시아 왕 이후에 네 명의 왕들이 얼마나 비참하게 죽고 포로로 잡혀갔는지 성경에 기록되어 있다.

어찌 보면 지금 우리나라의 현 시국이 표면적인 이스라엘의 마지막 멸망의 때와 비슷하다고 말할 수 있다.

그러나 성경에는 한 사람으로 말미암아 나라와 민족의 안녕과 질서와 평안이 지켜진 사실들이 명확하게 기록되어 있다.

> 사무엘이 살아있는 동안 블레셋 족속이 침범하지 못했다.

> 삼상 7:13 이에 블레셋 사람이 굴복하여 다시는 이스라엘 경내에 들어오지 못하였으며 여호와의 손이 사무엘의 사는 날 동안에 블레셋 사람을 막으시매

왜 사무엘이 사는 동안 블레셋 족속이 침범하지 못했을까? 사무엘 선지 한 사람의 기도가 이스라엘 민족의 생사를 좌우하는 병거와 마병이 되었기 때문이다.

시편 99:6에 "간구할 때 하나님께서 응답해 주시는 자는 제사장 중에는 모세와 아론이요 그 이름을 부르는 자 중에는 사무엘이라"고 말씀하고 있다. 사무엘 선지자는 이스라엘의 영도자, 율법의 아버지, 광야의 지도자인 모세의 영광과 맞먹는 사람이라는 것이다.

사무엘은 일반 선지자가 아니다. 거룩한 나실인과 같은 특별한 선지자로서 하나님께 온전한 번제를 드린 사람이다. 또 사무엘은 "나는 너희를 위하여 기도하기를 쉬는 죄를 결단코 범치 아니하고"(삼상 12:23)라고 말씀한 기도의 사람이다. 사무엘은 하나님이 기뻐하시는 기도의 사람으로서 나라와 민족을 위해서 기도를 중단하지 않고 항상 깨어 기도하는 사람이었다. 그의 기도는 하나님이 직접 열납해 주시는 기도였기 때문에 하나님이 그가 구하는 내용을 즉각 응답해주셨다.

사무엘 선지는 사사시대를 종료시키고 열왕 시대를 연 두 가지의 의미를 가지고 있는 사람이었다. 그렇기 때문에 그는 사사도 되고 제사장도 되고 또 왕 같은 사람도 된다. 그러한

부르심의 입장에서 보면 모세와 같은 사람이라고 할 수 있다.

그런 사무엘이 나라와 민족의 운명을 짊어지고 기도했기 때문에 그가 기도하면 우레와 비가 떨어지기도 했다(삼상 7:10, 12:18). 그러니까 블레셋 족속이 수없이 침범했지만 목적을 이루지 못했다. 그의 기도의 능력이 그들을 막아냈기 때문에 그가 나라의 마병이며 병거요 국방이 될 수 있었던 것이다.

열왕기상 17장에 등장하고 있는 디셉 사람 엘리야도 마찬가지다. 그도 이 땅에 오지 않으면 안 될 사람이었다. 마귀가 엣바알의 딸 이세벨로 하여금 여호와 하나님을 밀어내고 그 자리에 바알과 아세라를 앉히려고 했다. 바알과 아세라는 부부(夫婦)신으로서 바알은 남편, 아세라는 아내 격이다.

아합과 이세벨이 국고(國庫)를 들여가며 바알과 아세라 선지자 850명을 철저하게 특수훈련을 시켜가며 전적으로 양성하고 있었다. 이스라엘 백성들에게 바알의 사상을 가르치려고 한 그들의 움직임은 성경에서 마귀가 가장 조직적으로 드러낸 능력의 역사였다(왕상 16:30-33).

그때 하나님이 엘리야를 지명하여 부르셔서 그 문제에 대응하게 하셨다. 만약 그러한 때에 엘리야가 등장해서 그 역사에 개입하지 않았더라면 이세벨이 계획하고 진행시키고 있는 어두움의 권세의 역사를 막을 수 없었을 것이다. 이세벨이 이루려는 목적을 파괴하기 위하여 하나님이 때에 맞게 준비한 사람이 바로 엘리야였다. 하나님께서 그대로 방치하셨다면 그들은 여호와를 몰아내고 바알을 여호와의 자리에 앉혀놓고 이스라엘의 신으로 믿게 했을 것이다.

  그렇기 때문에 하나님이 평범한 선지자를 보내지 않고 엘리야라는 특별한 선지자를 이 땅에 보내서 말씀의 권세로써 그들의 도모와 모든 궤휼을 패퇴(敗退)시켜 그들의 모략을 여지없이 산산조각으로 깨어 부수고 승리하게 하신 것이다.

  엘리야가 하나님의 사자로서 바알의 선지자들과 싸워 승리한 산이 갈멜산이다. 열왕기상 18장에 엘리야가 아합 왕에게 바알의 선지자 사백오십 인과 아세라의 선지자 사백 인을 갈멜산으로 모이게 하고 이스라엘 백성들에게 "너희가 어느 때까지 두 사이에서 머뭇거리려느냐? 여호와가 하나님이면 그를 좇고 바알이 하나님이면 그를 좇을지니라"(왕상 18:16-21)고 어두움의 권세를 향하여 전쟁을 선포한다.

  엘리야가 송아지 두 마리를 가져오게 하고 잡아서 나무 위에 놓고 바알의 선지자들에게 "불로 송아지 제물을 살라 응답하는 신이 진정한 하나님이니라"고 하였다. 그러자 그곳에 모인 백성들이 엘리야의 말이 옳다고 하였다(왕상 18:23-24).

  바알의 선지자들은 아침부터 저녁 소제를 드릴 때까지 바알의 이름을 부르며 자기 몸에 칼과 창으로 상처를 내면서까지 기도로 바알 신에게 제물을 태워달라고 외쳐댔지만 전혀 응답이 없었다.

  그러자 엘리야가 모든 백성들을 가까이 오게 하고 무너진 단을 수축하고 열두 지파를 의미하는 열두 돌의 단을 쌓고 단 주변에 도랑을 만들고 송아지를 잡은 번제물을 돌 위에 올려놓았다. 엘리야가 기도하자 불이 내려서 송아지 번제물과 도랑에 있는 물도 핥았다. 그러므로 백성들이 "주 여호와는 하나님이시라"고 인정하였다.

이렇게 갈멜산에서 영적 구도의 싸움에서 승리함으로써 엘리야가 바알의 선지자 450명을 잡아 기손 시냇가에서 하나도 남기지 않고 모두 쳐 죽일 수 있었다(왕상 18:28-40).

엘리야의 사적을 살펴보면 그가 이 땅에서 기도하는 대로 이루어졌다. 3년 6개월 동안 우로가 내리지 않게 하고(왕상 17:1, 약 5:17) 또 그가 갈멜산 꼭대기에서 기도함으로써 다시 우로가 내리기 시작했다(왕상 18:41-45, 약 5:18).

그렇기 때문에 엘리야는 보이는 입장에서도 이스라엘의 병거와 마병이 되었지만 영적인 입장에서도 여호와 하나님의 거룩하신 영광의 영역을 지키기 위해서 이 땅에서 그 누구보다 눈부신 활약을 행한 사람이라고 말할 수 있다.

여호수아 앞에 군대장관인 대군 미가엘이 등장했던 것처럼 엘리야는 신령한 왕벌과 같은 존재로서 이 땅에 온 대군 미가엘과 같은 사람이었다(출 23:28, 신 7:20, 수 24:12). 그렇기 때문에 이 땅에서 외치는 그의 호령소리에 맞추어서 하늘의 천군이 순종하고 순응할 수밖에 없었다.

그러한 엘리야였기 때문에 자기의 사역을 마치고 불 말과 불 수레를 타고 승천하는 엘리야를 보고 엘리사가 "나의 아버지여, 이스라엘의 병거와 마병이여"라고 외쳤던 것이다(왕하 2:11-12).

왕하 2:11-12 두 사람이 행하며 말하더니 홀연히 불수레와 불말들이 두 사람을 격하고 엘리야가 회리바람을 타고 승천하더라 엘리사가

> 보고 소리 지르되 내 아버지여 내 아버지여 이스라엘의 병거와 그 마병이여 하더니 다시 보이지 아니하는지라 이에 엘리사가 자기의 옷을 잡아 둘에 찢고

열왕기하 13장에 이스라엘 왕 요아스가 죽을 병이 든 엘리사에게 가서 "내 아버지여 내 아버지여 이스라엘의 병거여 마병이여"라고 눈물을 흘리며 고백하고 있다.

> 왕하 13:14 엘리사가 죽을 병이 들매 이스라엘 왕 요아스가 저에게로 내려가서 그 얼굴에 눈물을 흘리며 가로되 내 아버지여 내 아버지여 이스라엘의 병거와 마병이여 하매

엘리사는 엘리야의 영감의 2배를 가진 사람이었기 때문에 당연히 승천할 수 있는 사람이었다. 그런데도 엘리사는 죽을 병이 들어 죽었다. 죽을 병이 들었다는 말은, 하나님이 그를 이 땅에 두실 필요가 있기 때문에 이 땅에 머무르게 하기 위하여 그에게 죽을 병이 들게 하신 것이다.

엘리사는 엘리야의 영감의 갑절의 영광을 받은 사람으로서 살아있는 동안 엘리야보다 더 많은 능력을 행했다. 그렇기 때문에 그가 살아있는 동안, 기도하는 동안, 하늘의 일을 하고 있는 동안은 하나님이 절대적으로 그 땅을 보호해 주셔야 한다.

하나님의 명에 의해서 여호수아가 모세의 권능을 이어받은 것처럼 엘리사도 엘리야의 권능의 2배를 넘겨받은 사람이다. 그렇기 때문에 엘리사도 엘리야처럼 왕별 같은 사람, 대군 미가엘과 같은 사람이었다고 말할 수 있다.

이 두 사람의 관계는, 영적으로 엘리야가 대군 미가엘 같은 사람이었다면 엘리사는 가브리엘 같은 사람이라고 말할 수 있다. 그 이유는 무엇인가? 대군 미가엘은 그의 존재의 의미가 이 땅에 더 이상 있어야 할 필요가 없는 사람이다. 그는 하늘의 천군의 세계를 통치하며 다스릴 수 있는 능력자로서 병권을 쥐고 있는 사람이기 때문에 그는 자기의 일을 마치고 하늘로 돌아갈 수밖에 없는 것이다.

　한편, 하늘로 올라갈 수 있는 은총을 입었음에도 엘리사가 올라가지 않고 굳이 이 땅에 머물러 있어야 하는 이유는 무엇인가? 엘리사는 이 땅에 머물러 있다가 엘리야로부터 넘겨받은 영감의 2배의 내용을 때에 맞게 이 땅의 사람들에게 기쁜 소식을 전하는 자로 등장한다.

　요한복음 21:21-23에 "내가 올 때까지 기다리라"는 말씀의 의미처럼 사도 요한과 엘리사는 때에 맞게 오시는 주인을 이 땅에 증거할 수 있는 증거자로서의 사명을 가지고 있다. 하늘의 기쁜 소식, 복음을 마지막 때 이 세상에 전해야 할 사람이라는 것이다.

　다니엘서에 보면 하늘의 전쟁과 이 땅의 전쟁을 돕고 있는 존재가 있다(단 10:13, 10:20-21, 12:1). 다른 천사장들은 개입하지 못하고 항상 가브리엘 천사장과 대군 미가엘 천사장이 파트너십이 되어 전쟁의 역사를 담당하고 있는 것이다.

　소돔과 고모라를 멸하러 올 때 여호와가 두 천사와 함께 왔다(창 18:2). 소돔과 고모라를 심판한 두 천사는 하나님의 전쟁을 담당하고 있는 전권대사(全權大使)로서 대군 미가엘과 가브리엘 천사장이라고 말할 수 있다(창 19:1).

다니엘 10:21에 "나를 도와서 그들을 대적하는 자는 너희 군 미가엘뿐이니라"고 말씀하고 있다. 이것은 첫째 인을 떼면 첫째 나팔을 불고 그 나팔의 내용대로 대접이 쏟아지는 원리와 같은 것이다. 다시 말해서 가브리엘 천사장이 전쟁을 예고하면 대군 미가엘 천사장이 실제로 전쟁의 역사를 감행한다는 의미의 말씀이다.

사무엘, 엘리야, 엘리사는 어떤 사람들이었기에 이스라엘의 병거와 마병이 되었을까? 세 사람의 공통점은 무엇인가? 사무엘, 엘리야, 엘리사는 하나님의 사람으로서 기도의 능력을 가지고 있었기 때문에 그들이 살아있는 동안은 어떤 외부 세력도 침범할 수 없었다. 그들은 이스라엘의 병거와 마병이 되는 사람들이었기 때문에 하늘의 천군들이 그들의 호령에 맞추어서 움직인 것이다.

마찬가지다. 마지막 때 하나님의 오른 장중에 있는 영적 이스라엘에도 그러한 사람들이 등장할 수밖에 없다는 것이다.

히브리서 13:2에 "손님 대접하기를 잊지 말라 이로써 부지중에 천사들을 대접한 이들이 있었느니라"는 말씀이 기록되어 있다. 여기에서 말하는 천사는 누구인가? 소돔과 고모라를 멸하러 온 천사와 같이 하나님을 대신해서 하나님의 이름으로 마지막 때 세상을 불로 심판하는 심판권을 가진 하나님의 특별한 전권대사, 특명대사를 말씀하는 것이다.

히스기야 시대에 아람 군대가 쳐들어옴으로 히스기야 왕이 이사야 선지와 더불어 하룻밤을 꼬빡 새우며 눈물로 기도했다. 하나님이 거룩한 한 천사를 보내서 18만5천 명을 쳐 죽였다. 여기에도 수많은 천사를 보내서 죽인 것이 아니다. 한 천사를 보내서 죽였다.

유월절 날 밤에도 수많은 천사를 보내서 죽인 것이 아니다. 한 천사를 보내서 애굽의 장자와 짐승의 첫 것들을 모두 쳐 죽였다. 그 말의 의미는, 땅의 일을 해결하는 데에도 한 사람을 통해서 해결할 수 있다는 것을 보여주는 역사라고 말할 수 있다.

이스라엘의 병거와 마병이 될 수 있는 사람은 한 사람이다. 엘리야 때는 엘리야 한 사람이었고 엘리야가 승천한 후에는 그의 사명을 이어받은 엘리사 한 사람이었다. 한 사람이 이스라엘의 병거와 마병이 된 것이지, 두 사람, 열 사람, 백 사람, 천 사람이 모여서 그렇게 되는 것은 아니다. 겨자씨 한 알만한 산 자의 믿음을 가진 사람이 있다면 하나님은 그 한 사람을 통해서 나라의 병거와 마병이 되는 그러한 역사를 펼치시는 것이다(마 17:20, 눅 17:6).

데살로니가후서 2:6-8에 빛이 역사하는 빛의 시간 안에서 어두움의 권세, 불법의 비밀이 활동하자 빛을 주관하시는 분이 불법이 진행되지 못하도록 막으셨다는 말씀이 기록되어 있다.

마찬가지다. 지금 어두움의 권세가 주변 국가들을 통하여 서서히 그들의 기지개를 켜고 있지만 아직 하나님이 빛의 시간을 통하여 이루셔야 할 목적이 펼쳐지고 있다. 그 역사도 서서히 끝을 향하여 달려가고 있다. 하나님이 지금까지 사랑하여 주시고 붙잡아주시고 역사해 주시는 이 나라, 이 민족의 영화로움은 끝나고 빛의 시간이 서서히 저물어가고 있다는 것이다.

1. 이 나라, 이 민족의 병거와 마병이 되었던 사람은 누구인가?

마지막 재림의 마당에서 영적 이스라엘의 병거와 마병이 되었던 사람은 누구인가?

마지막 때에 재림주가 이 땅에 오셔서 하나님의 선하신 뜻을 이루시기 위하여 역사하는 나라가 있다면 그 나라야말로 더더욱 하나님의 주권적인 섭리 속에 소속되어 있는 것이다. 그러므로 하나님이 그 나라, 그 백성을 통해서 이루고자 하시는 목적이 이루어질 때까지는 "나의 기름 부은 자를 만지지 말라"(대상 16:22)는 말씀의 의미처럼 그 누구도 그 나라, 그 백성, 그 민족을 결코 해할 수 없는 것이다.

본방 이스라엘로부터 포도원을 넘겨받은 나라가 바로 이면적 이스라엘이다(롬 2:28-29). 그렇다면 포도원을 넘겨받은 이 나라, 이 민족을 하나님께서는 어떻게 주관하시고 섭리하시고 사랑하시며 역사하실 것인지 분명해진다. 그분이 이 땅에서 이루고자 하시는 역사의 세계, 그 내용을 마치시기까지는 아무리 막강한 화력을 가진 그 어떤 나라라 할지라도, 북한의 김정은이 핵폭탄을 천 개, 만 개를 가지고 있다 할지라도 이 나라는 털끝 하나 건드릴 수 없다는 것이다.

앞서 살펴보았듯이 사무엘, 엘리야, 엘리사는 나라와 민족을 지키는 국방이 되며 나라의 병거와 마병이 되는 사람이라는 사실을 알았다. 그렇기 때문에 그들이 살아있는 동안, 그들이 기도하고 있는 동안, 그들이 깨어있는 동안은 결단코 어떠한 민족이든지 그 나라와 민족을 침범할 수 없다(삼상 7:13). 설사 침범한다고 해도 '계란으로 바위치기'라는 세상 말처럼 그들을 이기고 승리할 수 있었다는 것이다.

마찬가지다. 이 시대에도 하나님께서 인정해주시는 사람이 있다면 하나님께 기도의 응답을 받는 사람이 있다면 그 사람이 있는 한, 하나님이 절대 우리를 외면하시지 않고 버리시지 않고 우리와 함께 해주신다는 것은 당연하다.

하나님이 본방 이스라엘을 지켜주시기 위하여 애굽을 속량물로 구스와 스바를 대속물로 주었다(사 43:3). 이스라엘을 통하여 하나님이 그렇게 역사하셨다면 영적 이스라엘도 동일한 말씀으로 역사되어야 한다.

앞서 우리나라의 죄를 속량시키기 위하여 하나님은 일본을 속량물로 쓰셨다는 사실을 기술했다. 우리 조상들이 우상을 섬기고 조선시대 초대교회 때에 하나님의 복음을 전하는 선교사, 하나님의 사람들을 많이 죽였다. 그런 조상들이 죄와 우상을 섬긴 죄를 우상의 나라인 일본으로부터 속량을 받았다. 일본은 전 세계적으로 우상을 가장 많이 믿는 나라이다. 그들에게 40년 동안 짓밟힘으로써 한 호리도 남기지 않고 속량을 받은 것이다.
　그리고 그 후에 우리나라를 삼키려고 하는 어두움의 세력들로부터 하나님이 우리나라를 지켜주시기 위하여 월남과 크메르를 구스와 스바의 입장으로 내어주었던 것이다.

　구스와 스바를 우리나라 대신 내어주었다면 그렇게 내어줄 수 있는 분이 과연 누구인지 생각할 필요가 있다. 예를 들어서 마귀에게 애굽을 속량물로, 구스와 스바를 대속물로 주었다면 그것을 가지고 마귀와 담판을 지을 수 있는 사람이 있어야 한다. 하나님이 선택한 이 나라, 이 민족을 삼키려고 하는 내용을 아는 사람만이 마귀와 타협해서 담판을 지을 수 있는 것이다.
　그런 담판을 지을 수 있는 사람은 어떤 영역을 가지고 있어야 하는가? 아무나 할 수 있는 것이 아니다.

　재림의 마당에 하늘의 두 이적의 주인공이 해를 입은 여인과 붉은 용이다(계 12:1-3). 이들이 바로 빛을 대표하는 자와 어두움을 대표하는 자이다. 그들은 서로 각자의 입장을 잘 알고 있는 자들로서 그러한 자들만이 담판을 지을 수 있는 것이다.
　구스와 스바를 대속물로 내어주었다는 의미 속에는 그렇게 빛을 대표할 수 있는, 책임질 수 있는 사람이 이 땅에 있다는 것을 암시하는 말씀이다.

　재림의 마당에서 감람나무를 흔들 수 있는 분은 누구인가?

> 사 17:6-7 그러나 오히려 주울 것이 남으리니 감람나무를 흔들 때에 가장 높은 가지 꼭대기에 실과 이삼 개가 남음 같겠고 무성한 나무의 가장 먼 가지에 사오 개가 남음 같으리라 이스라엘의 하나님 여호와의 말씀이니라 그 날에 사람이 자기를 지으신 자를 쳐다보겠으며 그 눈이 이스라엘의 거룩하신 자를 바라보겠고

위 성구에서 "그 날에 사람이 자기를 지으신 자를 쳐다보겠으며 그 눈이 이스라엘의 거룩하신 자를 바라보겠고"라는 말은, 감람나무를 흔드시는 하나님을 말씀하고 있다. 두 감람나무가 이 땅에 등장할 때에는 그곳에 두 감람나무 역사를 하시는 하나님도 계시다는 것을 말씀하고 있다.

재림의 마당에 하나님을 대신하여 감람나무 역사를 하는 분이 누구인가? 바로 해를 입은 여인이다. 그만이 감람나무의 비밀을 알기 때문에 두 감람나무를 시험하고 연단하고 흔들 수 있다.

표면적 이스라엘을 위해 구스와 스바를 대신 내어준 것처럼 월남과 크메르를 대신 내어주고 영적 이스라엘의 운명을 마귀와 타협할 수 있는 사람은 바로 해를 입고 살아 역사하신 이 땅의 주이시다(계 11:4).

하나님이 사단에게 욥을 두 번 내어주고 그 대신 욥의 생명을 보장해주셨다. 그리고 나중에 처음보다 2배의 축복을 주셨다.

마찬가지다. 영적 이스라엘인 우리나라도 육신의 자녀들에게 핍박을 받지만 그것을 참고 이기는 사람은 하나님의 장자, 나라, 하나님의 기업, 왕 같은 제사장의 축복을 받을 수 있는

것이다.

　우리나라에 그렇게 하늘의 주권을 가지고 마귀와 타협할 수 있는 분, 하늘을 대표할 수 있는 빛의 주인이신 해를 입은 여인이 계셨기 때문에 우리나라를 외세로부터 철저하게 지켜주시고 보호해 주시고 인도해 주시고 경제대국으로 성장할 수 있도록 축복해 주신 것이다. 그분이 땅에 계셨기 때문에 그분이 계시는 한, 어느 누구도 대한민국을 함부로 넘볼 수 없었던 것이다.

　우리나라가 일제 강점기의 암흑 속에서 1945년 8월 15일에 광복을 맞이하였다. 광복(光復)이라는 말은, 어학사전에는 "빼앗긴 땅과 주권을 도로 찾음"이라고 되어있지만 내용으로 보면 잃었던 빛을 회복하였다는 의미가 된다.
　왜 빛을 회복할 수 있었는가? 마지막 한 이레의 역사 속에서 이 땅에 영적인 나라를 건국하시기 위하여, 영적인 하늘나라의 역사를 이루시기 위하여 이 땅에 오신 광명한 사람이 우리와 함께 있었기 때문이다.
　광명한 자란, 빛 광(光)자, 밝을 명(明)자로써 스스로 밝은 빛을 내는 사람으로서 하나님이 주신 말씀을 가지고 있는 사람을 말한다. 말씀이 빛, 즉 해이기 때문에 말씀을 입지 않고는 광명한 자라고 할 수 없다.

　사망의 권세를 깨고 부활하신 예수님이 승천하셔서 아버지께 영광을 받으시고 오순절 날 보혜사 성령을 이 땅에 보내셨다. 그 보혜사 성령이 예수께서 십자가상에서 떨치신 물과 피를 찾아 그 셋이 하나가 된 것이 인격적인 태초의 말씀, 해이다(요일 5:5-8).

재림의 마당에서 메시야가 걷는 삼일길을 통하여 인격적인 태초의 말씀을 입은 사람이 바로 해를 입은 여인이다(계 12:1). 그가 빛을 입은 광명한 자, 해를 입은 여인으로서 영적 이스라엘인 이 땅에서 하늘의 역사를 펼치셨다.

생각해 보라! 우리나라가 1950년에 일어난 한국전쟁으로 인하여 완전 폐허가 되었다. 또 사상문제로 인하여 정치적인 혼란기를 겪으면서 경제가 침체되어 온 백성이 가난과 궁핍 속에서 어려움에 빠져 있었다.

그런 때에 빛의 주인이신 광명한 자가 이 땅을 간섭해주심으로써 우리 대한민국이 하나님의 은혜로 말미암아 세계 열강들을 제치고 짧은 시간 내에 1인당 국민소득(GNP)[84]이 30,000불이 넘는 경제대국이 될 수 있었다. 그것은 우리나라를 불꽃같은 장중으로 구속하시는 분이 우리 중에 계셨기 때문이다. 우리나라를 외세로부터 철저하게 보호막을 쳐주신 분이 이 땅에 계셨기 때문에, 이 나라의 국방과 마병이 되시는 말씀의 주, 믿음의 주이신 해를 입은 여인, 아버지께서 이 땅에 존재하고 있었기 때문에 아무런 사원도 없는 우리나라가 반만 년 역사 이래, 단군 이래에 최고의 번영을 누릴 수 있었던 것이다.

---

84) 한 나라의 국민이 일정 기간 동안 새로이 생산한 재화와 서비스의 가치를 시장가격으로 평가하여 합산한 총소득으로 '국민총생산(Gross National Product: GNP)'이라는 용어로 불린다. 한국민족문화대백과사전

예수님이 마지막 재림의 마당을 가리켜서 "인자가 올 때 믿음을 보겠느냐?"라고 말씀하셨다. 그러한 믿음이 없는 시대에 믿음의 주, 말씀의 주, 해를 입으신 분이 이 땅에 우리와 함께 계셨기 때문에 그분이 역사하시는 주권 속에서 대한민국이 한량없는 하늘의 축복을 받았기 때문에 가능한 일이었다.

왜 대한민국이 그러한 축복을 받을 수 있었는가? 해를 입고 살아 역사하신 이 땅의 주께서 철장의 권세를 가진 아이를 낳아 하늘로 올리는 역사의 내용이 마쳐지기까지는 절대주권 속에서 이 땅이 보전 되어야 하기 때문이다.

2. 해를 입은 여인이 이 땅을 떠나시다

앞서 살펴보았듯이 대한민국에 해를 입고 믿음의 주, 말씀의 주로 역사하신 이 땅의 주가 함께하고 계셨기 때문에 우리나라는 한국전쟁으로 폐허가 된 땅위에서 '한강의 기적'[85]이라고 일컫는, 세상 나라들이 놀라운 경이의 눈으로 쳐다볼 수밖에 없는 막강한 경제대국으로 부상할 수 있었다.

그러나 그가 떠나면 그의 보호막이 거두어지게 된다. 보호막이 홀연히 사라지는 순간, 이를 갈고 기다리던 마귀가 "때는 이 때다!"라고 그대로 두지 않는다. 그러면 이 땅에는 봇물 터

---

85) 한강의 기적(漢江의 奇蹟)은 대한민국에서 한국 전쟁 이후부터 아시아 금융 위기 시기까지 나타난 반세기에 이르는 급격한 경제 성장을 나타내는 상징적인 용어이다. 대한민국은 경제적으로 빠르게 성장하여 아시아의 네 마리 용 중 하나로 꼽히게 되었다. 위키백과

지듯 무서운 환난이 노도와 같이 쏟아지게 되어있다.

해를 입은 여인이 빛의 시대를 마감하고 두 번째 광야로 도망갈 때에는 빛의 시간이 끝나는 때이다(계 12:14). 빛의 시간이 끝났다는 말은, 어두움의 때가 도래하여 어두움이 주관하는 시대가 시작된다는 것을 의미한다.

어두움의 주관자인 666은 실로 거대한 어두움의 세력이며 조직이며 능력이 되는 자들이다. 붉은 용은 하나님이 그를 지으실 때 열 가지 보석으로 영화롭게 치장해준 자로서 열 가지의 지혜를 가지고 있는 자이다(겔 28:13).

그가 바로 어두움의 대표주자이다. 그가 창세 이후 최초로 인간의 삶의 현장에 등장한다. 그러므로 다 그 앞에 엎드려 경배하고 순종할 수밖에 없는 놀라운 역사의 세계가 펼쳐지게 된다.

그러한 어두움의 권세 앞에 우리가 끝까지 우상에게 경배하지 않고 짐승의 표를 받지 않으려면 어떻게 해야 하는가? 엘리사가 요아스에게 특별한 은총의 손길로 안수해주고 안찰해 주었던 것처럼 해를 입은 여인, 이 땅의 주이신 말씀의 주, 믿음의 주로부터 축복을 받아야 끝까지 이기며 승리할 수 있다. 그러한 축복을 받지 못하면 666에게 경배 드리고 우상의 표를 받고 모두 무릎 꿇게 되어있다(계 13:8). 누구를 막론하고 짐승의 표를 받은 자는 다 유황불이다(계 20:10, 20:15).

그렇다면 해를 입은 여인이 마지막으로 주신 축복의 내용은 무엇인가? 예수님이 성만찬식에서 떡과 포도주로 제자들을 축복해 주셨다. 마찬가지다. 재림의 마당에서도 그러한 떡과 포도주로 축복을 받아야 한다. 그러나 재림의 마당에서 주시는 떡과 포도주의 축복은 신약의 마당에서 주시는 것과는 또 다른 떡과 포도주의 축복이라고 말할 수 있다.

그 이유는 무엇인가? 신약의 마당의 떡과 포도주의 주인이신 예수님은 지금 우편보좌에 계신다. 예수님이 "내가 아버지의 나라에서 새 포도주를 마시겠다"라고 말씀하셨다. 신약의 마당에서 성만찬식에서 먹었던 그 포도주가 아니라 아버지의 나라가 이루어질 때에 새 포도주를 드시겠다는 것이다.

새 술은 이사야 25장에 '기름진 것과 오래 저장하였던 맑은 포도주'라고 말씀하고 있다.

> 사 25:6 만군의 여호와께서 이 산에서 만민을 위하여 기름진 것과 오래 저장하였던 포도주로 연회를 베푸시리니 곧 골수가 가득한 기름진 것과 오래 저장하였던 맑은 포도주로 하실 것이며

그 떡과 포도주는 누구를 말하는가? 바로 신랑이 아닌 신부의 떡과 포도주를 말씀하는 것이다. 그 떡과 포도주로 축복을 받은 사람만이 재림주 멜기세덱으로부터 축복을 받고 그 축복을 통해서 재림주께서 하고자 하시는 빛의 세계, 영광의 세계를 처음부터 끝까지 알게 되고 믿게 됨으로써 그 역사에 동참하게 되는 것이다.

그렇기 때문에 오늘날이라고 외치는 작은 책, 중간계시의 말씀이 다시복음이 되어서 우리들로 하여금 666을 완전히 도말시키고 섬멸시킬 수 있는 능력의 사람으로 우리를 안수해주

시고 축복해주실 수가 있는 것이다.

"악인도 악한 날에 적당하게 하셨느니라"는 말씀대로(잠 16:4) 하나님은 사람들을 때에 맞게 때에 맞는 그릇으로 적당하게 역사하신다. 하나님은 사특한 자에게는 하나님의 사특함과 그릇됨을 보이신다(삼하 22:27, 시 18:26). 하나님은 어두움의 권세와 빛의 권세에 속해 있는 모든 자들을 때에 맞게 적당하게 역사하신다는 것이다.

물론 해를 입고 살아 역사하신 이 땅의 주께서는 도적같이 오셔서 도적같이 역사하시는 입장이기 때문에 인자로서의 그분의 능력은 한정적일 수밖에 없다. 그러나 오른쪽 보좌에 계시는 하나님께서는 전지전능하신 분으로서 우주만물을 주관하시며 섭리하시며 운행하시는 분이시기 때문에 피조세계에서 그분의 섭리를 벗어날 수 있는 대상은 아무도 없다.

그렇기 때문에 빛과 어두움을 통찰할 수 있는 영안(靈眼), 지혜와 능력을 가져야 한다. 그래야 빛과 어두움의 세계에 대하여 때에 맞는 사람으로서 모든 것을 대처할 수 있는 능력을 가진 인격적인 하나님의 자녀가 될 수 있는 것이다. 그런 자들만이 이 땅에 남는 자들이 될 수 있는 것이다.

마지막 때 광명한 자들이 떠난다(슥 14:6) 스가랴가 예언한 이 광명한 자들이 재림의 마당에서 어떤 사람들이었는지 앞서 살펴보았다. 광명한 자들이 떠나면 이 땅에는 광명한 존재가 없기 때문에 이 나라, 이 민족을 위해서 국력이 되어주고 국방이 되어주고 병기가 되어줄 수 있는 사람이 없는 것이다.

물론 많은 목사들, 신부들, 하나님의 종들이 있다. 그러나 많은 사람들이 하나님께 부르짖고 외칠지라도 하나님은 절대 그들의 말에 귀 기울이시지 않는다. 그 이유는 무엇인가? 그들은 하나님이 친히 기름 부은 자가 아니기 때문이다. 그들은 사람들에 의해서 기름부음을 받은 사람이다. 사람에 의해서 기름부음을 받은 사람들을 가리켜 아론의 반차라고 한다. 사람이 기름 부어서 제사장이 되는 것을 아론의 반차라고 하고 하나님이 친히 기름 부어서 제사장을 세우시는 것을 멜기세덱 반차라고 한다.

예수님이 부활의 능력으로 사망의 권세를 깨시고 이 땅에서 40일 동안 계셨다. 사망의 권세를 깨셨으니까 사람의 생각으로는 제일 먼저 예루살렘 성전으로 가서 기도하실 것이라고 생각한다. 그러나 예수님은 부활하신 후 40일 동안 단 한 번도 예루살렘 성전에 올라가시지 않았다. 예수님은 땅의 제사장이 아니라 하늘의 대사도이시며 하늘의 대제사장이신 멜기세덱이 되셨기 때문에 죽은 자들이 제사 드리는 성전에는 가지 않으신 것이다.

광명한 자들은 하나님이 기름 부으신 자들이다. 사무엘 선지는 표면적으로는 엘리 제사장이 기름을 부었지만 영적으로는 사무엘 선지도 하나님이 기름 부으신 자이다. 사무엘 선지는 사사기와 열왕기 시대를 이어주는 다리를 놓는 자의 의미를 가진 자로서 멜기세덱 반차를 따른 사람이라고 말할 수 있다.

하나님이 기름 부으신 사무엘 선지, 엘리야와 엘리사와 같은 하나님이 기뻐하시고 인정하시는 한 사람만 있다면 어떠한 강국의 침략이 있다 할지라도 하나님이 절대적으로 보호해주고 지켜주신다는 것이다.

하나님의 뜻을 아는 참 된 한 사람의 의인이 있으면, 나라와 민족을 지키려는 한 마리의 독수리 같은, 한 마리의 암탉 같은 사람이 있다면 이 나라, 이 민족이 하나님의 절대적인 보호와 자비와 긍휼을 입을 수 있는 것이다. 그런 사람이 없으면 이 나라, 이 민족은 망하게 되어있다.

그런데 안타깝게도 그러한 광명한 자들이 떠나게 된다. 이 세상이 빛이 없는 세상이 되는 것이다. 아직은 "어두워 갈 때에 빛이 있으리로다"(슥 14:7)라는 말씀처럼 반 때의 사람이 남아있기에 어스름 속에 마지막 빛이 아직 남아있다.

그러나 여기에서 한 가지 깨달아야 할 것은 초림의 마당에는 예수께서 "건강한 사람에게는 의원이 쓸 데 없고 병든 자에게라야 쓸 데 있느니라"고 말씀하신 것처럼 예수님은 의인을 구원하러 오신 것이 아니라 죄인을 구원하러 오셨다(마 9:13, 막 2:17, 눅 5:31-32).

그것이 초림의 마당과 재림의 마당의 차이점이다. 재림의 마당은 죄인을 구원하러 오신 것이 아니기 때문에 죄인은 구원의 대상이 아니라는 것이다.

요한계시록 11장에 갈대자를 가진 두 증인에게 "성전 밖 마당은 척량하지 말고 마흔두 달 동안 이방에게 짓밟히게 두고 성전 안만 척량하라"고 하셨다. 성전 안에는 잘 믿는다는 의인, 제사장들이 있다. 그렇기 때문에 다니엘 12장에 보면 한 이레의 절반인 전 삼년 반을 통해서 역사하시는 역사의 기간, 이유, 역사의 대상을 말씀하고 있다. 역사의 대상은 다 깨어질 수밖에 없는 성도가 아니라 어떤 환난과 핍박에도 깨어지지 않는 성별된 성도를 위해서 하나님이 구원 역사를 하신다고 말씀하고 있다.

그렇기 때문에 하나님은 성도들의 기도를 듣지 않으신다. 하나님은 처음부터 끝까지 다 보시는 일곱 눈을 가지신 분이시다(슥 4:10). 그렇기 때문에 그들이 마지막 심판에 깨어질 사람들이라는 것을 다 아신다(단 12:7). 마지막 심판 때 하나님을 부인하고 저주하고 대적할 자들로 전락할 사람들, 그렇게 깨어지는 성도들이라는 것을 아시기 때문에 하나님이 그들의 기도를 듣지 않으신다는 것이다.

하나님은 하나님이 인정하시고 기뻐하시고 사랑하실 수 있는 한 사람의 의인의 기도를 찾으신다. 그렇기 때문에 그런 한 사람만 있으면 예루살렘의 죄를 사하시겠다고 말씀하신 것이다(렘 5:1).

그 한 사람이 없었기 때문에 하나님이 예루살렘 성전을 던져버리셨다. 베스피아누스 황제의 아들 디도가 주후 70년에 이스라엘 백성 6만 명을 사로잡아 가고 예루살렘 성 안에 갇혀 있던 110만 명을 한 사람도 살려주지 않고 다 죽였다. 칼과 창으로 죽이던 시대에 성 안에 있던 110만 명이 다 죽었다.

레위기 26장, 신명기 28장에 축복과 저주의 말씀이 기록되어 있다. 그 저주 속에는 부모가 자기의 자식을 잡아먹는 것이 들어있다. 부모들이 자식을 잡아먹는 내용이 성경에 기록되어 있다(레 26:29, 신 28:53-57, 왕하 6:28-29, 겔 5:10, 렘 19:9, 애 2:20, 4:10).

우리나라도 마지막 때 그런 일이 일어난다는 것을 알아야 한다. 그래서 마지막 때 성도의 권세는 다 깨어지게 되어있다. 요한계시록 13장에 666이라는 붉은 용, 바다의 짐승, 땅에서 올라온 새끼 수양이 등장하면 그들에게 다 엎드려 절하고 경배드리고 그들에게 인침을 받고 표를 받게 된다는 것을 아시기 때문에 하나님은 그런 자들의 기도를 무시하신다는 것이다. 하나님은 우리의 시작과 끝을 다 아시는 분, 영원부터 영원까지의 시간을 다 바라볼 수 있는 일곱 눈을 가지신 분이시다.

그렇기 때문에 한 사람이라도 하나님을 기쁘시게 해드릴 수 있는 사람이 있다면 그 사람의 기도를 들으신다. 앞서 기술한 사무엘, 엘리야, 엘리사도 그런 사람이었다. 그래서 그런 사람을 향하여 '이스라엘의 병거와 마병이여 내 아버지여'라고 외치는 신앙고백이 기록되어 있는 것이다(왕하 2:12, 13:14).

바로 그런 하나님이 기름 부으신 한 사람만 있다면 그가 살아있는 동안은 그 나라, 그 민족은 절대 침략받지 않는다는 것이다. 설사 침략할지라도 하나님이 물리쳐주신다는 것이다.

광명한 자들이 떠나면 당연히 어두움이 온다. 어두움이 오면 당연히 어려움이 온다. 두 촛대 중에 한 촛대가 한 때 두 때의 주인공이고 또 한 촛대가 반 때의 주인공이다(계 11:4). 두 촛대 중에서 한 때 두 때의 빛이 떠나고 나머지 반 때의 촛대가 남아있다. 반 때의 시간이 차면 나머지 반 때의 빛도 당연히 떠나게 되어있다.

　이 땅에서 광명한 자가 떠나는데 첫 번째 사람은 무저갱에서 올라온 짐승으로부터 죽임을 당한 두 감람나무이다. 그가 큰 성 길에 시체로 누워있다. 두 번째 이 땅의 주이신 아버지께서 큰 독수리의 두 날개를 받고 광야 자기 곳으로 날아갔다. 한 사람은 큰 성 길 위에 누워있고 한 사람은 광야 자기 곳으로 날아가서 양육 받고 있다. 이제 남은 반 때를 주관하는 집비둘기 새끼마저 떠나면 빛의 역사는 끝나는 것이다.
　성만찬식을 하고 가룟 유다가 예수님이 주시는 떡과 포도주를 다 받아먹고 나갔다. 요한복음 13:30에 "유다가 그 조각을 받고 곧 나가니 밤이러라"고 말씀하고 있다.
　그가 나간 시간이 바로 후 삼년 반이 시작되는 순간이었다. 예수께서 그날 밤 자정에 추포되셨으니까 전 삼년 반과 후 삼년 반 경계에서 죽은 것이다. 마찬가지다. 두 감람나무도 전 삼년 반과 후 삼년 반 경계에서 죽은 것이다.

　그런데 여기에는 한 가지 비밀이 있다. 한 때 두 때 반 때의 주인이 가라지들과 함께하고 있었기 때문에 한 때 두 때 반 때 중에서 한 때 두 때의 말씀만 하고 잠이 드셨다. 나머지 반 때의 말씀은 반 때의 사람에게 넘겨주었다. 그 반 때의 말씀이 아버지의 말씀이다.
　한 때 두 때의 사람이 아버지의 말씀을 할 수 없었던 이유는 무엇인가? 그때는 가라지들과 함께하고 있었기 때문이다. 그래서 반 때의 사람에게 아버지의 말씀을 다 넘겨주고 간 것이다. 그렇게 반 때의 사람에게 작은 책, 다시 복음의 말씀을 허락해 주신 것이다.

　이 땅에서 광명한 자들이 다 떠나면 어떤 일이 일어나는가? 고린도후서 11:13-15에 "사단도 광명한 자들로 역사한다"고 했다. 전 3년 반에는 광명한 자들이 역사하고, 후 삼년 반에는 사단이 광명한 자들로 역사하는 것이다. 그렇기 때문에 빛의 존재인 광명한 자들이 다 떠나고 나면 어두움이 오게 되어 있다.
　어두움의 때에 빛을 발하는 사람은 그의 근본이 어두움이기 때문에 자기 때에 빛을 발한다는 것을 알아야 한다. 들짐승 중에 가장 간교한 것이 뱀이다. 그만큼 사단, 마귀가 간교하기 그지없다는 것이다. 간사하고 교활하기 때문에 잘못하면 그들의 유혹에 빠지게 된다.

　지금 해를 입은 여인이 큰 독수리의 두 날개를 받아 광야 자기 곳으로 날아가 한 때 두 때 반 때를 양육 받고 계신다. 양육 받는다는 말은, 아무것도 하지 않고 일정한 때를 기다리신다는 의미가 아니다. 일정한 구역 안에서 어떤 목적을 이루시기 위해서 지속적으로 열심히 일하시고 활동하시는 모습을 말하는 것이다. 그런 모습을 기리거시 큰 독수리의 두 날개를 받아 광야 자기 곳으로 날아가 양육 받는다고 말씀하고 있는 것이다.
　독수리의 큰 능력의 두 날개를 받았다는 말은, 그가 아무것도 하지 못하는 존재가 아니라는 것이다. 설사 날개가 있던 자라 할지라도 죽으면 날개의 권능을 상실하고 만다. 그러나 그분은 해를 입고 큰 독수리의 두 날개를 받아 광야로 가셨기 때문에 일정한 장소이기는 하지만 그 곳에서 계획하고 준비하신 일을 열심히 역사하고 계신다는 것을 말씀하고 있는 것이다.

해를 입은 여인이 양육 받는다는 말은, 그가 산 자라는 것을 의미한다. 엘리사가 표면적으로는 죽었지만 그의 **뼈**에 죽은 시체가 닿자마자 살아났다(왕하 13:21). 그는 비록 죽었지만 엘리사의 **뼈**에는 생기가 들어있었기 때문이다.

마찬가지다. 해를 입은 여인 또한 산 자의 능력인 생기를 가지고 있기 때문에 그가 큰 성길에 누워있는 두 감람나무에게 생기를 불어넣어줄 수 있는 것이다(계 11:11). 그가 입고 있는 해가 바로 "나는 부활이요 생명이다"라는 영원한 생명이기 때문에 그는 죽은 것이 아니라 어두움의 권세에게 후 삼년 반을 넘겨주고 그 기간이 다 차기까지 기다리시는 것이다.

그 기간이 차면 해를 입은 여인은 로마서 1:3-4 말씀처럼 영육 간에 부활하여 재림주 멜기세덱의 영광을 입게 되는 것이다.

제 8장

맺음말

맺음말

전쟁의 서막, 전쟁은 어떻게 일어나는가?

말씀의 세계는 영육 간에 이루어지는 세계이다. 북한의 김일성, 김정일, 김정은은 표면적으로도 666을 상징하는 존재들이다. 그들이 가지고 있는 공산주의 사상의 본질은 러시아의 '막스 레닌주의'[86]에서 나왔지만 그들이 주창하는 공산주의 체계의 본질과 북한이 자행하고 있는 공산주의 사상의 체계는 다르다. 지금 세계민족 중에 있는 공산주의 사상은 다 무너졌다.

그런데도 북한만이 유일체계를 가지고 있으면서 아직도 공산주의가 지속되고 있는 이유는, 북한은 육적으로만 공산주의 사상이 배어있는 것이 아니라 내적으로, 영적으로 공산주의 사상이 완전히 새겨져 있는 나라이기 때문이다.

---

86) 마르크스-레닌주의(문화어: 맑스-레닌주의, 영어: Marxism-Leninism, 러시아어: Марксизм-ленинизм)는 이오시프 스탈린 주도하에 정립된 레닌주의 경제·사회·정치·철학 이론을 종합적으로 가리키는 용어이며, 근대 제국주의 시대와 냉전 시대의 보편적인 공산주의 사상이다. 위키백과

북한의 김일성, 김정일, 김정은을 믿는 사람은 마귀를 믿는 것과 똑같은 사람들이다. 그들은 절대 믿음의 대상들이 아니다. 우리의 입장에서 우리 현재 체제를 유지하기 위해서 적당히 그들과 대화는 가져야 하지만 본질적으로 그들을 인정하고 믿어서는 안 된다.

그런 점을 가장 잘 아는 사람이 김대중 전 대통령이었다. 김대중 대통령이 그 점을 고심한 것이다. 그들을 완전히 적으로 상대하면 우리 체제가 위태로워지기 때문에 그런 것을 적당히 조화롭게 한 것이 햇볕정책[87]이다. 그들을 슬슬 달래가면서 적당히 퍼주면서 이끌어가려고 했다. 그러나 너무 퍼주어서 문제가 된 것이다.

우리는 그러한 북한을 절대 믿어서는 안 된다. 안타까운 것은 옛날과 다르게 위정자들이 너무 표를 의식하기 때문에 국가의 가장 우선이 되는 국방정책을 소홀히 여긴다는 것이다. 현재 우리나라의 사회복지정책은 세계적으로 상당히 높은 수준에 이르고 있다.

그런데 생각해보라! 나라를 잃으면 복지정책이 무슨 의미가 있는가? 나라가 있어야 복지 정책도 있는 것이다. 우리나라 입장에서 최고 우선 정책은 국방이다. 그런데 지금은 복지

---

87) 햇볕정책: 화해와 포용의 자세로 남북한 교류·협력의 증대를 도모했던 대북 유화정책. 김대중 정부는 남북한 교류와 협력의 증대를 통해 북한을 개혁·개방으로 유도하고자 화해와 포용을 기본으로 하는 대북 정책을 추진하였다. 햇볕정책은 이솝우화 '바람과 해'에서 나온 용어로 지나가는 사람의 외투를 벗긴 건 차가운 바람이 아니라 따뜻한 햇볕이었다는 데서 비롯되었다. 김대중 대통령이 1998년 영국을 방문했을 때 런던대학교의 연설에서 처음 사용하였으며 비료·쌀 지원, 소 지원, 금강산 관광사업 등이 햇볕정책 하에서 실시되었다. 다음 백과사전

정책을 위한 예산에 비해서 국방 예산이 절반에도 못 미친다. 그 원인은 위정자들의 마음이 다 표밭에 가 있기 때문에 우선시해야 할 일을 차선으로 생각하는데 있다.

우리나라는 모두가 염원하는 대로 통일은 될 것이다. 그러나 이 통일은 사람들의 힘과 의지로 노력해서 이루어지는 통일이 아니라 하나님의 주권적인 역사에 의하여 이루어진다.

하나님이 우리나라에 전쟁이 일어났을 때 전쟁의 피해를 몽땅 입게는 하신다. 그렇다고 해서 쳐들어 온 그들이 표면적으로 우리를 완전히 점유하지는 못한다. 지진 등 천재지변을 일으켜 침범한 그들을 멸망시킨다. 본방 이스라엘에서도 웃시야 왕 때에 큰 지진이 있었다. 표면적인 이스라엘에서 그런 역사를 했다면 동일한 말씀의 역사로써 영적인 이스라엘에서도 똑같은 역사를 하신다는 것이다.

그렇기 때문에 끓는 물이 기울어지는 역사로 북한이 남한에 절대적인 막대한 피해는 주지만 그렇다고 해서 그들이 적화통일을 하는 것은 아니다. 통일은 그들에 의해서 이루어지는 것이 아니라 하나님의 주권에 의해서 되는 것이다.

둘째 화의 내용 속에는 유브라데 강의 사건이 들어있다.

계 9:14-16 나팔 가진 여섯째 천사에게 말하기를 큰 강 유브라데에 결박한 네 천사를 놓아 주라 하매 네 천사가 놓였으니 그들은 그 년, 월, 일, 시에 이르러 사람 삼분의 일을 죽이기로 예비한 자들이더라 마병대의 수는 이만만이니 내가 그들의 수를 들었노라계 16:12 또 여섯째가 그 대접을 큰 강 유브라데에 쏟으매 강물이 말라서 동방에서 오는 왕들의 길이 예비되더라

유브라데 강의 사건은 표면적으로는 중동에 있는 이스라엘과 아랍과의 전쟁을 말한다. 이스라엘은 자국에서 만든 것은 아니지만 미국으로부터 부여받은 핵탄두를 가지고 있다. 아랍이 이스라엘을 함부로 공격하지 못하는 이유는 바로 이스라엘이 핵을 가지고 있기 때문이다. 그렇기 때문에 큰 영토와 많은 인구를 가진 아랍권이 이스라엘을 함부로 건드리지 못하고 있는 것이다.

그런데 하나님께서 유브라데 강에 결박되어있는 네 천사들을 놓아 역사하게 하신다. 여기에서 '결박'이라는 말은, 자기 임의로 할 수 없고 오직 하나님의 절대적인 말씀에 순종하도록 되어있는 천사의 입장을 표현한 것이다. 하나님이 허락하시면 그들에 의해서 순식간에 전쟁이 발발됨으로써 전쟁과 동시에 이만만, 즉 2억이 죽는다는 것이다.

군사전문가들이 지적한 것처럼 이스라엘과 아랍이 전쟁을 하게 되면 그 기회를 틈타서 누가 또 전쟁을 하게 되는가? 북한이 남한을 공격한다는 것은 너무도 자연스러운 일이다.

유브라데 강의 영적 의미는 무엇인가? 이스라엘 백성들이 잘못을 저지르거나 죄를 지음으로써 환난을 받을 때에는 하나님이 항상 북쪽에 있는 북방 민족을 통하여 심판을 받게 하셨다. 성경은 그 북쪽의 근원을 유브라데에 두고 있다. 그렇기 때문에 죄와 허물로 말미암아 하늘의 징계와 징벌을 받을 때에는 하나님이 꼭 유브라데 강에 있는 천사를 들어 쓰신다는

것이다.

유브라데 강에 있는 천사들은 어떤 천사들인가? 전쟁을 통하여 심판하는 권한을 가진 천사들이다. 그렇기 때문에 위 성구에도 "나팔 가진 여섯째 천사에게 큰 강 유브라데에 결박한 네 천사를 놓아주라. 그들이 년, 월, 일, 시에 이르러 사람 삼 분의 일을 죽이기로 예비한 자들이더라"는 말씀이 기록되어 있는 것이다.

요한계시록 6:1-8에 어린 양이 인을 떼어주면 네 생물이 "오라"라는 우레의 말씀을 통하여 네 말이 등장한다.

첫째는 흰 말, 둘째는 붉은 말, 셋째는 검은 말, 넷째는 청황색 말이 등장한다. 흰 말은 양면성이 있다. 교만한 자, 적그리스도를 말하기도 하지만 요한계시록 19:11에 기록되어 있는 백마와 탄 자는 승리자, 그리스도를 말한다. 그리고 붉은 말은 전쟁, 검은 말은 기근, 청황색 말은 죽은 시체를 의미한다.

사람을 죽이기로 예정되어 있는 붉은 말과 청황색 말은 어디에 소속되어 있는가? 바로 유브라데 강에 소속되어 있는 말들이다. 그렇기 때문에 둘째 화가 끝마쳐지기 전에 꼭 유브라데 강의 역사가 이 땅에서 이루어져야 한다는 것이다.

그때 영적인 이스라엘은 어떻게 되는가? 북한이 남한에게 완전한 치명타를 준다. 이사야 6장에 보면 10분의 일이 남을지라도 그루터기만 남게 되어있다.

사 6:13 그 중에 십분의 일이 오히려 남아 있을지라도 이것도 삼키운 바 될 것이나 밤나무, 상수리나무가 베임을 당하여도 그 그루터기는 남아 있는 것같이 거룩한 씨가 이 땅의 그루터기니라

전쟁이 일어나는 날, 인구의 3분의 1이 죽고 또 전쟁 중에 3분의 1이 죽고 남은 3분의 1중에서도 10분의 1이 남는다는 것이다. 북한의 침략으로 통일이 되는 것이 아니라 그 역사의 결말에서 하나님이 개입하셔서 통일시켜주시는 것이다.

하나님이 개입하셔서 아랍 연합국과 북한을 멸망시키신다. 여기에서 멸망시킨다는 말은, 북한의 사상이 깨어진다는 것이다.

전쟁이 나면 남한이라고 가만히 있을 것인가? 남한도 가지고 있는 화력을 다 발사한다. 그러면 이북도 엄청나게 피해를 보게 되어있다.

우리나라 전쟁은 앞서 기술했듯이 노아의 방주 일지대로 전개된다. 노아에게 2월 10일 방주에 들어가게 하시고 7일 후인 2월 17일부터 홍수가 쏟아지기 시작했다. 40일 동안 본격적으로 홍수가 쏟아짐으로 높은 산이 다 덮이고 코로 기식하는 생물은 다 죽었다. 방주가 7월 17일 아라랏산에 도착함으로 5개월 동안 물 위를 떠다닌 것이다. 그리고 다음 해 2월 27일 땅이 말라 노아가 방주에서 내려왔다. 노아 홍수 심판 기간은 총 1년 10일 걸린 것이다.

그것처럼 본격적인 전쟁 기간은 노아의 일지에 기록된 것처럼 5개월이다. 그러나 전쟁 후유증까지가 총 1년 10일 걸림으로 성경 말씀대로 이루어질 것이다. 앞서 소개한 것처럼 10개 도시에 핵가방이 터진다. 서울, 부산, 인천, 대구, 광주, 전

주, 대전 등 10개 도시에 떨어지게 되어있다.

북한은 김일성, 김정일의 뒤를 이어서 3대째 김정은이 위원장이 되어 통치하고 있다. 앞으로 일어날 전쟁은 김정은이 일으키는 것이 아니다. 김정은과 상관없이 군부 지휘관이 미사일을 임의로 발사함으로써 전쟁의 불길이 점화되는 것이다.

필자는 1978년도에 하나님께서 보여주셔서 우리나라에서 어떻게 전쟁이 시작되는지 그 순간의 상황을 이미 본 사람이다.

김정은은 전쟁에 대한 야망은 많지 않다. 전쟁보다는 경제를 회복시키려고 한다. 그렇기 때문에 지금까지 북한의 핵심 세력으로 군림하고 있었던 군부(軍部)가 점점 국가의 지지 세력으로부터 지원을 받지 못한다. 김일성, 김정일, 김정은이 3대째 내려오도록 군부가 땅을 치며 통곡하며 서울을 불바다로 만들겠다고 항상 남한을 향하여 협박하며 을러대고 있다.

그런데 북한 체제에서 김정은이 경제 쪽에 무게를 두는 정책을 쓰기 시작하면서 권력의 중심에 서있던 군부가 점점 세력의 기반이 약해지고 찬밥 신세가 되어가고 있다.

우리나라는 전쟁이 아직 끝나지 않은 휴전국이다. 북한이 훈련차 함흥에서 발진하여 남한 쪽으로 일개 편대의 비행기를 띄우면 우리나라 공군 비행장에서도 레이다에 잡힌 대로 똑같은 수의 편대가 이남에서 그들을 향하여 발진한다. 그렇게 양쪽 비행기가 38선 경계선까지 갔다가 각각 자기 기지로 돌아간다. 이것을 반복적으로 행하고 있다.

그런데 이북은 지금 경제난으로 기름이 부족하기 때문에 이전에 하던 대로 하지 못하고 삼분의 일 정도로 줄여서 비행기가 발진한다고 한다. 예를 들어 우리나라 어느 비행장에서 2개 편대 6대가 떴다 하면 이북은 기름부족으로 일개 편대밖에 못 뜬다고 한다. 그것이 매일 반복적으로 진행되고 있다.

그러던 어느 날, 필자는 은혜의 세계에서 계시 중에 놀라운 장면을 보게 되었다. 오래 전, 1978년도에 우리 대한민국에서 전쟁이 발발하는 순간을 하나님께서 계시로 생생하게 보여주셨다. 그 후로도 하나님께서 계속해서 계시로 보여주신 장면들이 있었다. 그것은 기이하게도 서로 내용이 연결되어 있었다.

장면 1
어느 날, 남한과 북한의 비행기가 휴전선 가까이까지 동시에 접근해왔을 때 휴전선 모처(某處)에 근무하고 있는 미사일 부대의 어느 소장 지휘관이 자국(自國) 비행기를 격추시킨다. 자기네 비행기를 미사일로 격추시키고 이어서 남한 쪽으로 미사일 단추를 누른다. 그리고 김정은에게 "남한 비행기가 우리 비행기 몇 대를 격추시켜서 부득이 방어하기 위해 미사일 단추를 눌렀습니다"라고 보고한다.

이것이 전쟁이 점화(點火)되는 순간이다. 그런데 이 발발이 있기 전에 무슨 일이 있었는가? 사람의 마음에 아무리 좋은 생각, 좋은 계획이 있다 할지라도 그것을 열매 맺게 하시는 분은 하나님이라고 했다.

아람의 군대장관인 나아만 장군이 문둥병이 들자 이스라엘에 문둥병을 고칠 수 있는 엘리사라는 선지가가 있다는 소리를 듣고 이스라엘에 와서 엘리사에게 고침을 받았다.

> 왕하 5:14 나아만이 이에 내려가서 하나님의 사람의 말씀대로 요단 강에 일곱 번 몸을 잠그니 그 살이 여전하여 어린아이의 살 같아서 깨끗하게 되었더라

문둥병을 고침 받은 나아만 장군이 그에 대한 보답으로 엘리사에게 금과 은과 의복을 예물로 바치려고 하자, 엘리사가 끝까지 그것을 받지 않고 고사했다.

> 왕하 5:16 가로되 나의 섬기는 여호와의 사심을 가리켜 맹세하노니 내가 받지 아니하리라 나아만이 받으라 강권하되 저가 고사한지라

엘리사가 나아만 장군이 바친 예물을 받지 않고 '고사(固辭)'[88] 했을 때에는 이유가 있었다. "내가 저 사람을 통해서 무언가 더 큰 일을 하기 위한 계획을 가지고 있기 때문에 받지 않는다"라는 어떤 목적이 있었기 때문에 거절했다는 의미가 들어있다.

엘리사의 사환인 게하시가 엘리사가 예물을 고사하는 것을 보고 나아만을 쫓아가서 은 두 달란트와 옷 두 벌을 가지고 와서 집에 감추어두었다. 엘리사가 "지금이 어찌 은을 받으며 옷을 받으며 감람원이나 포도원이나 양이나 소나 남종이나 여종

---

88) 고사(固辭): 굳이 사양하다. 한국어사전

을 받을 때냐? 그러므로 나아만의 문둥병이 네게 들어 네 자손에게 미쳐 영원토록 이르리라"(왕하 5:20-27)고 저주하자 게하시에게 문둥병이 발하여 눈같이 되었다.

엘리사가 나아만 장군의 예물을 고사한 결과가 어떻게 나타났는가? 또, 엘리사의 스승인 엘리야가 사렙다 과부의 아들이 죽었을 때 그를 살려주었고(왕상 17:17-22) 엘리사가 수넴 여인의 아들이 죽었을 때 그를 살려주었다(왕하 4:20-35).

사렙다 과부, 나아만 장군, 수넴 여인, 이 세 가정을 통해서 어떤 역사가 이루어졌는가?

하나님이 예수님을 위하여 그들의 후손 중에 동방박사 세 사람을 예비하신 것이다. 하나님이 그들에게 은혜를 입혀주신 것은 그들의 후손을 통하여 동방박사 세 사람을 예비하게 하시고 아기 예수님이 탄생하셨을 때를 대비하기 위함이었다. 그들의 후손인 동방박사 세 사람이 예수님이 탄생하셨을 때 황금과 몰약과 유향을 예물로 가지고 와서 경배를 드렸다.

헤롯이 메시야가 탄생했다는 소식을 듣고 베들레헴을 중심으로 두 살 이하의 어린 아이들을 죽였다. 절체절명(絕體絕命)의 위기에 처했을 때 그 당시 경제적인 여력이 없었던 요셉과 마리아는 동방박사가 가지고 온 세 가지 예물이 있었기 때문에 급히 애굽으로 피신할 수 있었다.

하나님께서 그러한 목적을 이루시기 위하여 이미 앞서 세 사람에게 은혜를 입혀주시고 그들의 후손인 동방박사 세 사람으로 하여금 예수님이 탄생하셨을 때 그들의 조상들이 받았던 은혜를 보은(報恩)할 수 있는 역사를 펼치셨다는 것이다.

마찬가지다. 하나님께서 그러한 역사를 우리나라에서도 동일하게 하시는 것을 계시 안에서 똑똑히 보았다.

장면 2
계시 중에 금강산 절경을 관광하는 무리들이 보였다. 그중에 어떤 분이 계셨는데 바로 도사목사였다. 그분이 위병소 앞에서 어떤 위관장교(尉官將校)[89]를 만나자 지나가는 말로 "당신 고향이 어디입니까?" "개성입니다" "개성 어디에 사십니까?" "어디에 삽니다" "아, 그래요? 나도 거기 살았던 사람인데, 그러면 아무개라는 사람을 아시오?" 위관 장교가 깜짝 놀란다. "그 사람을 어떻게 아십니까? 그 사람은 저의 아버지입니다" "내가 이웃집에 살았던 아무개요"
이것을 인연으로 그 두 사람은 교분을 트게 된다. 도사 목사가 아들 같은 그에게 차고 있던 고가(高價)의 롤렉스 시계를 풀어준다.

장면 3
그 후 도사목사께서 그를 만날 때마다 그에게 일정 금액을 주는 것을 은혜 가운데 계시로 보여주셨다.

북한은 공산주의 체제인데도 돈이 잘 통하는 나라라고 한다. 도사목사와 그 위관 장교의 아버지는 서로 친구 사이 아닌가? 그러한 이유로 북한 장교는 도사목사와 친분이 쌓이게 되고 그를 믿고 신뢰하게 된다.
도사목사가 그에게 돈을 주는 이유는 무엇인가? 빨리 빨리

---

89) 위관장교(尉官將校) 준위, 소위, 중위, 대위 계급의 장교. 다음 어학사전

진급하라고, 어서 어서 날개를 달으라고…, 그렇게 위관 장교를 모종(某種)의 역사를 위하여 예비해놓는 것을 계시 중에 낱낱이 보게 되었다.

왜 그런 계시를 보여주시는 것일까? 하나님은 자기를 바라는 자들에게 오시는 것처럼(히 9:28), 자기의 종들에게 자기의 행하실 일을 보여주시며 행하신다(암 3:7). 하나님께서 절대권을 가지고 있다고 해서 생면부지(生面不知)의 생판 모르는 사람에게 역사하시는 것은 아니다.

하늘의 일은 믿음 속에서만 이루어지게 되어있다. 그래서 믿음으로 하지 않는 것은 죄라고 말씀하시지 않았는가?(롬 14:23) 믿음을 통해서 믿음의 계열의 족보가 이루어지는 것처럼, 믿음을 통해서만이 하늘의 역사를 할 수 있는 것이다.

장면 4.
오랜 후에 또 다시 은혜의 계시 안에서 그 장교의 모습을 보여주셨다. 휴전선에 위치한 미사일 부대에 도사목사께서 뒤를 밀어준 그 위관장교가 지휘관이 되어 있었다. 놀라운 일이었다. 그는 도사 목사가 지원해 준 돈을 밑바탕으로 진급에 진급을 거듭하여 높은 지휘관의 자리에 오를 수 있었던 것이다.

그런 그가 어느 날, 휴전선 경계까지 날아온 자국 비행기를 미사일로 쏘아 격추시키고 남한에 미사일을 날린다. 그리고 김정은에게 "남한 비행기가 저희 비행기에 사격을 해서 격추시켰기 때문에 그에 대한 응징으로 남한에 미사일을 날렸습니다" 그렇게 전쟁의 신호탄을 날린 장본인, 그가 바로 도사목사와 밀담을 나누었던 바로 그 위관장교였다. 그 밀담의 내용은 과연 무엇이었을까?

이것은 필자가 청년 시절에 은혜 안에서 받은 계시의 내용이다. 전쟁이 발발하는 장면을 확연하게 보여주신 상황을 이제야 공개하는 것이다.

그 지휘관이 서울을 향하여 수십 발의 미사일을 쏜다. 서울에 미사일이 떨어지면 자동적으로 우리나라에서도 맞대응을 하게 되어있다. 그런 상황에서 그때는 어쩔 수 없이 전쟁이 일어나게 되어있다.

그들이 쏘는 미사일 속에는 소형 핵탄두가 들어있다. 서울에만 쏘는 것이 아니라 인천, 대전, 대구, 부산, 광주 등 열 군데에 핵미사일을 떨어뜨린다. 소형 핵폭탄이라고 해서 시시한 것이 아니다. 일본 히로시마에 떨어졌던 원자폭탄 그 이상의 위력을 가진 것들이다. 그래서 전쟁이 일어나는 날 우리나라 인구의 삼분의 일이 죽게 되는 것이다.

예수님이 예언하신 말씀대로 그야 말로 창세 이후 전무후무한 환난이 이 땅에서 일어나는 순간인 것이다(마 24:21).

왜 그러한 전쟁이 일어나는가? 그것은 이 땅의 주이신 해를 입은 여인을 핍박하고 대적하였을 뿐만 아니라 그리스도이신 두 감람나무와 그에게 소속되어 있던 하나님의 자녀들을 순교시킨 순교의 핏값으로 이 나라 이 민족이 그러한 운명을 짊어지게 되기 때문이다.

본방 이스라엘 민족들이 예수님을 죽인 핏값으로 당대에

로마의 디도 장군이 쳐들어와 예루살렘 성 안에 있는 110만 명을 죽이고 히틀러에 의해 600만 명이 죽임을 당한 것처럼 하나님의 사람을 죽인 핏값으로 이 나라, 이 땅에 전쟁이 일어나는 것이다.

그것은 피할 수가 없는 운명이다. 그렇기 때문에 우리나라 전국에 있는 목사, 신부들이 금식을 하고 땅을 치고 눈물을 흘리면서 기도를 해도 하나님의 진노의 심판 앞에 이미 정해져 있는 운명을 바꾸지는 못한다. 그것이 하나님의 뜻이기 때문이다.

예레미야 시대에도 예레미야가 하나님의 뜻을 알고 있던 유일한 사람이었다. 바벨론 느부갓네살이 이스라엘을 에워쌌는데 첫 번째는 애굽이 이스라엘을 도와줌으로써 바벨론 군대가 돌아갔다. 애굽이 자기 나라로 돌아가자 바벨론 느부갓네살이 다시 침공해서 예루살렘을 포위했다.

그러자 성 안에 있는 사람들이 하루에 떡 세 덩이를 먹다가 두 덩이로 줄이고 또 한 덩이로 줄였다. 왕뿐만 아니라 예레미야도 뜰에 갇혔을 때 주먹 떡 하나로 연명하며 살았다.

> 렘 37:21 이에 시드기야 왕이 명하여 예레미야를 시위대 뜰에 두고 떡 만드는 자의 거리에서 매일 떡 한덩이씩 그에게 주게 하매 성중에 떡이 다할 때까지 이르니라 예레미야가 시위대 뜰에 머무니라

그때 예레미야가 시드기야 왕에게 "우리가 살기 위해서는 무조건 바벨론에 항복하고 포로로 잡혀가야만 산다. 그렇지 않으면 시드기야 왕, 당신도 죽고 당신의 처들도 다 포로로 잡

혀가고 자녀들도 다 죽고 예루살렘 성은 불에 타서 재가 되고 만다"라고 하나님의 말씀을 전하였다(렘 38:17-18, 38:21-23). 그 말을 하자 사람들이 예레미야를 가리켜서 나라를 팔아먹는 매국노라고 질타했다.

그 당시 예루살렘에는 오늘날로 말하면 수만 명의 목사, 신부들이 있었다. 율법으로 정한 2만4천 명의 제사장들이 있었고 서기관과 바리새인과 유사들까지 합치면 10만 명에 가까운 하나님의 종들이 있었다.

그들이 모이면 눈물로 땅을 치면서 "오, 주여, 살려주십시오!"라고 하나님께 기도를 했다. 그런데 예레미야는 그런 그들을 향하여 바벨론에 항복하라고 한 것이다. 하나님의 뜻을 아는 사람은 예레미야밖에 없었다. 다른 사람들은 하나님의 뜻이 무엇인지 몰랐다.

그것으로 인하여 예레미야가 반역자로 몰려 베냐민 땅으로 가는 도중에 붙잡혀 서기관 요나단의 집에 갇혔다(렘 37:12-15). 방백들이 그가 백성의 평안을 구하지 아니하고 오히려 해를 구한다고 왕에게 고하여 시위대 뜰에 있는 구덩이에 던져넣었다(렘 38:4-6)

오늘날 목자들도 나라가 위태로워지면 국가의 안녕과 평안과 질서를 위해서 구국기도를 한다. 그러나 그들은 하나님이 왜 전쟁을 통해서 자기 백성들에게 혹독한 아픔을 주시는지 그 까닭을 알지 못한다. 모르기 때문에 하나님에게 전쟁이 일어나지 않게 해주시고 나라가 평안하고 행복하게 해주시고 무조건 잘되게 해달라고 기도하는 것이다. 그런 것이 구국기도

(救國祈禱)라고 믿고 있다. 물론 그러한 기도도 해야 하겠지만 그러나 때에 따라서는 그렇지 않은 경우도 있다는 것이다.

그 이유는 무엇인가? 마지막 때 이 땅에서 벌어지는 전쟁은 거룩한 하나님의 종, 이 땅에 온 광명한 자들을 핍박하고 죽였기 때문에 그에 대한 하나님의 진노로 일어나는 전쟁이다. 그러므로 전쟁은 이 나라, 이 민족에게는 피할 수 없는 운명이 되는 것이다.

마지막 재림의 마당에서 믿는 하나님의 백성들이 재림주, 메시야가 오시기를 간절히 기다리고 있다. 그래서인지 이 땅에는 스스로 메시야라고 자처한 사람들이 수백 명 있었다. 그 중에서 신앙촌 박태선, 통일교 문선명, 신천지 이만희 등이 대표적인 사람들이다. 그러나 그들은 절대 메시야가 아니다.

그렇다면 어떤 사람이 메시야가 될 수 있는가? 요한계시록 5:1-7 말씀처럼 하나님의 오른손에 있는 책을 받은 사람이어야 하고, 신명기 32장 말씀처럼 옛날과 역대연대를 아비와 조상들에게 물을 수 있는 사람이어야 한다.

> 신 32:7 옛날을 기억하라 역대의 연대를 생각하라 네 아비에게 물으라 그가 네게 설명할 것이요 네 어른들에게 물으라 그들이 네게 이르리로다

그런데 자칭 메시야라고 떠벌린 사람들이 많이 있었음에도 불구하고 그들은 하나님의 오른손에 있는 책을 받지 못했다 (계 5:1-5). 하나님의 오른손에 있던 책이 누구에게 넘어갔는가? 유대지파의 사자 다윗의 뿌리에서 이긴 자이신 예수님께

넘어갔고, 예수님에게 넘어간 그 책을 해를 입으신 이 땅의 주이신 말씀의 주께서 도전해서 이긴 자로서 그 책을 받으신 것이다. 그 책을 받은 사람만이 옛날과 역대연대를 아비와 조상들에게 물을 수 있는 사람이다. 이 두 가지 조건을 갖춘 사람만이 메시야가 될 수 있는 것이다.

여기에서 말씀하고 있는 아비와 조상들은 누구인가? 앞서 기술했듯이 하나님이 오실 수 없는 때에 하나님 대신 보내심을 입은 자들로서 하나님께서 그들과 개별적으로 영원한 언약을 맺으시고 구속사의 언약의 성취를 이루게 하기 위해서 보내신 자들이다. 그들은 하나님의 다섯 가지 경륜의 세계에서 다섯 번째 '나를 통해서 이루시는 경륜'을 통하여 하나님과 영원한 언약의 열매를 맺은 사람들이다.[90]

아담이 들짐승 중에 가장 간교한 뱀의 유혹을 물리치고 선악을 알게 하는 나무 열매를 먹지 않았다면 그는 어떤 사람이 되는가? 아담은 에덴동산에 있는 각종 나무 열매를 임의로 따 먹을 수 있는 사람이 되는 것이다.

같은 맥락의 경우를 살펴보자. 예수께서 십자가상에서 흘리신 피와 물을 이 땅에 감추셨다. 그것을 예수님이 보내신 보혜사 성령이 찾아 피와 물과 성령이 합하여 하나가 되었다.

요일 5:5-8 예수께서 하나님의 아들이심을 믿는 자가 아니면 세상을 이기는 자가 누구냐 이는 물과 피로 임하신 니 자니 곧 예수 그리스도시

---

[90] 사도 바울이 깨달은 하나님의 다섯 가지 경륜은 때가 찬 경륜(엡 1:9), 은혜의 경륜(엡 3:2), 비밀의 경륜(엡 3:9), 나를 통해서 이루시는 경륜(골 1:25), 믿음 안에서 이루어지는 하나님의 경륜(딤전 1:4)이다

라 물로만 아니요 물과 피로 임하셨고 증거하는 이는 성령이시니 성령은 진리니라 증거하는 이가 셋이니 성령과 물과 피라 또한 이 셋이 합하여 하나이니라

그렇게 셋이 합하여 하나가 된 것이 태초의 말씀이신 해다. 해는 아무나 입을 수 없다. 해에 도전하여 이긴 자가 되어야만 해를 입을 수 있는 것이다. 그가 바로 요한계시록 12:1에서 말씀하고 있는 해를 입은 여인이다.

그렇기 때문에 재림 마당에서 해를 입고 이 땅의 주로 살아 역사하신 말씀의 주, 믿음의 주께서 명실공히 이긴 자로서 하나님과 영원한 언약을 맺은 아비와 조상들이 가지고 있는 언약의 열매를 임의로 따먹을 수 있는 사람이 되는 것이다.

그러므로 해를 입은 여인만이 성경 속에 있는 구속사의 세계를 구중의 유리바다처럼 완전하게 완벽하게 한 호리도 남기지 않고 "구속사 시리즈"로 펴내실 수 있는 분이시다.

왜 성경말씀을 한 호리도 남기지 않고 완전하게 이 세상에 드러내야 하는가? 마지막 때는 성경 말씀이 이 땅에서 밝히 다 이루어져야 한다. 그렇기 때문에 아비와 조상들이 열매 맺은 구속경륜의 세계의 열매와 하나님의 오른손에 들려있는 책을 받은 해를 입은 여인만이 "구속사 시리즈"의 말씀을 펴내실 수 있는 것이다. 또 해를 입은 여인만이 지금까지 아무도 언급조차 할 수 없었던 에스겔 성전을 분명하고 확실하고 완전하게 그려낼 수 있는 분이시다.

그런 사람만이 재림의 마당에서 메시야가 될 수 있는 사람

인 것이다. 그러나 지금까지 메시야라고 자처한 사람들은 많이 있었어도 그들 중 어느 누구도 하나님의 오른손에 있는 책을 받은 사람이 없고 옛날과 역대연대를 아비와 조상에게 물을 수 있는 사람은 아무도 없었다.

신앙촌 박태선을 비롯해서 통일교 문선명, 신천지 이만희, 그들 중에서 "구속사 시리즈" 말씀을 펼쳐낸 사람이 있는가? 그들 중에서 이 땅에 지어질 마지막 성전인 에스겔 성전에 대하여 완전무결하게 언급한 사람이 있었는가? 그 누구도 입도 벙끗하지 못했다. 그렇기 때문에 그들은 절대 메시야가 될 수 있는 사람들이 아니다.

자기 스스로 메시야라고 주장하는 사람이라면 그는 메시야의 증표, 증거가 될 수 있는 "구속사 시리즈" 말씀을 펼쳐내야 한다. 그런 사람이라면 재림 마당에서 한 이레를 통하여 이루고자 하시는 구속사의 청사진을 밝히 드러냄은 물론이고 마지막 새 예루살렘 성전을 정확하게 증거할 수 있어야 한다.

그런 사람만이 마지막 때 도적같이 오시는 메시야라고 말할 수 있다. 지금까지 아무도 그런 존재가 없었다.

그러나 그런 분이 우리 시대에 분명히 이 땅에 존재해 있었다. 그럼에도 이 땅의 백성들이 아무도 그분을 알아보지 못했다. 그분은 도적같이 오신 분이었기 때문에 스스로를 메시야로서 드러낼 수 없는 분이셨다. 다만 자기가 데리고 온 사람들, 자기를 바라는 자들에게만 구속사의 청사진을 밝히 보여주시고 그분의 역사에 동참하게 해주셨다.

메시야는 도적같이 오신다고 말씀하고 있다(살전 5:2, 벧후 3:10, 계 3:3, 16:15). 그렇기 때문에 스스로를 메시야라고 자칭하는 사람, 자기가 메시야라고 드러내고 흉내를 내는 모든 인간들은 절대 메시야가 아니다. 그들은 다 가짜들이다!

성경 말씀은 일점일획도 땅에 떨어지지 않고 다 이루어지는 말씀이다. 해를 입은 여인이 이 땅에서 포도나무 역사와 두 감람나무 역사를 마치시고 큰 독수리의 두 날개를 받아 지금 광야 자기 곳으로 날아가서 한 때와 두 때와 반 때를 양육 받고 계신다(계 12:1-14). 그분은 해를 입고 가셨기 때문에 때가 되면 다시 이 땅에 오셔서 두 감람나무에게 생기를 불어넣어 그를 하늘보좌로 올리는 역사를 성취하실 것이다(계 12:5).

영적 이스라엘인 우리 대한민국 땅에서 앞서 기술한 역사의 세계가 광명한 자이신 이 땅의 주와 주 앞에 선 두 감람나무에 의해서 분명히 이루어졌다.

또 삼일 반 후에 하나님께로부터 큰 성 길에 시체로 누워있는 두 감람나무에게 생기가 들어가 그가 두 발로 일어나 부활하여 하늘로부터 "이리로 올라오라"는 음성을 듣고 하늘로 올라가는 역사가 이 땅에서 이루어짐은 물론(계 11:4-12), 하늘전쟁에서 승리한 철장으로 만국을 다스릴 남자이신 그리스도께서(계 12:5) 그의 신성조직인 거룩한 새 예루살렘 성과 함께 이 땅에 강림함으로써(계 21:2, 21:10) 산 자의 세계인 신천신지, 천년왕국이 이 땅에 세워지고 이루어질 것이다(계 20:4-6).

그러한 역사의 성취가 이루어질 날이 우리 앞에 성큼성큼 달려오고 있다. 그렇게 구속사의 종지부를 찍는 두렵고 떨리는 마지막 대망의 역사가 이루어짐으로써 주기도문에서 "뜻이 하늘에서와 같이 이 땅에서도 이루어지이다"라고 말씀하신 것처럼 아버지의 뜻이 하늘에서와 같이 이 땅에서도 이루어지는 역사가 성취되고 완성될 것이다.

그러한 재림주 멜기세덱의 영광과 그리스도의 영광이 이루어지는 대망의 날이 속히 오기를 간절히 소망하면서 이 책의 집필을 마치고자 한다.

참고문헌

- 개역한글 성경
- 개역개정 성경
- 공동번역 성경
- 새번역 성경
- 현대인의 성경
- 성경주석, 박윤선 저, 영음사
- 옥스퍼드 원어성경대전, 제자원
- 한영 해설 성경, 대한기독교서회
- 라이프 성경사전, 가스펠서브 저, 생명의 말씀사
. 호크마 종합주석, 강병도 편저, 기독지혜사
. 구속사 시리즈 2권 (잊어버렸던 만남) 박윤식 저, 도서출판 휘선
. 구속사 시리즈 제 11권 상 (여호와 삼마 에스겔 성전)
  박윤식 저, 도서출판 휘선
. 대한민국 근현대사 시리즈 제 1권 (구한말-일제 강점기),
  제 4권 (잊을 수 없는 6.25전쟁) 박윤식 저, 도서출판 휘선
- 한국민족문화 대백과사전
- 두산 백과사전
- 한국어대사전, 고려대학교 민족문화연구원
- 표준국어대사전, 두산동아
- 새국어사전, 동아출판사
- 유대전쟁사, 요세푸스 저, 생명의 말씀사
- 성구대사전, 이성호 편저, 성서연구원
- 기독교 대백과사전, 기독교문사
. 다음백과
. 위키백과

이 땅의 전쟁은 이 나라 이 민족의 운명이다

발 행 일	2021년 6월 25일	
저 자	조영래	
발 행 인	최정옥	
펴 낸 곳	도서출판 오색이슬	
주 소	27829 충북 진천군 진천읍 문화로 181-18	
전 화	043-537-2006	
팩 스	043-537-2050	
블 로 그	blog.naver.com/osbooks	

저자와의 협약 아래 인지는 생략되었습니다.
이 책은 저작권법에 의해 보호 받는 저작물이므로 저작권자의 허락없이
이 책의 일부 또는 전체를 무단 복제, 전재, 발췌하면 저작권법에 의해 처벌을 받습니다.
저작권 등록번호: 제C-2021-026736

ISBN   979-11-970704-2-6
값   20,000원